바꾸지 않은 상태에서의 수정은 한계가 있었다.

  이번 개정판에서는 처음부터 다시 시작하는 마음으로 문장 하나하나를 꼼꼼히 살피면서 점검을 했으므로 초판보다는 바르게 된 부분이 적지 않으리라 여겨진다. 개정판을 본격적으로 대대적 수정하려 했던 처음 계획은 시간문제로 뒤로 미룰 수밖에 없었다.

  개정판에서 크게 변경된 부분은, 초판에 3부로 되어 있던 것을 4부로 나눈 점이다. 초판 2부를 둘로 나누어 2편은 선교사 이전 정지작업에서 선교부 내한과 사역을 다루었고, 3편에서는 일제 치하 교회의 수난과 투쟁, 그리고 훼절에 대해 다루었다. 4편은 초판 3부를 거의 그대로 옮겼다. 부분적인 수정은 가했으나 대폭적 수정은 이루지 못한 점 또한 아쉬움으로 남는다.

  초판 이후 세월은 새로운 세기로 접어들었으나, 최근의 자료까지 확대하지는 못하고, 본래 자료를 그대로 두면서 제목만 조금 바꿔 새로운 세기의 진입을 포함시켰다. 다시 말해 개정판은 초판의 부분 수정에 그치고, 내용 자체는 거의 본래대로임을 밝혀 두고자 한다.

  개정판을 내어 놓으면서 이 일에 수고한 분들에게 감사의 말씀을 남기고 싶다. 쿰란출판사 사장 이형규 장로와 직원 여러분의 노고에도 고마움을 표한다.

  비록 여러모로 부족한 저서지만, 읽는 이들이 한국교회의 역사를 통해 이루신 하나님의 섭리의 사적과 조상들의 신앙, 그리고 자신과 가족의 생명을 바쳐 선교에 헌신한 선교사들의 흔적에서 우리가 배워야 할 역사의 교훈을 얻는 기쁨이 있기를 바란다. 이 책을 읽는 모든 이들 위에 성삼위 하나님의 은총이 넉넉히 임하기를 기원한다.

주후 2012년 정월
미국 로스엔젤레스에서
저자 김인수

머리말

    역사를 공부하는 일도 쉬운 일이 아니지만 역사 책을 저술하는 일은 더욱 쉬운 일이 아니다. 그렇기 때문에 좋은 역사책이 많지 않은 것 같다. 한국 사람들은 대체로 자기들의 역사를 잘 모르고 있다. 역사를 모르는 민족은 역사의 교훈을 배우지 못하기 때문에 역사 속에 일어난 비극을 되풀이하는 경우가 많다. 한국 사람들이 자기들의 역사를 잘 모르듯이 한국의 그리스도인들은 한국의 교회 역사를 잘 모른다. 서양의 역사나 서양 교회사는 제법 많이 아는 사람들도 우리나라 역사나 우리 교회의 역사에 대해서는 아는 것이 별로 없는 것이 서글픈 현실이다.

    한국의 그리스도인들이 한국 교회의 역사를 잘 모르는 데에는, 마땅히 읽을 만한 책이 적다는 데도 그 원인이 있다고 생각된다. 그동안 한국 교회의 역사에 관한 책들이 적지 않게 출판되었다. 그 중에서는 너무 학구적이고 난해해서 학자들이나 전문가들에게는 더 없이 귀중한 안내서가 될 수 있을지 모르지만, 일반 대중이 읽기에는 어려워서 대중성이 없었던 게 사실이다. 또 일부는 너무 간략하게 요약되어 있어서 스쳐 지나가는 이야기에 그치고 있는 것들도 적지 않다.

    필자가 장로회신학대학교에서 "한국교회사"를 여러 해 동안 강의하면서 강의록을 정리하여 책자로 냄으로써 학생들이 공부하는 데 도움을 주어야겠다고 생각하여 오던 차에 총회 출판국에서 신학연구도서 시리즈의 하나로 한국교회사를 써 달라는 요청을 받고 서둘러서 1994년에 내놓은 것이 「韓國基督敎會史」였다. 이 책은 한국교회사를 처음으로 읽고 공부하기 위한 분들을 염두에 두고 쓴 것이어서 전문적으로 한국교회사를 공부하려는 분들에게는 적당한 책이 아니었다. 한국교회가 지내온 과정을 쉽게 일별(一瞥)할 수 있게 쓰려고 했기 때문에 각주(脚註)도 일일이 붙이지 않고 중요한 것만 골라서 한 면에 두서너 개 정도만 넣었었다.

반면에 이 책은 지난번 책에 비에 분량도 늘렸고, 각주도 더 늘렸으며, 설명도 덧붙여 한국교회사를 공부하는 이들에게 좀더 많은 도움을 주려고 노력했다. 다행히 지난번 책을 쓸 때보다도 이번에는 새로운 자료들이 더 발굴되고 손에 닿게 되어 어느 부분에서는 과거에 없었던 새 자료들을 삽입하게 된 것을 다행스럽게 생각한다. 그리고 이 책은 지난번 책의 틀에서 크게 벗어나지 않고 대강의 틀을 그대로 유지했음을 밝혀 둔다.

한 역사가가 역사책을 쓸 때는 자기의 사관(史觀)에 입각해서 쓰게 된다. 지금까지 한국교회사를 저술한 이들의 사관을 살펴보면 연세대학교 총장을 역임하신 백낙준 박사의 선교사관(宣敎史觀)이 가장 대표적인 사관이라고 볼 수 있겠다. 그는 1920년대 미국 예일대학교에서 철학박사 학위 논문으로 제출한 것을 「한국개신교사」라는 이름으로 번역 출판한 것이 이 사관에 의해 쓰인 최초의 책이다. 그러나 이 책은 1910년까지의 역사만을 다루고 있는데다, 미국에서 학위 논문으로 쓴 것이어서 한국 쪽 자료는 거의 포함되어 있지 않은 결정적 문제점을 안고 있다.

다음으로는 눈에 띄는 사관은 역시 연세대학교 교수이며 백낙준 박사의 제자인 민경배 교수의 민족사관(民族史觀)이라고 할 수 있다. 그의 민족사관은 백낙준 박사가 선교사의 자료에 의존하여 드러낸 한계를 극복하고 한국 쪽 자료를 많이 동원하고 있고, 우리 민족의 시각에서 교회의 역사를 보는 독특한 사관을 개발하여 한국교회 역사를 처음부터 현재까지 포괄하는 폭넓은 역사를 전개하고 있다.

그 후 1970년대에 나타난 소위 민중의 입장에서 역사를 바라본 민중사관(民衆史觀)과, 일반대학에서 한국사를 강의하는 이들을 중심으로 한국사와 한국교회사의 연결을 시도하면서 확실한 사료(史料)에 입각해서 역사를 바라보는 실증주의(實證主義)적 입장이 있다고 볼 수 있다. 후자의 두 개는 아직 뚜렷한 사관으로 정립되지 못한 것 같다. 이들의 입장이 분명해지기 위해서는 앞으로 더 많은 노력과 시간이 소요되어야 할 것이다.

원론적으로 말해서 교회의 역사는 구속사관(救贖史觀) 내지는 섭리

사관(攝理史觀)의 입장에서 써야 한다. 일반 세상의 역사는 다양한 사관에 의해 쓰일 수 있으나 교회사는 하나님의 인류 구원을 위한 섭리와 구속의 사역을 조명하여 써야 한다. 따라서 섭리사관의 입장에서 쓴 교회사만이 가장 보편타당한 사관이라 할 것이다. 필자는 바로 이 섭리사관의 입장에 서 있으며, 따라서 이 책도 그 입장에서 저술하였다.

　제한된 시간 안에 이 책을 준비한 관계로 여러 가지 부족한 면이 많이 있음을 고백한다. 이 책을 쓰는 데 여러 모로 충고와 조언을 해준 교우요, 오랫동안 한국교회사에 대해 깊은 연구를 한 한림교회 담임인 박효생 목사와 자료수집과 컴퓨터 작업, 교정 등 여러 가지로 도움을 준 조교 정세훈 전도사, 목회학 박사원의 이희경 간사에게 심심한 감사와 고마움의 말씀을 드린다. 또한 이 책이 햇빛을 볼 수 있게 될 때까지 많은 수고를 한 본 대학교 출판부 직원들과, 이 책이 제작되기까지 수고한 쿰란출판사 이형규 사장과 직원들에게도 감사의 뜻을 전한다.

주후 1997년 여름
너른 나루터(광나루) 선지동산에서
저자 김인수

목 차

개정판 서문 • 2
머리말 • 5

제3편 일제 치하의 교회 • 17

제1장 교회의 항일(抗日)활동 • 18
1. 교회와 항일의 문제 - 18
2. 신앙운동을 통한 항일-나라를 위한 기도회 - 22
3. 시위와 무장투쟁을 통한 항일 - 24
4. 경제적 항일 - 29
   1) 조세저항운동 - 30
   2) 국채보상운동 - 31
   3) 탈환회운동 - 33
   4) 감선회운동 - 35
   5) 물산장려운동 - 35

제2장 교회의 조직과 일제로부터의 수난 • 38
1. 한국교회의 조직 - 29

1) 장로회신학교의 시작과 독립노회의 창립 - 38
   2) 장로교회 총회 창립과 해외 선교의 시작 - 46
   3) 감리교회의 조직 - 50
   4) 성결교회의 시작 - 52
   5) 구세군 - 54
   6) 침례교회의 조직 - 56
   7) 제7일 안식일 예수재림교회 - 57
  2. 교회의 수난 - 59
   1) 일제의 기독교 정책 - 59
   2) 해서교육총회사건-안악사건 - 61
   3) 105인사건 - 62
   4) 기독교 학교의 탄압과 개정 사립학교 규칙 - 68
   5) 일본 교회의 조선 교회에 대한 정책 - 74
   6) 교회 내의 분쟁 - 76
   7) 춘원 이광수의 교회 비판 - 83

제3장 한국 교회와 3·3 독립운동 • 86

  1. 운동의 기원 - 86
  2. 진행 과정 - 95
  3. 교회의 피해 - 102
  4. 선교사들의 관여 문제 - 105
  5. 결과 - 108

제4장 1920~30년대의 교회 상황 • 115

  1. 길선주(吉善宙) 목사의 사경회 - 116
  2. 김익두(金益斗) 목사의 이적집회 - 118

3. 이용도(李龍道) 목사의 신비주의 - 121
　　4. 사이비 접신파(接神派)들 - 128
　　5. 황국주(黃國柱)의 혼음교리 - 130
　　6. 김교신(金敎信)의 무교회(無敎會)주의 - 133
　　7. 최태용(崔泰瑢)의 복음교회 - 137
　　8. 적극신앙단(積極信仰團) - 139

제5장 사회 변화에 따른 교회의 대응(對應) • 145

　　1. 공산주의(共産主義) 사상의 대두 - 145
　　2. 공산당에 의한 교회의 피해–이데올로기 비극의 서막 - 150
　　3. 교회의 농촌문제 대처 - 156
　　4. 사회계몽운동–절제(節制)운동 - 162
　　　1) 절제회 - 163
　　　2) 금주운동 - 164
　　　3) 금연운동, 금아편운동 - 168
　　　4) 공창폐지운동 - 171
　　　5) 성경구락부 - 172
　　　6) 수양동우회사건 - 174
　　5. 신학적 갈등–교회분열의 조짐들 - 175
　　　1) 보수와 진보의 대립–박형룡 대 김재준 - 175
　　　2) 창세기 저자문제 - 180
　　　3) 교회 안의 여권문제 - 181
　　　4) 아빙돈 단권주석 사건 - 183
　　6. 북방 선교 - 186
　　　1) 만주 선교 - 186
　　　2) 몽골 선교 - 191

3) 시베리아(러시아) 선교 - 193

제 6 장 일본 군국주의 통치하의 교회의 시련 • 196
   1. 황국신민화(皇國臣民化) 정책 - 197
   2. 기독교 학교에 대한 억압 - 199
   3. 교회 지도자들의 굴복 - 204
   4. 굴절된 교회의 모습 - 장로교회의 굴복 - 209
   5. 신사참배 거부운동 - 214
      1) 평양장로회신학교의 반대 시위 - 215
      2) 선교사들의 신사참배 거부 - 217
      3) 주기철(朱基澈) 목사 - 218
      4) 박관준(朴寬俊) 장로 - 227
      5) 김용기(金容基) 장로 - 227
      6) 기타 신사 참배를 거부한 사람들 - 231

제 7 장 교회의 마지막 변절 • 234
   1. 교회의 친일 행각 - 234
   2. 혁신교단(革新敎團) - 245
   3. 교회의 병합 및 통합 - 247
   4. 일본 기독교 조선교단 - 248
   5. 기독교 지도자들의 친일 행각 - 250
   6. 평양신학교와 조선신학교의 설립 - 253

제 4 편 해방 후의 한국 교회 • 259

제 1 장 해방 후의 북한 교회 • 264

1. 김일성 정권의 대두 − 264
2. 교회의 재건운동 − 266
3. 북한 교회의 정치운동 시도 − 271
4. 3·1운동 기념식과 교회의 탄압 − 274
5. 조선기독교도연맹의 출현 − 275
6. 신학교 문제 − 279
7. 교회의 와해(瓦解) − 281

제2장 남한에서의 교회 재건 • 284

1. 남부대회의 와해 − 287
2. 장로교회의 재건 − 289
3. 감리교회의 재건 − 292
4. 성결교회의 재건 − 293
5. 침례교회(동아기독교회)의 재건 − 294
6. 구세군의 재건 − 295
7. 고려(高麗)신학교의 설립 − 296
8. 장로회 경남노회와 고려파의 분립 − 300
9. 장로회신학교와 총회신학교의 설립 − 304
10. 조선신학교와 기독교장로회의 분립 − 306

제3장 한국 전쟁과 교회의 수난 • 311

1. 전쟁 발발의 배경 − 311
2. 교회의 피해와 순교자들 − 314
3. 손양원 목사의 순교 − 319
4. 교회의 대처 − 323
   1) 교회의 지원 − 323

2) 새로운 교회 및 선교회와 구호 단체들의 시작 ─ 325
    3) 군목(軍牧)제도의 시작 ─ 328

제4장 1950년대 이단운동의 발흥 • 331

    1. 나운몽(羅雲夢)의 용문산 기도원 ─ 332
    2. 박태선(朴泰善)의 전도관 ─ 334
    3. 문선명(文鮮明)의 세계기독교통일신령협회(통일교회) ─ 337

제5장 장로교회의 계속된 분열-통합, 합동측의 분열 • 342

    1. 분열의 도화선 ─ 3,000만 환 사기사건 ─ 342
    2. 경기노회 총대사건 ─ 345
    3. 에큐메니칼운동에 대한 신학적 대립 ─ 349
    4. 장로회신학교와 총회신학교의 분립 ─ 353
    5. 통합을 위한 노력 ─ 354
    6. NAE측과 고려파의 합동, 그리고 또 분열 ─ 357
    7. 합동측 주류와 비주류의 분열, 성경장로교회 ─ 358

제6장 1960년대 이후 교회와 신학의 변화 • 362

    1. 토착화(土着化) 논쟁 ─ 362
    2. 민중신학(民衆神學) 논쟁 ─ 365
    3. 도시산업 선교 ─ 367
    4 1967년도 신앙고백과 신학 논쟁 ─ 370
    5. 일본 교회의 한국 교회에 대한 사과(謝過) ─ 372
    6. 복음화 운동 ─ 삼천만을 그리스도에게로 ─ 373
    7. 일치를 찾아가는 교회들 ─ 375

1) 장로교 일치를 위한 노력 — 375

   2) 감리교회의 통합 — 377

   3) 미군 철수 반대운동을 위한 연합 — 378

   4) 구속자를 위한 신·구교 기도회 — 380

   5) 공동번역 성경 출판 — 382

   6) 통일 찬송가의 출간 — 383

8. 교회의 급속한 성장 — 384

   1) 전군신자화운동(全軍信者化運動) — 384

   2) 대형 전도집회 — 386

   3) 성장 뒤의 그림자 — 388

9. 유신정권에 대한 저항 — 391

   1) 기독교정의구현전국성직자단 구성 — 391

   2) 장로교(통합) 교단측의 대정부 입장 천명 — 392

   3) 기독교교회협의회(NCC)의 선교자유 수호를 위한 결의 — 394

10. 한국 교회의 여성 운동 — 395

   1) 한국 여성 운동의 태동 — 395

   2) 한국여신학자협의회 — 396

   3) 여성안수의 실현 — 397

11. 선교 제1세기의 결산 — 400

   1) 한국 교회 선교 100주년 기념 — 400

   2) 언더우드 내한 100주년 기념 연합 예배 — 402

   3) 교황 요한 바오로 2세(John Paul Ⅱ)의 방한 — 403

12. 정의·평화·창조질서의 보전 대회(JPIC) — 405

13. 종교다원주의 논란 — 407

제 7 장 새로운 세기(世紀)에 들어서면서 - 통일을 위한 준비 • 412

  1. 남북 교류의 시작 - 412
  2. 평화통일 논의 시작 - 414
  3. 평양에 첫 예배당 건립-봉수교회 - 416
  4. 남북 교회 대표 회동-스위스 글리온(Glion)에서 - 418
  5. 통일을 위한 범 종단협의체 구성 - 421

제 5 편 결론 • 425

한국기독교회의 역사 연표 • 429
참고문헌 • 457
찾아보기 • 473

제3편 일제 치하의 교회

제1장 교회의 항일(抗日)활동

제2장 교회의 조직과 일제로부터의 수난

제3장 한국 교회와 3·1 독립운동

제4장 1920~30년대의 교회 상황

제5장 사회 변화에 따른 교회의 대응(對應)

제6장 일본 군국주의 통치하의 교회의 시련

제7장 교회의 마지막 변절

제 1 장
교회의 항일(抗日)활동

1. 교회와 항일의 문제

끈질기게 한국의 강점을 획책하던 일제는 1904년 8월 드디어 제1차 한일조약을 체결하였다. 조약의 내용은 한국 정부는 일제의 추천을 받은 일본인 재정고문과 외국인 외교고문을 채용하고 주요 정책을 협의한다는 것이었다. 이에 따라 재정고문으로 목하전종태랑(目賀田種太郞)이, 외교고문에는 미국인 스티븐슨(D.Stevenson)이 왔고, 협약에도 없는 궁내부, 내부, 학부에까지 일본인 고문들이 들어온 소위 고문(顧問)정치가 시작되었다.1) 그리고 이듬해 이등박문(伊藤博文)은 강압적으로 제2차 한일협약(을사늑약)을 체결하여 외교권을 박탈함으로써 한국의 식민화 야욕을 구체적으로 드러냈다. 이러한 일제의 노골적인 한국 침탈 야욕이 구체화되자 이에 대한 저항 또한 필연적으로 나타날 수밖에 없었는데, 교회도 예외일 수는 없었다.

한국의 개신교회가 항일의 교회가 될 수밖에 없었던 필연적 이유가

---

1) 邊太燮, 「韓國史通論」, 431~432쪽 참조.

있었던가? 평범한 보통 사람들도 자기 나라가 외국의 침략을 받고 식민지가 되며 동족이 수탈당하는 것을 보게 되면, 매국노가 아닌 다음에야 그것에 대해 분노하지 않을 사람은 아무도 없을 것이다. 여기에서 같은 의분을 느끼는 사람들이라고 할지라도 기독교인들과 비기독교인들 간에는 그 의분의 근거와 투쟁의 방법에서 차이가 나게 마련이다. 비기독교인들은 단순히 나라를 빼앗긴 의분과 원통함 때문에, 즉 한 국민으로서의 자연적 애국심에서 투쟁의 근거를 찾을 수 있을 것이다. 또한 그들은 독립을 쟁취하기 위해서는 그 어떤 수단과 방법도 불사한다는 생각으로 투쟁하는 것이 자연스러운 일이다.

그러나 기독교인들이 나라를 사랑하는 것은 이들과 달랐고 그 투쟁 방법도 달랐다. 즉 단순한 애국심의 발로가 아닌, 보다 깊은 기독교 신앙에 연원하는 의분이 짙게 깔려 있었다. 그것은 강대국이 약소국을 침탈하는 것에 대한 하나님의 정의에 근거한 공분(公憤)이었다. 즉 약자를 도와주고 고난당한 자를 사랑하라는 주님의 말씀에 근거하여 일제가 한국에 저지르고 있는 악에 대한 저항의식이 더 강하게 작용하고 있었던 것이다. 뿐만 아니라 그 투쟁의 방법도 복음적인 방법, 즉 예수께서 보여 주신 비폭력, 무저항의 방법으로 항일의 정신을 보여주고 있음을 볼 수 있다.

기독교인들의 비폭력, 무저항 정신의 한 예로, 1907년의 경우를 들 수 있다. 이 해에 헤이그(Hague)에서 열린 만국평화회담에 이준(李儁) 열사 등을 밀사로 파송한 일 때문에 일제는 고종황제를 강제로 퇴위시키고, 왕위를 조선왕조의 마지막 왕인 순종(純宗)에게 양위토록 억압하였다. 이에 항거하는 운동이 사방에서 일어났고 이 운동은 의병(義兵)운동으로 연결되었다. 의병운동은 을미사변(乙未事變) 직후 충청도 보은(報恩)에서 비롯되었고, 갑오경장(甲午更張) 때 단발령(斷髮令)이 반포되면서 전국 각지로 확산되었다.2) 이 운동은 민간인들이 주축이 된 항일 게릴라 운동으로 사방에서 봇물 터지듯 일어나 일본군 진지를 습격하고 일본인들에 대해 테러를 감행하기 시작했다. 그런데 이 의병 운동은 일본군에만 국한된 것이 아니고 교회에도 적지 않은 피해를 주었다. 특히 영·호남 지방에서는 의병들이 교회를 습격하고 교인들을 박해하여 한동안 예배를 드리지 못하고 피난 가는 데에까지 이르렀다.3)

평양 지방에서도 이 의병운동이 파죽지세로 일어나다가 급속히 자제되었는데, 그 이유를 1908년 장로교 선교회는 다음과 같이 기록해 놓았다.

> 지혜로운 교회 지도자인 길 [선주] 장로가 그 일의 희망 없음을 간파하고, 백성들에게 도망가지도 말고 저항하지도 말라고 설득하였다……
> 그러므로 그는 북쪽에서 이 혼란을 자제시킬 수가 있었고, 한국을 온통 피투성이가 될 운명에서 구출할 수가 있었다.4)

길선주 장로의 이 같은 행위, 즉 의병들의 무장폭동을 자제하라고 하는 충고가 어떤 견지에서 보면 비애국적이고, 일어나는 민중의 항일 정신에 찬물을 끼얹는 행위처럼 보일 수도 있을 것이다. 그러나 길선주는 우리나라가 힘이 없어 일제에 의해 유린되어 버린 마당에 힘도, 무기도 없는 백성들이 농기구만을 가지고 막강한 무기로 중무장한 일본군을 상대로 싸운다는 것은 오직 무죄한 백성들의 피를 흘리는 일만을 되풀이하는 것밖에 얻을 수확이 없다는 것을 잘 알고 있었다. 무력적 항쟁보다는 국가가 힘없어 나라를 잃은 것을 자성하면서 교육과 산업의 증진을 통해 힘을 비축하여 때를 기다리는 길을 택하도록

---

2) 이것을 乙未義兵이라고 한다. 위의 책, 421쪽.
3) 「朝鮮예수敎長老會史記」 上, 277, 308쪽.
4) *The Annual Report, Presbyterian Church, North*, for 1907, p. 251, for 1908, p. 269.

권유하게 된 것이다.

이러한 길선주의 방안은 비단 길선주만의 생각은 아니었다. 예를 들면 백범 김구는 을사늑약이 선포되자 진남포 엡윗청년회 총무로 서울에서 모이는 전국대회에 참석하여 동지들과 함께 을사강제조약의 철회를 위한 상소를 올리기로 결정하고 도끼를 메고 대한문(大漢門)에까지 가서 상소를 하였다. 그러나 그는 상소하러 갔던 동지들이 일제 헌병 일개 부대의 출동으로 즉시 해산되는 것을 경험하고는 아무 효험이 없다고 생각하여 동지들과 방침을 고쳐 각각 전국에 흩어져 교육 사업에 힘쓰기로 하였다. 그는 황해도로 내려와 처음에는 문화(文化) 초리면(草里面) 서명의숙(西明義塾)의 교원으로 일하다 후에 안악으로 옮겨 그곳 양산학교(陽山學校)의 교원이 되었다가 후에 해서교육총회사건으로 투옥되었다.5)

당시 한국의 상황으로는 폭력적인 방법으로 독립을 쟁취한다는 것은 불가능한 일이었다. 따라서 한국 교회는 항일의 방법으로 무저항, 비폭력의 길로 나아갈 수밖에 없었다. 이것이 예수 그리스도께서 친히 가르쳐 주신 산상수훈의 정신이요, 러시아의 톨스토이(L.Tolstoy)나, 인도의 간디(M.Gandhi), 근대의 미국 흑인 민권운동가 마틴 루서 킹(M.L.King)이 지향했던 그리스도의 정신이었다. 1910년 북장로교회 선교사 블레어(W.Blair)는 "만일 한국 교회가 공식적으로 항일을 선언했다면, 한국 교회는 또 다른 로마 가톨릭이 되었을 것이다"6)라고 단언하였다.

한국 교회의 항일투쟁은 이렇게 그 가닥을 잡아 갔다. 그러나 그것은 어디까지나 그 원론이 그렇다는 것이지, 그 원론이 모든 그리스도인들에게 적용된 것은 물론 아니다. 따라서 반세기 가까운 일제의

---

5) 김구, 「백범일지」 (범우사, 1995), 165~166쪽.
6) William Blair & Bruce Hunter, *Korean Pentecost and the Sufferings which Followed* (Carlisle, Penn. : The Banner of Truth Trust, 1977), p. 63.

치하에서 교회가 경과한 투쟁의 역사는 실로 다양할 수밖에 없었다. 그것이 오늘에 있어서 바람직하냐 그렇지 못하냐 하는 것은 다시 평가되어야 하겠지만 어떻든 우리는 교회의 항일투쟁에 대한 역사를 짚고 넘어갈 수밖에 없다. 그것은 우리 교회에서 빼 놓을 수 없는 역사의 한 단면이기 때문이다.

2. 신앙운동을 통한 항일 - 나라를 위한 기도회

무군무부(無君無父)의 종교로 낙인찍혀 온갖 수난을 겪은 천주교회와는 달리 처음부터 위군위민(爲君爲民)의 종교로 인식된 개신교는 일찍부터 애국심을 길러 왔다. 그러한 기독교인들의 애국심 발로의 한 표현은 초기 교회 때부터 태극기를 게양하는 것으로 나타났다. 미국 북장로교회 해외선교부 총무였던 스피어(R.E.Speer)는 1895년 한국을 둘러보고 가서 쓴 보고서에 한국 교인들의 애국심에 대해 다음과 같이 써 놓았다.

> 한국 교회의 가장 흥미 있고 두드러진 특징 중 하나는 그들의 애국심이다. 우리가 탄 볼품없는 연안선(沿岸船)은 어느 주일날 한국의 북부[의 어느 곳]에 우리를 내려놓았다. 대동강변을 따라서 널려 있는 동네에, 대나무 끝에 작은 한국 깃발 [태극기]이 매달려 휘날리는 것이 우리의 관심을 끌었다. 이 깃발은 그곳이 기독교인들의 주택이거나 혹은 교회라는 것을 표시하는 것이었다. 이것은 선교사들의 지시에 의한 것이 아니고 기독교인들 간에 자연스럽게 이루어진 행위이며 주일에 그들의 주택이나 교회에서 애국적 표현을 한 행위였다. 그들은 이렇게 함으로써 그날의 성격을 선포하며, 또한 그날에 대한 존경을 표시한 것이었다.[7]

---

7) R. E. Speer, *Missions and Politics in Asia* (New York : Fleming H. Revell, 1898), p. 253.

태극기를 단다는 것은 당시에 흔히 있는 일이 아니었다. 그 때 일반 대중은 태극기라는 것이 있는 줄도 모르고 있을 때였다.8) 그러므로 태극기를 단다는 자체가 무척 희귀한 일일 수밖에 없다. 그러나 교인들은 선교사들의 지시도 없이 자연스럽게 주일에 태극기를 자기들의 집에, 그리고 교회에 다는 것으로 애국의 마음을 표현하였다. 교회의 행사가 있을 때 꼭 태극기를 게양하는 것은 교회 안에서 일반화된 모습임을, 초기 교회의 행사 때 찍어 놓은 사진들을 통해서 얼마든지 확인할 수 있다. 이런 모습은 한국 교회의 애국하는 일면을 보여준다.9)

국가가 위기에 부닥쳤을 때 교회는 기도회를 갖는 것으로 국가를 염려하고 위하는 모습을 보여왔다. 1905년 일제가 한국을 강압적으로 억눌러서 을사늑약(乙巳勒約)을 강제함으로써 민족은 고난의 가시밭길을 걷게 되었다. 이런 어려운 때 교회는 기도로써 구원의 손길을 청하였다. 그해 9월 장로회공의회에서 길선주 장로는 나라를 위한 기도회를 갖자는 발의를 했다. 공의회는 이를 받아들여 전국 교회가 일주일을 국가를 위한 기도주간으로 선포하고 이를 실천하였다. 같은 해 11월 을사늑약이 선포되자, 상동감리교회에서는 전덕기(全德基), 정순만(鄭淳萬)의 인도로 매일 수백, 수천의 교인들이 모여 국가를 위한 기도회를 개최하였다.10)

1907년 7월 정미조약(丁未條約)11)이 발표되고 고종이 퇴위하는 어려

---

8) 태극기가 처음 제작된 것은 1882년 임오군란 후 일본과 제물포조약을 맺은 후 특명전권대사 겸 수신사였던 朴泳孝가 일본으로 항해하던 중 明治丸 선상에서였고, 이것이 처음으로 게양된 것은 그가 머물렀던 神戶의 西村捏 건물 옥상이었다. 고종황제는 1883년 3월에 태극기를 국기로 선포하였다. 「동아세계대백과사전」 4권 (1985), 항목 "국기".
9) *Missionary Review of the World* XXI-12 (December 1898), p. 931에 "해주에서 서울까지 모든 예배당마다 태극기가 게양되어 있다"고 기록되어 있다.
10) 郭安連, 「長老敎會史典彙集」第一卷 (朝鮮예수敎書會, 1917).
11) 이 조약의 내용은 한국정부가 施政의 개선에 관하여 統監의 지도를 받을 것과

움 속에서 한국을 위한 기도를 세계 교회에 부탁하여 세계 교회가 기도하는 범세계적 유대를 강화하고 있었다.12) 한국 교회는 기도로써 국가를 위한 힘을 비축하였고, 기도회를 가짐으로써 항일의 모습을 구체화하였던 것이다. 이에 일제는 교회에 나가는 기독교인들을 항일 의식을 선도하는 불순분자로 분류하게 되었고, 교회를 적대시하기 시작하였다. 일제는 "내부(內部)에서 십삼도에 훈령하되 기도하러 간 사람이 있거든 거주, 성명을 자세히 탐지하여 속히 보(報)하라"13)고 하였다. 기도하러 가는 사람은 항일분자로 낙인찍혀 요주의(要注意) 인물로 취급되기 시작했다.

3. 시위와 무장투쟁을 통한 항일

한국의 그리스도인들 중에는 항일을 단순한 기도회 개최 정도로 끝내지 않고 집단적인 시위 형식 또는 폭력적인 방법으로 표출하기 시작한 이들이 있었다. 이들의 무장투쟁이 기독교 정신에 입각하여 볼 때 잘못된 것이라는 논쟁의 가능성은 여기서 배제하고, 이들의 행적을 짚고 넘어갈 필요는 있다고 본다.

1905년 을사늑약이 발표되자 격분한 기독교인들은 이에 대한 항쟁을 행동에 옮기기 시작하였다. 엡윗청년회가 서울에서 모이게 되었는데 이 모임의 명분은 교회 사업을 의논하는 것이었으나 실은 애국운동이 목적이었다. 이때 전덕기(全德基), 정순만(鄭淳萬), 이준(李儁), 이동

법령의 제정 및 중요한 행정상의 처분은 미리 통감의 승인을 얻을 것, 고등 관리의 任免은 통감의 동의를 얻을 것, 통감이 추천하는 일본인을 한국 정부의 관리로 任命할 것 등으로 통감이 한국 내정을 완전히 장악하는 내용이었다. 각 部에는 일본인 次官을 두어 소위 차관정치가 시작되었다. 邊太燮,「韓國史通論」, 433쪽 참조.
12)「大韓每日申報」1907. 8. 22, "萬國祈禱".
13) 위의 신문, 1907. 10. 5.

녕(李東寧), 옥관빈(玉觀彬), 김구(金九) 등이 각지의 대표로 모였다. 이 회의에서 '도끼를 메고 상소'14) 하기로 하고 1회, 2회로 4~5명이 연명으로 상소하여 죽든지 잡혀 갇히든지 몇 번이고 반복하자는 결의를 하였다.15)

이준이 지은 제1회 상소문을 올리러 떠나기 전에 일행은 정순만의 인도로 상동교회에 모여 한 걸음도 뒤로 물러서지 말고, 죽기까지 일심으로 수행하자는 맹약의 기도를 드리고 일제히 대한문(大漢門)으로 몰려갔다.16) 그러나 이들이 대한문에 당도했을 때 일경들이 나타나 강제 해산시켜 버렸다. 이날에 민영환(閔泳煥)이 의로운 자결을 하였고, 참찬(參贊) 이상설(李相卨)이 자살을 시도하였으나 미수에 그친 사건이 있었다.

한편으로는 우선 을사 오적(五賊)을 처단해야 된다고 생각하여 전덕기 등이 평안도 장사들을 모집하여 암살을 계획한 일이 있었다.17) 이즈음에 평양 교인 몇이 상경하여 을사늑약의 철폐와 오적의 처단을 요구하는 격문을 살포하면서 시위를 벌였고, 일부 다른 교인들은 "2천만 동포에게 보내는 글"을 살포하다 일본경찰과 충돌하는 일도 있었다. 경기도 양주 지방의 홍태순(洪太順)은 고종이 일제에 의해 강제 퇴위된 것에 격분하여 대한문 앞에서 자결하였고, 교육자였던 정재홍(鄭在洪)은 이등박문(伊藤博文)을 암살하려다 뜻을 이루지 못하고 역시 자결하였다.18)

이러한 항일운동은 국내에서뿐만 아니라 해외에서도 진행되었는

---

14) 김구, 「백범일지」 (범우사, 1995), 163~164쪽. 이때 모인 인사들의 명단이 상세히 기록되어 있다.
15) 엡윗청년회의 이와 같은 애국운동으로 해서 친일적인 감리교의 감독 해리스(M. C. Harries는 엡윗청년회를 1906년 6월 해산시켜 버리고 말았다.
16) 김구, 「백범일지」, 164쪽.
17) 鄭喬, 「大韓季年史」 (國史編纂委員會, 1957), 191쪽.
18) 위의 책, 255, 274쪽.

데, 그중 대표적인 것은 장인환(張仁煥)과 전명운(田明雲)의 스티븐슨 (D.W.Stevenson) 격살사건이었다. 1908년 3월 21일 당시 일제 통감부의 외교고문으로 있으면서 일제의 한국 강점을 여러 모로 도운 친일파 미국인 스티븐슨을 장인환이 미국 샌프란시스코에서 권총으로 격살하였다. 스티븐슨은 휴가차 귀국하여 기자회견을 하는 자리에서 "한국 황실과 정부는 부패하였고, 한국인은 우매하여 독립할 자격이 없다"라는 망발을 서슴지 않았다. 이에 격분한 재미 한인단체들은 이의 취소를 요구하였으나 스티븐슨은 거절하였다. 이에 격분한 장인환이 그를 쏘아 살해한 것이다. 이 사건은 세계적인 뉴스가 되었고 장인환의 재판도 화제의 초점이 되었다. 결국 장인환은 금고 25년 형을 선고 받았고 후에 감형되어 1924년 석방되었다. 이 사건을 계기로 미국내의 애국단체들이 통합하여 '대한인국민회'19)를 조직하여 독립운동을 지원하는 영향력 있는 단체가 되었다.20)

우리 민족 독립운동사에 길이 잊을 수 없는 사건은 안중근(安重根)의 이등박문 암살사건이었다. 1909년 10월 26일 한국의 강점을 러시아에 알리고 양해를 얻기 위해 러시아를 방문하고 돌아오는 이토를 연해주 일대에서 의병운동을 지도하던 안중근이 하얼빈(Harbin) 역에서 격살한 사건이 터졌다.21) 안중근은 황해도 해주 출신으로 18세에 천주교에 입교하여 영세를 받은 천주교인이었다. 천주교 신자로서 살인을 하는 행위에 대한 그의 입장은 다음과 같은 글에서 엿볼 수 있다.22)

---

19) 대한인국민회는 장인환 의거 후 하와이에 있었던 韓人合成協會와 미주의 共立協會가 통합하여 國民會를 결성한 것인데, 이 국민회가 후에 '대한인국민회'가 되었다. 邊太燮,「韓國史通論」, 467쪽 참조.
20) 獨立運動史 編纂委員會,「獨立運動史 資料集」 II卷, 義烈鬪爭史 資料集 (1976), 30~31쪽.「基督敎大百科辭典」 13권 (1986), 항목 "장인환".
21) 안중근의 사격술에 대해, "그는 어려서부터 돔방총이라는 짧은 총을 메고 날마다 사냥을 일삼아 청계동 군사들 중에 사격술이 제일이어서 짐승이나 새나 그가 겨눈 것을 놓치는 일이 없기로 유명하였다"고 백범은 기록하였다. 김구,「백범일지」, 54쪽.

문 : 그대가 믿는 천주교에서도 사람을 죽이는 것은 죄악이겠지?
답 : 그렇다.
문 : 그렇다면 그대는 인도(人道)에 반(反)한 행위를 한 것이 아닌가?
답 : 교(敎)에서 사람을 죽임은 그 국(局)에 있는 자밖에는 할 수 없는 일이라는 것도 알고 있다. 또 성서에도 사람을 죽임은 죄악이라고 되어 있다. 그러나 남의 나라를 탈취하고 사람의 생명을 빼앗고자 하는 자가 있는데도 수수방관한다는 것은 죄악이므로 나는 그 죄악을 제거한 것뿐이다.[23]

그는 기독교인으로서 살인하는 것이 잘못임을 시인하면서도 국가를 빼앗고 사람의 생명을 빼앗는 것은 죄악이므로 죄악을 제거했다고 언명하였다. 안중근의 살상 행위가 옳았느냐 하는 문제는 다른 곳에서 다루어질 수 있으므로 여기서는 그가 기독교인으로서 애국적 행위를 했다는 점만을 강조하고 넘어가고 싶다.

안중근의 사건에서 빼놓을 수 없는 인물 한 사람이 있다. 그는 우연준(禹連俊 : 본명은 禹德淳)이다. 그는 독실한 개신교 신자로서 충북 제천 사람이었다. 을사늑약이 공포되자 그는 블라디보스토크(Vladivostok : 海蔘威)로 망명하였고, 그곳에 계동(啓東)학교를 설립하여 학생들을 가르치면서 항일의병운동을 지도하였다. 그러다가 1908년에 안중근을 만나게 되었고, 의기투합하여 이토 암살에 가담하게 된 것이다. 그들은 만전을 기하기 위해 두 곳을 저격 장소로 선택하였는데, 안중근이 하얼빈에서, 우연준이 채가구(蔡家溝)에서 감행토록 계획하였다. 그러나 아침 6시 30분에 이토를 태운 열차는 채가구에 서지 않고 통과하여

---

22) 안중근은 이등박문을 살해한 이유와 그의 여러 가지 죄를 자서전 『安應七 歷史』에서 다음과 같이 기록했다. 한국 민황후를 시해한 죄, 한국 황제를 폐위시킨 죄, 5조약(을사늑약)과 7조약(정미늑약)을 체결한 죄, 무고한 한국인을 학살한 죄, 정권을 강제로 빼앗은 죄, 군대를 해산시킨 죄, 교육을 방해한 죄, 한국인이 일본의 보호를 받고자 한다고 세계에 거짓말을 퍼뜨린 죄, 동양 평화를 깨뜨린 죄 등이다.
23) "被告人 安應七 第10回 訊問調書," 『韓國獨立運動史』 資料 6, 284쪽.

오전 9시에 하얼빈에 도착하였으므로 하차하는 이토를 안중근이 격살할 수 있었다. 우연준이 이토를 살해할 수 없었던 것은 기차가 채가구에 정차하지 않은 때문이었다.24) 따라서 안중근과 우연준, 구교와 신교의 두 인사가 이 대담한 일을 감행했던 것이다. 국가를 위하는 일에 신·구 교인이 연합하는 모습을 찾아볼 수 있다.

다음으로는 1909년 12월 23일에 있었던 이재명(李在明)의 이완용 습격 사건을 들 수 있다. 그날 명동성당에서 거행된 벨기에 황제 추도식에 참석하고 돌아오던 이완용을 군밤 장사로 가장하고 있던 이재명이 성당 앞길에서 품고 있던 칼로 그의 어깨와 허리를 세 번 찔렀으나, 호위 순사와 인력거꾼의 저지로 그만 수포로 돌아가고 말았다.25) 이재명은 평북 선천 출신으로 평양 일신(日新)학교를 졸업하고, 하와이에서 수학하다가 1907년 귀국하여 블라디보스토크를 왕래하며 독립운동을 하던 중 국내의 매국노들 처단을 결심하였다. 1909년 6월 평양 태극서점에서 안창호(安昌浩), 이동휘(李東輝), 안태국(安泰國) 등의 기독교 신자들이 모인 자리에서 이재명이 거사 담당자로 택정되었고 이에 따라 그가 이 일을 감행하였다.26) 이재명 의사는 1910년 8월 서대문형무소에서 처형될 때 '예수가 거느리시니 즐겁고 태평하고나' 찬송을 마지막까지 부르며 운명하였다는 기록이 있다.27)

그 후에 강우규(姜宇奎), 이동휘(李東輝) 등도 테러 행위를 수행하였다. 따라서 일제 식민통치 기간 중 줄곧 일제 당국자들과 그 주구(走狗)들을 처단하려는 노력은 기독교인들에 의해 꾸준히 이어져 내려왔다. 그러나 항일투쟁에 앞장섰던 인사들이 단순히 기독교인이라는 이유

---

24) 이 부분은 "우덕순 先生 回顧談,"「安重根 先生 公判記」(1946)을 참조할 것.
25) 「獨立運動史 資料集」, II, 475~478쪽. 인력거꾼은 현장에서 즉사하였다. 김구,「백범일지」(범우사, 1995), 176쪽.
26) 「大韓每日申報」 1909. 12. 23자. 이 부분에 대해 김구는 그의「백범일지」(범우사, 1995)에서 다르게 기술하고 있다. 174쪽 이하를 참조할 것.
27) 李贊英,「韓國基督敎會史總攬」, 329쪽.

만으로 이런 사건을 기독교의 항일투쟁으로 일반화하는 데는 문제가 없지 않다.

4. 경제적 항일[28]

한국 교회 교인들의 항일은 경제적인 면에서도 나타났다. 특히 이 경제적 저항운동은 저항력이 강한 서북지방에서 빈발하고 있었는데 이에 대한 구체적인 저항은 조세(租稅)저항이었다. 그 이유는 이곳이 기독교와 가장 먼저 접촉된 곳이고 조선조에서 백안시된 지역으로 관리로 나가는 사람들이 적어 자연히 상공업에 종사하는 사람들이 많았고 따라서 세금부담이 많아 조세저항의 요소가 많은 곳이었기 때문이다.

일제가 그 침략의 야욕을 구체화하면서 일본 상인들이 대거 한국으로 밀려들어오기 시작하였다. 그들은 가는 곳마다 여러 가지 방법을 동원하여 요지를 헐값으로 취득 또는 탈취하여 자기들의 상업의 거점으로 확보하면서 영세한 한국인 상인들의 시장을 침식하여 상권을 장악하기 시작하였다. 뿐만 아니라 전국의 농토를 헐값에 사들이고,

---

28) 邊太燮, 「韓國史通論」, 424쪽 참조. 19세기 후반 열강국들이 한국에서 이권을 침탈한 사실을 도표로 보면 다음과 같다.

국명	연도	이권의 내용
미국	1896	경인선 철도부설권 (후에 일본에 양도)
	1896	평안도 운산 금광채굴권
	1898	서울 시내 전차부설권
러시아	1896	함경도 慶源, 鏡城의 광산채굴권
	1896	압록강 유역 및 울릉도 삼림채벌권
	1898	경부선 철도부설권
일본	1899	경인선 철도부설권 (미국으로부터 매입)
	1900	충청도 槐山 금광채굴권
영국	1900	평안도 殷山 금광채굴권
프랑스	1896	경의선 철도부설권
독일	1897	강원도 堂峴 금광채굴권

경우에 따라서는 개발, 철도 건설 등의 갖가지 이유를 붙여 농민들의 생활 터전인 농토를 강점하여 전체 농지의 25%를 불과 3%도 안 되는 일본인들이 차지하기에 이르렀다.29) 이런 일제의 만행이 삶의 근거를 상실한 한국인들의 저항을 가져온 것은 자연스러운 일이었다.

1) 조세저항운동

가장 쉽게 그리고 구체적으로 일반 서민들이 할 수 있었던 경제적 저항은 일본 상품 불매운동과 조세저항이었다. 그중에 대표적인 것은 평북 용천과 평남 순천(順川)에서 있었던 기독교 상인들의 조세저항이었다. 1909년 4월 통감부는 시장세(市場稅)를 제정, 공포하여 징세하기 시작하였다.30) 이에 대한 저항이 기독교인을 중심으로 일어났다. 이 저항이 처음으로 나타난 곳은 평북 용천 양시의 시장터에서였다. 이곳에서는 기독교 지도자들을 중심으로 시장세를 거부하는 운동이 확산되었다. 이 운동은 곧 인근 각지로 퍼져 나갔는데 그중에서도 평남 순천 지방의 저항이 가장 강렬하였다. 1910년 1월 이곳에서는 순천읍 교회 장로 최봉환(崔鳳煥)의 지도로 상민회(商民會)를 조직하여 시장세 납부 거부운동을 전개하였다. 후에 이 운동이 폭력화되어 일부 흥분한 상인들이 일인 상점을 부수고 방화하였으며, 급기야 일인 수 명을 살해하는 사건으로 비화하였다.31)

---

29) 일본의 준 관료 기구인 일본 동양척식회사는 1907년부터 한국의 농토를 구입하기 시작하였다. 1910년 이들이 취득한 농지는 11만㎡였는데, 1913년에는 123만㎡였고 1920년에는 777만㎡에 이르렀다. 최호진, 「한국경제사」 (서울 : 박영사, 1981), 220~221쪽.
30) 市場稅는 1909년 4월 法律 제 12호로 發布된 새로운 稅目이다. 國史編纂委員會, 「韓國獨立運動史」 1권 (서울 : 正音文化社, 1983), 510쪽.
31) 龍川誌編輯委員會, 「平北 龍川誌」(1968), 145쪽. 國史編纂委員會, 「韓國獨立運動史」 1, 505~515쪽 참조.

이런 조세저항운동은 서북 지방 여러 곳으로 확산되었는데, 이 운동은 일부 지방에서 선교사들이 뒤에서 사주하고 부추긴다는 일제의 판단이 기록으로 남아 있다. 그들의 기록에 의하면, 함경도 경성군에서는 기독교도들이 선교사들과 합세하여 연초경작세(煙草耕作稅)와 주세(酒稅)를 거부하였고, 또 세금을 수납하러 온 징세원을 폭행하였다32)고 한다. 이것은 기독교회에서 금연, 금주를 엄히 가르치고 실천한 데 기인한 것 같다. 함경북도 성진에서는 선교사 로스와 그리어슨(R.G.Grierson)의 지시에 의해 시장세를 거부하였다고 한다.33) 실제로 선교사들이 그렇게 지시하였는지에 대해 관변(官邊) 자료 하나만 가지고는 믿을 수 없지만, 일제는 적어도 기독교인들의 저항을 선교사들의 사주에 의한 것으로 평가한 시각이 강했다는 증거가 된다.

이러한 기독교인들의 조세저항에 대해 "교회에 희사금(헌금)으로 1년에 16만 원씩이나 기쁜 마음으로 내는 자들이 1, 2전 하는 시장세에 불만을 품고 폭동을 일으키는 것은 미국인들의 종용"34)이라며 그 책임을 선교사들에게 돌리고 있었다. 평남 진남포에서도 통감부의 징세에 순응하는 것은 결국 나라를 망치는 일이라 하여 기독교인들 중심으로 납세거부운동을 전개하였다고 당시의 일본 공사관이 기록하고 있다.

2) 국채보상운동

또 한 가지 경제저항운동에서 빼놓을 수 없는 것은 국채보상운동(國債報償運動)이다. 일제는 한국에 통감부를 설치한 후 금융을 독점하였고, 자기들의 계획을 수행하기 위해 여러 가지 시설을 갖추고, 도로를 신설, 보수하며, 자기들이 고용한 사람들의 인건비를 지출하기 위해

---

32) 「日本公使館記錄」, 1909. 11. 6.
33) 위의 책.
34) 國友尙謙, 「105人 事件 資料集」 第二卷, 323~334쪽.

열악한 재정 상태에 있었던 조선 조정에 차관을 제공하였다.35) 이렇게 진 빚을 갚아야 독립을 할 수 있다고 판단한 선각자들 사이에서 국가의 빚을 갚자는 운동이 일어나게 되었는데 이 운동을 일컬어 국채보상운동이라 부른다.

이 운동이 처음 시작된 것은 경북 대구였다. 출판사 광문회(廣文會) 사장 김광제(金光濟)와 서상돈(徐相敦) 등이 중심이 되어 국채보상 기성회를 조직함으로써 비롯되었다. 이 운동은 주로 금주, 금연운동이 주축을 이루었다. 노동자들이 중심이 되어 외채를 지고 있는 것은 민족의 수치요, 경제적 몰락을 면치 못할 것이라는 자각에서 비롯되었다. 이 운동이 시작되자 「대한매일신보」, 「제국신문」, 「황성신문」 등의 언론기관이 이 사실을 집중 보도하면서 모금운동이 활발히 전개되었고, 각지에 지회가 조직되어 전국적인 운동으로 확산되었다.36) 당시에 한국이 일본으로부터 얻어 온 빚은 1906, 7년 동안만 해도 1,300만 원에 이르고 있었다.37) 이런 빚을 지고는 국가가 결코 자주독립을 할 수가 없으므로 온 국민이 이 빚을 갚아야 한다는 운동이었다. 이 빚을 갚을 방법은 2천만 국민이 3개월간 금주, 금연을 하여 모은 돈으로 실행하자는 것이었다.

이 운동이 초기부터 금주, 금연운동을 교인들의 엄격한 신앙생활 훈련으로 실천해 오던 교회의 지침과 맞물려 교회는 애국운동의 한 방편으로 이 운동에 적극 나섰다. 국채보상운동 본부를 서울의 YMCA에 설치하고 사경회, 강연회, 토론회, 음악회 등을 통해 교인들을 상대로 모금운동을 전개하여 나갔다. 이에 호응하여 전국의 교인들이 헌금을 보내와 이 운동은 큰 성과를 거두었다. 또한 이 운동에 호응하여

---

35) 邊太燮, 「韓國史通論」, 441쪽 참조.
36) 최준, "국채보상운동과 프레스 캠페인," 「白山學報」 3 (1967). 李松姬, "韓末國債報償 運動에 관한 一 硏究," 「梨大史苑」 15 (1978) 등 참조.
37) 「大韓每日申報」, 1907. 2. 21.

여러 기독교계 단체들이 구성되었는데, 서울여자교육회, 진명(進明)부인회, 대한부인회 등을 비롯하여 지방에서도 선천의성회(宣川義成會), 안악 국채보상탈환회(脫環會), 제주도의 삼도리(三道里)부인회 등이 결성되었다. 이 운동은 고종황제까지 호응하여 친히 담배를 끊고 보상금을 하사해 주었을 뿐만 아니라 고급관료, 지식인, 상인, 인력거꾼, 기생, 백정 등 하층민에 이르기까지 확산되었다.38)

3) 탈환회운동

여기에서 여성들이 중심이 되어 벌였던 탈환회에 대해 잠시 언급하고자 한다. 탈환(脫環)이란 글자 그대로 '반지를 뺀다'는 의미이다. 국채보상을 위해 반지를 빼어 바치자는 운동이었다. 이 운동의 방법과 의의를 그 취지문에서 아래와 같이 밝히고 있다.

> 우리 각 사람이 몸둔 곳은 나라이라……나라 한번 망하고 보면 당상(堂上)에 늙은 부모는 장차 어느 곳에 장사하며 강보의 어린 아이는 장차 뉘의 종이 될는지요……국채 1,300만 원을 갚을 방침은 우리 동포 마음에 있는 줄 압니다. 대범 2,000만 중 여자가 1,000만이요, 1,000만 중 지환 있는 이가 반은 넘을 것이니 지환 한 쌍에 2원씩만 셈하면, 1,000만 원이 여인의 수중에 있다고 볼 수 있으니……깊이깊이 생각하면 못할 일이 아니오니 어서 속히 결단하여 지환을 바침으로 국채를 갚는 날은 나라의 행(幸)이요 생명의 행이외다.39)

또한 패물폐지(佩物廢止)부인회 취지서에 다음과 같이 적혀 있다.

> ……2,000만 중 1,000만이 여자가 될 터인데 저마다 전재(錢財)는 충

---

38) 주선애, 「장로교 여성사」(여전도회전국연합회, 1979), 76쪽.
39) 「大韓每日申報」, 1907. 2. 23.

족하지 못하나 3원 이상 값이 되는 금, 은 패물 등속은 있을 터이온즉 각출하면 3,000만 원 가량이라. 1,000만 원으로 국채보상, 1,000만 원으로 은행설립, 1,000만 원으로 학교를 창설하면 조국에 이익됨이 소소한 패물에 비하리오……패물이라는 것은 매일 소용되지 못하고 의장 속에 일 푼의 이식(利息)도 생효치 않고 혹시 차고 보면 심히 무겁고 옷을 상하니 없어도 무방할 것이외다……우리 국민이 남의 빚을 산같이 지고 패물을 차는 것은 발가벗고 은장도 차는 격이라 발기인 일동은 약간의 패물을 연조하여 패물폐지회를 조직, 취지를 선전하옵니다……40)

이렇게 우리 교회 여성들이 패물을 모아 나라의 부채를 갚고 은행도 설립하고 학교도 세워 국가의 내일을 기약하고 있는 것은 참으로 가상한 일이 아닐 수 없다. 이렇게 모아진 성금은 1908년 5월까지 모두 231만 원에 이르렀다.41)

그러나 일제가 이런 시민운동을 그대로 방치할 리가 없었다. 이를 항일운동으로 간주한 저들은 이 운동을 저지할 목적으로 이 성금의 일부를 보관하고 있던 「대한매일신보」42)의 총무 양기탁(梁起鐸) 등 여러 지도자들에게 공금을 횡령했다는 죄를 뒤집어씌워 재판에 회부하는 일을 자행하는 등 노골적으로 방해하였다. 비록 일제의 탄압으로 이 운동이 오래 지속되지는 못했지만, 합법적이고 복음적인 방법으로 교회가 항일운동을 전개했던 투철한 정신을 보여주는 한 대목이다.43)

---

40) 위 신문.
41) 이정식 편, 「韓國獨立運動史」(正音文化社, 1983), 175~176쪽.
42) 「大韓每日申報」는 1904년 영국인 E. T. Bethell(裵說)과 양기탁이 공동으로 발행한 신문이었는데 국한문과 영문을 겸하여 사용하였다. 이 신문은 항일적 기사를 많이 실었는데, 영국인 경영인이라 손을 못 대다가 일제는 영국정부를 움직여 Bethell를 소환하고 나서 1910년 병탄이 된 후 일제가 매수하여 「每日申報」라는 이름으로 바꾸어 어용지를 만들어버렸다. 邊太燮, 「韓國史通論」, 444~445쪽 참조.
43) 위의 책.

4) 감선회운동

여성들은 또한 감선회(減膳會)를 조직하였는데, 이는 식사 때에 반찬을 줄여 먹는 운동을 말한다. 감선은 본래 국난을 당했을 때 임금이 삼가고 절제하는 모습을 백성들에게 보이기 위해 반찬 가짓수를 줄이는 것이었다. 교회는 이 운동을 일으켜 가난하고 어려운 나라에서 교인들이 사치스럽게 찬을 여럿 놓고 먹는 것을 경계하고 절약의 정신을 보여주었다.

부산 사천리에서 조직한 감선회의 취지문은 여인들의 나라사랑 정신을 진솔하게 표현하였다.

> 나라가 있어야 백성이 있고, 백성이 있어야 나라가 있는지라. 외채 1,330만 원을 갚지 못하면 우리 대한강토 삼천리를 보존키 어려워라……충군애국지심이 어찌 남녀가 다르리요. 우리가 살림을 절용하여 조석 반상기에 매일 3~4푼만 감하여도 일월지간에 남는 것이 신화(新貨)가 10전 가량이나 될 것이니 다소를 불구하고 성심 협력 국토를 안전히 하옵시다.[44]

5) 물산장려운동

교회의 경제적 항일운동의 일환으로 나타난 운동은 1920년 7월 평양에서 조만식에 의해 주도된 물산장려운동(物産奬勵運動)이었다. 이 운동은 평양의 김동원, 김성업, 김휘성 등의 기독청년들과 사업가, 그리고 여성계의 김보원, 이겸양, 이진실, 채광덕 등 50여 명이 평양에서 발기함으로 비롯되었다.[45] 이 운동의 목적은 민족단결, 협동정신, 상부상조, 생활개선 등 다양한 목적을 갖고 출범하였는데 그중

---
44) 주선애, 「살며 섬기며」(두란노서원, 1986), 137쪽에서 재인용.
45) 李贊英, 「韓國基督敎會史總攬」(所望社, 1994), 332~334쪽.

국산품 애용운동이 주축을 이루었다. 조만식은 이 일에 대해 다음과 같이 말했다.

> 한국인들 사이의 현재의 가난은 그들 자신의 고유상품 육성의 실패와 의식 없는 멸시에 그 원인이 있다. 그래서 그것을 깨닫지 못하고 한국인들은 외국의 경제의 침략 아래서 고통당하고 있다. 일상의 사소한 물건으로 시작해서 일본의 자본주의 경제 침략은 이제 우리의 중심을 황폐하게 하였다. 이 침략을 방어하는 길은 우리 고유의 상품 생산을 늘리고 발전시키고 아주 우수한 수준의 상품들을 향상시키는 것이다. 이러한 상품은 더 나은 제품의 장려를 위해서 계속해서 지원되어야만 할 것이다.[46]

또한 조만식은 전통적인 한복을 개량하여 활동에 간편한 옷을 만들어 말총모자, 짧은 수목두루마기와 편리화를 착용하여 보급시켰다. 또한 짚신을 신고, 머리를 짧게 깎아 모본을 보여 '한국의 간디'라는 별명을 얻게 되었고, 일반 대중에게 국산품 보급과 생활개혁을 통해 항일정신을 불어넣었다.

이때 많이 불렀던 '물산장려가'를 적어 보면 아래와 같다.

> 산에서 금이 나고 바다에 고기
> 들에서 쌀이 나고 면화도 난다.
> 먹고 남고 입고 남고 쓰고도 남을
> 물건을 낳아 주는 삼천리강산
> 물건을 낳아 주는 삼천리강산
>
> 우리의 믿음직한 젊은이들아
> 두 팔 걷고 두 발 벗고 나오너라
> 우리가 우리 힘 우리 재조(才操)로

---

[46] 「民族運動叢書」 9卷, 245쪽. 물산장려운동에 대해 자세히 알려면 Kenneth M. Wells, *New God, New Nation*, 김인수 역, 「새 하나님, 새 민족」 (한국장로교출판사, 1997), 제7장을 참조할 것.

우리가 만들어서 우리가 쓰자
우리가 만들어서 우리가 쓰자

조선의 동포들아 이천만민아
자작자급 정신을 잊지 말고서
네 힘껏 벌어라 이천만민아
여기에 조선이 빛나리로다
여기에 조선이 빛나리로다.47)

  교회의 항일은 일제가 이 강토를 강점하기 시작한 때부터 1930년대 말 신사참배를 강요하여 우상 앞에 무릎을 꿇을 때까지 꿋꿋하게 지속적으로 이어 내려왔다. 비록 변절자나 친일분자도 적지 않았지만, 생명을 내놓고 끝까지 신앙의 절개를 지키면서 조국과 신앙을 지킨 지사와 순교자들이 우리 교회 안에 유유히 그 맥을 이어옴을 볼 수 있다. 방법론에 있어서 다소 차이가 있었고 비복음적, 비성경적인 요인도 없지 않았지만 애국이라는 그 공통분모만은 결코 잊지 않으면서 해방의 그날까지 새벽을 기다리는 파수꾼처럼 그 지루하고 고달픈 밤을 지새고 있었다.

---

47) 李贊英, 「韓國基督敎會史總攬」, 334쪽.

제 2 장
교회의 조직과 일제로부터의 수난

1. 한국 교회의 조직

1) 장로회신학교의 시작과 독립노회의 창립

한국 교회의 성장은 괄목할 만하게 진행되었다. 특히 1907년의 대부흥운동은 교회의 성장을 빠르게 진행시켰다. 일찍이 언더우드는 자기 집에서 고아들을 모아 교육시키면서 앞으로 신학교를 세울 생각을 했으나 뜻대로 되지 못하였다. 결국 신학교는 서울이 아닌 평양에서 시작되었다. 1901년 평양에서 사역하던 마펫(S.A.Moffett, 馬布三悅, 1864-1939)은 자기 집 사랑방에서 평양 장대현교회 장로였던 김종섭, 방기창 두 사람을 데리고 같은 북장로교회 소속 선교사 리(G.Lee)와 함께 신학교육을 시작하였다. 이것이 오늘날 장로회신학대학교의 효시가 되었다. 평양 장로회선교부는 6인의 신학교육위원을 두어 '신학반'(theological class)을 지도하게 하였고, 1902년에 신학교육은 5년간 실시하는 것으로 결의하였으며1) 1903년에는 조사(助事, helpers) 양성을 위한 특별 과정을 둘 것을 채택하였다.2) 1904년에 위원회는 다른 선교부에 신학교육을 위한 교수요원 지원을 요청하여, 북장로교회의 언더우드, 남장로교회의 전킨(W.M.Junkin, 全緯廉), 캐나다 장로교회의 푸트(W.R.Foote, 富斗一) 등이 평양에 오르내리면서 교수하기 시작하였다. 평양에 거주하는 선교사들 중 베어드(W.M.Baird, 裵偉良), 스왈른(W.L.Swallen, 蘇安論), 번하이젤(C.F.Bernheisel, 片夏薛, 1874-1958), 블레어(W.N.Blair, 房偉良), 웰스(J.H.Wells 禹越時) 등이 출강하였다.3) 1920년대 후반에 이르러서는 최초의 한국인 교수 남궁혁(南宮爀)과 박형룡도 가르치기 시작하였다.4)

신학반이 시작된 이듬해인 1902년에는 신학생이 6명으로 늘어났고 1904년에는 19명, 그리고 1905년에는 3학급이 되면서 학생 수가 40명으로 늘어났다. 1년에 3개월은 학교에서 공부하고 9개월은 자기가 맡은 교회에서 사역하면서 숙제를 하고 자습하는 방법으로 5년간 학업을 진행하였다. 신학교는 차차 학생들이 많아지면서 1905년에는 8명의 3학년 과정과 14명의 1학년 과정이 운영되었으며, 1906년에는 50명의 학생이 등록하였고 3학급이 운영되었다. 1915년에 등록 학생 수가 250명이 넘어 당시 '세계에서 가장 큰 장로교신학교'라는 말을 듣게 되었다.5)

1907년 6월 20일에 드디어 첫 졸업생이 배출되었다. 이때 졸업한 학생은 길선주(吉善宙), 방기창(邦基昌, 1851-1911), 송인서(宋麟瑞, 1867-?), 한석진(韓

---

1) *Minutes of the Council of Presbyterian Missions in Korea*, 1907, 39~41.
2) S. A. Moffett, 'Evangelistic Work," *Quarto Centennial Papers*, 26.
3) 위의 책. 신학교 교수로는 후에 G. Lee(李吉咸), C. A. Clark(郭安連), J. S. Gale(奇一), C. E. Sharp(史佑業), W. C. Erdman(魚塗萬) 등이 가세했다. 남장로교회에서는 W. D. Reynolds(李訥瑞), 호주 장로교회에서는 G. Engel(王吉志), 캐나다 장로교회에서는 A. F. Robb(業亞力) 등이 평양에 주재하면서 교수하였다. H. A. Rhodes, ed., *History of the Korea Mission*, p. 438.
4) 위의 책, 440쪽.
5) 위의 책.

錫晋, 1868-1939), 이기풍(李基豊, 1865-1942), 양전백(梁甸伯, 1870-1933), 서경조(徐景祚, 1852-1938) 등 7명이었다. 첫 졸업생이 배출되는 때에 맞추어 신학교는 4개 장로교 선교부의 정식 허락에 의해 '대한장로회신학교'(The Presbyterian Theological Seminary of Korea)라는 공식 명칭을 갖게 되었다.6)

교장은 신학반을 신설해 그때까지 관리해 온 마펫이 맡았다. 그는 1924년 나부열(S.L.Roberts, 羅富悅)이 교장 직을 계승할 때까지 한국 장로교회 신학훈련에 큰 업적을 남겼다.

신학교 졸업생들을 목사로 안수하기 위해서는 노회가 있어야 하는데 아직 한국에는 노회가 없었으므로 이들에게 안수하기 위해 노회 창립의 필요성이 대두되었다. 이에 따라 미국 남·북 장로교회와 캐나다 장로교회, 그리고 호주 장로교회 선교부는 한국에 노회를 설립할 것을 합의하고, 본국 교회의 허락을 받아 한국에 노회 설립을 추진하였다.7) 그리하여 마침내 1907년 9월 17일 평양 장대현교회에서 선교사 38명, 한국인 장로 40명, 도합 78명이 모여 창립 노회를 개최하였고, 첫 노회장에 마펫 선교사, 부회장에 방기창 목사가 선출되었다.8) 이로써 한국 장로교회는 그 산하에 목사 7명, 장로 53명, 교회 989개, 세례교인 19,000명, 전체 교인 70,000명을 둔 교회로 당당하게 출발하였다.

한국에 나와 선교하던 감리교회는 북감리회, 남감리회가 각각 교단을 형성하여 두 개의 감리교회로 나뉘어 활동하다가 1930년에 이르러 남북이 합동하였다. 그러나 장로교회는 미국 남·북장로교회뿐만 아니라 캐나다, 호주 장로교회까지 모두 합하여 하나의 장로교회를 형성

---

6) *Minutes of the Council of Presbyterian Missions in Korea*, 1907, p. 36.
7) 「大韓예수教長老會獨老會錄」, 3쪽.
8) "The Presbytery of Korea", *The Korea Mission Field* III~11 (November 1907), p. 162에는 선교사 33인, 한국인 장로 36인이 참석했다고 기록하였다. 「朝鮮예수教長老會史記」 上 (朝鮮예수教長老會總會, 1928), 182~183쪽. 서기에는 韓錫晋, 부서기에 宋麟瑞, 회계에 선교사 그레이엄 리(Graham Lee)가 선출되었다.

한 것은 참으로 뜻 깊은 일이 아닐 수 없다. 이 일에 대해「조선예수교 장로회사기」는 다음과 같이 기록하였다.

> 찬송하리로다. 하나님이 우리 조선을 사랑하시사 태평양 수만리 외(外)와 대서양 수만 리 외에 재(在)한 미국 남북장로파 선교사와 영국, 가나다와 오스트렐리아 장로파 선교사를 파견하여 복음을 전파하여 순교의 고(苦)와 박해 난을 비경(備經)하고 교회를 산출(産出)하여 4장로파가 합동하여 1총회를 조직하였으니 영광은 세세에 주께 귀(歸)할찌어다. 선교사 제군의 공과 력(力)이 진실로 의(義)하고 감사할 것은 4장로파가 문호(門戶)을 각립(各立)하지 않고 합동하여 1총회를 성(成)함이 신(神)의 지(旨)를 성취한 의거요 성사이다.9)

노회는 이 교회가 고백해야 하는 신앙고백 즉 신조를 채택하였는데, 그것은 인도 자유교회가 1904년에 창립하면서 채택한 12신조를 받아들이기로 하였다. 그 이유는 선교사들이 그것을 원했기 때문인데, 이들은 그것이 앞으로 아시아 각국 장로교회의 신경이 되어 각 교회가 서로 연락하는 기관이 되기를 바라는 의미에서였다고 하였다. 이 점에 관하여 남장로교회 소속 선교사였던 브라운(G.T.Brown, 富明光)은 1962년에 '한국 교회가 인도 교회 신앙고백을 채택함으로써, 서방의 선교회와의 관계를 가질 뿐만 아니라 동아시아의 형제 교단과도 관계를 갖게 되었다'10)고 긍정적 평가를 하고 있다. 그러나 이는 못내 아쉬운 일이었다. 한국 교회가 선교를 받은 지 20년, 복음과 접한 지 반세기가 지나 새로 만들어지는 노회에서 우리의 말과 정서가 깃들인 우리의 신앙고백을 갖지 못했다는 것은 선교사 주도의 틀을 벗어나지 못한 교회로서 한계였으므로 애석한 일이 아닐 수 없었다.

12신조는 철저하게 칼빈주의 신학 입장을 따르는 신조로서, 하나

---
9)「朝鮮예수敎長老會史記」下, 53~54쪽.
10) G. T. Brown, *Mission to Korea*, p. 72.

님의 주권, 그리스도의 신성, 동정녀 탄생, 죄의 대가, 성령의 아버지와 아들로부터의 나오심, 예정론, 불가항력적 은사, 성례전의 신앙, 육신의 부활과 최후의 심판을 내포하고 있었다.11) 이 신조는 전통적인 장로교회의 신조로서 아무 흠이 없다 하겠으나, 지나치게 교리가 폐쇄적이어서 다양한 신학이 비집고 들어설 자리를 마련해 놓지 않아, 앞으로 교회 안에서 다른 신학 사조가 들어올 때는 그 분파의 가능성이 보였다. 다시 말해서 정통 장로교회가 수용할 수 없는 신학이 도래할 때는 필연적으로 교회가 분쟁에 휘말리게 된다는 의미이다.

노회는 먼저 만국장로교공의회에 한국 장로교 노회의 창립을 알리기로 하고 안식년으로 귀국한 선교사들에게 이 일을 하도록 위임하였다. 또한 선교사들을 파송해 주고, 노회 설립을 허락해 준 미국 남·북 장로교회와, 캐나다, 호주 장로교회에 감사의 편지를 보낼 것도 가결하였다. 초대 선교사로서 그때 미국에 가 있던 언더우드에게 노회 창립을 알리는 일도 결의하여 선배 선교사에 대한 예의도 잊지 않았다.12)

"선교 없는 교회는 교회가 아니다"13)라는 말에 따라 새로 설립된 노회는 전도부를 설립하고 앞으로 전도에 박차를 가하기로 하고, 그 첫 사업으로 7인 목사 중에서 이기풍 목사14)를 제주도15)에 파송하였다.16)

---

11) 白樂濬, 「韓國改新敎史」, 408쪽.
12) 「朝鮮예수敎長老會史記」, 上, 183쪽.
13) S. A. Moffett, *The Christians in Korea* (New York: Friendship Press, 1962), p. 346.
14) 이 목사는 16년 전 평양에서 마포삼열에게 돌을 던져 턱에 상처나게 한 사람이었다.
15) 선교사들의 문서에 제주도를 Quelparte라고 표시한 곳이 많다. 이 말은 한 프랑스 항해사가 이곳에 도착하고 나서 그곳이 어딘지 몰라 Quel parte (What place?, 어느 곳이지?)라고 소리친 데서 연유되었다. A. M. Nisbet, *Day In and Day Out in Korea*, p. 83.
16) 이기풍 목사는 1915년에 건강상의 이유로 그곳을 떠났는데, 1919년에 예배당이

이어 1909년 시작된 백만 명 구령운동의 일환으로 김영제(金永濟) 목사를 북간도에, 김진근(金振瑾) 목사를 서간도에 전도목사로 파송하였다.17)

1909년 제2회 졸업생 아홉 명이 졸업했을 때도 그 졸업생 중에서 최관흘(崔寬屹) 목사를 블라디보스토크(海蔘威)에 파송하여 선교한 결과 후에 50여 교회가 창설되어 노회가 설립되기까지 하였다.18) 같은 해 1회 졸업생 한석진 목사는 동경에 파송되어 유학생을 상대로 전도하여 많은 성과를 올렸고,19) 감리교회와 현지 선교부와 협력하여 초교파적 선교를 하여 마침내 교회를 설립하였다.

평양 여전도회에서는 1909년에 이선광(李善光)20)을 제주도에 파송하여 이기풍 목사를 도와 5년간 전도하게 하였다. 평양 여전도회는 1898년 2월 창립되었다. 창립총회 회록 중에, "남의게 주는 것이 밧는 것보다 복이 잇다 하였고 하나님이 모든 신자의게 의탁하야 죄악에 침륜한 자의게 복음을 전하라 하셧스니 이 귀한 책임은 하나님의 명령으로 된 것이라"21)고 하여 전도의 사명을 다짐했다. 1908년에 조직을 완전히 갖춘 여전도회는 회원 1인이 1전씩 연보하여 그것으로 전도인을 파송하였다.22)

6곳, 네 곳의 기도처가 있었다. G. T. Brown, *Mission to Korea*, p. 96.
17) 「朝鮮예수敎長老會史記」上, 185쪽. 이때 평북전도회에서 중국 臨江縣과 汁安縣에 黃雲起를 파송하였다. S. A. Moffett, *The Christians in Korea* (New York: Friendship Press, 1962), p. 223.
18) 「長老敎會史典彙集」, 101쪽.
19) 일본 유학생 선교는 1909년 대한독노회가 한석진 목사를 파송한 이래 1911년 장·감 연합선교회에서 주공삼 목사를 파송하였고, 1912년에는 임종순 장로를 파송하였다. 1925년 조선 장·감 연합전도국이 설치되어 장로교회의 오기순 목사를 파송하였다.
20) 「長老敎會史典彙集」, 134쪽.
21) 위의 책, 133쪽. 처음에는 회원이 단지 4명에 불과하였고, 초대 회장은 李信行 씨였다.
22) 위의 책, 130, 133쪽. 여전도회 전국연합회의 창설은 1927년 원산총회에서 대구노회

또한 미주 지역, 즉 캘리포니아와 멕시코에 사는 동포들을 위해 방화중(方華中) 목사를 파송하였다.23) 이러한 전도 사업에 대해 「장로교회사전휘집」에 "나이 어린 조선 교회로서는 이적(異蹟)스러운 일이라 아니할 수 없다"24)고 기록하였다.

노회는 전국을 함경, 평북, 평남, 황해, 경충, 전라, 경상 등 7대리회(代理會)로 구분하여 노회의 위임 사항을 처리하게 하였다. 노회가 구성되자 선교사들의 소속문제가 제기되었는데, 노회는 이 문제를 다음과 같이 규정하였다.

> 한국 예수교장로회와 관계를 가지고 일하는 외국인 선교사들은 한국 노회와 총회의 회원권을 가진다. 그러나 그들의 징계와 임면(任免)은 종전대로 그들을 파송한 모교회와 동 선교부에 속한다. 만약 선교회원 3분의 2 이상의 투표로서 한국 노회나 총회의 회원권을 포기하는 것이 현명하다고 결정할 때에는 교회의 최고 치리기관인 총회에서 교회에 가장 좋을 대로 판정한다.25)

이것은 선교사들이 한국 노회에서 권리를 확보하면서도 그 징계나 임면은 본국 교회에 유보시킴으로써 그들이 한국 교회에 완전히 속하지 않겠다는 뜻을 명시함으로써 선교사들의 치외법권을 인정한 것이었다. 이는 한국에 와 있던 선교사들이 자신들을 한국 목사들과 구별하는 특권의식을 가진 것으로 비판받아 마땅한 대목이다.

한국 선교사들은 산동성에 파송되어 가서 바로 중국 교회로 적을 옮기고 중국 교회의 치리를 따르게 하였다. 그러나 선교사들은 한국 교회가 독립하고 총회까지 구성하였으므로 당연히 한국 교회에 적을

지구의 헌의에 따라 허락을 받고 이듬해 대구에서 모인 총회에서 조직을 완료하였다.
23) *The Annual Report, Presbyterian Church, North, for* 1910, p. 281. 白樂濬, 「韓國改新敎史」, 408쪽.
24) 「長老敎會史典彙集」, 101쪽.
25) *The Annual Report, Presbyterian Church, North, for* 1910, p. 61.

옮기고 그 치리에 따라야 함에도 불구하고 여전히 본국 교회에 적을 갖고 있으면서 한국 교회의 치리를 따르지 않았다. 「조선예수교장로회사기」는 이 점을 매섭게 질타하고 있었다.

> ……조선야소교장로회 총회가 조직된 후에는 독립하여 하(何)전도국에도 속하지 않은 것은 사실이며 선교사 제군도 역시 자(自)증명하는 바인데 하고(何故)인지 선교사 제군이 자기 노회와 전도국에 이명하지 않고 엄연히 조선 노회와 총회의 회원이 되며 또 회원이 될 시에는 그 회에 속함이 분명한 것인데 하고인지 조선노회와 총회가 치리할 권(權)이 무(無)하다 함으로 차(此)로 유(由)하여 모순이 심하지 아니한가. 차(此)는 무타(無他)가 선교사 제군이 조선 교회를 동인시(同人視)하며 형제시하지 않고 야만시하며 노예시함이다. 선교사 제군이여 성신으로 시작하여 육체로 결국(結局)하려느냐. 속히 회개할지어다. 차(此) 외 개인의 부족은 거론하지 아니하노라.26)

선교사들이 한국에 와서 선교한 일에 대한 감사와 칭송이 마땅히 저들에게 돌려져야 하는 일이지만, 스스로 한국 교인과 동일시하지 않고 치외법권적 특권을 유지하며 조선 교회의 치리 아래 들어오지 않았던 것은 이유가 무엇이었거나 위에 기록한 것과 같이 한국인을 '야만시하거나 노예시'하지는 않았다 하더라도 일단은 조선 교회를 무시하고 자신들의 특권의식을 유지하려 했다는 점에서 비난받아 마땅하다 하겠다. 이 점에 있어서는 단순히 선교사들의 잘못만을 규탄할 일은 아니며, 당시 우리 교회 지도자들의 강경한 요청이 없었던 데도 그 한 이유가 있었다는 점도 아울러 지적하고 넘어가야 할 것이다.27)

---

26) 「朝鮮예수敎長老會史記」下, 54쪽.
27) 물론 이 기사는 「朝鮮예수敎長老會史記」下卷에 기록된 것으로 이 책이 쓰인 1930년대 한국 교회 안에 일고 있었던 반(反)선교사적 분위기를 엿볼 수 있다.

2) 장로교회 총회 창립과 해외 선교의 시작

1907년 독노회가 창립된 이래로 교회는 어려움 속에서도 꾸준히 성장해 나갔다. 1910년의 한일병탄과 1911년의 105인사건 등 교회 안팎의 민족사적 수난이 휘몰아쳤지만 교회는 의연히 그 사명을 감당했다. 그동안 전국 교회를 한 노회 안에 관리하던 것을 1911년에 이르러 전국의 7대리회를 7노회로 조직[28]하고 총회 창립을 준비하였다. 역사적 창립총회는 1912년 9월 1일 주일, 독(립)노회장이었던 전주의 레널즈(W.D.Reynolds, 李訥瑞) 선교사의 성찬식 집례와 설교로 개막되었다. 준비기도회는 오후에 5천 명 이상의 교인들이 운집한 가운데 평북 선천의 김석창(金錫昌) 목사의 설교로 진행되었다.

역사적 창립총회는 총회 창립예배를 드린 다음날 9월 2일 오전 9시에 평양 장로회신학교에서 개최되었는데, 그때의 상황을 총회록은 다음과 같이 기술하였다.

> 주후 1912년 9월 2일 오전 9시에 평양 서문밖 신학교에서 회장 이눌서 씨, 박예헌 씨의 미가 6장 8절의 강론과 기도로 개회하다. 회장이 총회 취지를 설명한 후에 서기가 회원 천서를 검사하고 조명(출석)하는데 경기·충청노회……전라노회……경상노회…… 함경노회……남평안노회, 평북노회, 황해노회……목사 합 (외국 목사 44인, 조선 목사 52인) 96인과 장로 합 125인 총 합계 221인이니라[29]

초대 총회장에는 언더우드가 선출되었고, 부회장에는 1907년 대부흥운동의 기수 길선주 목사가 선출되었다.[30] 총회 개회 시 가장 흥미

---

28) 노회 조직은 제일 먼저 전라노회가 1911년 10월에 노회장 김필수 목사를 선출하여 조직하였다. 이어 경충노회(노회장:민노아), 경상노회(왕길지), 황해노회 (구례번), 평남노회(주공삼), 함경노회(김영제), 마지막으로 평북노회 (위대모)가 조직되었다. 「朝鮮예수敎長老會史記」上, 186쪽.
29) 「大韓예수敎長老會創立總會會錄」, 1~2쪽.

있는 일은 일곱 노회를 상징하는 일곱 가지 다른 색깔의 나무로 아름답게 장식하여 만든 의사봉(고퇴)을 총회장에게 전달한 일이었다.31)

총회의 창립으로 장로교회는 세계 교회의 일원이 된 것을 확인하였다. 총회의 창립을 축하하기 위해 세계의 장로교회와 중국 산동성노회, 일본 기독교회 그리고 만국장로교연맹(현재 세계개혁교회연맹) 등에서 축전을 보내왔다. 또한 총회는 그 창립을 만국장로교회연맹과 각국 장로교회의 총회에 통고하였다. 이제 명실 공히 한국의 장로교회는 세계 장로교회와 세계교회의 일원이 된 것이다. 비록 국가는 일제에 의해 그 독립권을 빼앗겼지만 교회는 오히려 당당한 독립적 기구로서 세계 교회와 어깨를 나란히 하는 경사를 맞은 것이다. 교회는 법으로 200명의 총대 중 선교사의 숫자가 40명을 넘지 못하게 못박음으로써 한국 교회의 독립성을 강화하였다. 이제 한국 교회는 더 이상 선교사들이 좌지우지할 수 있는 처지가 아니었다. 한국의 목사, 장로들이 절대 다수이므로 한국 교회 지도자들이 교회를 책임지고 이끌고 가야 하는 책무 또한 지워진 셈이 되었다.32)

총회가 창립되고 나서 수행한 가장 첫 번째 일은 해외 선교부의 조직이었다. 독노회가 설립된 당시에 이기풍 목사를 제주도에 파송하고 나서 국외의 서간도, 만주, 동경, 시베리아, 미국, 멕시코에까지 전도인들을 파송했다. 그러나 이런 일들은 어디까지나 해외에 거주하

---

30) 서기에 한석진 목사, 회계에 선교사 블레어(W. N. Blair), 부회계에 김석창 목사가 선출되었다. 총회의 임원들이 모두 한국 사람들로 이루어진 것은 5년 후인 1917년부터였다.
31) J. K. S. Kimm, "The Erection of the First General Assembly of the Presbyterian Church in Korea," *The Korea Mission Field*, VIII-11 (November 1912), p. 324.
32) 총회 조직 당시 교세는 목사 128명(선교사 포함), 장로 225명, 강도사 6명, 조사 230명, 남전도인 46명, 여전도인 70명, 매서인 128명, 세례교인 53,008명, 유아세례인 5,431명, 학습교인 26,400명 등 총 127,228명이었다. '쥬후일쳔구빅이십년 죠션예수교쟝로회총회총계,'「大韓예수敎長老會總會 第1回 會錄」, 별첨 참조.

는 우리 동포들을 위한 것이었지 이민족(異民族)에게 선교한 것이 아니었기 때문에 엄격한 의미에서 해외 선교는 아니었다.33) 그러나 외국 민족에게 선교사를 파송하는 것은 곧 우리 교회의 존재 확인으로 국가가 없어지고 한국 사람이 일본 사람과 같이 취급받던 시대에 한국의 정체성(identity)을 갖는 최선의 방법이었다.

1970년 미국의 저명한 교회사가이며 시카고대학교 교수인 마틴 마티(Martin Marty) 교수가 "국가의 정체성과 선교는 밀접하게 연결되어 있다"34)고 한 말은 바로 일제 치하에 있던 한국 교회의 해외 선교 수행에 정확하게 적용되는 말이었다. 총회는 선교지를 중국 산동성 내양현(萊陽縣)으로 확정하고 첫 선교사로 김영훈(金永勳), 사병순(史秉淳), 박태로(朴泰魯) 등 세 목사를 이듬해에 파송하기로 결정하였다.35)

한국 목사들의 산동성 선교는 서양 선교사들보다 무척 용이했는데, 그것은 한국 목사들은 한자를 읽고 쓸 수 있어서 의사소통이 가능했고, 언어도 한자음과 비슷해서 무척 쉽게 습득할 수 있었기 때문이었다.36)

해외 선교비는 전국 교회가 감사주일 헌금한 것을 전도국에 보내 충당하기로 결정하였다. 산동성은 공자와 맹자가 태어난 고장으로 미국 선교부가 유일하게 선교에 큰 어려움을 겪고 있던 곳이었다.37)

---

33) 郭安連 編輯, 「長老敎會史典彙集」(北長老敎會宣敎會, 1935), 8쪽.
34) W. S. Hudson, *Nationalism and Religion in America, Concept of American Identity and Mission* (New York: Harper and Row, 1970), p. 54에서 재인용.
35) 「大韓예수敎長老會總會 第2回(1913년) 會議錄」, 25쪽. 이들 3인의 선교사는 1917년까지 모두 귀국하였는데 金永勳 史秉淳은 自意歸國하고 朴泰魯는 身病으로 귀국하였다. 이에 따라 총회는 다시 3인의 선교사를 파송하기로 하고 우선 方孝元, 洪承模를 결정하여 1917년 파송하였고, 1923년에는 朴尙純, 李大榮 목사를, 1931년에는 金淳孝 여선교사를, 1937년에는 方之日 목사를 각각 파송하여 선교하게 하였다. 「朝鮮예수敎長老會 史記」下, 22쪽.
36) G. T. Brown, *Mission to Korea*, p. 95.
37) 네비어스 선교 정책으로 유명한 네비어스 선교사는 이곳에서 선교하면서 어떤 곳에서는 7년 동안 선교 사역을 했으나 단 한 명의 결신자도 내지 못한 일도

우리 총회는 남들이 들어가서 성공한 곳에 가는 것보다는 실적이 없는 곳에 가는 것이 좋겠다고 여겨 그곳을 택하게 되었고, 중국 교회에서도 이곳을 천거하였던 것이다. 전도부장으로 해외 선교에 앞장섰던 길선주는 다음과 같이 중국 선교의 시작에 대해 피력하였다.

> 한국 교회가 중국에 선교사를 파송한다는 것은 여러 모로 힘에 겨운 일이다. 그러나 나라를 잃었을망정 국외에 선교하는 교회로서 세계 선교국의 일원이 된다는 것은 가장 의의가 있었을 뿐만 아니라 이 땅 위에 하나님의 나라를 건설하려는 복음운동에 대한 한국 교회의 의무인 동시에, 거저 받았으니 거저 주라는 말씀에 순응하는 믿음의 실천이다. 우리는 이를 이행하기 위해 최대의 힘을 다할 뿐이다.38)

한국 교회의 중국 선교에 대해 미국 북장로교회 해외선교부 총무 브라운은 다음과 같이 기록하였다.

> ……두 나라간의 역사적 관계에서 [볼 때], 조선은 중국에 그 문명과 문학에 빚진 바 [커서, 한국 교회의] 선교적 사명이 더욱 강조되었다. 그들[한국인들]은 중국인들이 한국인들을 왜소하고 뒤떨어진 민족이라고 여겨 왔음을 알고 있다. 그러나 선교사들은 교회에서 [한국인들이 기도하는 소리를 들었는데], 오! 주여 우리는 멸시받은 민족이며, 이 지구상에서 가장 연약한 민족입니다. 그러나 주님은 멸시받은 자들을 택하는 분이십니다. 아시아를 위하여 이 민족을 들어 당신의 영광을 나타내옵소서.39)

있었다. C. A. Clark, *The Nevius Plan of Mission Work* (Seoul : Christian Literature Society, 1937), p. 45.
38) 길진경, 「靈溪 吉善宙」, 243쪽. 길선주 목사는 실제로 노회가 창립되기 1년 전인 1906년에 '우리는 곧 우리 온 나라에 복음을 전파하고 나서 미국의 교인들이 우리에게 한 것과 같이 중국의 수백 만의 영혼들을 위해 복음을 전할 기회가 주어질 것이다'라고 말한 바 있다. A. M. Nisbet, *Day In and Day Out in Korea*, p. 175.
39) A. J. Brown, *One Hundred Years, A Story of the Foreign Missionary Work of the Presbyterian Church in the U.S.A.* (New York: Fleming H. Revell, 1936), p. 428.

모든 제도와 문물을 중국으로부터 전수받았고, 배우기만 했던 한민족이 대국으로 섬겨만 왔던 중국 사람들을 복음으로 가르친다는 것은 실로 감격스러운 일이 아닐 수 없었다. 이 일에 대해 「장로교회사전휘집」에 "이는 조선교회가 선교 밧은 지 28년 밧게 안 된 때였다. 실로 세계에 유(類)가 업는 경이적 사실이 아니고 무엇이랴"40)라고 강조하였다.

산동성 선교에서 첫 수세자는 장수명(Chang, Soo Myung)이라는 70세 된 학자로서, 그는 김영훈 목사가 그 지방관에게 보낸 한시(漢詩)를 읽고 감동하여 기독교 신앙을 받아들였다.41)

산동 선교는 크게 성공하여42) 평도(平度), 즉묵(卽墨), 해양(海陽), 누하(樓霞) 등 5개 현으로 선교 구역이 확대되었다. 1932년에는 내양남관(南關)교회에서 내양노회가 창립되어 중국 교회의 산동대회 산하 16개 노회 중 하나로 가입하는 성과를 거두었다.43) 이곳에서 선교를 시작한 지 30년이 지난 후 교회가 35개소, 교인이 1,716명으로 중국 선교사상 최대의 기록을 남겼다.44)

3) 감리교회의 조직

감리교회는 한국에서 장로교회와 비슷한 시기에 선교하였지만, 그 정치제도가 장로교회와 다르기 때문에 그 교회의 창립도 다른 모습으로 나타났다. 미 북감리교회는 1897년 서울 구역회(Seoul Circuit)를

---

40) 「長老敎會史典彙集」, 102쪽.
41) A. M. Nisbet, *Day In and Day Out in Korea*, p. 133.
42) 선교가 시작된 지 15년 후인 1928년에 수세자가 898명, 예배당이 13개, 기도처 20곳, 장로 10명, 전도사 15명, 244명의 학생을 수용하는 12개의 주간학교 (Day School)가 있었다. G. T. Brown, *Mission to Korea*, p. 95.
43) 李贊英, 「韓國基督敎會史總覽」(所望社, 1994), 274쪽.
44) 蔡弼近 편, 「韓錫晋과 그 時代」(대한기독교서회, 1971), 94쪽.

설치함으로써 교회 조직을 시작하였다. 이 구역회는 한국 선교회(The Korea Mission)의 산하 조직으로 있다가 1901년에 이르러 세 개의 지방회로 분류되었다. 즉 인천을 중심한 서지방회, 평양을 중심한 북지방회, 서울을 중심한 남지방회이다. 이 지방회의 분립은 1905년 6월에 한국선교연회(年會: The Korea Mission Conference)로 그 조직이 확대되었다. 1907년의 부흥운동을 경과하면서 그 이듬해인 1908년 3월에 정동교회에서 감리교회의 완전한 조직인 '한국연회'(The Korean Annual Conference)가 창설되었다.45) 이 연회는 일본에 주재하고 있던 해리스(M.C.Harris, 1846-1921)가 주재하였다. 그는 한국 교회의 감독이 되었고 주한 미국 선교사들은 모두 본국 교회로부터 한국 감리교회 연회로 이명을 하여 한국 감리교회의 회원이 되었다.

한편 미국 남감리회는 1897년 9월에 지방회를 조직하였는데, 그때에는 중국연회에 속하였으나, 12월에 한국선교회로 독립하였다가 1914년에 이르러 한국연회를 조직하였다. 1918년에 맥머리(W.F.McMurry) 감독이 한국에 와서 주재하면서 그해 10월에 개성에서 정식으로 '한국연회'가 출범하게 되었다.46) 남·북 감리교회가 오랫동안 각각의 조직을 운영하다가 1930년에야 비로소 '조선 감리교의 합동과 조직에 대한 성명서'를 발표하였다. 12월 2일부터 12일까지 조선감리교회 창립총회를 협성신학교에서 개최하고 남·북 감리교회를 하나로 통합하여 '기독교조선감리회'가 형성되었다. 이때 제1대 통리사로 양주삼(梁柱三) 목사가 추대되었다. 장로교회는 선교 초기부터 남·북 장로회가 합동하여 선교하고 1907년 한 장로교회를 이룬 데 반해 감리교회는 1930년대에 와서야 때늦은 통합을 이루었다. 그러나 장로교회와 더불어 한국에서 개신교로서는 두 번째의 큰 교단이 하나된 것은 에큐메니컬 정신의 또

---

45) *Official Minutes of the Korea Mission Conference of the Methodist Episcopal Church*, (1908), p. 28.
46) 李成森, 「韓國監理教會史」(基督教大韓監理會教育局, 1978), 139~144쪽.

다른 구현이었다.

4) 성결교회의 시작

한국의 성결교회(聖潔敎會)는 장로교회나 감리교회처럼 세계적인 기구의 교회가 아니었고 '동양선교회'(Oriental Missionary Society:OMS로 약칭)라는 기구가 '성결교회'라는 이름으로 발전된 것이다. 따라서 성결교회는 동양선교회가 그 모체가 된다. 동양선교회는 1901년 동아시아 지역 선교를 목표로 일본 동경에 왔던 카우만(C.E.Cowman, 1868-1924)과 킬보른(E.A.Kilbourne, 吉寶崙, 1865-1928) 두 선교사에 의해 시작된 선교 단체였다. 카우만은 미국 오하이오 출신의 전기 기술자로 일하다가 1894년 9월 시카고의 무디(D.L.Moody)교회에서 있었던 선교집회에 참석하여 은혜를 받고 선교사로 나갈 결심을 굳혔다.[47] 그는 곧 무디성경학교에 등록하고 수업을 받은 후 감리교회에서 목사 안수를 받았다. 1901년 그는 아내와 더불어 아무 교회의 소속이나 후원도 없이 유일한 재산인 부인의 피아노를 팔아 여비를 마련하고 도우시는 하나님만을 믿고 부인과 함께 동경에 도착하여 방 한 칸을 얻어 '동양선교회 복음전도관'이라는 간판을 걸고 전도를 시작하였다.

이듬해인 1902년 카우만은 전에 직장 동료였던 킬보른에게 함께 선교하기를 권해서 동경으로 그를 불렀다. 킬보른은 친구 카우만의 전도로 신학을 공부하고 1902년에 감리교회에서 목사 안수를 받은 사람이었다. 킬보른이 동경에 오자 이들은 자기들이 공부한 시카고의 무디성서학원의 본을 받아 성서학원을 개설하여 전도자를 양성하면서 전도에 힘썼다. 처음에 그들은 교파를 형성할 의향이 없었으므로

---

47) L. B. Cowman, Charles E. Cowman, *Missionary-Warrior* (Grand Rapid : Zondervan Pub., 1928), p. 84.

개종한 사람들에게 아무 교회나 가라고 권했으나 차차 추종자들이 늘어나자 어쩔 수 없이 1904년 11월 전도관(교회)과 성서학원을 한데 묶어 동경에서 '동양선교회'를 창설하였다.48) 이때 이 선교회의 목적을 '동양 모든 나라에 순복음(full gospel)을 전하고자 함이라'고 천명하였다.

일본 각지에서 열성 있는 젊은이들이 성서학원에 와서 공부하기 시작하였다. 이때 한국에서 김상준(金相濬), 정빈(鄭彬) 두 사람이 와서 수업을 하였다. 이들은 성서학원을 마치고 귀국하여 1907년 5월 현재 성결교회의 본부가 위치한 서울 무교동에 기와집 한 채를 사고 '동양선교회 복음전도관'이란 간판을 달고 전도를 본격화하였다. 이들은 어디에서든지 성서학원을 먼저 시작하는 전통에 따라 김상준, 정빈 두 사람이 일본 동양선교회에 성서학원 설립을 요청하자 마침 1908년 8월 동양선교회의 후원자 한 사람이 4천 달러를 희사하였다. 이에 따라 카우만이 서울에 와서 한국의 상황을 시찰하고 돌아갔다. 그 후 여러 사람이 서울의 선교회를 위해 헌금을 해 주어서 무교동에 큰 예배당을 건축하였고, 1911년 3월 성서학원이 무교동 전도관에서 '경성성서학원'(현 서울신학대학의 전신)이란 이름으로 시작되었고, 이듬해 5월 충정로에 새 교사를 건축하고 이전하였다.49)

1910년 12월 동양 선교 지부를 서울에 세우고 만국사도성경연합 명의로 파송된 영국인 존 토마스(J.Thomas) 목사가 초대감독으로 내한하였다. 그는 이곳에서 활동하다가 부인이 병들자 귀국하였다. 1920년 킬보른이 한국에 제2대 감독으로 내한하면서 교세가 확장되었다. 한국에서도 처음에는 교파 의식 없이 전도하였으나, 추종자들이 늘어나면서 교회의 형태를 취할 수밖에 없었다. 결국 1921년 전도관을

---

48) 「韓國聖潔敎會史」(基督敎大韓聖潔敎會, 1992), 4쪽.
49) 위의 책, 95쪽.

교회체제로 전환하면서 '조선예수교 동양선교회 성결교회'라는 이름을 붙이게 되었다.50)

성결교회가 목사를 독자적으로 안수한 것은 1914년 7월에 전국교역자 수양대회가 열리는 때를 기하여 김상준, 이장하, 강태온, 이명직, 이명헌 등 다섯 명이 첫 목사로 장립되면서부터였다.51) 총회가 조직되면서 1922년부터 교단지 「활천」(活泉)을 창간하였으며 1929년 2월 성결교회 제1회 연회를 개최하였고, 1932년 봉천과 하얼빈에 선교사를 파송하여 외지까지 선교구역을 확대하였다. 그러나 1936년 '대한기독교 하나님의 교회'가 성결교회에서 분립해 나가는 아픔도 겪게 되었다.52)

5) 구세군

구세군(救世軍, The Salvation Army)은 영국의 감리교 목사였던 윌리엄 부스(William Booth)와 그의 부인 캐더린(Catherine)이 창시한 종교단체로서 19세기 영국 산업혁명의 결과로 나타난 빈민들을 위해 전도, 자선 및 사회사업을 목적으로 출발하였다. 부스는 1865년 런던에 본부를 두고 천막을 치고 전도에 전념하였다. 본래 이 단체의 이름은 '동 런던 부흥전도단' 또는 '기독교 전도단'이라는 이름이 붙여졌는데, 후에 부스가 '기독교인의 사명은 구세군이 되는 것이다'라고 한 말에서 1878년부터 이 단체를 '구세군'이라고 불렀다. 부스는 구세군을 창설한 목적을 다음과 같이 말하였다.

---

50) 李泉泳, 「聖潔敎會史」 (大韓基督敎聖潔敎會 出版部, 1970), 18~29쪽.
51) 「韓國聖潔敎會史」, 192쪽. 이때 안수위원은 왓슨(G. D. Watson), 카우만, 킬보른, 토마스, 라센(Lasson, 羅順) 등이었다.
52) 위의 책, 238쪽 이하 참조.

나는 오래 전부터 자기의 이익과 안락을 위해 살기를 그만두고 세상의 불행한 사람들을 구원하기 위해 한 몸을 바쳤다. 세상 어디를 가든지 죄와 슬픔이 없는 곳은 없다. 그런 슬픈 자의 눈물을 씻고 죄에 빠진 자들을 구원함은 나의 평생 소원이다. 나는 선량한 정부의 친구다. 모든 인민은 나의 벗이다. 나는 모든 인류가 이 세상에서는 행복하게 내세에서는 천국에 들어가도록 힘쓸 것이다.53)

구세군은 그들의 조직을 군대조직으로 하였고 부스 자신이 대장(大將)으로 취임하였다. 이들의 사업은 활발하게 진행되어 미국으로 건너가게 되었고, 1895년에는 일본에 진출하였으며, 한국에는 1908년 10월에 호가드(R.Hoggard, 許嘉斗, 1861-1935) 정령(正領) 일행이 도착하여 새문안에 영(營)을 설치하고 개전(開戰:전도)함으로써 그 사업을 시작하였다.54) 그들은 항상 군인제복을 입고 길거리에서 나팔을 불고 북을 치면서 사람들을 모아 놓고 전도하는 것으로 유명하였으므로, 일제 말기에는 그들의 군복 착용으로 인해서 박해를 자주 받았다. 성탄절이 되면 길모퉁이에 자선냄비를 걸어 놓고 모금을 하여 그 기금으로 빈민들에게 음식을 만들어 봉사하는 단체로 널리 알려지게 되었다.

1909년에는 구세군사관학교(신학교)를 설립하고 사관(목사) 양성을 시작하였다. 그들은 본래의 사명인 가난 및 사회악과의 대결로 복음을 전하였고, 고난 속에 살아가는 이 민족에게 꿋꿋한 정신으로 봉사했다.55) 또한 사회사업으로 애오개에 있던 소녀 고아원을 경영하면서 일제 침략으로 함께 밀려들어온 여러 사회악에 대항하여 투쟁하였다.

구세군은 호남 지역 선교를 위해 전주에 교두보를 확보하고 로드(Ensign Lord)와 그의 부인을 보내 선교토록 하였다.56)

---

53) 張亨一, 「韓國 救世軍史」 (救世軍大韓本營, 1975), 16쪽.
54) 'Editorial,' *The Korea Mission Field* (October 1908), p. 154.
55) 救世軍의 歷史는 張亨一의 「韓國 救世軍史」 (救世軍大韓本營, 1975) 참조.
56) A. M. Nisbet, *Day In and Day Out in Korea*, p. 134.

6) 침례교회의 조직

1900년 엘라 딩 선교회로부터 선교활동 일체를 인수한 펜윅(M.C.Fenwick, 片爲益, 1863-1935)은 홀로 선교활동을 이끌어 갈 수밖에 없었다. 그는 원산을 중심으로 선교하면서 1901년 엘라 딩 선교회의 사역을 한국순회선교단과 병합하여 한국에서의 침례회 선교의 교두보를 확보하였다. 펜윅은 전직 훈장이었던 신명균을 충청도에, 장기영(張基永)을 전라도에 파송하여 순회 전도하게 하였다. 신명균은 공주에 성서학원을 설립하고, 성경을 가르치면서 지도자를 양성하였다. 특이한 것은 이 학교에서는 성경뿐만이 아니고 기술교육을 위해 측량부(測量部)를 두어 교육하였다는 점이다.57)

적극적인 전도와 선교로 교회가 성장하고 교인이 늘어나자 교회조직의 필요를 느낀 펜윅은 1906년 10월 충청도 강경의 강경교회에서 전 사역자를 소집하여 대회를 열었다. 이때 46개조로 된 교규(敎規)를 만들고, 교회의 성격을 '인류의 선결은 화목이요, 그리스도인의 선결도 화목'이라 하고 조직의 명칭을 '대화회'(大和會)라 정했으며, 교단 명칭은 '대한기독교회'로 정했다. 초대 감목(총회장)에는 펜윅이 선출되었고, 교회 본부는 원산에 두기로 했다. 이때 이 교회는 그 전도구역을 한국을 위시하여 해외로 남·북만주, 러시아, 시베리아까지로 결정하였다.58)

이 교회는 그 교단의 명칭을 여러 차례 수정하는 과정을 거쳤다. 본래의 명칭이었던 '대한기독교회'는 1910년 일제가 한국을 강점한 후에 '대한'이라는 용어를 쓰지 못하게 억압하였으므로 어쩔 수 없이 1921년 16회 대화회에서 교단 이름을 '동아기독교회'로 바꾸었다. 그

---

57)「韓國浸禮敎會史」, 54쪽.
58) 위의 책, 57쪽.

러나 이 이름을 사용한 지 10년 후에 펜윅이 '교회'라는 이름을 싫어하여 1933년에 이르러서는 '동아기독대'(東亞基督隊)로 바꾸었다. 펜윅은 교회라는 이름은 기독교회에서만 사용하는 것이 아니고 천도교에서도 사용하고 있어서 '성별'(聖別)의 의미가 사라졌으므로 '하나님의 성별된 무리'라는 의미로 '대(隊)'라는 명칭이 적합하다고 주장하여 이를 채택한 것이다.59)

7) 제7일 안식일 예수재림교회

안식일교회는 19세기 중엽 미국의 경건한 침례교회 교인이었던 농부 출신의 윌리엄 밀러(William Miller, 1782-1849)가 연원(淵源)이다. 그는 구약의 다니엘과 신약의 계시록을 열심히 읽고 공부하여 자기 나름대로 예수의 재림 날을 계산하였고 1843년 초에 예수님이 재림한다고 예언하면서 모두 주님 맞을 준비를 하라고 외치고 다녔다. 많은 사람들이 이에 미혹을 받아 생활을 정리하고 흰옷을 입고 산에 올라가 재림주를 맞으러 갔으나 재림은 이루어지지 않았다. 그러자 밀러는 자기가 계산을 잘못했다며, 1년 뒤인 1844년에 오신다고 예언하였으나, 역시 재림이 이루어지지 않자 그를 따르던 무리들이 대부분 흩어졌다. 그 후 그들 중 일단의 무리들이 모여서 만든 교회가 곧 '제7일안식일예수재림교회'(The Seventh Day Adventists Church)이다. 이들은 안식일에 예배하라는 하나님의 명령을 따라야 한다고 주장하면서 주일에 예배드리는 것을 금지시켰다.60)

한국의 안식일교회는 1904년 하와이로 이민을 떠난 손흥조(孫興祚)와 하와이 개발공사 직원이었던 임기반(林基盤)에 의해 도입되었다.

---

59) 위의 책, 102쪽.
60) Kenneth S. Latourette, *A History of Christianity*, p. 1259.

손흥조는 하와이로 가던 중 일본에 잠시 머무는 동안 신호(神戶)에서 제7일안식일예수재림교회의 국유수(國谷秀) 목사에게서 침례를 받음으로써 한국인으로는 첫 안식교도가 되었다. 손흥조와 임기반은 서류의 불비(不備)로 하와이 행이 이루어지지 않았으므로 한국에 돌아와 평안도 용강(龍岡)에서 전도를 시작하였다.

이들은 교리를 깊이 알지 못해서 어려움을 겪게 되자, 일본의 국유수 목사와 미국인 선교사 필드(F.W.Field)가 1904년 내한하여 전도를 시작하였다. 그러나 그들은 성경의 교리를 가르치는 것보다 안식일을 지켜야 함을 강조하였다. 즉 일요일은 로마 황제 콘스탄틴(Constantine the Great)이 331년 공휴일로 선포하면서 이루어진 것이므로 안식일을 지켜야 한다는 교리를 설파하였다.[61] 성경보다 교리를 강조한 이 교회는 성경에 기초하여 전도하던 기타의 교회들과의 충돌이 불가피하였다.[62] 이 교회는 안식일 성수 주장으로 인해 대부분의 정통 교회들로부터 이단으로 정죄되었다.

위에서 살펴본 바와 같이 한국 교회는 1900년대 초를 기하여 여러 교파가 한국에 자리잡으면서 한국 교회로서의 위치를 확보하고 그 형체를 이루어 나갔다. 대부흥운동은 각 교회로 하여금 그 양적 증가를 가져오게 하였고, 그 결과 한국인 교회의 창설을 앞당기게 하는 계기가 되었다.

---

61) Constantine 대제가 일요일을 공휴일로 선포한 것은 초기 교회가 예수님이 무덤에 계셨던 토요일에 예배드리지 않고, 부활하신 날인 일요일을 '주님의 날'(The Lord's Day: 주일)로 정하고 예배를 드렸기 때문이었다.
62) 安息教會의 歷史는 李榮麟, 「韓國再臨教會史」(時兆社, 1965) 참조.

2. 교회의 수난

1) 일제의 기독교 정책

일제가 한국에서 편 종교 정책, 특히 기독교에 대한 정책은 줄기차게 탄압과 박멸로 일관하였다. 물론 총독에 따라 다소 차이는 있었지만, 그 정책의 일관성에는 변함이 없었다. 1905년 을사늑약이 공포되면서 서울에 일제의 통감부가 설치되고 이등박문(伊藤博文)이 초대 통감으로 왔을 때, 그는 주한 선교사들과 만난 자리에서 선교사들의 교육과 의료 사업에 대해 공개적으로 치하하면서 다음과 같이 기독교에 대한 우호적 입장을 보였다.

> 일본이 개혁을 단행할 때 고위 정치인들이 기독교에 대한 불신으로 종교의 관용 정책을 반대하였다. 그러나 나는 종교와 포교의 자유를 위해 과감히 투쟁하였고, 결국 승리하였다. 나의 이론은 이렇다. 문명이라는 것은 도덕에 근거하고 최고의 도덕은 종교에 근거한다. 따라서 종교는 관용되어야 하고 격려되어야 한다.[63]

이런 것을 근거로 할 때 이등은 기독교에 대해 유화적인 태도를 지닌 것이 확실해 보인다. 그러나 그가 안중근에 의해 격살되고 1910년 한국이 일제에 병탄된 후 초대 총독으로 한국에 온 사내정의(寺內正毅)는 노골적으로 반 기독교적인 태도를 취함으로써 앞으로 한국 교회가 겪을 수난을 예고하였다. 그가 일본에 있을 때, "한국 내 기독교가 정치에 간섭할 마음만 없다면, 신교의 자유는 존중되고 전도활동도 보장된다"[64]고 말한 바 있다. 그러나 그것은 어디까지나 미국 선교사

---

63) F. A. McKenzie, *Korea's Fight for Freedom* (New York: Fleming H. Revell, 1920), p. 211.
64) H. Loomis, "The New Korean Governor and Missions," *The Missionary Review*

에게 한 말에 불과한 것이었고, 기독교에 대해 적대적이었던 일관된 그의 생각은 그가 통치하는 기간에 나타난 행적을 통해 추적해 볼 수 있다.

사내정의는 1913년 12월 동경에서 행한 연설에서 "기독교회는 조선에서 가장 힘 있는 세력이다. 그러므로 우리는 그곳의 기독교인들에 대한 특별한 경계를 지속해야만 한다"65)고 말하여 조선 교회 무력화에 온 힘을 쏟을 것을 은연중 암시하였다. 그가 한국에 도착하여 시행한 한국 기독교에 대한 정책은 구체적으로 적대적이고 파괴적인 것으로 나타났다. 우선 기독교 학교에서 민족의식을 고취한다고 판단한 그는 이들 학교에서 공부하는 모든 학생들에게 국가적 축제일에 일본 천황의 사진에 절하도록 강요하기 시작하였다.66) 우상을 섬기고 절할 수 없다는 기독교의 가장 중심적 교리에 도전함으로써 기독교와의 대결을 시도한 것이다.

1909년에 일어났던 백만 명 구령운동이 일제에게는 교회의 조직적 항일운동을 위한 전초전으로 인식되었다. 그러자 그는 이 운동이 정치적인 운동이라고 억지를 쓰면서 교회의 신앙적 활동에 제동을 걸고 나왔다. 사내정의는 교회야말로 한국에서 가장 강력한 항일 집단이며, 이 집단을 와해시키지 아니하고는 효율적인 조선 통치가 난관에

---

of the World (December 1910), p. 952.
65) K. M. Wells, *New God, New Nation, Protestants and Self-Reconstruction Nationalism in Korea*, 1896~1937, 제3장 각주 35 참조. 사내 총독이 그렇게 말할 수밖에 없었던 요인은 그가 한국에 왔을 때, 미국 북장로교회 단 하나의 선교부 산하에 약 330명의 선교사, 962개의 선교사들이 운영하는 학교, 1개 의학전문학교, 1개 간호학교, 13개 병원, 16개 약국, 1개 고아원, 1개 맹학교, 1개 나병요양소, 1개 인쇄소, 500개 교회, 25만 명의 기독교인, 100만 달러 가까운 재산, 매년 25만 달러를 지출하는 선교활동 등을 알고 있었기 때문이다. A. J. Brown, *The Korean Conspiracy Case* (Northfield, Mass : Northfield Press, 1912), pp. 22~23.
66) H. Loomis, "The New Korean Governor and Missions," *The Missionary Review of the World* (December 1910), p. 952.

부닥치게 될 것이라는 판단을 하게 되었다. 이에 그는 한국 교회의 지도자들을 억누를 일련의 음모를 획책하게 되었다.

2) 해서교육총회사건 - 안악사건

기독교가 일제의 한국 식민지 통치에 가장 장애가 되는 집단이라고 판단한 저들은 기독교 세력이 가장 강한 황해도와 평안도 지방의 교계 지도자들을 사전에 억압할 필요를 느끼게 되었다. 이 지역은 일찍이 기독교를 받아들여 신앙심이 깊었으며, 교회가 서는 곳마다 학교를 세워 후세 교육에 열성을 다하였다. 따라서 장로교회 계통의 학교만 해도 1907년에 405개, 1908년에 561개, 1909년에 719개로 매년 150여 개의 학교가 증설되었다.

1908년 무렵 황해도에서 김구(金九), 최광옥(崔光玉), 도인권(都寅權) 등의 기독교계 인사들이 중심이 되어 '해서교육총회'(海西敎育總會)라는 단체를 만들어 한 면(面)에 한 학교를 세워 교육에 전념함으로써 국민을 계몽할 것을 다짐하였다.67) 그러나 이런 움직임은 일제의 눈에 항일을 위한 작업으로 인식되었고 이를 박멸할 구실을 찾게 되었다.

그런데 이토(伊藤)를 격살한 안중근의 동생인 안명근(安明根)이 서간도에 무관학교(武官學校)를 세울 자금을 모금하려고 국내에 들어왔다가 일경에게 체포되었다.68) 일제는 안명근을 내란 미수죄로 기소하면서, 해서교육총회의 회원 모두를 체포하여 혹독한 고문으로 허위자백을 받아 내고, 이에 따라 안명근은 종신징역, 김구 등 7명은 15년, 기타 여러 회원들은 10년에서 5년까지의 중형을 선고받았고, 40여

---

67) 김구, 「백범일지」(三英社, 1986) 참조.
68) 안명근은 信川의 이원식(6천 원), 松禾의 申孝錫 (3천 원)에게서 자금을 받았다. 그는 신천 鉢山의 閔某에게 자금을 요구했다가 오히려 그의 밀고로 체포당했다. 吳允台, 「韓日基督敎交流史」, 137쪽.

명은 울릉도와 제주도에 유배시켰으니 이것이 곧 '해서교육총회사건' 혹은 '안악사건'(安岳事件)이다.69) 이로써 황해도 지방의 기독교 유력 인사들을 척결한 셈이었다. 이제 일제는 그 방향을 평안도 지방으로 돌려 그곳의 기독교 지도자 박멸의 음모를 진행하였는데, 이것이 곧 '105인사건'이다.

3) 105인사건

105인사건이란 위에서 언급한 바와 같이 일제가 한국을 병탄하고 나서 기독교 세력이 항일 정신에 충일해 있다고 판단하여 서북지방의 기독교계 지도자들을 일망타진하려고 했던 음모였다.70) 초대 조선 총독 사내정의는 전직 육군성 장관이며 철저한 일본 제국주의 군대 정신으로 무장된 사람으로서 한국의 통치를 위해 경찰과 헌병으로 철저한 강권 통치체제를 갖추었다. 그는 조선 통치를 위해 일본 무관 출신인 명석원이랑(明石元二郎)에게 경찰과 헌병의 통수권을 주고 한국을 큰 병영으로 만들어 군대식 통치를 수행하게 하였다.

105인 사건은 총독부 경무총감 겸 조선헌병사령관 명석원이랑이 획책한 사건으로, 서북 지방의 기독교 세력이 가장 강했고, 또 기독교 지도자들이 이곳에 대거 몰려 있는 것을 간파한 그는 이 지방의 기독교 지도자들을 모조리 투옥하여 처음부터 기독교의 세력을 짓눌러 버릴 계획을 꾸민 데서 발단하였다.71) 평양 지방은 당시 한국 기독교의 중심

---

69) 위의 책, 138쪽 이하 참조. 李永獻, 「韓國基督敎史」, 147~148쪽.
70) 105인사건의 자세한 내용은 尹慶老, '105人事件硏究,'「漢城史學」創刊號 (1983): 47~54쪽 참조.
71) 서북 지방 특히 평안북도의 교세는 대단하였는데, 선천 같은 작은 도시에도 기독교 선교를 시작한 지 30년 만에 전 주민의 1/4이 기독교인이 되는 '세계 선교사상 그 유례를 찾아볼 수 없는' 선교의 결과를 낳았다. 「姜信明信仰著作集」(기독교문사, 1978), 583쪽.

으로서 막강한 지도력과 교세를 자랑하고 있었고 자연히 항일적 요소가 짙게 배어 있어서 일제로서는 가장 신경 쓰이는 곳이기도 하였다.

이곳에서는 1907년 미국에서 돌아온 안창호가 비밀조직으로서 신민회(新民會)72)를 결성하여 다음의 목표를 세웠다.

1. 국민에게 민족의식과 독립사상을 고취할 것
2. 동지를 발견하고 단합하여 국민운동과 역량을 축적할 것
3. 교육기관을 각지에 설치하여 청소년의 교육을 진흥할 것
4. 각종 상업기관을 만들어 단체의 재정과 국민의 부력을 증진할 것

그리고 이동녕(李東寧), 이동휘(李東輝), 이승훈(李昇薰), 안태국(安泰國), 양기탁(梁起鐸) 등 기독교인들이 주축이 되어 이런 사업을 추진하였고, 그 후 신채호(申采浩) 등이 가세하였다. 신민회는 1910년에 회원이 수백이 넘는 튼튼한 단체로 성장했다.73)

신민회의 취지에 따라 한국인들에 의한 학교들이 강력한 민족주의적 색채를 띠고 설립되었는데, 평양에는 안창호(安昌浩, 1878-1938)가 대성(大成)학교를 건립하였고, 평북 정주에는 남강 이승훈(李昇薰, 1864-1930)이 오산(五山)학교를 세워 철저한 항일정신을 바탕으로 민족교육의 본거지를 삼았다. 선교사들에 의해 세워진 학교 중에서도, 평양의 숭실학교 그리고 평북 선천에 있던 신성(信聖)학교는 민족정신이 강했고 따라서 배일사상도 강했다. 그러므로 이런 정황으로 볼 때 일제가 평안도 지방의 기독교 세력을 쳐부술 계책을 세울 가능성을 넉넉히 짐작할 수 있다.

일제는 105인사건을 '사내(데라우치) 총독모살 미수사건'(寺內總督謀

---

72) 신민회에 대해서는 愼鏞廈, 「新民會의 創建과 그 國權回復運動」 「韓國民族獨立運動史 研究」 참조.
73) 「基督敎大百科事典」 10권 (1986).

殺未遂事件)으로 규정했고, 총독을 살해하려는 음모를 기독교계 지도자들이 꾸몄다고 왜곡하였다. 또한 이 사건은 선교사 몇 사람이 조종을 하였는데, 그들은 스왈른(W.L.Swallen, 蘇安論, 1865-1954), 맥큔(G.S.McCune, 尹山溫, 1872-1941), 그리고 베어드(W.M.Baird) 등이었다고 억지 주장을 하였다.

그들이 꾸민 사건의 전말은 이렇다. 사내 총독이 1910년 12월 27일 압록강 철교의 낙성식에 참석하기 위해 선천역에 잠시 하차하는 순간에 그를 암살하려 했다는 것이다. 그 내용을 보다 구체적으로 살펴보면 안태국, 이승훈의 주도로 평안도 내의 유력자 60명과 선우혁이 인솔한 20여 명, 그리고 황해도에서 온 20여 명이 선천 신성학교 교실 지붕에 숨겨둔 권총 5정을 가지고 기회를 엿보고 있었다. 당일 오후 1시 총독을 태운 기차가 선천역에 잠시 정차하고 있는 동안 하차한 총독을 환영객 속에 섞여 있던 살해범들이 그를 저격하기로 계획을 세웠으나, 기차가 그만 선천역에 서지 않고 지나쳐 버리는 바람에 뜻을 이루지 못하고 말았다. 이에 다음날 총독이 귀경하는 길에 선천역에서 잠시 하차하여 선교사 맥큔(G.S.McCune)과 악수를 하는 순간 그를 격살하기로 작정하였으나, 경비가 너무 삼엄하여 저격 순간을 찾지 못해 결국 실패로 끝나고 말았다는 각본이었다.74)

이 각본에 따라 이듬해 정월부터 평안도 지방과 전국에서는 검거 선풍이 휘몰아쳤다. 이때 구속된 사람의 숫자는 일제측 검사논고에 따르면 이승훈, 양전백, 윤치호, 안태국, 옥관빈, 강규찬, 정익로 등 목사 6명, 장로 50명, 집사 80명을 포함하여 서북 지방 교회 지도자 500여 명이었다.75)

---

74) *The Report of the Korea Mission, Presbyterian Church U.S.A. Report of Syen Chun Station*, 1912, pp. 66 ff.
75) 金良善, 「韓國基督敎史硏究」, 105쪽. 체포된 자들의 숫자는 480명에서 700명까지 다양하나 尹慶老는 700명이라는 근거를 제시하였다. 윤경로, 「한국근대사의 기독교

일제가 만든 각본에 따라 조작된 연극이었으므로 이들이 범죄를 획책했다는 증거가 있을 리 만무하였다. 따라서 일경은 오직 고문을 통한 체포자들의 자백을 받아내는 길밖에 다른 도리가 없었다. 이 심문과정에서 4인이 심한 고문으로 생명을 잃었고, 3명이 정신질환자가 되었는데, 사망자 중에 감리교 목사요 애국투사였던 전덕기(全德基) 목사가 있었다.76) 당시 선천 신성학교 학생으로 가장 나이가 어렸던 선우훈(鮮于燻)은 자기가 당했던 고문을 그의 「민족의 수난」에 다음과 같이 기록하여 증언하였다.

저들은 두 손가락 사이에 쇳대를 끼우고 손끝을 단단히 졸라맨 후 문턱 위에 높이 달아매고 때때로 줄을 잡아당겼다. 온 몸이 저리고 쏘고 사지가 끊어져 오고 땀은 줄줄 흐르고 숨결은 가빠지고 견딜 수 없어서 몸을 잡아 이리 틀고 저리 틀었다……가슴에는 불이 붙고 코에서는 불길이 확확 올라왔다. 독사 같은 형리들이 또다시 줄을 잡아 당기니 손과 팔이 다 떨어지는 것 같고 달리운 몸은 무거우니 쇳대에 잘킨 손가락은 뼈가 드러났고 피는 흘러서 온몸을 적시었다. 눈보라치는 혹한 삭풍에 몸은 얼기 시작하여 동태같이 되었다……부젓갈을 달궈서 다리를 지졌다……담뱃불로 얼굴을 지졌다. 혀를 빼고 목구멍에 담배연기를 불어넣었다…… 발끝이 땅에 달락 말락하게 늦추어 놓고 수백 개의 매를 연이어 친다……발길로 이리 차 굴리고 저리 차 굴린다. 머리털을 잡아 이리 저리 질질 끌고 다니다가 머리가 부서지라고 돌바닥 위에 함부로 부딪쳤다……최후의 수단으로 코에다 물을 붓는 것이다.77)

사적 이해」(역민사, 1992), 178쪽.「朝鮮예수敎長老會史記」上, 223쪽에 '선천읍내 신성학교 교원 전부와 생도 다수와 남북교회 직원과 철산, 정주, 용천, 의주 등 군내 교도가 체포되었다'고 기록했다.
76) K. M. Wells, *New God, New Nation, Protestants and Self-Reconstruction Nationalism in Korea*, 1896~1937, 제3장 각주 25 참조. G. T. Brown, *Mission to Korea*, p. 86.「姜信明信仰著作集」2 講解 (기독교문사, 1987), 558쪽. 한석희, 「일제의 종교침략사」, 김승태 역(기독교문사, 1990), 82쪽.
77) 鮮于燻,「民族의 受難」(1946), 49~59쪽.

이러한 고문으로 얻어진 자백만으로 기소가 되어 경성지방법원에서 공판이 열렸는데, 피고들의 주장으로 이 사건이 일제의 자작극임이 만천하에 드러났다. 선천에 있었다는 유동열은 12월 26일 치안유지법에 걸려 서대문감옥에서 옥살이를 하다가 만기 석방되었으며, 또한 선천에 있었다는 다른 피고인들, 양기탁, 이승훈, 안태국 등 7인은 유동열의 석방을 위로하기 위해 명월관에서 회식을 하고 있었으며, 안태국 이름으로 받은 당일 영수증이 나왔다. 또한 이튿날 이승훈이 평양으로 내려간다는 사실을 알린 전보가 제출되었고, 거사 전날 음모자들이 정주에 모여 60여 명이 선천까지 왔다는 검사의 논고에 대해, 법원 서기가 정주역에 확인해 본 결과, 그날 정주행 차표는 다섯 장밖에 팔리지 않았고, 그날 온종일 팔린 기차표는 모두 11장에 지나지 않았음이 확인되었다. 그러나 일제는 이런 확실한 알리바이나 증거를 무시하고 재판을 강행하였다. 엉터리 재판부는 결심(結審)을 하고 1912년 10월에 선고를 하였는데 윤치호, 양기탁, 이승훈 등 주모급 6명은 10년, 그 외 18명에게는 7년, 39명에게는 6년, 나머지 42인에게는 5년형을 각각 선고하였다.[78]

이때 발표된 판결문에는 기독교에 노골적인 적대감이 내포되어 있다.

> 본 건의 음모는 신민회의 간부에 의해 행해졌지만, 그들은 동시에 조선에 있어서 야소교 신자의 유력자였으니만큼 동지로서 가담한 야소교계 학교의 교사 및 학생들이 다수 있었다. 유래(由來) 조선에는 다수의 미국 선교사가 있어서 전도에 종사하고 있는데 조선인의 정치적 불우(不遇)는 자연 동정의 대상이 되어 포교의 세력을 넓혔다. 조선인측에서도 선교사를 통해서 강대한 미국의 힘에 기대려는 풍이 있음은 더 말할 나위도 없다.[79]

---

78) 기소된 사람들 중 회중교인이 2, 감리교인이 6, 장로교인이 89명이었다. G. T. Brown, *Mission to Korea*, p. 86.

이때 유죄 판결을 받은 사람이 105인이었으므로 이 사건을 '105인 사건'이라고 한다. 105인 모두가 판결에 불복, 상소하여 고등법원에까지 가서 지루한 공방이 계속되다가 최후 판결이 나왔는데, 일제의 엉터리 법정도 세계의 눈을 두려워하여 99명에게 무죄를 선언하고, 소위 주모자급 6인에게만 징역 6년을 선고하였다. 그러나 1915년 2월 이들이 천황 대관식 특사 형식으로 출소하였을 때 평양역에는 약 9천여 명의 시민들이 출영을 나와 국가와 신앙을 위해 고난의 가시밭길을 걸은 이들을 극진히 환영하였다.

이 사건에서 간과할 수 없는 일은 이 사건에 임하는 선교사들과 미국 본국의 역할이었다. 평양에 거주하고 있던 선교사들은 이 사건의 전말을 자세히 써서 본국 해외선교부 총무 브라운(A.J.Brown)에게 보냈다. 브라운은 처음에 이 사건에 대해 소극적인 태도를 보였다. 그러나 이 사건은 다른 통로를 통해서 세계에 알려지게 되었다. 황성 기독청년회(YMCA) 총무로 일하고 있던 질렛(P.L.Gillett)이 이 사건의 전말을 중국에 있는 자기 친구에게 써 보냈고, 그 중국인 친구가 이것을 「홍콩 데일리뉴스」(*The Hong Kong Dalily News*)에 공개함으로써 외부 세계에 알려지게 되었다.80) 이 기사는 곧 미국의 「뉴욕 헤럴드」(*The New York Herald*), 「더 선」(*The Sun*), 영국의 「더 타임스」(*The Times*), 일본의 「재팬 크로니클」(*The Japan Chronicle*), 「재팬 가젯트」(*The Japan Gazette*), 「재팬 애드버타이저」(*The Japan Advertiser*) 등에 연일 게재됨으로써 세계 여론이 들끓게 되었다.81)

이제까지 소극적이었던 미국 선교부도 공판이 진행되면서 사건의 허구성과 잔인무도한 고문의 실태가 폭로되자 이 문제를 일제의 기독

---

79) 「極秘文書」, 朝鮮總督府 發行, 昭和 6年 11月 18日, "朝鮮獨立運動의 變遷" 14~15쪽.
80) 이 기사는 중국의 *The China Press*에 게재되었다. P. L. Gillett, *Annual Report*, 1912, p. 5. 이 일로 Gillett은 추방당하였다.
81) 愼鏞廈, 「韓民族獨立運動史硏究」(乙酉文化社, 1985), 131~134쪽.

교 박해라는 차원에서 접근하여 대통령, 국무장관, 의회 지도자들과 접촉하면서 사건의 해결을 위해 힘쓰기 시작하였다. 브라운은 이 사건의 전말을 '한국의 음모'(The Korean Conspiracy Case)라는 보고서로 작성하여 미국과 기타 여러 나라의 신문에 보도하도록 하였다. 이러한 선교부의 적극적 관여로 일제도 세계의 이목과 미국과의 관계 등을 고려해 이 사건을 2심에서 적당히 축소하여 처리하는 방향으로 끝맺었다. 일제가 서북의 기독교 세력을 박멸하기 위해 저지른 이 서투른 조작극은 이렇다 할 성과도 없이 그렇게 마무리되었고 일제의 비열한 음흉한 흉계를 세계에 폭로한 결과가 되고 말았다. 이 사건은 일제가 기독교를 박멸해야만 식민지 통치가 가능하다고 인식하였음을 보여주었고, 교회가 항일의 근원지라는 인식을 다시 한번 확인케 하였다. 교회는 또다시 고난과 역경 속에서도 꿋꿋하게 그 자리를 지키고 있었고, 결코 그러한 외압에 굴복하지 않는다는 사실을 재확인해 주는 결과를 가져왔다고 볼 수 있다.

4) 기독교 학교의 탄압과 개정 사립학교 규칙

일제는 기독교에 박해를 가할 경우 선교사들과의 직접적인 충돌을 가져올 가능성이 있고, 이는 곧 미국 등 서구 국가들과의 불편한 관계를 초래하게 된다는 것을 염려하였다. 따라서 가장 효율적으로 기독교 세력을 억압하고 고사(枯死)시키는 방법으로, 기독교계 사립학교를 탄압하는 방법을 채택하였다. 당시에 한국 교회 가정의 4만여 학령기의 아이들 중 2만여 명이 한국 교회에 속한 1천여 학교에 다니고 있었다. 이는 앞으로 기독교 교육을 받은 많은 지도자들이 배출된다는 의미이므로 일제로서는 조선 통치에 커다란 부담이 되었다.

이에 총독부는 기독교 학교들을 그들의 손아귀에 넣고 통제하기 위하여 1911년 8월 전문 30조로 된 '조선교육령'을 발표하였는데, 각급 학교(보통학교, 고등보통학교, 여자고등보통학교, 실업학교, 사립학교)의 교육규칙과 학교관제들에 관한 것을 규정하였다. 그런데 이 법은 철저히 일본 학생과 한국 학생들과의 차별 교육을 규정했는데, 초등학교의 경우 일본 학생의 수업 연한은 6년이나 한국 학생은 3~4년이었고, 중학교도 일본 학생은 5년인데 한국 학생은 4년이었다. 여자중학교의 경우도 일본 학생은 5년이나 한국 학생은 3년에 불과하였다. 또한 한국에는 전문학교도, 대학교도 설립할 수 없게 하여, 1907년 통감부 시절 대학 인가를 받았던 이화학당 내의 대학과(大學科)도 취소되었다. 양기탁, 조만식, 남궁억 등이 국채보상운동을 벌여 모은 600만원으로 대학 설립 인가를 청원했으나 이는 이 법에 따라 거부당했다.82) 따라서 이 법이 규정한 최종적 목표는 한국 아동들에게는 초등학교 3~4년의 보통교육으로 그치겠다는 의도가 선명히 드러나고 있었다. 1910년에서 1919년 3·1 독립운동이 일어날 때까지 전국적으로 보통학교는 249개교에 불과하였다.83)

이 법은 한국에서의 교육은 일본천황이 발표한 교육칙어(敎育勅語)의 정신에 의하여 한국 국민을 일본의 충성스럽고 충직한 속국민(屬國民)으로 양성함에 있다고 규정함으로써 조선의 영구 식민을 목적으로 구성하였다.

이 법은 1915년 3월 소위 '개정사립학교규칙'을 공포하면서 일부 완화된 부분도 있었으나 대부분 더욱 옥죄는 방향으로 개정되었다.84) 이 규칙은 조선교육령보다 더욱 엄격한 내용이 내포되어 있었는데

---

82) 전문학교가 설립될 수 있었던 것은 1915년의 개정 사립학교법이 공포되면서부터였다. 손인수, 「원한경의 삶과 교육사상」, 255쪽.
83) 위의 책, 257쪽.
84) 이 규칙에 대해서는 高橋濱吉의 「朝鮮敎育史考」(京城: 帝國地方行政學會, 1927), 423~425쪽 참조.

사립학교에서는 반드시 총독부가 제정한 교과목을 가르쳐야 한다는 것과 일정한 교원 자격을 가진 사람만이 교사가 될 수 있다는 내용이었다.85) 또한 10년 내에 총독부가 규정한 모든 설비를 갖추어야 한다는 내용도 포함되어 있었다. 이 법의 내용 중 학교의 설비를 확충하고 선생들을 보완하고 향상시키라는 것은 학교를 위해 타당하고 좋은 내용이라고 해석할 수도 있을 것이다. 그러나 기독교 학교로서는 건학의 목적에 위배되는 치명적인 항목인 '성경교육을 정규시간에서 빼고, 종교의식 즉 예배를 철폐'하라는 규정은 학교의 존립과 관계되는 문제였다. 기독교 교육을 기독교 학교에서 없애 버리려고 하는 의도가 분명히 드러난 것이다.86) 시설을 보완할 기간을 10년으로 정해 시간적 여유는 충분하였으나, 문제는 성경교육과 예배의 철폐를 목적으로 이 법을 만들었다는 데 그들의 흑심이 있었던 것이다. 결국 기독교의 세력을 최대한 약화시키려는 의도가 엿보이고 있었다. 일제는 1915년 8월 16일에 공포된 총독령 제83호에서 선교활동을 감시하기 위해 새로 교회를 설립할 때나, 교회에 유급 직원을 고용할 때는 반드시 허가를 받아야 한다고 규정하여 교회의 증가를 사실상 봉쇄하려 했다. 실제로 평북 의주에서는 교회 설립 허가를 끝내 얻지 못해 교회가 해산되는 예도 있었다.87)

총독부의 평계는 그럴듯하였다. 교육은 국가가 할 일이고 선교사들은 종교 포교에나 힘쓰라는 것이었다. 교육은 충실한 제국의 신민을 만드는 일이라고 강변하고 있었다. 당시에 총독부 외사국장(外事局長) 소송록(小松綠)이 「경성일보」(京城日報)에 다음과 같은 글을 발표하여

---

85) 이 자격 규준 중 중요한 것은 모든 교사들에게 일본어 학습을 의무화시켜 앞으로 5년 이내에 모든 교과과정은 '일본어'만으로 교수해야 된다는 점이었다. 姜渭祚, 「日本統治下의 韓國의 宗敎와 政治」, 38쪽.
86) C. A. Clark, *The Korean Church and the Nevius Method*, p. 197. 이 법은 성경교육뿐만이 아니라 역사, 지리 과목도 가르칠 수 없게 규정하였다.
87) 姜渭祚, 「日本統治下의 韓國의 宗敎와 政治」, 38쪽.

그들의 의도를 천명하였다.

> ……우리 교육의 목적은 다만 이 신민의 지식과 윤리를 발전시키는 것만이 아니고 제국의 존재와 안녕에 공헌할 국민정신을 그 마음속에 개발하는 데 있다……우리는 당신 [선교사]이 이 시대의 변천에 눈감지 말고 지금까지 교육에 써 오던 재력과 노력을 종교적 포교에만 국한시킴으로써, 교육 사업은 완전히 총독부의 손에 맡기는 것이 좋다는 사실을 이해해 주기 바란다……교육은 절대적으로 국민적이어야 한다. 세계적인 정신과 통하는 종교와 혼돈되어서는 안 된다.88)

교육과 종교는 일치하지 않는다는 논리였다. 종교는 세계적이지만, 교육은 국가적이라는 단견(短見)이었다. 교육은 자기 국가에만 충실한 사람을 만들 뿐 아니라 세계 만민을 위해 일하고 봉사하는 사람을 만든다는 기독교적 원리를 몰각하고 있었다. 국가에 충실한 인간만을 위한 교육은 결국 히틀러에게 충성을 바치는 나치스의 철학이나, 국가와 천황폐하를 위해 죽으라는 가미카제의 철학을 파생시킨다는 사실을 저들은 모르고 있었던 것이다. 국가만을 위한 외곬의 교육은 무수한 국수주의자(國粹主義者; Chauvinists)들만 양산하게 되고 결국은 그들에 의해 인류가 파멸의 구렁텅이로 몰입한다는 사실을 모르고 있었던 것이다. 기독교 교육이야말로 가장 위대한 애국자와 사해동포주의(四海同胞主義)자를 만들어 내는 길이라는 것을 저들은 몰랐다. 또한 그런 교육이 결국 독립의식을 고취시켜 항일적 인사를 양산한다고 보았음에 틀림없었다.89)

이 사립학교 규칙은 기독교 학교에 커다란 시련을 안겨주었는데, 특히 장로교계 학교에 심했다. 그 원인은 몇 가지가 있었는데, 첫째는

---

88) F. A. McKenzie, *Korea's Fight for Freedom*, p. 214.
89) A. J. Brown, *The Mastery of the Far East* (New York: Charles Scribners, 1919), p. 353.

학생들의 강력한 요구였다. 관립학교 학생들은 좋은 시설에서 좋은 교사들 밑에서 교육을 잘 받았을 뿐만 아니라 졸업 후에는 취직이 보장되어 있었다. 따라서 관립학교보다 열악한 교육환경과 졸업 후의 진로가 보장되지 않은 기독교계 학교에 대한 불만이 가중되어 연일 스트라이크와 휴교 사태가 연발하였다.90) 더욱이 어려웠던 점은 잡종 중등학교 졸업생은 전문학교 본과에 지원할 수 없고, 별과에만 지원할 수 있게 한 법 때문에 미션계 학교 학생들의 전문학교 지원까지 막히게 되는 어려움이 학생들의 불만을 더욱 고조시켰다.91)

또 한 가지는 선교부들간의 이견(異見)이었다. 만일 모든 선교부와 학교들이 혼연일체가 되어 총독부와 대치했다면 결과는 달랐을지도 몰랐다. 그러나 감리교회와 장로교회 선교부의 의견이 달라 결과적으로 장로교회가 더 큰 어려움에 봉착하게 되었다. 감리교회 선교사들은 학교가 폐교되는 것보다는 총독부의 규칙을 지키면서 교육을 계속하는 것이 낫다는 생각을 가졌다. 그들은 정규과정에서 기독교 교육을 할 수는 없지만 개인적 접촉과 작은 기도단을 만들어 지도하면 학교를 폐쇄하는 것보다는 낫다는 판단을 하였다. 이에 따라 빠른 시일 안에 규칙을 따른다는 원칙을 세움으로써 1916년 2월 서울에 있는 북감리교회 소속 신흥우의 배재학당이 새 법령에 따라 '배재고등보통학교'라 개명하였고, 송도학교도 1917년에 지정 신청하였다. 이에 따라 이화, 배화, 평양의 광성, 정의, 개성의 송도, 호수돈, 원산의 루씨(樓氏) 등의 학교가 총독부 인가 신청을 제출하고 학교명도 '고등보통학교' 또

---

90) J. W. Hitch, *Minutes of the Korean Missions of the Methodist Episcopal Church, South*, for 1926, p. 57. 이런 연유로 평북 선천 신성학교에서는 선교사 배척, 서울 경신학교, 평양 숭실학교에서는 한국인 무자격 교사 축출운동이 일어나기도 했다.
91) 조선교육령 제27조에는 '전문학교를 입학할 수 있는 자는 연령 16세 이상으로 고등보통학교를 졸업한 자, 또는 이와 동등 이상의 학력을 가진 자로 한다'고 규정되어 있었다.

는 '여자고보'로 개칭하였다.92)

그러나 장로교회는 생각이 달랐다. 기독교 학교의 존재 의미는 학교에서 성경을 가르치고, 예배를 드림으로써 학생들에게 기독교 정신을 심어 주고 궁극적으로 기독교인을 만들려는 것인데, 만일 성경교육도, 예배도 드리지 못한다면 학교의 존재 의미가 사라진다고 판단하여 끝까지 인가 신청을 거부하였다. 한 걸음 더 나아가 신사(神社)는 종교가 아니고 국민의례이므로 모든 학교 행사에서 학생들을 신사에 참배시키라고 하는 대목에서는 더 이상 고려의 가치가 없다고 판단하였다. 이렇게 되자 총독부에서는 장로교 학교들을 모두 잡종(雜種) 학교로 분류해 버리고 말았다. 이에 따라 서울의 경신, 정신, 평양의 숭실, 숭의, 대구의 계성, 신명, 광주의 숭일, 수피아, 전주의 신흥, 기전, 선천의 신성, 보성, 재령의 명신, 목포의 영흥, 정명, 강계의 영실, 마산의 의신 등은 전부 잡종 학교로 존속할 수밖에 없었다. 그러나 같은 장로교 계통이면서도 캐나다, 호주는 영국계가 되어서 함흥의 영생, 동래의 일신 등은 고보가 되었다. 또한 장로교 계통 학교 중에서는 선교사가 관여하지 않은 이승훈이 세운 정주의 오산학교와 함흥의 영생여학교만이 규칙에 따를 뿐이었다. 이렇게 일제의 억압을 받은 기독교 학교는 차츰 그 숫자가 줄어들 수밖에 없었다. 1911년 조선교육령, 1915년의 개정 사립학교령으로 1910년 2,080교가 1915년에는 1,154교로, 다시 1923년에는 649개 교로 감소하였다.93) 집요한 일제의 기독교 학교에 대한 탄압도 1919년 3·1 운동이 끝난 후 소위 문화정치라는 표방 아래 기독교 학교에 다시 성경교육과 예배를 허용함으로써 고난의 가시밭길을 걸어온 장로교 학교들의 승리가 만천하에 드러났다.

---

92) 朝鮮總督府, 學務局,「朝鮮諸學校一覽表」(1927. 5), 337~343쪽. 공주의 永明과 영변의 崇德 등은 5년제가 아닌 3년제의 전수학교가 되었다.
93) H. H. Underwood, *Modern Education in Korea*, p. 173.

5) 일본 교회의 조선 교회에 대한 정책

일제 35년을 통해 일본 교회가 자기 나라의 한국 식민화 정책에 대해 어떻게 생각했으며 어떤 태도를 지녔느냐 하는 문제는 같은 신앙인들인 우리로서 큰 관심의 대상이 아닐 수 없다. 이것은 소위 '민족주의와 기독교'라는 큰 틀 속에서 가해자의 입장에 선 일본 교회와 피해자 입장에 선 조선 교회와의 관계라는 특별한 처지에서 무척 중요한 문제로 대두될 수밖에 없다.

우리는 일본 교회가 일제의 아시아 식민 정책을 뒷받침하였고, 충량한 황국신민으로 자기 나라 정책에 충실한 주구(走狗) 노릇을 한 사실에서 민족주의를 극복하지 못한 기독교의 참담한 모습을, 나치스 정권을 지지했던 독일 교회와 더불어 왜곡된 역사의 진면목을 볼 수 있다.

일부 양심 있는 일본의 기독자들이 일제의 정책을 비판했고 신사참배나 천황숭배를 거부한 사실이 없는 것은 아니었지만94) 대체로 개인이나 교회가 이에 동참한 사실에서 편협한 민족주의에 사로잡혀 있는 기독자들의 오류를 엿볼 수 있다.

일본 교회는 조선 교회의 세력을 약화시키고 일본 교회에 흡수시켜 버릴 계획을 세워 의도적으로 일본 조합교회(組合敎會)를 조선에 이식시킬 것을 획책하였다.95) 한일병탄이 되던 1910년 일본 조합교회 26차 연차대회(年次大會)는 조선 선교에 착수하기로 결의하였다. 조합교회에서 한국 선교에 앞장선 이는 도뢰상길(渡瀨常吉)이었다. 그는 1899년 서울에 경성학당(京城學堂)을 세워 한국 아동교육에 힘쓰다가 조합교회 선교가 시작되자 이 일에 열중하였다. 1911년 서울에 한양(漢陽)교회, 평양에 기성(基城)교회를 설립하였고, 1912년에는 전국에 16개

---

94) 澤正彦,「日本基督敎會史」(大韓基督敎書會, 1979), 143쪽 이하 참조.
95) 이 부분에 대해서는 위의 책 Ⅵ장을 참조할 것.

교회가 일본의 조합교회에 가입하였다. 조선총독부는 이 교회에 비밀리에 보조금을 지급하여 은밀히 이 교회 확장을 뒷받침해 주었다.96) 총독부는 한일병탄 직후 이 교회에 64원을 비밀리에 보조하였고, 그 후 매년 6천 원을 1921년까지 보조하다가 3·1 독립운동 후 끊어 버렸다. 이에 따라 조합교회의 한국 전도 사업도 끝나게 되었다. 3·1 독립운동이 일어났을 때도 그 원인에 대해 한국에 있던 일본인 기독교인들은 선교사들을 비난하고 독립운동은 정당한 행위가 아니라고 비난하면서 일제 군대나 경찰의 만행에 대해서는 침묵으로 일관하고 있었다.97)

3·1 독립운동을 통한 한국민들의 독립의지와 일제에 대한 저항을 확인한 후 1921년 9월 한국 교회의 일본 조합교회화가 불가능하다고 판단한 이들은 일본 조합교회로부터 자치를 선언하고 조선 회중교회(會衆敎會)라는 이름으로 새 교단을 창설하였다. 다음 달 창립총회가 열려 회장에 유일선(柳一宣), 부회장에 차학연(車學淵)을 선출하고, 이 교회의 신조를 공포하였다. 이 신조는 '자율적 신앙에 충실을 도모하여 진보적 사상을 고조하되 인격의 존양(存養)과 사회의 혁신을 기한다'98)라고 하여 기독교적 요소가 전혀 없음을 엿볼 수 있다. 이 교회는 또 자제단(自制團)이란 것을 만들어 한국인들의 독립운동을 억제하려는 운동을 일으키려 했으나 가입하는 단원이 없자 흐지부지 없어지고 말았다. 마지막에는 교회 자체도 유명무실한 교회로 전락되어 꼬리를 감추었다.99)

한국인들이 배제되고 일본인들로만 구성된 조합교회는 해방이 될

---

96) 金光洙, 「韓國基督敎受難史」, 133쪽 脚註 4 參照.
97) 吳允台, 「韓日基督敎交流史」, 211쪽.
98) 「基督申報」, 1921. 9. 10.
99) 조합교회는 1919년 11,280명의 교인이 1926년에는 100명으로, 그리고 1933년 3월 조선총독부 발행 「朝鮮總覽」에는 전혀 나타나지 않고 있다. 李能和, 「朝鮮基督敎 및 外交史」, 216~217쪽.

때까지 명맥만 유지하다가 모든 건물을 장로교회에 넘겨주고 일본으로 건너감으로써 그들 역사에 종지부를 찍었다. 우리는 여기서 자기 민족의 이익을 위해서는 다른 민족의 수탈쯤이야 아무것도 아니라는 편협한 민족교회의 오도된 모습을 보면서 하나님의 교회는 인류 보편의 행복과 정의 실현 그리고 하나님 나라의 도래라는 기독교 근본 진리를 수호하고 실행하는 데서 비로소 기독교회의 모습이 나타날 수 있다는 교훈을 일본 조합교회가 일제 강점기에 한국에서 행한 모습에서 얻을 수 있다.

6) 교회 내의 분쟁

최중진의 자유교회 및 기타 자유교회운동

교회가 한창 부흥하고 성장할 때 언제나 교회 안에는 마귀의 역사가 있는 법이다. 이제 겨우 노회를 창립하고 총회도 창립하지 못한 때에 교회 안에서는 벌써 분열의 비극이 움트기 시작하였다. 밖으로는 일제의 교회에 대한 억압이 가일층 증가되고 있어 교회의 온 힘을 결집해서 항일의 대열에 서도 부족할 지경인데, 약한 교회 안에서 사소한 문제로 교회를 갈라 나가는 불행한 사태가 간헐적으로 나타나고 있었다.

최초로 교회의 분열이 일어난 곳은 전북 대리회(代理會)100)지역으로서 1910년 최중진(崔重珍, 1870-1940) 목사가 장로교회를 탈퇴하여 자유교회(自由敎會)를 설립해 나가는 불행한 일이 발생하였다. 최중진은 호남 지역의 제1호 목사로서 이 지역 교회의 중요한 지도자 가운데 하나였다. 그러나 그는 1910년 1월 전주에서 모이는 전라대리회에 다섯 가지 요구서101)를 제출하고 이 요구가 받아들여지지 않으면 독

---
100) 대리회는 아직 총회가 창립되기 전에 장로회 獨老會 산하에 전국에 8개가 있었다.

립하여 자주(自主)교회를 하겠다고 선언하였다. 최중진이 제출한 다섯 가지 사유는 다음과 같다.

1. 원입교인에 대한 현 교회의 규율이 엄격하니 이를 폐지하고 학습인을 세워 누구나 자유롭게 신앙생활을 하도록 할 것.
2. 군산 지방으로 편입시킨 부안 지방은 나의 지역에 되돌려 줄 것과 무장도 가능하면 나에게 맡겨줄 것(일은 믿음과 역량대로 하는 것이 합리적이라 생각함).
3. 나의 지역에 중등학교 하나를 세워 교육할 수 있도록 허락할 것.
4. 교회마다 상구위원 2인씩을 두어 교회 이름으로 가난하고 어리석은 백성들을 구제토록 할 것.
5. 집 한 채를 사주어 선교하는 일에 재정적 어려움이 없도록 할 것.102)

전라대리회가 이러한 최중진의 제의를 거부하자 그는 전라대리회장 선교사 불(W.F.Bull, 夫偉廉, 1876-1941) 앞으로 편지를 보내 '대한예수교자유회 목사'라 칭하면서 교회를 갈라 자유교회임을 선언하였다. 이렇게 교회를 분열시킨 이유는 그가 내세운 이유보다 선교사들에 대한 불만과 적개심에서 이루어진 것으로 보아야 한다. 그는 자기가 관할하는 지역에 선교부가 없고, 선교부가 경영하는 학교나 병원이 없는 것을 유감스럽게 생각하고 있었다. 또 선교사들이 받는 월급과 한국인 목사들이 받는 월급에 지나치게 편차가 있음을 발견하고 이에 대해 분노하고 있었다.

최중진은 결국 교회에서 분열하여 독립교회를 만들어 나갔는데,

---

101) 「基督敎大百科事典」, 14권(1986), 항목, '최중진' 참조.
102) 위의 책.

그 교회에서는 술 마시는 자, 첩 있는 자 등을 가리지 않고 회원으로 받아 교회의 도덕적 기준을 여지없이 추락시켜 버리고 말았다. 그는 군산, 광주 지역에까지 그 손을 뻗쳐 20여 개의 그룹을 이끌고 나갔다. 그는 사기죄로 체포되어 2년간 감옥살이를 한 후 일본 회중교회에서 많은 월급을 주자 그곳으로 합류하여 버리고 말았다.103)

최중진의 자유교회는 한국 교회가 선교사들의 지배 하에서 벗어나야 한다는 자립정신을 내세웠지만 실제로는 순전히 그 지역 선교사들에 대한 개인적 감정이 동기가 되어 비롯되었다. 그의 자유교회는 결국 교회와 민족을 저버리는 비극으로 끝나고 말았다. 그는 결국 목회를 포기하고 노동운동과 평형운동(平衡運動)을 일으켜 이 일에 전념하였다104) 1911년 대리회가 독노회에 보고한 자료에 의하면 자유교회로 나간 교회들이 다시 본 교회로 돌아왔고 자유교회는 점차 없어진다고 보고하였다.105)

1911년 평북대리회 지역의 의주군(義州郡) 노북(盧北)교회 영수 김원유(金元瑜)와 강계(江界)교회의 장로 차학연(車學淵)이 선교사의 처사에 불복하고 '자유교회'106)를 분립하자 수백 명의 교인들이 이에 동조하여 따라나갔다. 교회에 주는 피해가 극심하므로 양전백(梁甸伯) 목사가 권면하고 종용하였지만 별 효과가 없었다.107)

자유교회운동은 그 외에도 1923년 전남 장성군 월평(月坪)교회 백용기(白容基)의 '자치교,' 충북 보은(報恩)의 이재식(李再植) 전도사, 경기도 고양(高陽)의 이은우(李恩雨), 평양의 이규찬(李奎燦) 등에 의해 부분적으

---

103) A. M. Nisbet, *Day In and Day Out in Korea*, p. 84.
104) 평형운동이란 신분 높이기 운동으로 백정들의 신분을 천민에서 평민으로 올리는 운동이었다. 1923년 경남 진주에서 平衡社가 발족되면서 시작되었다.
105) 「대한예수교장로회 독노회 제5회(1911년) 회록」, 57쪽.
106) 이 자유교회는 최중진의 자유교회와는 다른 것으로 교리적 특성이나 제도도 없이 자유롭게 교회를 설립해 나가는 파들을 일반적으로 지칭한 것이다.
107) 「大韓예수敎長老會史記」 上, 229쪽.

로 파생되었으나 모두 오래 지탱하지 못하고 스스로 소멸해 버리고 말았다. 하나님의 교회를 자기의 어떤 이기적 목적 달성을 위해 이용하려 하거나, 교회의 모순을 교회 안에서 해결하지 않고 교회를 갈라 나가는 것은 진리의 길이 아님을 입증한 좋은 예라 하겠다.

김장호의 조선기독교회

한국 장로교회 안에서 최초로 자유주의 신학을 부르짖고 나선 사람은 황해도 봉산(鳳山) 지방의 김장호(金庄鎬, 1881-?)였다. 김장호는 1905년 미국 장로교 선교사 쿤즈(W.Koons, 君芮彬, 1880-1947)를 통해 기독교에 입문하였고 1909년 평양장로회신학교에 입학하여 1914년 7회 졸업생이 되었다. 그리고 그해 6월 황해노회에서 목사 안수를 받고 12월부터 봉산군 산수면 신원(新院)교회에서 목회를 시작하였다.

그런데 김장호는 설교를 하면서 성경을 자유주의신학의 주장에 따라 해설하고 주장하기 시작하였다. 예를 들면 그는 모세가 홍해를 건넌 것을 갈대밭 사이를 건넌 것으로, 예수의 오병이어(五餠二魚)의 기적을 군중이 도시락을 싸온 것으로 해석하였다. 이에 대해 1916년 6월 황해노회는 김장호의 성경해석이 불합리하다고 경고하고 총대 자격을 박탈하였다. 1918년 7월 노회는 김장호가 '성경진리를 위반하여 교인을 인도함을 인하여 6개월간 휴직 처분'하고 선교사 헌트로 신원교회를 돌보게 한다는 결정을 내렸다. 그러나 김장호가 노회의 결의에 따르지 아니하고 계속 목회를 하자 노회는 12월에 모인 15회 정기회에서 노회 권고에 대한 불복을 이유로 김장호의 목사직을 박탈하였고,108) 1923년 총회는 노회의 치리를 인정하여 기정사실화하였다.109)

---

108) 「大韓예수敎長老會史記」 下, 39, 151, 160쪽.

그러나 그는 노회의 결의에 불복하면서 노회 탈퇴를 선언하였다. 또한 신원교회 경영 신흥학교에서 곽기호(郭圻浩) 외 13명과 함께 '정신(正信)의 교회,' '동양인의 교회,' '국민의 교회'를 표방하면서 '조선기독교회' 창립을 선언하였다.

김장호의 조선기독교회는 두 가지 이유에서 한국 교회가 앞으로 해결해야 할 문제를 안고 있었다. 그 첫째는 신학적인 문제였다. 그는 한국 교회가 선교사들의 보수신학을 전수한 장로교회 목사들이 성경의 자구적 해석에 머물러 근시적 해석으로 일관하며 황당무계한 주석을 함부로 첨가하여서 지식에 어두운 신자의 마음을 흐리게 한다고 주장하였다. 현대과학과 문명이 급격하게 발전하고 있는데 아직도 유치한 상태에 머물러 있다고 주장하면서 한국 교회의 현대화를 외치며 교리해석에 문명국의 선도적 신학설을 자유롭게 채용해야 한다고 주장하였다.

이 문제는 분명히 신학적 문제였다. 그러나 신학적 문제를 내세우면서 '조선적' 기독교회를 표방한 이면에는 반선교사, 반교권을 깔고 있어서 실제로는 일본적 기독교화의 경향을 강하게 띠고 있었음을 스스로 입증해 보이고 말았다. 김장호는 내선민족(內鮮民族) 곧 일본과 조선의 민족적 불가분리성을 주창하였고, 모국 일본의 반석 같은 배경을 찬양하면서 절대로 하늘이 내리신 일본인으로 태어난 권리를 발휘한다고 선언하였다. 국가, 곧 일본을 사랑하고 국헌(國憲)의 신성을 지키는 것이 재건설의 목표라고 천명하면서 일본의 어용 교파였던 조합교회와 교류를 갖기 시작하였다. 또한 3·1 독립운동을 맹비난하면서 노골적으로 친일파의 몰골을 표출하고 있었다. 그는 1921년 사리원교회 안에 신학부를 설치하고 단기 속성제로 다수의 목사들을 양산해 내는 교활성도 내보였다. 1929년 선교사의 횡포에 의분을 품은

---

109) 「大韓예수敎長老會總會 第7回 (1923年) 會錄」, 48~49쪽.

김종태(金種台), 최진상(崔鎭商) 등에 의해 설립된 충북 충주에 있는 '조선예수교회'와 합동을 결의하였으며, 대구의 이만집, 만주의 조선기독교회 현성원(玄聖元)과도 교류하였다.

김장호의 '조선기독교회'는 반선교사, 반교권, 자유신학을 주장하면서 결국은 일제에 협력하는 왜곡된 길로 나아갔고 결국 몰락의 길로 끝나고 말았다.110)

그러나 일부 선교사들의 치외법권적 오만한 자세와 교조주의적 문제 해석에 짓눌려 숨통이 막혀 있었던 당시의 교회가 이런 유의 운동을 일으키게 한 간접적 혹은 직접적 원인을 제공하였다는 점도 심각히 반성해야 할 부분이다.

이만집(李萬集)의 자치 선언

황해도의 김장호와 비슷한 성격의 자치 선언이 경북노회의 이만집(1875-1944) 목사에게서도 일어났다. 그는 1900년경 아담스(J.E.Adams, 安義窩, 1867-1929) 선교사의 전도로 기독교 신자가 되었다. 한학에 조예가 깊은 이만집은 아담스 선교사가 세운 대구의 계성학교 한문 선생으로 초빙받아 대구로 옮겨 남성정교회(현 대구제일교회)에 출석하면서 장로로 장립되었다. 그는 선교사의 조사로 일하다가 평양장로회신학교에 입학하여 1917년(10회) 졸업하고 경북노회에서 목사 안수를 받았다. 그는 안수를 받은 후 남산교회에 청빙되었고, 1918년에는 남성정교회 담임목사로 부임하였다. 이만집은 1919년 3·1 독립운동이 일어났을 때에는 주동자로 활약하여 대구 만세 시위를 주도하기도 한 열정의 사람이었다.

이만집의 자치 선언 사건은 작은 일에서 발단되었다. 한번은 남성정교회의 이름을 밝히지 않은 청년이 당회에 교회 내의 문제 몇 가지를

---

110) 자세한 것은 「黃海老會 100回史」(黃海老會100回史 編纂委員會, 1971), 214쪽 이하와 「基督敎大百科事典」 3卷 항목, '김장호'를 참조할 것.

건의하는 서한을 제출하였는데, 그 내용은 '강대에 설교자, 사회자, 기도자 외에는 올라가지 말았으면 좋겠다는 것과 예배당 가운데 쳐놓은 휘장을 거두자'는 것 등이었다.111)

이 문제는 곧 당회에 회부되었고 당회에서 이 사람을 찾아 책벌하여 출교 처분을 하자고 주장하는 측과 출교는 과하므로 책벌만 하자는 쪽으로 나뉘었다. 이만집 목사가 온건 쪽에 가담하게 되자 강경측은 선교사들과 이 문제를 협의하였다. 따라서 이 문제는 이 목사와 선교사들 간의 대립으로 확대되었다.

이 문제는 노회로 옮겨졌다. 노회는 선교사들과 강경파 측의 의견을 받아들여 이만집을 남성정교회 당회장직에서 경질하려 하자 교인들은 강력 반발하였다. 노회가 명령불복종으로 치리하겠다고 강경하게 나오자 이 목사는 이에 불만을 품고 자치 선언을 하게 되었다. 노회는 이만집과 그를 지지하는 박영조(朴永祚) 목사(남산교회)를 정직시키고 온건측 장로들을 책벌하고, 예배당 인도를 요구하였다.

그러나 이 목사와 600여 교인들은 교회를 내놓지 않고 그대로 유지했다. 노회측이 예배당 명도 소송을 냄으로써 문제가 법정으로까지 비화되었다. 그런데 이 문제는 이 목사와 노회(선교사들) 간의 문제로 압축되는 듯 보였지만 사실 그 이면에는 반선교사 정책을 쓰고 있던 일제의 정책이 교묘히 작용하고 있었다. 이 문제는 법정으로까지 비화되어 10년간의 지루한 싸움으로 이어지다가 결국 노회쪽의 승리로 끝이 났다.

이만집의 자치 선언은 대구의 여러 교회에 적지 않은 영향을 주어 시내 10개 교회가 이에 가담했고, 영양의 세 교회, 경주의 한 교회 등 14개 교회가 자치 선언을 하였다. 김장호의 자치 교회가 전국적으로 확대된 반면 이만집의 자치는 개교회 사건으로 끝났고, 이만집이

---

111) 위의 책.

수양차 금강산에 입산함으로써 막을 내렸다.

  우리는 이 사건에서 한국 교회가 선교사 중심으로 움직이고, 민족적 주체성이 희미한 점에 대해 저항한 점은 어느 정도 시인할 수 있다. 그러나 이들의 행동은 선교사 배척 정책을 쓰고 있던 일제에 본의 아니게 협력하는 꼴이 되어 버렸다. 또한 민족의 주체성을 강조하면서도 자기 목적 달성을 위해 일제의 힘을 이용하려 했던 점은 기독교인의 양심으로나 나라 잃은 백성의 일원으로서 자기모순에 빠져 버리는 결과를 초래하였다.

7) 춘원 이광수의 교회 비판

  초기 한국 교회 선교 현장을 살펴본 여러 인사들은 단시일 내에 급속하게 성장한 우리 교회에 대해 듣기 민망할 정도의 찬사를 들려주었다. 특히 1907년 대부흥운동을 전후한 한국 교회의 성장은 찬사를 받기에 충분할 만큼 비약적 성장을 한 것도 사실이다. 그러나 시간이 지나면서 한국 교회에 대한 비판의 소리가 서서히 들려오고 있었다. 밖으로부터는 일제의 탄압과 억압에 시달리고 있던 교회가 이제 우리 민족 안에서 나오는 비판의 소리에 또다시 자성의 기회를 갖지 않으면 안 되는 단계에 이르렀다.

  1910년대 말에 춘원(春園) 이광수(李光洙, 1892-?)는 교회를 향해 매서운 필봉을 휘둘렀다. 그가 1917년 3월 「청춘」(靑春) 제11호에 기고한 '금일 조선야소교의 결점'이라는 글에서 당시의 교회에 대해 몇 가지 항목으로 비판하였는데 그 내용을 요약해 보겠다.

  첫째, 금일 야소교회는 계급적이다. 동양의 계급사상이 기독교에 의해 극복되어야 함에도 불구하고 기독교의 근본정신에 반하여 교회가 오히려 계급적인 모습을 지니고 있다. 목사, 장로들이 평신도들 위에 군림함으로써 교회가 계급적 단체로 전락하여 만인평등사상을 실천해야 하는 교회가 오히려 역작용을 하고 있다.

둘째, 교회지상주의이다. 교회지상주의는 교회만 제일이라고 하여 비기독교인을 모두 악인이요, 신용 없는 이방인으로 본다. 또한 교회지상주의는 기독교 교리 외의 모든 세상 학문을 천히 여긴다. 목사, 전도사의 일만 하나님의 일이 아니고 이 세상의 모든 일이 다 하나님을 위하는 일임에도 교회는 교회제일주의로 나가는 것이다.

셋째, 교역자들의 무식함이다. 목사, 전도사는 최하의 사람도 접하지만 최고의 사람들도 접해야 되므로 성경이나 몇 번 읽는 것으로 목사가 되어서는 안 되고 세상의 여러 학문에 상당한 지식을 얻어야 한다. 예를 들자면 교역자 교육에 있어서 보통학교 졸업 정도도 못 되는, 교육이 부족한 자에게 1년에 3개월을 교육하여 5년간, 즉 15개월 동안 신, 구약성경을 1·2차 독과(讀過)하면 목사의 자격을 주어 만인의 정신을 지도하는 자가 되니 그들이 무식할 것은 당연한 것이다.

넷째, 미신적이다. 미국 선교사들이 한국민에게 아프리카의 미개한 민족에게 전도하는 방법을 채택하여 우리에게는 심오한 원리를 가르치지 않고 고래의 미신을 이용하여 천당지옥설과 사후 부활, 기도만능설 같은 것으로 몽매한 민중을 죄악에서 구원하려고 한다. 그러나 나는 선교사를 탓하지 않는다. 다만 우리가 그들에게 아프리카인들처럼 보인 것이 분하다.

이광수는 결론적으로 다음과 같이 질타하였다.

> 현시 조선 교회는 전제적, 계급적이요, 야소교의 근본 특징인 자유, 평등의 사상을 몰각하였으며 종교의 신앙을 인생의 전체로 여겨 신자, 비신자의 구별을 선인, 악인의 구별같이 하고……교역자가 문명을 이해하지 못하여 다수한 교인을 미신으로 이끌어 문명의 발전을 저해하여 미신적

신앙을 고집하여 문명적 종교의 사명을 감당치 못한다.112)

또한 이광수는 1918년 9월「매일신보」에 다시 교회에 대한 비판을 가했는데, 그 내용은 30년의 역사와 30만의 교도를 가진 조선 야소교회에서는 아직 신앙고백이나 교리해석 한 권을 [생]산하지 못했다고 꼬집으면서 자기 교회 역사책 한 권도 저술치 못한 교회를 비난하였다.

이광수가 기독교에 입교했거나 스스로 기독교인임을 천명한 일은 없다. 그러나 그가 오산학교에 교사로 있을 때, 기독교 정신으로 이 학교를 건립하고 지도했던 남강 이승훈 장로와 교장 조만식 장로 같은 이에게 강한 영향을 받은 게 사실이다. 특히 그의 문학세계는 톨스토이의 기독교적 휴머니즘에 영향 받은 바 큰 것을 그의 작품「무정」,「재생」,「흙」,「유정」등을 통해 짐작할 수 있다. 따라서 그가 기독교에 대해 깊은 이해를 가졌으리라 짐작은 가지만 그는 어디까지나 교회 밖의 사람이었다. 따라서 그의 비평은 제한적일 수밖에 없다. 그러나 우리는 한 시대의 지성인이 교회에 대해 비판하는 소리를 간과해서는 안 될 것이다. 교회는 항상 교회를 향해 비판하는 사람들의 비판의 소리를 경청하면서 자성의 자세를 가져야 할 책무가 있기 때문이다.

이광수가 이렇게 한국 교회를 향해 비판한 내용이 그로부터 거의 100년이 지난 오늘에도 여전히 적용될 수 있다는 사실이 한국교회가 안고 있는 고질적인 문제의 심각성을 말해 준다.

---

112) 李光洙, '今日 朝鮮耶蘇敎의 缺點,'「靑春」第11號 (1917. 3).

제 3 장
한국 교회와 3·1 독립운동

1. 운동의 기원[1]

일제가 한국을 강제 병탄한 것이 1910년, 그러니까 3·1 독립운동이 일어나기까지 약 10년간의 한국 상황은 극도로 악화되어 있었다. 초대 총독으로 한국에 온 사내정의(寺內正毅)는 한국에 와서 그 시정 운영을 군정으로 시작하였다. 보병 2개 사단, 약 4만 명의 헌병과 경찰 그리고 약 2만 명의 헌병보조원이 전국에 배치되어 국민들을 감찰, 억압했다.[2] 일반 관리도 군인과 같이 제복을 입고 칼을 찼는데

---

1) 서양 사람의 시각으로 본 3·1 독립운동에 관한 자세한 분석은 Frank Baldwin, "The March 1 Movement : Korean Challenge and Japanese Response,"(Ph.D. Dissertation, Columbia University, 1969)를 참조할 것.
2) 1937년 같은 아시아 국가였던 인구 1천7백만의 베트남을 프랑스가 통치할 때와 비교하면 프랑스는 단지 2,920명이 10,776명의 프랑스 군인들의 뒷받침으로 38,000명의 베트남 인들과 함께 행정을 펴고 있을 때, 일제는 한국에서 24만 6천 명의 일본인들이 정부와 전문직에 종사하였고, 6만 3천 명의 한국인들이 이에 참여하고 있었으나 모두 일본인들에게 종속되어 있을 뿐이었다. 한국에 거주하고 있던 일본인의 42%가 정부 공무원으로 있었다. Bruce Cumings, *The Origins of the Korean War*, vol. I, *Liberation and the Emergence of Separate Regimes 1945~1947*

그 칼은 권위의 상징으로, 심지어 남자학교 교사들도 칼을 차게 하였다. 교실에 들어오는 교사들의 칼 찬 모습에서 경찰이나 헌병을 연상하고 두려움에 떨게 하는 군국주의적, 권위주의적 행정을 폈다.3) 따라서 일제가 한국을 병탄한 그때부터 해방이 되어 물러갈 때까지 한 번도 문관이 총독으로 임명된 일은 없었다.4) 한국을 병탄한 후 일제의 대한(對韓) 정책을 다음의 몇 가지로 요약할 수 있다.

첫째, 동화(同化) 정책과 우민화(愚民化) 정책이었다. 동화 정책이란 한국이라는 개념을 없애고 한국을 완전히 일본에 예속시키고 동화시키는 정책을 말한다. 이런 동화 정책은 일제의 치밀한 한국의 영구 식민화를 획책하기 위한 수단이었다. 심지어 일본의 기독교인까지도 한국인과 일본인의 생김새의 유사성을 말하면서 조선인의 동화는 큰 희망이 있다고 1911년에 언급하고 있을 정도였다.5) 저들은 이미 병탄 이전인 1909년 8월에 각급 학교의 교과서 검열을 위한 지침을 계획하였고, 1910년 병탄 후에는 한국인의 신문,6) 잡지, 학술지들을 금지하여 충의록(忠義錄), 무용전(武勇傳), 위인전(偉人傳), 역사서(歷史書) 등 51종 20만 권을 모아 불태워 버렸다.7) 1911년에 발표된 교육령의 목적

(Princeton University Press, 1990), p. 12.
3) 姜渭祚, 「日本統治下의 韓國의 宗敎와 政治」(大韓基督敎書會, 1977), 26~27쪽.
4) 조선 총독은 일본 육해군 대장 중에서 천황이 임명하며, 그는 천황 직속으로서 일본 내각의 지시를 받지 않는다. 그는 조선의 입법, 행정, 사법권을 갖고 군대 통수권까지 갖는 식민지 지배의 절대권자였다. Bruce Cumings, *The Origins of the Korean War*, vol. I, *Liberation and the Emergence of Separate Regimes 1945~1947* (Princeton University Press, 1990), p. 11.
5) 小川圭治, 池明觀 編, 「韓日 그리스도교 關係史資料 1876~1922」, 金允玉, 孫奎泰 共譯 (韓國神學硏究所, 1990), 114~115쪽.
6) 일제는 우선 「대한일보」, 「조선일일신문」, 「동양일보」, 「朝鮮日出新聞」, 「경성일보」 등의 신문을 매수하여 폐간시키고, 총독부의 어용지 「경성일보」와 「매일신문」만을 남겼다. 조선총독부, 1911년 4월 26일, 7월 16일자 「官報」.
7) 申采浩의 「乙支文德」, 張志淵의 「大韓新地誌」, 李采內의 「애국정신」 등의 책이 포함되어 있었는데, 이러한 한국 사료 압수는 1919년 3·1 독립운동이 일어날 때까지 계속되었다. 이렇게 빼앗아 간 서적이 모두 20만 권에 이른다고 「제헌국회사」는

은 '한국인들을 일본 천황의 충직한 국민이 되게 하는 것'8)이었다. 이를 위해서 한국인들의 고유한 역사적 독립성을 말살시키고 그 역사와 정통성을 부인하고 모든 역사서를 소각하게 하는 만행을 저질렀다. 아울러 저들은 한국 민족의 우수성을 말살하기 위해서 어떻게 조상들이 조국을 위해서 분투했으며, 어떻게 순국했는지에 대한 이야기, 노래, 민요 등을 얘기하거나 가르치는 일을 엄격히 규제하였다. 또한 각급 학교에서 역사와 언어 교육을 제한하였고 민족적 자긍심이나 민족주의를 자극하는 어떤 문학작품도 철저히 색출하여 회수해 갔다. 반면에 일본사(日本史)와 일본 문화의 우월성을 강조하여 한국인 스스로를 열등 민족으로 비하(卑下)하도록 유도하는 정책을 폈다.

또한 한국민을 우민화(愚民化)시키기 위해 일제의 정책에 맹종시키려는 정책을 수립하여 하급관리, 사무원, 근로자 양성을 위한 교육제도를 실시하였다. 1911년 8월에 공포된 조선교육령의 기본 정신은 다음과 같다.

1. 조선인에 대한 교육은 일본제국에 충량(忠良)한 국민으로 교육하는 것이다.
2. 일본어를 보급한다.
3. 조선에는 대학을 설치하지 않고, 필요하면 실업 기능의 교육만 실시한다.9)

이는 한국민을 철저히 일본인과 차별하여 2등 국민을 만들겠다는 계획인데도, 말로는 일본인과 동등한 대우를 하며 동화되는 국민을

말하고 있다. 손인수, 「언더우드의 삶과 교육사상」, 269쪽 참조.
8) *Korea, Its Land, People, Culture of All Ages* (Seoul : Hak Won Sa, 1960), p. 92.
9) 이 부분에 대해서는 손인수, 「한국교육사상사」 V (서울 : 문음사, 1989), 1350쪽 참조.

만든다는 허울 좋은 명목을 내세웠다.

둘째, 경제적 수탈을 자행하였다.10) 중국은 오랫동안 한국을 정치적으로 지배해 왔지만 자치권을 확보해 주었다. 특히 경제적인 침탈은 하지 않았다.11) 그러나 일제는 달랐다. 특히 경제적인 면의 다른 점을 스와인(D.A.Swain) 교수는 다음과 같이 지적하였다.

> [일제가 한국을] 강점한 뒤 등록되지 않은 모든 토지는 국유화해 버렸고……일본인들의 토지회사와 일본인 이민자들에게 매각해 버렸다. 1909년부터 1915년까지 일본인들 토지 소유는 10배에 달하였고, 그들이 소유한 토지는 한국인 소유의 4배에 달하였다. 더욱이 1910년에서 1920년까지 토지에 대한 세금은 2배나 증가하였다. 동일한 기간에 순수한 한국의 자본은 17%에서 12%로 줄었으나, 일본인들의 자본은 32%에서 80%로 늘어났다. 이 수치는 [일제가] 한국의 산업을 얼마나 억압했나를 단적으로 보여주는 것이다.12)

일제는 한국을 병탄한 후 토지조사국을 설치하고 토지조사령(1912년)13)을 내려 8년의 세월 동안 약 2천만 원의 경비를 쓰면서14) 토지를 조사하였다. 그 결과 구한국 왕실 소유의 토지를 비롯하여 종교 사원

---

10) Bruce Cumings 교수는 한국이 '근래에 갑자기 근대화에 성공한 일본과 같은 나라의 식민지가 된 것은 불운이었다'고 지적했다. 이는 일제가 한국의 모든 자원을 수탈해 갈 수밖에 없는 상황을 지적함이었다. Bruce Cumings, *The Origins of the Korean War*, vol. I, *Liberation and the Emergence of Separate Regimes 1945~1947* (Princeton University Press, 1990), p. 16.
11) Sun Yat-sen, 'The Principle of Nationalism,' *Nationalism in Asia and Africa*, ed., Elie Kedulie (New York : Ward, 1970), p. 312.
12) David L. Swain, 'The Church and Japan's Colonial Legacy,' *The Japan Christian Quarterly* (Fall 1981), p. 208.
13) 토지조사령은 '토지 소유자는 조선 총독이 정한 기간 내에 그 주소, 씨명, 또는 명칭 및 소유지의 所在, 地目, 字番號, 4標, 等級, 地籍, 結數을 임시 토지조사국장에게 신고해야 한다'고 규정하였다. 愼鋪廈,「朝鮮土地調査事業硏究」(韓國硏究院, 1979, 知識産業社, 1982) 참조.
14) 姜渭祚,「日本統治下의 韓國의 宗教와 政治」(大韓基督教書會 1977), 40쪽.

의 토지를 강제로 빼앗아 총독부가 소유한 토지 면적이 888만 정보, 동양척식은 11만 정보였고, 여기에서 받아들인 연간 소작료만도 50만 섬에 달하였다.15)

또한 농민들에게 자기들이 소유한 모든 농지를 등기하도록 명령했으나 농민들에게 이런 사실이 잘 홍보되지도 않았고, 등기하려 해도 그 수속이 복잡했다. 그리고 한국민들 중에서 정부 시책에 비협조적 분위기가 많았던 농민들에게 등기 수속을 제때 하지 못하게 만들었다. 그리고는 주인이 엄연히 있는데도 등기를 하지 않았다는 이유로 그 토지를 총독부가 강제로 압수하는 만행을 자행하였다.16) 이러한 일제의 경제적 억압은 한국민들로 하여금 토지와 삶의 터전을 잃고 외지로 떠나게 하였다. 그 결과 50만 명이 일본으로, 200만 명이 만주나 시베리아, 하와이 등지로 유랑의 길을 떠날 수밖에 없었다.17)

농토 외에도 광업,18) 임업자원19)과 어업에까지도 수탈을 자행하였다. 1905년 독도(獨島)를 불법으로 일본에 편입시킨 것도 수산자원을 침탈하려는 의도에서 비롯된 것이다.20)

셋째, 퇴폐문화의 유입 정책이었다. 일제는 일본의 창녀들을 대거 한국에 이주시켜 한국 청년들을 부패시키기 위해 공창제도를 도입하였다.21) 또한 일본에서는 철저히 규제하고 금지하는 아편을 재배하게 하

---

15) 吳允台,「韓日基督敎交流史」, 158쪽.
16) 姜胃祚,「日本統治下의 韓國의 宗敎와 政治」, 40쪽. 邊太燮「韓國史通論」, 457쪽 참조.
17) C. A. Clark, *The Nevius Plan for Mission Work*, p. 307.
18) 朝鮮鑛業令(1915)이 공포된 후 1920년을 기준으로 한국인 鑛區數는 일본인의 1/7, 鑛産額은 1/220에 불과하였다. 邊太燮,「韓國史通論」, 460쪽에 있는 鑛區數와 鑛産額 도표 참고.
19) 산림 자원 보호라는 명목으로 삼림법(1908년)을 공포하여 전 산림의 50%를 총독부와 일본인들이 차지하였다.
20) 邊太燮,「韓國史通論」, 459~460쪽에 있는 民族別 漁獲高 도표 참조.
21) 朴殷植,「韓國獨立運動之血史」(서울 : 檀國大學校, 1920), 54쪽. 조선총독부는 1916년 '유곽업 창기취체' 규정을 발표하여 공창제를 실시하였다. 서울에서만도 50만 달러를 들여 홍등가를 설치하였다. 민경배,「주기철」(동아일보사, 1992), 35쪽.

였다. 또 그것을 판매하여 우리 민족을 정신적, 육체적으로 황폐시키는 야만적 정책을 채택하였다.22) 또한 술과 담배를 전매하고 화투를 보급하여 우리 청년들의 정신을 황폐케 하는 야만적 정책을 실행하였을 뿐만 아니라 아편을 보급하여 많은 사람들이 아편에 중독되어 몸과 영혼을 망치는 정책을 폈던 것이다. 미국 북장로교회 선교부는 한국인들 사이에 아편이 퍼져 나가는 것을 직시하고 한일병탄이 되기 바로 전해인 1909년에 샤록스(A.M.Sharrocks, 謝樂秀), 휘팅(H.C.Whiting, 黃浩里, 1865~1945), 어드만(Walter C.Erdman, 魚塗萬, 1877~1948)으로 하여금 위원회를 조직하게 하여 아편에 관한 자료를 조사하여 보고하게 하였다.23)

넷째, 교회를 조직적으로 억압하기 시작하였다. 한일병탄이 공포된 때로부터 3·1 독립운동이 일어날 때까지 10년간 교회가 얼마나 위축되었는가는 다음 표에서 보는 바와 같이 결정적으로 내리막길을 걷는 데에서 찾아볼 수 있다.

연도	신입교인
1910년	2,010명
1911년	1,900명
1912년	1,381명
1913년	1,095명
1914년	845명
1915년	826명
1916년	714명
1917년	792명
1918년	526명
1919년	368명

---

22) 1918년 총독부는 공식 예산 18만 2천 달러를 아편 재배 항목으로 배정해서 이를 전매하게 하였다. 민경배, 「주기철」(東亞日報社, 1996), 35쪽.
23) H. A. Rhodes, ed., *History of the Korean Mission*, p. 516.

1915년에 발표된 '포교규칙'(布敎規則)에, 모든 성직자들은 총독부로부터 자격증을 받아야 하며, 교회나 종교 집회소를 신설 또는 변경할 때는 반드시 허가를 받아야 한다고 규정하였다. 이러한 모든 일에 대한 허가제도로 모든 교회활동을 엄격히 제약하려는 일제의 정책에 대해 평양에서 사역하던 감리교 의료 선교사 홀(S.Hall,M.D.)은 한국이 'Hermit Kingdom'(은둔의 왕국)에서 'Permit Kingdom'(허가의 왕국)으로 전락했다고 개탄할 정도였다.24) 경찰은 모든 예배를 감시하고 설교의 내용을 검열했으며, 신자들이 모이는 정기예배 외에도 기도회, 사경회, 부흥회에 참석하여 감찰을 게을리하지 않았다. 설교의 내용 중 다윗이 골리앗을 이긴 이야기나, 여호수아와 갈렙 혹은 기드온의 300용사 등의 기사는 약자가 강자를 이기는 이야기이며, 더 나아가 약한 한국이 강한 일본을 이길 수 있다는 암시적 내용이라며 거론하지 못하게 하였다.25) 그리고 무엇보다도 천황숭배와 신사참배는 적어도 처음에는 한국 교회로 하여금 어쩔 수 없이 항일의 대열에 서게 하는 직접적 동기가 될 수밖에 없었다. 한 일본인도 3·1 독립운동의 첫째 원인이 총독부의 신앙 탄압이라고 솔직히 고백한 일이 있었다.26) 기독교 학교에 대한 탄압은 1915년에 발표된 개정 사립학교법에 따라 학교 수업 중 성경교육과 예배를 금지하고, 반드시 일본어만 사용토록 하여 언어까지 말살하려는 작태를 서슴지 않았다. 민족의식을 고취한다는 이유로 여러 가지 방법을 동원하여 기독교계 학교를 탄압하였다.

기독교는 이러한 일제의 탄압에도 불구하고 의연한 자세를 견지하고 있었다. 뿐만 아니라 억압 속에서도 여러 분야에서 교파간의 연합

---

24) Sherwood Hall, *With Stethoscope in Asia*, 「닥터 홀의 조선 회상」, 金東悅 역 (동아일보사, 1984), 241~242쪽.
25) Edmund F. Cook, 'Japan's Imperialistic Program as seen in Korea,' *Methodist Quarterly Review* (July 1915), p. 483.
26) 菊地愛二, '조선의 기독교,' 小川圭治, 池明觀 編, 「韓日 그리스도교 關係史資料 1876~1922」, 金允玉, 孫奎泰 共譯(韓國神學硏究所, 1990), 137쪽.

사업이 착실하게 진척되고 있었다. 1915년에는 장·감이 연합하여 「기독신보」를 창간하였고, 1918년에는 서울 YMCA에서 장·감의 대표자들이 모여 '조선예수교 장·감연합회'를 창설하였다. 그러나 일제의 한국에 대한 탄압은 그 도가 점점 심해졌다. 그들이 행한 한국탄압에 대해 1920년 그리스볼드(H.D.Grieswold)는 다음과 같이 기록하였다.

　……극심한 무단정치, 비국민화, 정치에 있어서 철저한 한국인의 참여 배제, 한국인에 대한 차별 정책, 언론, 출판, 결사의 자유 불허, 제한적인 종교적인 자유, 한국어 공부의 실제적인 금지와 해외 여행 제한, 왕실 토지의 징발, 공창과 아편의 보급으로 인한 국민들의 비도덕화, 만주로의 강제 이주, 산업과 상업에 있어서 일본인들에 대한 우선 정책 등…… 27)

일제의 박해가 심하면 심할수록 이에 저항하는 민족의 내부적 불만은 쌓여 갈 수밖에 없었다. 다만 힘이 없고 때가 성숙되지 못해서 기다리고 있었을 뿐이었다. 물론 개인적으로나 지역적으로 벌인 항일운동이 없었던 것은 아니지만 전국적이거나 조직적인 항거는 거의 없었다. 그러나 때가 찼을 때 이 민족적 거사가 활화산처럼 분출되어 나오게 되었다. 1908년 헐버트는 선지자처럼 때가 올 것이라고 예언한 바 있다.

　……때가 올 것이다. 기독교가 끼친 문명의 영향이 일제의 탐욕과 억압을 쳐부수어 버릴 때가 오고야 말 것이다……일제는 [한국의] 사회 구석구석을 부패하게 만들었다……기독교는 정의, 청결, 친절, 공익의 정신, 애국심, 협조 그리고 교육을 위하여 분연히 투쟁할 것이다.28)

---

27) H. D. Griswold, 'The Korean Crisis,' *Woman's Work for Woman* (February 1920), pp. 26~27. 이와 유사한 내용이 미국 기독교연합회 동양문제위원회가 3·1 독립운동에 대한 보고서인 *The Korean Situation*에서 밝힌 바 있다.
28) H. B. Hulbert, 'Japanese and Missionaries in Korea,' *The Missionary Review*

일제의 억압을 참고 견디던 우리 민족과 교회가 때가 되어 일어난 것이 바로 3·1 독립운동이었다.

3·1 독립운동의 직접적 동기가 된 것은 제1차 세계 대전이 끝나기 전 해인 1917년 미국의 윌슨(Woodrow Wilson) 대통령이 밝힌 '민족자결주의'였다. 약소국들이 강대국들의 통치로부터 벗어나며, 자신들의 문제는 자신들이 결정한다는 자결주의 원칙은 비록 제1차 세계 대전에서 패전한 국가들의 식민지에 해당하는 것이었지만, 일제의 억압 속에 살던 한국민들에게는 하나의 희망적인 소식이 아닐 수 없었다.

3·1 독립운동이 일어나게 된 직접적 동기 중 또 다른 하나는 그해 정월 22일에 고종황제가 갑자기 붕어(崩御)하자, 그의 사인(死因)이 일제의 독살이라는 소문이 퍼져 나가면서 백성들의 분노가 폭발한 것이었다.29) 국상을 당하여 일제가 일반인들의 문상을 위해 1주간을 자유롭게 여행하도록 허락하자, 민족 지도자들은 이때 많은 사람들이 모일 것을 예측하고 이 기회에 시위를 하기로 작정하였다. 그동안 쌓인 분노가 독립 쟁취를 위한 행동으로 표출될 때를 절실히 요청하고 있던 중에 고종의 급서(急逝)는 붙는 불에 기름을 끼얹은 결과로 이어져 드디어 3월 3일 인산일(因山日) 이틀 전에 3·1 독립운동이 터져 나오게 된 것이다. 이 3·1 독립운동은 '자유를 사랑하는 백성들의 역사 가운데서 가장 주목할 만한 자발적인 운동'30)이라고 평가된다.

---

of the World (March 1908), pp. 208~209.
29) 일제는 고종황제가 정월 21일 卒中風으로 쓰러져 다음날 붕어했다고 발표하였다. 그러나 吳允台 목사는 일제가 고종이 1910년 한일병탄조약에 날인하지 않은 데 앙심을 품고, 고종의 侍臣 李相鶴을 매수한 뒤 음식에 독약을 넣어 죽게 했다고 주장한다. 또한 증거를 없애기 위해 황제의 시중을 들던 궁녀 두 사람도 죽여 시체마저 없애 버렸다고 썼다. 吳允台, 「韓日基督教交流史」, 185쪽.
30) G. T. Brown, *Mission to Korea*, p. 109.

2. 진행 과정

윌슨의 민족자결주의 원칙이 발표되자, 우리 민족의 지도자들은 이 원칙이 우리에게도 적용된다고 판단하여 발빠르게 움직이기 시작하였다. 그리고 1918년 4월 파리에서 모이는 만국평화회담에 우리 대표단을 파송하여 민족의 독립을 청원할 길을 모색하였다. 또한 그해 여름 중국 상해에서는 여운형, 장덕수, 선우혁이 중심이 되어 '신한청년단'(新韓靑年團)을 조직하였다. 이 단체의 대표였던 여운형은 국내에 있는 지도자들과 독립운동을 논의하기 위해 1918년 9월, 선천에서 열리는 노회에 출석한다는 명목으로 입국하여 이승훈, 이상재 등을 만나 외국에서의 활동 상황을 알리고 국내에서 할 일들을 의논하고 돌아갔다.

여운형은 그때 마침 제1차 세계 대전의 마무리를 위해 중국을 방문한 미국 대통령 윌슨의 특사 크레인(C.R.Crain)을 만나, 파리에서 열리는 만국평화회담에 한국 대표단을 파견하는 일에 협조를 부탁하고, 한국 독립에 관한 청원서를 이 회담의 의장과 미국 대통령에게 전달해 줄 것을 부탁하였다. 이에 따라 이듬해 초 김규식을 한국 대표로 파리 회담에 파견하였다.31) 한편 미주의 대한인국민회도 1918년 12월에 전체 회의를 소집하여 파리회담에 대표단을 파송하기로 하고, 이승만을 단장으로 몇 사람을 보내어 독립 청원서를 제출키로 하였다. 또한 같은 달 뉴욕에서 열린 약소민족동맹회의 연례총회에도 참석하여, 민족자결주의 원칙에 입각한 약소민족 독립을 결의하는 데 동참하였다. 이러한 미주의 활동상이 일본에서 발간되는 영자 신문「재팬 애드 버타이저」(*The Japan Advertiser*)에 보도되면서32) 일본에서 유학하고

---

31) 韓右劤,「韓國通史」, 542쪽.
32) *The Japan Advertiser*, 1918. 12. 15.

있는 학생들이 조국 독립에 대한 구체적 논의를 하는 계기가 마련되었다. 이들은 그해 망년회로 모인 자리에서 독립운동을 전개하기로 결의하고 '조선청년독립단'을 조직하였다.33)

이듬해 1월 동경 YMCA에서 다시 모임을 갖고 독립을 요구하는 선언서와 결의문을 작성하여 일본 정부와 국회, 그리고 각국 공관에 전달키로 하였다. 이때 이들의 운동을 격려하기 위해 상해에서 장덕수 등이 왔고, 이광수도 북경에서 이곳에 와서 독립선언서를 작성하였다.34)

드디어 3·1 독립운동의 한 도화선이 되었던 '2·8 동경유학생 독립선언식'이 2월 8일 동경 YMCA에서 약 400여 명의 학생, 교민들이 참가한 가운데 엄숙하게 거행되었다. 계획대로 선언서를 일본 정부, 각국 공관 그리고 언론기관에 보내어 한국의 독립을 내외에 선포하는 자랑스러운 일을 거행한 것이다. 이 일은 국내에서 활동하고 있던 독립지사들과 기독교계 지도자들에게 직접적인 동기를 부여하였고, 독립운동을 촉진하는 자극제가 되었다.

국내에서의 독립운동에 대한 논의는 주로 종교계를 중심으로 나타났다. 먼저 천도교측에서는 제1차 세계 대전이 끝나 가는 때를 맞추어 독립운동을 일으킬 계획을 수립하였다. 1919년 1월 권동진(權東鎭), 오세창(吳世昌), 최린(崔麟) 등 천도교 지도자들은 교주 손병희(孫秉熙)를 찾아가 독립운동에 대한 계획을 보고하고 허락을 받았다. 또한 독립운동의 3원칙도 합의하였는데, 첫째, 독립운동을 대중화할 것, 둘째, 독립운동을 일원화할 것, 셋째, 독립운동의 방법은 비폭력으로 할 것이었다.35) 이중에서 비폭력으로 한다고 선언한 이유는 당시에 폭력을

---

33) 2·8 동경 유학생들의 독립선언식에 대해서는, 張龍鶴, "三·一 運動의 發端經緯에 對한 考察," 「3·1運動 50周年 紀念論集」 (東亞日報社, 1969), 203~211쪽 참조.
34) 金成植, 「日帝下韓國學生獨立運動史」 (正音社, 1981), 49쪽.
35) 李鉉淙 編, 「韓國獨立運動史」, II卷, 115쪽.

동원하여 일제의 군대와 겨룬다는 것은 계란으로 바위를 치는 것과 같은 무모한 짓일 뿐이라는 판단과 아울러, 당시에 인도에서 마하트마 간디가 벌인 비폭력, 무저항운동에 영향을 받았기 때문이다.

기독교측에서도 상해에서 선우혁(鮮于爀)이 평양에 와서 이승훈과 양전백, 길선주 등을 만나 서북 지역에서 기독교 세력을 일원화하여 독립운동을 전개할 것을 확인하고 상해로 돌아갔다.36) 서울에서는 YMCA 간사인 박희도(朴熙道)와 세브란스병원 약제사였던 이갑성(李甲成), 그리고 연희전문 학생이었던 김원벽(金元璧)이 주축이 되어 학생들을 중심으로 독립운동을 계획하고 있었다. 이때 천도교 측에서 최남선(崔南善)을 통하여 기독교와 거사를 함께하자는 제의를 하였고, 이승훈이 상경하여 이 문제를 협의하던 중 학생들이 그 사실을 알고 천도교측과 합하자고 권하여 이들이 천도교측과 합하게 된 것이다.

한편 불교 지도자 한용운(韓龍雲), 백용성(白龍城)도 이 일에 동참케 되었다. 불교계는 천도교나 기독교처럼 범교단적으로 움직인 것은 아니고, 위의 두 사람이 천도교측과 개인적 관계 때문에 이 운동에 참여하였다. 일부 기독교 지도자들 중 천도교측과의 연합에 동의하지 않아 떨어져 나가는 사람도 없지는 않았으나, 이 운동은 이제 종파를 초월하는 운동으로 민족 전체가 일체가 되어 한 몸짓으로 나서게 되었다.

민족 대표로 기독교에서 16인, 천도교 측에서 15인, 불교에서 2인 등 33명이 결정되었다. 당시 기독교의 교세는 천도교의 10분의 1 정도도 안 되는 형편인데도 천도교보다 그 숫자가 많았다고 하는 점은 무척 의미심장한 일이다. 대표자들은 거사의 일시, 장소, 선언서의 작성, 인쇄, 일본 정부와 각국 영사관에 선언서 전달 방법, 파리 평화회담에 대표자 파송 등의 실제적인 문제들을 다루어 하나씩 결의하였

---

36) 金良善,'3·1運動과 基督敎界,'「三·一 運動 50周年 紀念論集」(東亞日報社, 1989), 235~270쪽 참조.

다.37) 거사일은 3월 1일로 결정하였다. 이날로 정하게 된 것은, 고종 황제의 인산일(因山日)이 3월 3일 월요일로 정해져 있어서 전국에서 많은 사람들이 모일 것을 예견하고 그 전날 시위를 하려 했으나, 기독교측이 그 전날이 주일이라는 이유로 반대하였기 때문에 결국 인산일 이틀 전인 3월 1일 토요일로 정하게 된 것이다.

장소는 사람들이 가장 많이 모이는 종로의 파고다공원으로 정하였다. 그러나 전날 장소를 갑자기 서울 종로 인사동 명월관(明月館)38)으로 옮기게 되었다.39) 그것은 이갑성의 세브란스 선생이었던 베커(Arthur L.Becker, 白雅德, 1879~1978)가 이갑성에게 만일 파고다에서 선언식을 하게 되면 피끓는 청년, 학생들이 이를 말리는 일경, 헌병들과 충돌하여 유혈 사태의 가능성이 있을 뿐만 아니라 선언식을 제대로 진행할 수 없을지도 모르니 대중이 없는 조용한 곳에서 하는 것이 더 나을 것이라는 충고를 해 주었고, 이갑성은 그 말이 타당성이 있다고 판단하였기 때문이다.40)

그리하여 마침내 3월 1일 민족 대표 33인 중 29인이 참석하여41) 역사적인 독립선언식을 거행하였다. 그리고 그들은 점심 식사를 한 후에 자기들이 그곳에 있다는 사실을 명월관 주인을 시켜 종로경찰서

---

37) 愼鏞廈, 「3·1 獨立運動」(독립운동사연구소, 1989), 61, 62쪽.
38) 서울 인사동에 위치한 명월관은 한때 이완용의 사저이기도 했었는데 경영난으로 1921년 미국 남감리교선교회에 매도되었다. 그 교단의 해외선교 100주년 기념으로 이 집을 구매한 선교회는, '태화여자관'(泰和女子館)이란 간판을 걸고 주·야간으로 여성(15~45세)들을 교육시킨 감리교 여성교육의 산실이 되었다. 태화기독교사회복지관의 역사에 대해서는, 이덕주, 「태화기독교복지사회관의 역사」(태화기독교사회복지관, 1994)를 참조할 것.
39) 명월관에서의 독립선언식에 관해서는 愼鏞廈, 「3·1 獨立運動」, 114쪽 이하를 참조할 것.
40) 金光洙, 「韓國基督敎受難史」, 71쪽.
41) 33人 中 劉如大 목사는 지방의 시위를 주도하기 위해 불참하였고, 吉善宙, 鄭春洙 목사는 사경회 인도 차 지방에 있어서 참석하지 못했으며, 金秉祚 목사는 거사 전에 상해로 건너갔다.

에 연락함으로써 모두 현장에서 체포되었다. 길선주 목사는 당일 황해도 장연교회에서 사경회를 인도하던 중, 거사가 단행되었다는 소식을 듣고 곧 상경하여 대표들이 종로경찰서에 구금된 것을 확인하고는 그곳으로 가서 함께 구속되었다.42)

한편 파고다공원에서는 수많은 군중이 모여서 민족 대표들이 오기를 기다리고 있었으나 그들이 나타나지 않자, 경신학교 졸업생이며 해주(海州) 교회학교 교사였던 정재용(鄭在鎔)이 연단 위에 올라가 그가 가지고 있던 독립선언서를 읽어 내려갔다. 읽기를 끝내고 그는 '대한독립만세'를 힘차게 외치고 군중도 따라서 10년간 외쳐 보지 못했던 '대한독립만세'를 목청이 터져라고 부르짖었다. 그러고 나서 군중은 서서히 종로 거리로 나가면서 평화적 시위를 시작하였다. 이때 운동의 지도자들은 군중에게는 아래와 같이 철저한 비폭력을 호소하였다.

> ……당신들은 무엇을 하든지, 일본인들을 모욕하지 말고, 돌을 던지지 말고, 주먹으로 치지 말라. 이런 짓들은 야만인들의 짓이다. 누구든지 그런 행동을 하는 자는 독립운동에 위해를 가하는 것이요 그러므로 이것은 위험천만한 일이 되는 것이다. 따라서 누구든지 예외 없이 이 점을 극히 유의해야 할 것이다.43)

이 시위 대열에는 각계각층의 사람들이 망라하여 참여했고, 신앙과 종파의 차이 없이 모두가 이에 참여한, 문자 그대로 거족적인 시위요, 민족의 함성이었다. 이날 40만~50만의 대중이 온종일 시위를 벌였으나 단 한 건의 폭력 시위도 없었던 것으로 보고되었다.44) 독립선언식은 서울에서뿐만 아니라 평양, 진남포, 안주, 선천, 의주, 원산 등지

---

42) 길진경, 「靈溪 吉善宙」 (종로서적, 1980), 272쪽.
43) 'The Struggle for Liberty in Korea,' *The Missionary Review of the World* (June 1919), pp. 161~162.
44) 李鉉淙 編, 「韓國獨立運動史」, II, 178쪽.

에서도 동시에 행해졌다. 평양에서는 장로교 총회장이었던 김선두(金善斗) 목사를 필두로 강규찬(姜奎燦), 이일영(李一永) 등이 중심이 되어 평양의 6개 교회가 연합하였고, 고종(高宗)황제의 인산(因山)을 기해 약 3천 명의 교인들이 숭덕학교에 모여 황제의 추모 예배를 드렸다. 예배가 끝나고 김선두 목사는 교인들에게 그대로 조용히 남아 있으라고 요청한 후에 독립선언서를 읽기 시작하였다. 읽기를 마친 후 '대한독립만세'를 외치면서 평화적인 시위를 시작하였다.45) 당시에 평양장로회신학교 교장이었던 마펫 선교사는 "……이 닷새 동안 (3월 1~5일)에 내가 만난 모든 한국인들과 내가 관찰한 시내 안팎에서 나는 어떤 한국 사람도 폭력적인 행동을 한 사람이 없었다는 것을 증언합니다"46)라고 기록하였다. 총회장 김선두 목사는 이 일로 체포되었고 그해 가을에 모인 장로교 총회에 참석지 못하자 부회장인 마펫 목사가 사회를 대신 맡았다.

진남포에서는 감리교 학생 120여 명이 예배당에 모여 시위를 주도 했다. 선천에서는 신성학교 선생들과 학생들이 주동이 되어 선천역 앞 오리정 광장에 모여 김지웅(金志雄) 선생이 독립선언서를 낭독한 후 일제히 대한독립만세를 부르며 시위를 시작하였다.47) 이들이 그곳 경찰서에 다다르게 되었을 때 그 시위대의 수가 수천 명에 이르게 되자, 일경은 위협을 느껴 시위대에게 발포하였고, 이때 10여 명이 생명을 잃었다. 함경북도 성진(城津)에서도 그곳 기독교계 학교인 보신(普信)학교 학생들을 중심으로 시위를 벌여 일본인들의 거주지로 행진 하였고, 경북 대구에서는 이만집(李萬集) 목사 주도로 계성(啓聖)학교와

---

45) 평양의 독립운동에 대해서는 李炳憲,「三一運動秘史」(時事時報社, 1959), 973쪽 이하 참조.
46) 馬三樂, '서양 사람이 본 한국의 독립운동,'「亞細亞와 宣敎」(長老會神學大學 宣敎問題 硏究院, 1976), 62쪽.
47) 「姜信明信仰著作集」 2 講解, 565쪽. 선천 북교회 양전백 목사는 33인의 일원으로 체포되었고, 수많은 신성학교의 학생들과 교사들이 잡혀갔다.

신명(信明)학교 학생들이, 부산에서는 일신(日信)여학교 학생 주도로, 전주에서는 신흥(新興)학교 학생 주도로, 광주에서는 숭일, 수피아, 광주농업학교 학생들의 주도로 시위가 일어났다. 대개 기독교 학교가 있는 곳에서는 그들 학교 학생들을 중심으로 시위가 퍼져나갔다.48) 처음에는 이렇게 평화적으로 진행되던 시위가 시간이 지나면서 일본 경찰과 헌병들이 시위대에 대해 총칼과 곤봉을 마구 휘두르며 폭압적 진압을 하자, 군중도 자기 방어적 위치에서 이들에게 폭력으로 대처하기 시작하였다. 지방에 따라서는 시위 진압군과 경찰에 무력으로 대항하는 것을 비롯하여 헌병대, 경찰서, 각급 관공서들을 습격하고 파괴하는 사태로 발전하기도 하였다.49) 당시에 전국적인 조직을 갖고 있는 단체는 종교 단체밖에 없었으므로 아무래도 종교 단체들, 즉 기독교, 천도교, 그리고 불교가 연합 또는 단독으로 시위를 계획하고 주도한 곳이 많았다.50) 3월 1일에 시작된 시위는 그 후 약 6개월 동안 진행되어 수백만의 인원이 동원되었고 그 형태도 다양하여 일일이 다 거론할 수 없다. 다만 분명한 것은 일제의 무단통치에 억눌려 있던 민중의 울분과 신앙에 입각한 기독교인들의 불의에 대한 저항의식과 맞물려 이 시위운동은 요원의 불길처럼 확산되었다. 이렇게 계속된 시위는 필연적으로 많은 피해를 가져올 수밖에 없었다.51)

---

48) 李炳憲, 「三一運動秘史」(時事時報社, 1959), 911쪽.
49) 李鉉淙 編, 「韓國獨立運動史」, Ⅱ, 213, 358~359쪽. 李炳憲, 「三一運動秘史」(時事時報社, 1959), 976쪽.
50) 주동세력이 분명한 300여 곳의 시위 중 기독교가 주도한 경우가 78개 지역, 천도교가 주도한 지역이 66곳, 기독교, 천도교가 공동으로 주도한 지역이 모두 42개 지역으로, 약 3분의 2가 종교계 인사들이 주도한 것으로 나타났다. 朴慶植, 「朝鮮三・獨立運動」(1976), 186~188쪽.
51) 3・1 독립운동에 얽힌 秘史는 李炳憲, 「三一運動秘史」(時事時報社, 1959)를 참조할 것

3. 교회의 피해

약 6개월 동안 진행된 전국 시위운동의 많은 부분을 기독교인들이 주도했고, 독립선언서를 운반하며, 태극기를 제작, 살포하는 임무를 담당하였으므로 그 어떤 단체나 종교보다도 피해가 극심했으리라는 점은 추측하기 어렵지 않다. 다음의 도표에서 각 종단별 체포자 수를 비교해 보면 확연히 알 수 있다.52)

종 단	체포자 수(명)	%
천도교, 시천교	2,200	11.8
불교	220	1.1
유교	346	1.8
장로교	2,468	13.3
감리교	560	3.0
기 타 기 독 교	320	1.7
가톨릭	55	0.3
타 종교	21	0.1
무 종교	9,304	50.0
종교 불명	3,007	16.2
합계	18,501	100.0

당시에 조선에는 일제의 1개 사단 병력과 2만 명 이상의 헌병, 그리고 무수한 헌병 보조원들과 경찰이 있었으므로 교회와 교인들에 대한 보복은 혹독하였다. 당시에 평양에 주재했던 한 선교사 부인이 쓴 편지에는 다음과 같은 내용이 있다.

> 수많은 일제의 관리들이 교회당에 와서 종탑을 파괴하였고, 교회당 안의 모든 유리창을 박살냈고, 모든 성경과 찬송가 그리고 교회학교의 명부

---

52) Chung Sik Lee, *The Politics of Korean Nationalism* (Berkely : 1963), p. 115.

와 교회의 서류들을 파괴하였으며, 교회 직원들을 체포하고 옷을 벗긴 후 교회당 뜰에서 구타하였다.53)

이 사건의 모의, 주도가 교회를 중심으로 이루어졌다고 판단한 일제는 교인들에 대한 대대적인 검거를 시작하였고, 검거된 인사들에게 모진 고문을 감행했다. 한 여신도가 직접 당한 고문의 증언이 남아 있다.

……나는 평양에서 3월 2일 체포되어 경찰에 구금되었다. 그 감옥에는 여자들도 여럿 있었고 남자들도 많이 있었다. 경관들은 우리가 기독교인인가를 자세히 물어 보았으나……거기에는 열두 명의 감리교 여자들과 두 명의 장로교 여자 및 한 명의 천도교 여자가 있었다. 감리교 여자 중 세 사람은 전도부인이었다. 그런데 경관들은 채찍으로 우리 여자들을 내려치면서 옷을 다 벗기고, 벌거숭이로 여러 남자들 앞에 세워 놓았다. 경관들은 나에게 대해서는 길거리에서 만세를 불렀다는 죄목밖에 찾지 못했다. 그들은 내 몸을 돌려 가면서 마구 구타해서 전신에 땀이 흠뻑 젖었다……내 양 손은 뒤로 잡혀져서 꽁꽁 묶였다. 그리고는 내 알몸을 사정없이 때리고 땀이 흐르면 찬물을 끼얹곤 했다. 춥다고 말하면, 그때는 담뱃불로 내 살을 지졌다……어떤 여자는 정신을 잃도록 심한 매를 맞았다……또 한 전도부인은 두 손을 다 묶었을 뿐만 아니라 두 발을 꽁꽁 묶인 채 기둥에 매달려 있게 했다. 우리들은 성경책을 다 빼앗기고, 기도는 고사하고 서로 말도 못하게 했다. 사람으로는 견딜 수 없는 무서운 욕과 조롱을 우리는 다 받았다.54)

개인과 교회가 당한 수난을 어찌 글로 다 적을 수 있을 것인가? 교회가 당한 대표적 사건 몇 가지만 적어 보면, 평남 강서 학살사건, 정주 학살 방화사건, 서울 십자가 학살사건, 의주 예배당 방화사건, 천안 병천 학살사건 등이 있다. 그 가운데 가장 비극적인 사건은 수원 제암리(堤岩里) 감리교회에서의 학살사건이다.

---

53) W. L. Swallen 부인이 Olivette Swallen에게 1919년 4월 23일에 보낸 편지.
54) '三一運動秘史,'「基督敎思想」(1966. 3), 88~89쪽.

각지에서 만세 시위가 계속되던 4월 15일 오후 2시경에 일본군 중위 유전준부(有田俊夫)의 인솔로 일단의 군인과 경찰들이 이 마을에 들이닥쳤다. 그들은 교인들을 모두 모아 손을 꽁꽁 묶어 예배당 안으로 밀어 넣었다. 그리고는 밖에서 문을 걸어 잠그고 예배당에 불을 질렀다. 불 속에서 밖으로 뛰쳐나오려는 사람들을 부녀자 어린이를 가리지 않고 그 자리에서 총격을 가하여 사살하였다. 이런 천인공노할 만행이 "마을 사람들이 모두 보는 앞에서 벌건 대낮에 자행되었다."55)

통계적으로 보면, 1919년 3월부터 5월 30일까지 사망자 7,509명, 부상자 15,961명, 체포된 자 46,948명, 교회 파손 47개 소, 학교 파손 2개 소, 민가 파손 715채였으며, 1년 뒤인 1920년 3월 1일까지 사망자 7,645명, 부상자 45,562명, 체포자 49,818명, 가옥 소각 724채, 교회 소각 59개 소, 학교 소각 3개 교 등이었다.56)

일제는 길거리에서도 지나는 행인들에게 기독교인인가를 묻고 확인되면 체포하고 비기독교인이면 놓아 주는 등 집중적으로 기독교인들만을 체포하였다. 특히 장로교회의 피해가 컸는데, 총회에 보고된 자료에 의하면, 누락된 것을 감안하지 않고도 체포 3,804명, 체포된 목사, 장로 134명, 지도자 202명, 체포된 남자 신도 2,125명, 여자 신도 531명, 매 맞고 방면된 자 2,162명, 사살된 자 41명, 매 맞고 죽은 자 6명, 파괴된 예배당 12동 등이었다.57) 평양장로회신학교도 독립운동

---

55) 李鉉淙 編, 「韓國獨立運動史」, III, 214쪽. 'First Account of Massacres and Burning of Villages,' *The Korean Situation*, pp. 68~72.
56) 이 통계는 朴殷植, 「韓國獨立運動之血史」에 수록되어 있는 것임. 李鉉淙 編, 「韓國獨立運動史」, II卷, 215쪽. 그러나 총독부는 사망자 숫자를 불과 400명이라 보았고, 선교사들은 2천 명으로 보았다. 小川圭治, 池明觀 編, 「韓日 그리스도교 關係史資料 1876~1922」, 金允玉, 孫奎泰 共譯 (韓國神學硏究所, 1990), 751쪽 참조.
57) 교회 중에서는 장로교회의 피해가 가장 많았다. 3·1 독립운동이 시작되고 나서 4개월이 지났을 때의 통계만 보아도 체포자가 장로교 3,804명으로 가장 많았다. 그 가운데 134명의 목사와 장로가 있었는데, 41명의 장로교 지도자가 사살되었고, 6명이 타살, 12개의 교회가 파괴되었다. *Korean Situation* (The Federal Council

의 여파로 개교하지 못했다.58) 당시에 기독교 인구가 전체 인구 2,000만의 1% 정도밖에 안 된 상태에서 기독교인 체포자 수가 17.6%를 차지하는 것을 보면, 한국 교회가 당한 수난을 가히 짐작할 수 있다.

4. 선교사들의 관여 문제

3·1 독립운동 당시 선교사들이 어떤 역할을 했으며, 어떤 태도를 취했느냐 하는 점은 관심의 초점이 되는 부분이다. 일본이 한국을 병탄하고 나서 이 일에 대한 선교사들의 태도는 선교사들의 성향에 따라 여러 가지로 표출되었는데, 이 일을 적극 지지한 사람59)으로부터 극력 반대하는 사람들에 이르기까지 다양했다. 그러나 이미 설명한 바와 같이 선교사들은 선교 현지에서 정치적인 문제에 있어서는 언제나 중립을 지킨다는 원칙에 변함이 없었다. 그들은 교회나 교인들이 정치적인 면에 깊이 관여하여 신앙적인 면 외의 문제에 빠져들어, 그런 문제로 신앙을 버리거나 신앙생활에 손상을 입게 될 것을 염려한 것이 사실이다. 따라서 선교사들은 한국민들이 항일을 하는 데 있어서 도덕적 지원은 할 수 있어도 직접적인 지원은 할 수가 없었다. 그런 맥락에서 보면 3·1 독립운동 시 선교사들이 설 수 있는 위치는 분명해진다. 즉 정신적 내지 도덕적 지원 외에는 다른 길이 없었다는 것이다. 다시 말하면 중립의 위치에 섰다는 것이다.

---

of the Churches of Christian in America), p. 5.
58) 1919년 장로회 총회록에 의하면 당시 '今春 神學校 開學時에 八十五人의 學生이 會集하였으나 其中 五人은 獨立運動事件으로 笞刑 二十九度式 맞고, 其外 八十人은 地方事勢로 因하야 撤歸하엿스므로 開學치 못하다'라고 기록하였다(五十三項).
59) 이 견해를 대표적으로 표현한 사람은 당시 미국 북장로교회 해외선교부 총무였던 Arthur J. Brown이었다. 그는 '일본 통치는 한국이 다른 나라에게 통치되는 것보다 훨씬 낫고, 또 한국이 자기 손으로 다스리는 것보다 낫다'고 망언하였다. Letter of Arthur J. Brown to Masanao Hanihira, February 16, 1912, in the Presbyterian Library, New York.

선교사들은 그들이 말하는 대로 이 거사를 몰랐을 수도 있다. 이 거사에 대해서 일제의 경찰이나 헌병 조직조차 전혀 모르게 진행된 사실을 본다면, 또 알았다손 치더라도 그들이 할 수 있는 일은 잘하라는 격려도, 해서는 안 된다는 만류도 양자 모두 어려운 위치에 놓여 있었을 것이라는 점을 쉽게 추리할 수 있다. 그러므로 그들은 중립적인 위치에 있었다고 보아야 할 것이다.

그러나 평화적인 시위를 일제가 폭력적으로 진압하고 교회와 교인들의 피해가 엄청나게 나타나기 시작하자, 선교사들은 이런 사태에 중립적인 태도만 취할 수는 없었다. 마펫(S.H.Moffett) 선교사가 "만행에 대해서는 중립이 아니었다"[60]고 한 말에서 정확히 표현되었다. 일제는 이런 사실이 외부에 알려지는 것을 철저히 통제하기 위해 우편, 철도를 감시하고, 보도기관에 압력을 가해 은폐하려 했다. 그래도 그들의 이러한 만행은 해외에 즉시 알려지게 되었는데 그 역할을 한 사람들이 바로 선교사들이었다. 이 일을 알린 사람들 중 가장 큰 역할을 한 사람은 세브란스병원에서 일하던 캐나다 선교사 스코필드(F.W.Scofield, 石虎弼, 1889-1870) 박사였다. 그는 일본 군인들이 제암리에서 저지른 야만적 행위를 사진찍어 해외로 보냈고, 또한 「꺼버릴 수 없는 불」(Unquenchable Fire)이라는 소책자를 써서 전 세계에 일제의 만행을 고발하였다. 그가 보낸 사진과 보고서가 세계의 언론에 보도되면서 이 시위운동이 외부에 알려지기 시작하였다.

미국 교회의 지원은 큰 역할을 했다. 배재학당 교장이며 감리교 평신도 지도자였던 신흥우(申興雨)는 1919년 5월 미국에서 열리는 미 북감리교회 100주년 기념대회에 참석한다는 명목으로 출국하였다. 그는 그 대회의 의장이었던 노드(F.M.North)와 개인적 친분이 있었으므로, 그에게 한국의 시위운동과 일제의 만행을 알렸다. 이 사실은

---

60) 馬三樂, '서양 사람이 본 한국의 독립운동,' 「亞細亞와 宣敎」, 80쪽.

곧 미국 교회연합회(FCCCA) 실행위원회에 알려졌고, 이 실행위원회에서는 사실을 조사한 뒤 보고하도록 결정하였다.61) 그해 4월에 이 위원회는 「한국의 상황」(*The Korean Situation*)이라는 제목의 소책자 5천 권을 발간하여 세계에 배포하였다.

미국 기독교연합회 동양관계위원회는 이 책자를 국회에 제출하였고, 일본 정부에 박해의 즉각적인 중지와 한국에서의 행정적 개혁을 요구하는 전문을 그해 6월 26일 일본 수상에게 보냈다.62) 미국 정부도 주미 일본 공사에게 납득할 만한 해명과 조치를 요구하였다. 이로써 3·1 운동은 세계의 관심을 불러일으키게 되었고, 일제는 세계의 여론 앞에 굴복하고 그들의 태도를 바꾸게 된 것이다. 그해 5월에 개최된 미국 북장로교회 총회에서도 한국 교회에 대해 동정을 표하고 그들의 '실제적이고 지속적인 조건들의 개선을 찾는 데 도덕적 지지'63)를 한다는 뜻을 표했다.

선교사 개인으로 피해를 본 사람들도 여럿 있었다. 평양 숭실전문학교 교수 모우리(E.M.Mowry, 牟義理, 1880-1970)는 독립선언서와 태극기를 제작한 학생들을 자기 집에 은신시키고, 선언서를 영문으로 번역하여 선교부에 보낸 혐의로 6개월 징역형을 구형받았다.64) 선천 신성학교 교장 맥큔(G.S.McCune)은 그 지방 교회 지도자들과 운동을 모의했다는 혐의로 추방당했고, 마펫 목사는 세계 선교사대회에서 한국 독립을 지원하는 강연을 했다는 이유로 한동안 구금당했다. 충청도 강경에

---

61) *Annual Reports of the Federal Council of the Churches of Christian in America*, for the Year 1919, pp. 129~130.
62) 전보의 내용은, "한국에 있어서 사회 혼란의 선동은 날로 더해 가고 선의는 위기에 빠져 있다. 이 사실은 숨길 수 없는 것이다. 그러므로 혼란을 수습하고 올바른 행정개혁을 추진하는 공식 문서를 조급히 제시하는 것이 필요하다"는 것이었다. 姜渭祚, 「日本統治下의 韓國의 宗教와 政治」, 45쪽에서 재인용.
63) *Minutes of the General Assembly of PCUSA*, 1920, pp. 94, 98.
64) 李炳憲, 「三一運動秘史」 (時事時報社, 1959), 973쪽.

서는 동양선교회 소속 토마스 목사가 운동에 협조하다가 헌병에게 구타를 당했으며, 서울의 감리교 선교사 노블(W.A.Noble), 빌링스(B. W.Billings, 邊永瑞, 1881-1969)도 이 운동에 적극 협력하다가 박해를 받았다.65) 한편 부산의 호주 장로교회 선교부의 데이비스(Miss Davies) 양과 호킹(Miss Hocking) 양이 학생들을 선동했다는 혐의로 경찰에 체포되어 수 시간 심문을 받은 후에 풀려났다.66)

선교부가 사전에 조직적으로 운동에 협력 또는 사주한 일은 없었어도 개인적으로 교회의 피해에 분개하고, 몰래 지원한 일들은 어렵지 않게 찾아볼 수 있다. 따라서 선교사들의 관여에 대해서는 사건 전에는 없었으나, 사건이 진행되면서는 개인적으로뿐만 아니라 선교부 단체로도 일제의 만행을 규탄하는 일에 힘을 모아 저들이 할 수 있는 최선을 다했다고 보아야 할 것이다.

5. 결과

3·1 독립운동의 결과는 무엇인가? 3·1 독립운동의 결과는 한마디로 단정하기 어렵다. 비록 정치적 독립을 쟁취하는 데는 실패했지만 다른 측면에서 볼 때는 성공한 운동이라고 평가할 수 있다. 이 운동은 한민족이 독립의 강렬한 의지를 일제에, 그리고 세계에 알리는 위대한 일을 수행하였다. 이 운동이 비록 정치적 독립은 달성하지 못했다 할지라도 많은 성과를 가져온 것이 사실이다. 그중에 몇 가지 중요한 점들을 열거해 보면 다음과 같다.

첫째로, 이 운동은 민족을 하나로 묶어 놓은 결과를 가져왔다. 그 동안 여러 요인으로 내부 분열이 없지 않았던 민족이, 이 운동의 단일

---

65) 姜渭祚,「日本統治下의 韓國의 宗敎와 政治」, 43쪽.
66) A. Kerr and George Anderson, eds., *The Australian Presbyterian Mission in Korea, 1889~1941* (Australian Presbyterian Board of Missions, 1970), p. 21.

한 목적을 위해 한마음으로 동참했다는 사실은 우리 민족사에 있어서 획기적인 사실이 아닐 수 없다. 이는 마치 미국이 영국과 독립전쟁을 할 때 다양한 종족적, 언어적, 문화적 배경 때문에 분리되어 있었던 13개 주의 식민지 주민들이 혼연일체가 되어 전쟁에 나가 결국 승리를 가져온 사실에 견줄 수 있다.

둘째로, 이 운동은 대한민국 임시 정부를 창설하는 결과를 가져왔다. 1919년 겨울, 상해에서 임시 정부가 수립되어 이승만이 초대 대통령에 취임하였다.67) 이는 비록 망명 정부라 할지라도 대한민국에 정부가 존재한다고 하는 깊은 의미가 있었다. 이 임시 정부의 중요한 직책을 맡은 구성원 8명 가운데 7명이 기독교인이었다는 사실은 우리 교회사에서도 기억할 만한 사건이었다.68) 이 정부는 민주공화제의 형식을 취함으로써 3·1 독립운동은 한국이 국제사회의 일원으로서 재생하였다는 것을 의미하였다.69)

셋째로, 이 운동은 일제로 하여금 한국 통치 방법을 무단통치에서 소위 문화정치로 바꾸도록 하였다. 세계의 압력에 굴복한 일제는 장곡천호도(長谷川好道) 총독을 소환하고, 해군대장 제등실(齊藤實)70)을 새 총독으로 세웠다. 그는 서울로 오는 차 안에서 회견을 갖고 정치는 다른 개혁과 같이 국민의 행복을 촉진하는 일과 언론과 보도의 자유를

---

67) 임시 정부 요인들은 대통령-이승만, 국무총리-이동휘, 내무-이동녕, 재무-이시영, 군무-노백린, 법무-신규식, 학무-김규식, 외무-박용만, 교통-문창범, 참모-유동열, 노동-안창호, 비서장-신익희 등이었다. 吳允台, 「韓日基督敎交流史」, 189쪽.
68) 'Korea ready to become Christian,' *The Missionary Review of the World* (July 1919), p. 551.
69) Il Chul Shin, 'National Views of March 1 Independence Movement,' *Nationalism in Korea*, Chong Shik Chung, ed. (Seoul : Research Center for Peace and Unification, 1979), p. 252.
70) 그는 1931년 일본 수상으로 영전되어 사임하였으나 이듬해 일본 군부에 의해 살해되었다.

보장하는 일에 공헌할 것임을 말했다.71) 제등실은 문화정치를 표방하며 한국민들에게 제한적인 자유를 허용하고, 종교문제에 있어서도 화해의 제스처를 보였다. 그는 9월에 취임하고 나서 관제개혁을 단행하여 헌병제를 철폐하고 보통 경찰제를 실시하였다. 일반 관리들이 칼을 차는 것을 금지하고, 한국인 관리의 임명과 급여 규정을 바꾸고, 국문신문(國文新聞)72)을 허가하고, 한국인들에 대한 차별을 철폐하는 등의 개혁을 실시한다고 발표하였다. 그러나 이것은 한낱 구호에 그쳤고 실제로는 더욱 간교한 방법으로 식민지 통치를 획책하였다. 헌병들은 제복만 바꾸었을 뿐 대부분 경찰에 그대로 남아 있었으므로 경찰력의 증강은 자연스러웠다. 1919년 경찰력은 그 전에 비해 3배로 늘어났고, 1920년에는 경찰관 주재소(駐在所)가 없는 마을이 거의 없게 되었다.73) 기독교에 대해서 새 총독은 9월에 선교사들을 초청하여 그들의 의견을 들었는데, 그때 선교사들은 총독부에 대해 '연합종교 회견백서'를 제출하면서, 일본 헌법이 종교의 자유를 보장하고 있는데, 현행 법규 아래서는 이러한 자유를 향유할 수 없다고 주장하면서 다음과 같은 내용을 요구하였다.

- 교회 및 선교사에 대한 단속을 완화할 것.
- 기독교 및 기독교인에 대한 관리의 차별을 철폐할 것.
- 기독교계 학교에서의 성서교육과 종교의식을 허용할 것.
- 한국어의 사용 금지를 조속 철폐할 것.
- 조선 학생들도 일본 학생이 누리고 있는 교육의 기회를 균등하

---

71) 그가 서울역에 하차할 때 한 노인이 그에게 폭탄을 던져 36명이 부상하는 일이 있었다. 그러나 총독은 무사했다. 姜渭祚, 「日本統治下의 韓國의 宗敎와 政治」, 46쪽.
72) 이때 「東亞日報」, 「朝鮮日報」가 창간되었다.
73) 총 20,083명의 경찰이 경찰서 251개소, 파출소 143개소, 주재소 2,354개소에 고루 배치되어 있었다. 姜渭祚, 「日本統治下의 韓國의 宗敎와 政治」, 47쪽 참조.

게 누릴 수 있게 조처하고, 교과서의 선택권과 한국어 및 세계 역사의 학습에 대한 제한을 철폐할 것.
- 총독부가 허가한 사립학교 졸업생이 공립학교 졸업생과 똑같은 특권을 가지게 해줄 것.
- 기독교 문서에 대한 검열을 철폐할 것.
- 교회의 출판물 발행의 제한을 완화할 것.
- 교회 및 선교기관을 재단으로 인정할 것.
- 기독교인으로서 구금된 정치범에 대한 학대를 중지할 것.
- 형무소의 교화사업에 교회가 참여할 수 있도록 법을 제정할 것.74)

제등실은 선교사들의 이런 건의를 받아들여 '포교 규칙'을 개정하였고 과거의 시책을 수정, 완화하였다. 그 내용의 일부가 다음 글 속에 나타나 있다.

……기독교, 불교 등에 대하여서는 관제 개정 후 특히 학무국의 일과로서 종교과를 설치하고 이것을 관할케 하였다. 이 종교과 설치의 일사(一事)는 종교 행정을 중시하고, 사회 교화의 임무를 원조하는 방침의 표현으로서 종교가로부터 호감을 사고 환영을 받았다. 그리고 기독교와의 관계에서는 우선 그들에게 접근하여 오해를 풀고 신정(新政)의 정신 및 실제의 시설을 양해시키는 것이 급무였다. 이 점에 대하여 총독은 높은 위치에서 대관(大觀)하여 그들을 회유하였다. 기독교와의 관계에서 가장 중요한 것은 미션학교의 감독 및 개선이었으나, 이것은 사립학교의 규칙을 개정하여 방침을 분명하게 하고 감독을 엄하게 하였으며, 또 포교 규칙을 간이화하고 종교단체를 법인으로서 인정하여 사회 교화의 사명을 달성시키는 데 유감이 없게 조치를 취하였다.75)

---

74) 田保橋潔,「朝鮮統治史論稿」(서울 : 성진문화사, 1972), 180~181쪽.
75) 帝國地方行政學會 編,「朝鮮統治秘話」(1937), 290~291쪽.

개정된 포교 규칙은 교회당, 포교소 설립을 과거 허가제에서 신고제로 바꾸고 신고사항도 간소화했으며, 종교 규칙 위반자에게 벌금형을 삭제하였고, 포교 수속의 간편과 포교자의 편의를 도모하고자 한 흔적이 보였다.76)

기독교에 대한 종래의 정책을 변화시켜 화해를 시도하고 특히 문제가 되었던 기독교 학교에서의 성서교육과 예배의식의 허용은, 비록 도덕과 일본어 과목을 요구하기는 했으나 이 운동이 가져다 준 값비싼 대가였다.77) 또한 총독부 학무국에 종교과를 두고 전도인들의 편의를 도모하고, 일본인 기독교인 3인을 임명하여 근무케 하는 형식도 보였다.78)

그러나 이것을 일제가 기독교에 온전한 자유를 주었다는 것으로 이해한다면 잘못이다. 그들은 여전히 "……교회와 학생예배에 참석을 주장하는 것으로 이해하여……규제하려 했다……여러 가지 혐의를 걸고 학생들을 체포하고, 또 모든 출판물을 검열했으며, 때로는 교회 주보의 기사에 대해서도 반대하였다."79) 뿐만 아니라 제등실은 밀주의 자유화, 담배 재배의 자유화란 명목으로 교회가 줄기차게 전개해온 금주, 금연 정책을 교묘히 와해시키는 악랄한 법을 만들어 시행케 하였다.80)

넷째로, 이 운동은 한국민들에게 기독교가 더 이상 외래종교가 아니고 가장 애국적이요 우리 민족을 사랑하는 종교라는 개념을 주지시켰

---

76) 朝鮮總督府 學務局 編,「朝鮮의 統治와 基督敎」, 1921, 19쪽.
77) 1922~1923년에 개정된 교육법은 정부의 간섭을 축소시키고, 학교에서 한글을 가르치고 말할 수 있게 허용했다. H. H. Underwood, *Modern Education in Korea* (New York : International Press, 1926), pp. 214~222 참조.
78) *Korean Situation* (The Federal Council of the Churches of Christian in America), p. 14.
79) 姜渭祚,「日帝統治下 韓國의 宗敎와 政治」(大韓基督敎書會, 1977), 45쪽.
80) 朴春福,「韓國近代史속의 基督敎」, (牧羊社, 1993), 101쪽.

다는 점이다. 기독교가 한국에 소개된 이래로 이런 거족적 민족운동에 대규모로 참가하여 처음부터 이 일을 선도해 나간 종교는 천도교보다는 오히려 기독교였다고 보아야 할 것이다. 그것은 시위를 선도한 인사들이나 체포된 사람들의 숫자에서나 예배당, 학교 등 기관과 인적, 물적 피해에서도 여실히 나타나고 있다. 그 당시 그리스도인들은 조국을 잃고 죽는 영혼은 천국에도 못가고 지옥에 떨어진다는 노래를 교회 안에서 부를 정도였고, 많은 애국의 노래를 부르며 조국 독립의 염원을 불태우고 있었다.[81]

따라서 이 운동이 끝나고 나서 한국인들이 교회로 몰려오는 결과도 뒤따랐다. 1921년, 일반적인 백성들의 견해가 기독교에 대해 무척 호의적이라고 선교사들은 기록하였다. 한 선교사는 1923년 한 해 동안의 수세자가 지난 3년 동안의 수치와 맞먹는다고 보고하였다.[82] 이 운동에서 기독교는 '주체가 아니고 통로'라고 보는 시각도 있으나,[83] 여러 정황으로 볼 때 기독교가 확실히 주도를 했던 운동이라고 보아도 좋을 것이다. 평양에서 사역하던 감리교 의료 선교사 홀(R.S.Hall)도 "조선 민중은 이때 처음으로 기독교인들도 조선의 애국자들이라는 점을 인식하게 되었다."[84]고 쓰고 있다.

결론적으로 3·1 독립운동은 비록 정치적 독립을 쟁취하지는 못했지만, 한국민이 온 세계에 결집된 독립에 대한 강렬한 욕구를 천명할 수 있는 기회가 되었다. 교회는 그동안 꾸준히 전도하고 교육하여

---

81) 吳允台, 「韓日基督敎交流史」, 192쪽.
82) 미국 남장로교회 구역에 1919년에는 368명의 수세자가 1920년에는 516명, 1922년에는 1,266명으로 불어났다고 보고하였다. G. T. Brown, *Mission to Korea*, p. 115. 한국 교회 전체 교인 숫자는 1907년에 7만, 1912년에 14만, 그리고 3·1 운동이 일어난 1919년에는 20만-25만 명으로 추산된다.
83) 閔庚培, 「韓國基督敎會史」 改訂版(大韓基督敎出版社, 1982), 316쪽.
84) *Sherwood Hall, With Stethoscope in Asia*, 金東悅 역, 「닥터 홀의 조선 회상」 (동아일보사, 1984), 204쪽

길러 온 나라 사랑의 정신을 유감없이 발휘할 수 있는 전기를 마련함으로써 민족의 운명과 같이하는 민족종교로서 그 자리잡음을 확실히 할 수 있었다는 데 그 의의를 찾을 수 있다.

제 4 장
1920~30년대의 교회 상황

3·1 독립운동 후의 교회는 그 이전보다 겉으로는 약간의 자유가 보장된 것같이 보였다. 그러나 일제의 집요한 교회 억압은 눈에 보이지 않게 꾸준히 지속되었다. 많은 사람들이 독립을 얻지 못한 좌절감과 가족, 교우, 그리고 이웃을 잃은 슬픔에 잠겨 있을 때 교회는 그들을 위로하고 격려하며 앞으로 더욱 거세게 불어 올 일제의 교회 탄압에 대해 신앙적으로 무장하지 않으면 안 된다는 절박한 위기의식을 갖게 되었다. 이러한 때 하나님께서는 우리 민족의 구원과 교인들의 신앙적 각성과 부흥을 위한 사경회와 사경회를 이끌고 갈 지도자들을 마련해 두셨다. 이들은 1907년 대부흥운동의 기수였던 장로교회의 말씀의 사자 길선주 목사와 전무후무한 신유(神癒)의 기사를 행하며 각처를 다니던 김익두(金益斗) 목사, 그리고 감리교회 목사로서 한국 교회에 신비주의의 전형을 보여준 이용도(李龍道) 목사였다.

사경과 부흥의 물결로 전국 교회가 새로운 시대를 예비하며 다가오는 일제의 교회 무력화 작업 앞에 살얼음판을 걷는 것같이 불안한 미래를 예견하고 있을 때, 교회 안에서는 잡다한 분파운동과 이단

사이비들이 출몰하면서 시대의 어두움을 한층 짙게 만들고 있었다. 어두운 시대가 다가오면 교회를 병들게 하며 순진한 교인들의 영혼을 노략질하는 이리들은 항상 있게 마련이다.

1. 길선주(吉善宙) 목사의 사경회

길선주 목사는 3·1 독립운동 시 민족 대표 33인 중 한 사람으로 2년여의 옥고를 치렀으나, 일제가 그에게 무죄 판결을 내리고 석방함으로써 많은 사람들로부터 오해를 받게 되었다. 그러나 김린서는 일제가 길 목사를 무죄 방면한 것은 성직자를 우대한다는 것을 내외에 과시하려는 의도와 그를 무죄 방면시킴으로써 교회 내외로부터 그를 매국노로 인식시켜 매장하려는 의도로 그렇게 했다고 설명하였다.1) 길 목사를 매도하는 무리들이 적지 않게 있었으나 길 목사는 이에 개의치 않고 자기의 본분을 감당하였다. 그는 감옥에 2년간 있으면서 요한계시록을 거의 외웠고, 또한 철저히 탐구하여 「말세학」이라는 계시록 강해집을 만들었다. 출옥 후 그는 이것을 가지고 전국 방방곡곡을 다니면서 말세학 사경을 주도하였다.2) 이 소책자가 한국인이 쓴 최초의 종말론 서적이다.

1920년대의 사회주의, 공산주의 사상이 밀려들어오던 암울한 현실에서 갈 길을 찾던 교인들과 민족에게 종말과 재림사상을 가르침으로써 새 하늘과 새 땅의 비전을 보게 한 길 목사의 말세학 사경은 그들에게 새 희망을 갖게 하는 전기가 되었다. 이때 길 목사의 말세학 사경을 한국 교회로 하여금 현실을 외면하고 내세지향적인 신앙으로 이끌고 갔다고 지탄하는 사람들도 없지 않다. 이것은 그의 말세학을 잘 이해

---

1) 金麟瑞, "三一運動과 吉善宙,"「金麟瑞著作全集」第2卷, 388~391쪽.
2) 길선주 목사가 말세학을 강의하면서 사용했던 末世圖, 默示圖形, 默示別大旨圖形 등의 자료들이 (서울) 장로회신학대학교 역사박물관에 소장되어 있다.

하지 못한 데서 나온 오해라고 보여진다. 길 목사는 말세학을 강의하면서 이 세상은 모두 썩어 없어질 멸망의 세상이므로 이 세상에 뜻을 두지 말고 영원한 내세에 뜻을 두자는 말은 하지 않았다. 오히려 그는 말세학에서 지상의 낙원이 이 땅에서 이루어진다는 독특한 신앙을 가지고 설파하고 있다.

> 예수 밟으시던 지구는 새 땅이 되어 영원히 잇슬 거시오 에덴의 위치이던 지구는 소각될 거시 아니라 불꽃검으로 수호하던 에덴은 다시 나타나서 이 지구는 무궁 안식세계가 될 거시다.[3]

이 독특한 길 목사의 신학을 김린서는 '조선신학'이라고 갈파하였다.[4] 일제의 고난에 시달리고 있던 민족에게 해방의 먼동을 바라보면서 이 땅을 영원히 없어지지 않고 남아 있을 우리의 삶의 터전이라고 규정하면서 우리 민족의 독특성을 지킬 것을 외쳤던 것이다.

> ……우리는 다른 민족이 될 수 없다. 다른 민족의 옷을 입어도 아니 되는 것이다. 우리는 백의민족이며 우리 자체가 백의민족의 문화적 존재임을 잊어서는 아니 되는 것이다. 우리의 것을 버리지 말라. 우리의 것을 애호하고 시대화함에서 우리가 우리로서 성장하고 영원히 존속되는 것이다.[5]

우리의 것을 사랑하고 우리의 문화를 수호할 것을 외치던 민족의 선각자는 복음으로 이 나라를 변화시키기 위해서 마지막까지 복음을 외치다가 결국 강대 위에서 쓰러져 갔다. 그는 민족복음화에 앞장섰던 성경의 사람, 기도의 사람, 전도의 거인이었다.

길선주 목사가 일생을 바쳐 목회하였던 서북 장로교회의 어머니

---

3) 吉善宙, "末世學," 「靈溪 吉善宙 牧師 著作集」 第1卷 (大韓基督敎書會, 1968), 139쪽.
4) 金麟瑞, 「金麟瑞著作全集」 第5卷, 70쪽.
5) 길진경, 「靈溪 吉善宙」, 250쪽.

교회인 평양 장대현교회에서 선동을 받은 일부 사회주의 사상에 물든 청년들이 길 목사 배척을 목적으로 폭행을 가함으로써 결국 20여 년 동안 목회하던 교회를 사임하고 원로목사로 남게 되었다.6) 정든 교회에서 배척당하고 떠난 것이 그에게는 애석한 일일지 모르지만, 하나님께서는 그를 한 교회에 매어 두지 않으시고 전국 교회를 자유스럽게 다니면서 전도하게 하시려는 섭리가 있었다고 김린서는 해석하였다.7)

2. 김익두(金益斗) 목사의 이적집회

김익두(1874-1950)는 황해도 안악(安岳) 출신으로 장사꾼이 되었으나 장사에 실패하고 나서 난봉꾼이 되었다. 장에 가는 장꾼들이 김익두를 만나지 않게 해달라고 성황당에 돌을 던지고 갈 정도로 그의 난봉과 행패는 극심했다. 그는 어느 장날 여자 선교사를 만났는데 그녀에게서 전도지 한 장을 받고 교회에 출석하기 시작하였다. 김익두는 스왈른(W.L.Swallon) 선교사가 순행 차 안악에 와서 '영생'(永生)이라는 설교를 할 때 감동을 받고 회개하고 예수를 믿었다. 그는 처음 성찬을 받기 전에 신약성경을 백 번이나 읽은 열정을 가지고 있었고 기도를 그치지 않은 기도의 사람이었다. 예수를 믿은 후 재령 명신(明新)소학교에서 교편을 잡았는데 그때도 기도를 많이 하여 '기도 선생'이라는 별명을 듣기도 했다.8) 29세에 황해도 재령교회의 전도사가 되었고, 1906년 평양장로회신학교에 입학하여 1910년 제3회로 졸업하였다.

한번은 심방을 다녀오다가 마을 공동 우물 처마 밑에 앉아 있는

---

6) 金麟瑞, 「金麟瑞著作全集」 第5卷, 73쪽.
7) 위의 책.
8) 「姜信明信仰著作集」 (기독교문사, 1987), 581쪽.

앉은뱅이를 보고 "예수의 이름으로 일어나라"고 외쳤지만 일어나지 못했다. 김익두는 자기의 기도가 부족하다고 믿고 더욱 기도와 신앙생활에 힘써 하나님으로부터 신유(神癒) 은사를 받게 된다. 그는 "초기 부흥운동에 기사 이적이 나타나서 사도행전의 기사를 20세기에 재현하였다"9)고 김린서는 기록하였다.

김익두 목사가 신유의 은사를 구체적으로 나타낸 것은 1919년 12월 경북 달성(達城) 현풍(玄風)교회 사경회 때였다. 그 지방에 아래턱이 처져서 올라붙지 않는 장애인이 있었다. 그는 말도 못하고 음식도 씹지 못하여 누워서 물과 함께 넘기는 가련한 생활을 하고 있었는데 이 사람은 본래 예수를 믿는 교인이었다. 그가 김 목사의 사경회에 나왔을 때 김 목사는 이 사람을 불쌍히 여기고 그를 위해 몇 날을 기도했으나 낫지 않았다. 김 목사가 금식하면서 기도하였더니 그 장애인의 늘어진 턱이 올라 붙고 불구된 지 10년 만에 "좋다, 좋다"라고 말하기 시작하였다.

이때부터 시작된 김 목사의 이적 기사 집회에 사람들이 구름 떼처럼 몰려오기 시작하였고, 각색 병자들이 예수 이름으로 치유 받는 역사가 끊이지 아니하고 일어났다.10) 경산(慶山)읍교회에서는 수십 명이 한꺼번에 신유의 은사를 받아 중풍병자와 혈루병자가 나음을 얻었으며, 대구집회에서도 수백 명의 병자가 치유를 받았다. 부산집회에서는 앉은뱅이가 걷고, 김해군 진영리(進永里)에서는 23년 된 혈루병 여인이 고침을 받았으며, 평양에서는 11년간 벙어리 된 여인이 김 목사의 기도로 혀가 풀려 말을 하기 시작하였다.

이런 이적 기사가 속출하자 이를 비판하는 사람들이 나타나기 시작하였다. 이에 황해도 재령(載寧)의 임택권(林澤權) 목사가 1919년 '이적

---

9) 金麟瑞, 「金麟瑞著作全集」第5卷, 107쪽.
10) 김익두 목사의 이적 내용은 위의 책, 95~118쪽.

명증(明證)회'를 발기하여11) 3년 여 동안 조사한 김 목사의 이적 사실을 1921년「죠선예수교회 이적명증」이라는 책자로 발간하였다.12) 또한 황해노회는 1922년 장로회 총회에 헌의하기를 장로회 헌법 정치 3장 1조에 "금일에는 이적 행하는 권능이 정지되었느니라"라는 조항을 수정할 것을 헌의하였다. 총회는 이 안건에 대해 신경과 성경 진리에 위반되는 조건이 아니므로 개정할 필요가 없다고 결의하고 각 노회에 회부하였는데 그 결과는 부결이었다.13)

이 일로 김 목사의 신유 부흥집회는 고비를 맞게 되었다. 팽배되어 가는 사회주의, 공산주의 세력은 김 목사가 기독교인들뿐만 아니라 비기독교인들에게까지도 그 영향력을 확대시켜 가는 것을 용인하지 않았다. 다시 말하면, 사회주의자들은 신유의 집회를 통해 결신자들이 늘어나고 교회의 세력이 확장되는 것을 바라보고만 있지 않았다. 1926년 김 목사가 간도 용정(龍井)에서 집회를 하고 있을 때, 일단의 폭도들이 철근을 휘두르며 공격하여 예배가 중단되는 사태가 벌어졌다. 심지어 그가 담임했던 서울 남대문교회 지식층 청년들이 중심이 되어 기독교 신앙을 미신적 신앙으로 끌어 내리고 병을 고친다며 우매한 자들을 미혹한다고 매도하였다.14) 이는 확실히 반기독교운동의 일환이었으며, 엄연히 성경이 말하는 성령 치유의 은사를 정면으로 거부한 위험한 자유주의 신학의 물결이 교회 내에 침투해 들어오고 있다는 증거였다.

일제의 억압 속에서 암울한 시절을 보내고 있던 대중에게 김익두는

---

11) 발기인으로 임택권 목사 외에 오득인, 김용승, 장홍범, 유만섭 목사, 장의택, 이택주 장로 등이 있었다. 김대인, "죠선예수교회 이적명증,"「韓國基督敎史硏究」7호 (1986. 4), 19~22쪽 참조.
12) 이 책자는 1921년(대정 10년) 8월 10일자로 조선예수교서회와 예수교서원(황해도 재령읍 소재) 공동명의로 발간되었다.
13)「朝鮮예수敎長老會 第13回(1924년) 會錄」, 35쪽.
14)「東亞日報」, 1926. 5. 15.

초자연적 성령의 역사를 통하여 한국 교회에 활기를 불어넣어 주었다. 그는 3·1 독립운동 후에 희망을 잃은 민중에게 삶의 용기를 북돋아 준 그 시대의 예언자였으며, 하나님께서 우리 민족에게 보내 주신 위안의 메신저였다. 그가 이끈 사경회가 776회요, 설교가 2만 8천 회, 교회 신축이 150처, 그의 감화로 목사된 자가 200명, 치유 받은 자가 1만 명이 넘었으니, 그의 생은 한마디로 복음을 위한 삶이었다. 그는 1930년대에 일제의 신사참배 강요에 반기를 들어 모진 곤욕을 당하기도 하였다.

그는 불행하게도 해방이 된 후에 이북에서 강양욱(康良昱)의 회유와 협박에 못 이겨 친 공산 정권 기독교 단체인 '조선기독교도연맹'에 가입하여 초대 총회장이 됨으로써 그 명예에 흠칠을 하고 말았다. 한국전쟁 발발 후 1950년 10월 14일 유엔군들에게 쫓겨 후퇴하던 인민군들이 새벽기도회를 마치고 나오는 김 목사를 교인 6명과 함께 사살함으로써 그는 공산당 어용단체에 협력하고도 공산당에게 학살당하는 운명에 처하고 말았다.15)

3. 이용도(李龍道) 목사의 신비주의

감리교 목사였던 이용도(1901-1933)의 부흥운동은 장로교회 목사들인 길선주, 김익두의 사경회와는 달리 독특한 방향에서 출발하여 결국 이단 정죄로 끝나는 불행한 결과를 가져왔다. 이용도 목사의 부흥은 이 목사 개인의 영적 체험에 근거한 신비주의에 기초하고 있었던 데 문제가 있었다.

이용도는 1901년 4월 황해도 금천(金川)군 서천면에서 빈농 이덕흥(李德興)의 셋째 아들로 태어났다. 그의 아버지는 술고래였지만, 전도

---

15) W. Blair and B. Hunt, *The Korean Pentecost and the Suffering which Followed.* 김태곤 역, 「한국의 오순절과 그 후의 박해」(생명의 말씀사, 1995), 158쪽.

부인이었던 신앙 좋은 어머니 밑에서 신앙을 배우며 자랐다. 그는 어려서부터 병약한 체질에 정이 많은 아이였다. 개성에 있는 한영서원(송도고보의 전신)에 다닐 때 3·1 독립운동에 적극 가담해 2년간 감옥살이를 했다. 그 후 협성신학교에 들어가 공부를 하는 도중 각혈을 하는 폐병 3기의 위험한 지경에 이르렀다. 병을 치료하기 위해 그는 친구 이환신(李桓信)의 고향 평남 강동(江東)으로 내려갔다.16)

거기서 그는 그의 일생을 결정짓는 특이한 경험을 한다. 신학생이 왔다는 말을 듣고 그곳 교회에서 그에게 사경회를 인도해 달라는 청을 하였다. 그가 강단에 올라가 섰을 때 그의 눈에서는 눈물이 줄줄 흘러 내렸다. 아무 말도 못하고 눈물만 흘리고 서 있는 그를 본 성도들도 따라서 같이 눈물을 흘렸다. 찬송을 불러도, 기도를 해도 온통 눈물바다를 이룰 뿐이었다. 이튿날의 집회도 역시 눈물의 홍수를 이루는 집회로 끝나고 말았다. 이 눈물의 집회를 통해 교인들뿐만 아니라 이용도 자신도 그리스도의 사랑이 직접 가슴에 와 닿는 체험을 하였다. 이 집회 동안 경험한 그리스도의 뜨거운 사랑 체험은 그의 일생을 두고 한 번도 잊어 본 일이 없는, 그래서 그 뜨거운 사랑에 감격하여 몸부림치다 간 한 시대 신비주의자의 전형이었다. 그는 기록하였다.

> 바치라. 그저 완전히 바치라, 주님께 완전히 바치기만 하면 내 모든 문제는 주님께서 맡아 주관하시고 내 몸 전체도 주님께서 뜻대로 잘 맡아 사용하신다.17)

주께 맡긴 삶, 이것이 이용도의 삶이었다. 이 체험을 한 후에 그는 건강이 회복되어 신학교에 복학하고 이어 졸업을 하였다. 그는 강원도

---

16) 이용도 목사의 생애에 대해서는 邊宗浩, 「李龍道牧師傳」(서울 : 心友園, 1958)을 참조할 것.
17) 위의 책, 5쪽.

통천(通川)에 목회지를 지정받고 그곳에서 목회를 시작하였다. 그러나 그동안 그의 첫 열정이 식은 것을 깨닫고 산상기도와 금식기도를 목숨을 걸고 시도하여 확실한 성령의 체험을 다시 하게 되었다. 그는 "아버지여, 나의 혼을 빼어 버리소서. 그리고 예수에게 아주 미쳐버릴 혼을 넣어 주소서. 예수에게 미쳐야 하겠나이다. 예수에게 미치기 전에는 주를 온전히 따를 수 없사옵고 또한 마귀와 싸워 이기지 못하겠나이다"라고 기도하였다. 예수에게 미쳐야겠다는 그의 고백은 결국 그리스도와의 완전한 합일(合一)을 의미하는 것이고 그것은 어떤 면에서는 그리스도와의 성애(聖愛)로 변화하는 것을 의미한다는 해석도 가능하다. 이것이 그의 신비주의의 핵이었다. 그는 그의 일기에 다음과 같이 기록하였다.

> 이렇게 주님은 나에게 끌리시고, 나는 주님에게 끌리어, 하나를 이루는 것이었습니다(一化). 나는 주의 사랑에 삼키운 바 되고, 주는 나의 신앙에 삼키운 바 되어, 결국 나는 주의 사랑 안에 있고 주는 나의 신앙 안에 있게 되는 것이었나이다.
> 아! 오묘하도소이다. 합일(合一)의 원리여! 오 ― 나의 눈아, 주를 바라보자. 일심(一心)으로 주만 바라보자, 잠시라도 딴 눈 팔지 말고 오직 주만 바라보세. 나의 시선에 잡힌 바 주님은 나의 속에 안재(安在)하시리라. 오― 나의 눈아, 일심으로 주님만 바라보자, 주께서 피하시랴, 피치 못하시게 다만 그만 바라보자.18)

주님과의 완전한 합일, 이것이 그가 이끌어 낸 신앙의 결론이었는데 이것이 바로 중세 신비주의자들이 추구했던 하나님과의 합일을 이루는 신비사상의 중심이었다.

이용도의 사경회는 가는 곳마다 열화 같은 반향을 불러일으켰다. 그의 사경회는 비단 감리교회뿐만 아니라 교파를 초월하여 장로교회

---

18) 邊宗浩,「李龍道日記」(서울 : 心友園, 1934), 1931. 1. 27.

에서도 그를 불러 사경회를 하였다. 평양 장로교회의 본산인 장대현교회에서도 사경회를 인도하여 큰 은혜의 집회가 되었고, 사경회 후 평양의 온 교회들이 기도운동에 매진하였다.

그러나 그의 부흥운동에 대한 비판의 소리가 서서히 들려오기 시작하였다. 이것은 분명히 미국 교회의 제1차 각성운동에서 나타났던 바와 같이 기성교회 목사들의 질투심이 작용했던 것도 부인할 수 없는 사실이지만 근본적인 원인은 사경회를 인도하는 이 목사 자신이 공격의 소지를 제공하였다.

먼저 그의 활동을 제한하기 시작한 곳은 묘하게도 그의 출신지인 황해도였다. 1931년 8월 장로회 황해노회는 이용도가 재령교회를 훼방하고 여신도들과 서신 거래를 자주하며, 불을 끄고 기도하고, 교역자들을 공격하며, 「성서조선」을 선전하는 무교회주의자이며, 교회를 혼란케 하는 자라는 이유로 금족령을 내렸다.19) 평양에서 그가 인도했던 사경회가 끝난 후 몇몇 집사들이 중심이 되어 서문밖교회에서 매주 1회씩 기도회로 모였는데, 누가 붙였는지 이 모임에 '기도단'이라는 이름이 붙으면서 평양노회 역시 이들에 대해 촉각을 곤두세우게 되었다.20) 이즈음 한국 교회는 황국주(黃國柱)의 예수 자처 사건, 최태용(崔泰瑢)의 무교회주의로 혼란에 차 있던 때여서, 기도단의 움직임에 대해 교회들이 경계하기 시작하였다. 평양노회는 즉시 남궁혁(南宮爀), 채필근(蔡弼近) 목사 등 5인의 조사위원회를 구성하고 조사한 후 보고하게 하였는데, 1932년 4월에 모인 노회에서 아래의 조항들을 결의하였다.

1. 각 교회가 통상 예배, 사경회, 수양회 시에 강도와 교수는 가급적 장로회 인허 받은 자로 할 것.

---

19) 邊宗浩,「李龍道牧師傳」, 113쪽.
20) 이때 주동이 된 사람들은 金志永, 金益善, 李根, 金禮鎭 등 6인이었다. 金麟瑞, 「金麟瑞著作全集」 2권, 38쪽.

2. 기도는 은밀, 조용히 할 것.
3. 안수 받지 못한 자가 병자에게 안수하지 말 것.
4. 상회(上會)가 인허치 아니한 단체는 용납하지 말 것.

이것은 구체적으로 기도단과 이용도의 장로교 활동을 금지한 것이었다. 노회장 남궁혁은 각 교회에 보낸 편지에서 "……이 영적 운동은 일종의 신비주의로서 종교 신앙의 주체적 체험 방면을 중시하는 것이므로……심지어 성서 밖의 별(別) 계시와 새 주의를 분연히 선전"21)하는 무리들이라며 이용도와 그 추종자들을 경계하였다.

마침내 장로교 총회는 1932년 제22차 회의에서 이용도를 '이단'으로 정죄하고 그의 장로교회 출입을 봉쇄하였다.22) 감리교회에서도 사문(査問)위원회를 소집하여 그의 활동을 조사한 후, 연회에서 그에게 휴직 처분을 내렸다. 이로써 이용도의 사경회는 그 종말을 맞게 되었는데, 기독교 신앙이 지나치게 신비주의로 갈 때 얻는 결과를 여기서 볼 수 있다.

결론적으로 말해서 이용도의 부흥운동은 장로교회 목사인 길선주, 김익두의 사경회와는 달리 독특한 방향에서 출발하여 결국 이단정죄로 끝나는 불행한 결과를 가져왔다. 길선주 목사의 부흥이 철저한 성경공부에 기초하고 있었고, 김익두 목사의 부흥이 성령 치유 이적 역사에 기초하고 있었다면, 이용도 목사의 부흥은 자기 개인의 영적 체험에 근거한 신비주의에 기초하고 있었다고 보아야 할 것이다. 성경적 기초가 없는 개인적 신비 체험은 오류를 범할 수 있다는 교훈을 이용도는 남겨 주었다. 이용도의 신비주의는 다음에 거론할 자칭 예수 황국주가 평양에 들어온다는 소식이 들리자 평양 기도단원들 앞에서

---
21) 「基督申報」, 1932. 5. 25.
22) 장로교회는 이용도, 백남주, 한준명, 이호빈, 황국주를 이단으로 정죄하였다. 「朝鮮예수敎長老會 總會 第22回(1932년) 會議錄」, 71쪽.

"내가 서울서 황국주 선생을 만나 뵈오니 참 성자입니다. 오! 주님이 우리나라에 이렇게 예수화한 하나님의 사람을 보내신 것 참 감사합니다. 여러분 바리새화한 목사들과 같이 황 선생님을 반대하여 성신 훼방죄를 범하지 말고 평양에 영접하여 은혜 받읍시다"23)라고 간절히 권고한 데서도 그의 신학적 기초가 약한 감정적 신비주의의 단면을 엿볼 수 있다.

이용도에 대한 평가는 엇갈리고 있다. 그의 장점을 보면 그에 대해 긍정적 평가가 가능하다. 그는 기도의 사람이었다. 그가 한 번 기도를 시작하면 3일이고 일주일이고 무아의 지경에서 기도를 하였다. 사경회 기간 중 설교시간에 기도만 하고 끝나는 때도 있었다.24) 한국 교회에서 그의 기도를 따를 사람은 거의 없다 해도 과언이 아니다. 또한 그는 그리스도의 사랑을 몸으로 실천한 사람이다. 물질에 대해 추호의 탐심이 없었고, 새 두루마기를 길가의 거지에게 그대로 벗어 주고, 사경회에서 받은 거마비를 거지에게 봉투째 준 일이 비일비재하다. 장로교회의 송창근 목사가 미국 유학 여비가 없어 어려움을 당할 때, 자기 집을 팔아 여비를 준 일화는 잘 알려지지 않았다. 청빈의 삶을 산 이용도의 삶은 높이 평가할 만하다.

그러나 그는 또 많은 문제점을 안고 있었다. 그는 세속화된 기성교회와 지도자들을 지나치게 공격함으로써 스스로의 입지를 좁히고 있었다. 기성교회를 전혀 희망이 없는 마귀의 집단과 같이 매도한 것은 성령의 역사가 기성교회에 있는 것 자체까지 부정하는 결과가 되었다. 성경보다 자기의 체험을 중시하는 태도, 지나치게 형식을 무시하는 태도 등이 문제점으로 지적될 수 있을 것이다. 그가 형식을 무시했던 한 예를 들면 집회에 나가서도 설교 준비가 없고 엎드려 기도하다

---

23) 金隣瑞, 「金隣瑞著作全集」 2권, 545쪽.
24) 邊宗浩, 「李龍道牧師傳」, 133쪽.

계시가 내리면 설교를 하는데 어떤 때는 성경만 몇 장 읽고 그치고, 어떤 때는 몇 마디, 10분, 어떤 때는 7시간, 어떤 때는 설교도 없이 기도만 하다가 끝내기도 하는 전혀 무원칙의 사경회를 인도하였다. 어떤 때는 예정에도 없는 집회를 길을 가다가 하겠다고 하는가 하면, 어떤 때는 집회를 하다가 중도에 사라져 버리기도 하는 이해할 수 없는 행동을 하기도 했다.25) 그러나 그에게 있어서 가장 문제가 된 것은 무엇보다 그리스도의 사랑을 이성간의 성애(性愛)로 전락시킨 점, 여신도들과 지나치게 많은 서신 교환을 한 것, 기도시간에 소등하고 기도하게 하는 것들은 기성교회로부터 백안시당할 수밖에 없는 근거를 제공했다고 보아야 한다. 특히 목사인 그가 귀신 들린 여자 평신도인 유명화(劉明化)에게 엎드려 "주님"이라고 부른 것은 어느 모로 보나 용납할 수 없는 실수였다.26)

따라서 이용도에 대한 평가는 그의 전기와 후기로 나누어져야 하는데, 전기 즉 사이비 접신파들과 놀아나기 전까지는 적어도 그의 신비주의적 요인을 교회가 용납할 소지가 있었다. 그러나 후기에 와서 접신녀와 그 추종자들과 행한 작태는 도저히 교회가 용납할 수 없는 이단사설에 빠지고 말았다고 보아야 마땅하다. 이용도는 해주(海州) 집회에 갔다가 몇몇 교인들로부터 뭇매를 맞고 원산에서 치료하다 지병인 폐병이 도져 결국 1933년 10월, 33세의 젊은 나이에 세상을 떠났는데, 그가 그렇게 흠모하고 열애하던 예수님이 운명하시던 때와 같은 나이였다.27) 나이가 젊었고 병이 너무 짙었던 것이 그의 신학이나 사상을 성숙하게 하지 못한 중요 원인이라 판단되어 아쉬움을 남긴다.

---

25) 위의 책, 133, 236쪽.
26) 邊宗浩, 「李龍道牧師書簡集」, 233쪽.
27) 위의 책, 190쪽.

4. 사이비 접신파(接神派)들

　이용도의 극단적인 신비주의적 색채가 기성교회의 거부감을 불러일으켰고, 이 때문에 교회로부터 이단으로 정죄된 것은 어쩌면 당연한 결과였다. 그의 신비주의는 결국 기독교의 원론적 진리를 뛰어넘는 경지에 이르렀고, 이는 자신의 신학이 잘못되었다는 것을 증명하는 결과가 되어버리고 말았다. 그것은 그가 원산의 접신녀인 유명화(劉明化)에게서 주님의 음성을 들었다고 착각하여, 그녀 앞에 엎드려 "주여!"라고 한 데서 단적으로 나타났다.28)

　접신극 사건은 1927년경 원산감리교회의 여신자 유명화가 입신을 체험했다는 데서 시작한다. 그녀는 예수가 자기에게 임재했다고 하면서 영동교회 사경회 때 예수 같은 모양을 하고 다른 여자들에게 강신극(降神劇)을 벌이기도 하였다. 그 후 유명화와 같이 놀아난 이들이 나타났는데 이들이 원산 신학산(神學山)의 백남주(白南柱), 한준명(韓俊明) 등이었다.

　이들은 놀아났다기보다는 그녀를 이용했다고 보는 것이 더 정확할 것이다. 당시 스웨덴의 신비주의자 스웨덴보그(Emanuel Swedenborg)와 인도의 선다 싱(Sanda Singh)의 신비주의에 관한 책들이 국내에 소개되어 한참 유행하던 때였으므로, 이들이 이런 책들을 읽고 감동을 받고 그의 이론에 따라 신비주의에 젖어들었다. 이들이 장(張) 씨 성을 가진

---

28) 이 부분에 대해 비난의 소리가 높아지자 이용도는 나중에 해명의 글을 최석주 목사에게 보내면서, "물론 명화라는 그 개인이 주도 아니요 신도 아니다. 그를 통해서 나타나는 말씀이 곧 주시다. 그러므로 그 말씀 앞에 경배치 아니 할 수 없었다"고 말했다. 「기독신보」, 1933. 3. 21. 그는 이 일에 대해 그의 일기에 기록하기를, "내 속에 계신 주님은 또한 각 인의 심중에 계실 주님이었나이다. 당나귀 속에도 내재하였나이다. 나는 그때 그 당나귀가 내 앞에 나타나 나를 책망하고 나를 권고한다면 물론 나는 그 앞에 엎드려 '오, 주여! 나를 가르치시옵소서.' 하겠나이다"라고 써서 자기를 변명하고 있다. 「李龍道牧師書簡集」, 223쪽.

여인의 집에서 모여 기도하는데, 장 여인은 떡을 차려 놓고 제사 지내는 형식으로 기도하고, 유명화는 실신상태에서 예언을 하고, 한준명과 백남주는 이것이 신의 입류(入流)라 하여 강신극을 벌였던 것이다.

한준명은 1932년 11월 평양에서 신비극을 주동적으로 이끌면서, "모신(某神) 모녀(某女)와 탁언(託言)이, 한준명은 6월 9일, 모녀(某女)와 결혼하여 270여 일 후, 1934년 3월 4일, 백주(白晝)를 차지할 대성자 광진(光振)을 낳으리라. 박승찬(朴承粲)은 모녀와 결혼하여 석양(夕陽)을 차지할 대성자 광재(光在)를 얻으리라"29)고 예언하였다.

1933년 6월 9일에 평양 시내 회중교회에서 신탁예식(信託禮式)으로 광진의 장인이 될 한준명, 광재의 장인이 될 박승찬 두 쌍의 결혼식을 이용도의 주례로 성찬예식을 겸하여 거행하였다.30)

원산신학산의 교장 격이었던 백남주가 유명화 등과 결탁하여 이용도, 그리고 전 감리교 목사였던 이호빈(李浩彬) 등을 신탁(信託)이라고 꼬여 이들과 더불어 평양장로회신학교 후문 앞, 즉 서문고녀(西門高女) 앞에 중앙선교회관을 짓고 '예수교회'31)를 만들었을 때, 그들은 이미 돌이킬 수 없는 상태에 이르렀다.

예수교회의 핵심적 교리는 다음과 같다.

1. 성경 권위 부인
2. 삼위일체 신(神) 부인
3. 예수의 재림과 신자의 부활 부인
4. 천계(天界)에 대한 이설(異說)

---

29) 「信仰生活」(1933. 8), 32쪽.
30) "白晝大都에 別 結婚," 위의 책.
31) 이에 가담한 사람들은 늘봄 전영택 목사, 중앙신학교 전 교장 이호빈 목사, 자유당 시대 때 농림부 장관을 지낸 이종현 씨, 그리고 소설가 박계주 등이었다. 「姜信明信仰著作集」(기독교교문사, 1987), 591쪽.

5. 예수의 가형설(假形說)
6. 원죄와 속죄 공로 부인32)

　백남주는 또 여신도 김정일(金貞一)과 동거하였는데 이것이 문제가되자 또 신명(神命)이라고 하면서, 철산에서 일어난 김성도(金聖道)라는 '새 주'(主)와 더불어 성주(聖主)교회를 만들었다.33) 이용도를 대표로 한 새로운 교회를 만들려고 할 때 이용도는 적극 반대했다. 그러나 결국 그의 이름으로 포교계가 당국에 제출되자 그는 이들에 이용당한 셈이 되었지만, 그가 이들과 더불어 행동한 책임은 면할 수 없게 되었다.
　이용도는 김린서 목사에게 편지하기를 "주님이 스웨덴보그와 선다싱에게는 간접으로 나타났지만 원산의 모녀(某女:유명화)에게는 친림(親臨)하셨으니 형님 와서 보십시오"34)라 하였고, 평양에 돌아와서 보고하기를 "과연 주님이 원산에 친림하셨도다. 원산서 삼성자(三聖者)가 탄생하시니 조선아 복되도다. 큰 축복을 맞이하기 위하여 먼저 교회를 갈라 세우라는 주님 명령 복종하오리다"35)고 하였으니 이용도가 만년에 사이비 접신파들과 어울린 형편을 가히 짐작할 수 있다. 정리되지 않은 신비주의는 결국 이단으로 가는 길목임을 입증하는 사례이다.

5. 황국주(黃國柱)의 혼음(混淫)교리

　혼란한 시대에는 언제나 대중을 유혹하고 백성을 도탄에 빠뜨리게 하는 이단자가 나오게 마련이다. 접신극(接神劇)을 벌이는 자들이 세상

---
32) 이 부분에 대해 자세히 알아 보려면, 「金麟瑞著作全集」, 2卷, "龍道敎會의 內幕調査 發表," 121쪽 이하를 참조할 것.
33) 「信仰生活」(1937. 12), 37쪽 이하 참조.
34) 金隣瑞, 「金隣瑞著作全集」, 2권, 546쪽.
35) 위의 책.

을 혼탁하게 하고 있는 동안, 또 다른 이단의 무리들이 교회와 사회를 어지럽게 하고 있었다. 그 장본인은 황국주라는 인물이었다. 그는 황해도 장연(長淵) 사람으로 간도로 이민 가서 용정중앙교회에 출석하던 30세의 청년이었다. 그의 용모는 무척 준수하고 얼굴 모양이 그림에서 보는 예수님과 무척 흡사하였다.

그가 100일 기도를 하고 나서 머리털을 길게 내려뜨리고, 수염도 깎지 않고 길러 예수의 모습과 흡사하게 만들고는 "기도 중에 예수가 내 목을 떼고, 예수의 머리로 갈아 붙여 머리도 예수의 머리, 피도 예수의 피, 마음도 예수의 마음, 이적(異蹟)도 예수의 이적, 내 전부를 예수화하였다"36)고 황당무계한 말을 하기 시작하였다. 이것이 소위 '목가름' '피가름'이었다. 그는 뛰어난 언변으로 사람들을 도취시키는 설교와 기도로써 많은 사람들을 그 앞에 무릎 꿇게 하였다. 심지어 그의 아버지 황 장로도 자기 아들 국주 앞에 무릎 꿇고서, '주님'이라고 부를 정도였으니 그때의 형편을 가히 짐작할 수 있다.

황국주는 예수로 변하여 새 예루살렘을 찾아간다며 두만강을 건너 서울을 향해 떠났는데, 그를 따르는 무리들 중에는 그의 아버지 황 장로와 누이 그리고 많은 부녀자들이 함께하였다. 새 예수가 지나간다는 소식이 퍼지자 각처에서 예수를 구경하러 대중이 몰려나와 그들 일행을 지켜보았다. 그를 따르는 수십 명의 처녀, 유부녀들과 남자들은 무리를 이루어 정상적인 사람들로서는 도저히 이해할 수 없을 정도로 어울려 먹고, 자고, 여행을 하였다. 이 과정에 정숙한 생활이 있을 수 없었으며, 난잡한 모습이 드러날 수밖에 없었다. 그들 일행의 여행 모습을 본 함경남도 삼호(三湖)교회 목사였던 조승제(趙昇濟)는 다음과 같이 당시의 광경을 기록하였다.

---

36) 위의 책, 545쪽.

> …… [나는] 삼호교회 인근에 있는 무주리교회 당회장이었던 관계로 그 교회를 순행하고 돌아오는 길에 예배당 부근에 와 보니, 남녀가 섞인 6, 70명 정도의 무리들이 예배당 부근 그늘 밑에서 피서하고 있었다. 이곳 저곳에 앉아 있는 사람들도 있고 그중 10여 명은 예배당 유리 창문 밑에서 이리저리 흩어져 누워 있었는데 그들의 혼잡한 모습이 목회자인 내 눈에는 일종의 난류들같이 보였다.37)

가정을 버리고 황국주를 따르는 유부녀들과 처녀 등 60여 명이 그와 더불어 서울에 들어올 때는 전국 교회가 떠들썩하였다.

황국주는 자신을 예수라 칭하면서, 자기는 완전자이기 때문에 죄를 범할 수 없다고 호언하였다. 그는 삼각산에 기도원을 세우고 자기를 따르는 무리들과 더불어 소위 목가름, 피가름의 교리를 가르치면서 혼음(混淫)하면서 이를 '영체(靈體) 교환'이라고 하였다. 평안도 안주노회가 조사단을 파견하여 혼음문제를 따져 물었을 때, 그들은 "우리들은 요단강을 건너와서 남녀 간의 성문제를 초월했다"38)고 호언하였다. 그러나 황국주는 결국 "운산의 한 유치원 보모와 큰 죄를 범하고 삼십육계를 치고 말았다."39)

1933년 안주노회는 황국주, 유명화 등을 위험한 이단으로 규정하고 사경회 초빙을 금지하였다. 같은 해 가을에 모인 총회에서도 "각 로회 지경 내 이단으로 간쥬할 수 잇는 단톄(체)(리룡도, 백남쥬, 한준명, 리호빈, 황국쥬)에 미혹지 말나고 본 총회로셔 각 로회에 통첩을 발하야 쥬의 식히기로 가결"하였다.40)

소위 계시를 받았다는 무리들 중에 이런 성적인 동기에서 출발하여 불륜의 결과를 낳은 경우를 일찍이 주후 160년 경 소아시아 출신으로

---

37) 趙昇濟, "나의 牧會生活 40年의 白書," 「牧會餘話」 (서울 : 香隣社, 1965), 109쪽.
38) 「靈界」, (1933. 11) 3쪽.
39) 김선환, "國産 在來 異端의 後繼者," 金景來 編, 「社會惡과 異端運動」(서울 : 基文社, 1957), 165쪽.
40) 「朝鮮예수敎長老會總會 第22回 (1933년) 會錄」, 71쪽.

성령을 받았다고 주장했던 몬타누스(Montanus)의 이단 성령운동에서 찾아 볼 수 있다.41) 난세가 되면 반드시 백성을 신앙의 길에서 벗어나게 하는 마귀의 역사가 성적인 유혹을 통하여 '신의 계시' 또는 '영체교환'이라는 허울 좋은 명목으로 비윤리적 불륜의 무리를 만들어 교회를 어지럽히는 일이 발생하게 마련이다. 우리는 이 과정을 눈여겨 봐 두어야 한다. 이는 후에 나타나는 박태선의 전도관 그리고 문선명의 통일교에서도 같은 모습을 볼 수 있기 때문이다.

6. 김교신(金敎臣)의 무교회(無敎會)주의

김교신(金敎臣, 1901~1944)은 1901년 함남 함흥에서 부친 김념희(金念熙)의 장남으로 태어났다. 함흥농업학교를 마치고 일본에 건너가 동경에 있는 정칙(正則) 영어학교에서 수학하였다. 그는 1920년 4월 동양선교회 성서학원 학생들의 노방 전도에 감동하여 복음을 받아들인 후 성결교회에 출석하여 1920년 세례를 받았다. 그런데 그가 출석하던 교회 안에 분규가 일어나 학자풍의 훌륭한 목사가 축출당하는 광경을 목도하고, 기성교회에 회의를 느끼기 시작하였다.42)

김교신은 당시 무교회주의자로 유명한 내촌감삼(內村鑑三)의 저서인 「구안록」(求安錄), 「종교와 문학」, 「성서지연구」(聖書之硏究) 등을 읽으면서 감명을 받고 있었던 때였으므로 자연히 그의 문하에서 성경공부를 통해 강한 영향을 받았다. 일본을 누구보다도 사랑하던 내촌에게서 김교신은 그의 애국사상을 배우게 되었고, 조국 조선을 사랑해야 된다는 사명감을 갖게 되었다.

---

41) P. Schaff, *History of Christian Church*, vol. II (Grand Rapid : Wm. B. Eerdmans, 1953), pp. 415ff, 제3장을 참조.
42) 김교신의 생애와 사상에 대해서는 金丁煥 「金敎臣, 그 삶과 믿음과 소망」 (한국신학연구소, 1994)을 참조할 것.

내촌감삼을 보통 무교회주의자라고 부르지만 그는 "참된 그리스도인의 성전은 대지를 마루로 하며, 하늘을 천장으로 하며, 신도의 마음을 그 제단으로 한다. 하나님의 말씀이 그들의 법이며 그의 성령이 그들의 유일한 목사이다"43)라고 천명하여 무교회라는 말에 부정적 견해를 피력하였다. 따라서 그는 무교회(無敎會)란 말이 교회를 무너뜨린다는 의미로 해석되는 것을 적극 경계하였다.

1927년 4월 일본에서 귀국한 김교신은 함흥 영생여자고보에서 교편을 잡으면서, 내촌의 문하생들인 함석헌(咸錫憲), 송두용(宋斗用), 유석동(柳錫東) 등과 함께 성경연구 잡지인 「성서조선」(聖書朝鮮)44)을 그 해 7월 창간하였다. 그 제목에서 보듯이, 이 잡지에서는 '성서'와 '조선'이라는 두 가지 표제를 내세웠다. 그러나 이 잡지의 창간사에서 천명한 것같이 이 그룹은 기성교회를 등지고 자기들이 구상하는 교회, 즉 무교회를 표방한 것을 간파할 수 있다. 그 창간사에서 아래와 같이 말하고 있다.

> 성서조선아 너는 우선 이스라엘 집으로 가라. 소위 기성 신자의 수(手)에 거치지 말라. 기독(基督)보다 외인(外人)을 예배하고 성서보다 회당을 중시하는 자의 집에는 그 발의 문 [먼]지를 털지어다. 성서조선아 너는 소위 기독 신자보다도 조선혼(朝鮮魂)을 소지한 조선 사람에게 가라. 시고을 [시골]로 가라. 산촌으로 가라. 거기의 초부(樵夫) 1인을 위함으로 여(汝)의 사명을 삼아라 (김교신).45)

김교신의 「성서조선」은 기성교회의 교리, 조직, 예배의식을 거부하고 자기들끼리의 신앙공동체를 만들어 나갔다. 그의 선생 내촌감삼

---

43) S. Neill, *A History of the Christian Missions*, 2nd ed. (New York : Penguin Book, 1986), p. 279.
44) 「성서조선」은 1927년 창간되어 1944년 폐간될 때까지 15년간 158호가 발행되었다. 朴永浩, 「多夕 柳永模의 生涯와 思想」 (弘益齊, 1994), 200쪽.
45) 「聖書朝鮮」 創刊號, (1927).

은 "교회는 천국에서 가장 먼 곳이다"46)라고 말하여 교회의 존재 의미를 부정했다. 따라서 이들은 무교회주의자들이라는 칭호를 얻게 되었다. 기성교회에 적을 두지 않았기 때문에 교회로부터 치리를 당한 일은 없었으나, 1932년 12월 「기독신보」의 사설에서 '이세벨의 무리'라는 비난을 받기도 했다. 그는 처음부터 기성교회를 비난하거나 거부하려고 생각한 것은 아니고, 다만 "성서 본문의 연구와 주해에 전력을 경주하는 예수 그리스도를 믿는 일개 평신도"47)로 자처하면서 성서에서 보여주는 신앙의 모델을 찾으려 하였다. 그러나 그를 무교회주의자, 그리고 기성교회를 거부하는 자로 여기는 것은 그의 신학사상이 다음과 같은 것으로 규정되기 때문이다.

첫째, 공간을 점유하는 눈으로 보이는 회당을 진정한 교회로 여기지 않고 신자가 모이는 예배의 장소 자체를 교회로 인정하는 일이요,
둘째, 성직제도에서 비롯된 갖가지 교회가 가진 권능을 인정하지 않으며 (예를 들면 목사에 의한 세례 등 의식의 의의를 경시하며) 장로, 집사 등의 직분에 의한 신자들의 조직도 무시하고,
셋째, 교회가 가지고 있는 성서 해석권을 인정하지 않고, 신자 각자가 성서를 통해 하나님과 만나 은혜의 분수대로 신앙의 진리를 깨우침 받는 만인제사장의 입장을 존중하는 사상을 가지고 있었다.

그러므로 이러한 요소들이 기성교회의 입장에서 보면 결국 교회 거부요, 공격으로 보일 수밖에 없었다.
그는 무엇보다도 섭리사관(攝理史觀)에 입각하여 하나님께서 우리 민족에게 주신 사명이 무엇인가를 규명하고 실천하는 것을 제일의

---

46) 內村鑑三, 「求安錄」, 田鎬潤 역 (天光社, 1969), 62쪽.
47) 盧平久 편, 「金教臣信仰著作集」 第2卷 (서울 : 第一出版社, 1965), 355쪽.

사명으로 생각하였다. 따라서 우리 민족의 정신사적, 교회사적 사명을 강조하게 되고, 이는 필연적으로 선교사들이 전수해 준 교파적 신앙을 거부하고 우리 민족 자체가 가져야 하는 민족 신앙을 주창하게 되었다. 또한 선교사의 재정(財政)에 의지하는 의존적 교회 기구를 거부하게 되었으며 민족이 주체가 되는 독립적, 토착적 신앙을 강조하는 방향으로 나갈 수밖에 없었다.[48]

「성서조선」의 이러한 민족주의적 색채는 곧 일제의 눈에 띄게 되었다. 일제는 수 차에 걸쳐 이 잡지의 내용을 트집 잡아 내용 삭제, 발행 중지 등 온갖 박해를 가했으며 드디어 1942년 3월에 조와(弔蛙)라는 권두언이 문제가 되어 「성서조선」은 폐간당하는 운명을 맞았다. 조와란 '개구리의 죽음을 애도한다'라는 의미로서 모질고 추운 겨울을 이겨내고 살아남은 개구리를 반기며 "아, 전멸(全滅)은 면(免)하였고나"라고 외치면서, 모진 겨울 추위를 못 견디어 얼어 죽은 개구리를 조상(弔喪)한다는 내용이다. 추위는 일제의 포악이요, 개구리는 민족을 암시한 것이었다. 이 사건으로 인해 김교신은 함석헌, 유달영, 유영모 등과 함께 투옥되어 1년간 옥고를 치렀고, 1944년 함흥 질소회사에 입사하여 노무자들의 권익을 위해 애쓰다가 해방을 서너 달 앞둔 1945년 4월, 44세의 아까운 나이에 발진티푸스로 세상을 떠났다.[49]

김교신은 기성교회의 입장에서 보면 확실히 무교회주의자요, 기성교회를 비난하고 거부하고 분열시킨 사람임에 틀림없다. 무슨 명분으로도 그리스도께서 세우시고 12사도와 교부들에 의해 전승되어 내려오는 기성교회를 거부하고 '무교회'로 나가는 것은 바람직스러운 일이 아니다. 그러나 마치 431년 에베소회의에서 마리아를 '그리스도의 어머니'(Christotokos)라고 호칭하여 이단으로 정죄되어 추방당했던 콘스

---

48) 「基督敎大百科辭典」, 第3卷 (1985), 항목 "김교신" 참조.
49) 金丁煥, 「金敎臣의 그 삶과 믿음과 소망」(한국신학연구소, 1994), 20쪽.

탄티노플의 주교 네스토리우스가 '이단으로 정죄된 사람 가운데 가장 억울한 사람'이라는 말을 들은 것처럼, 김교신을 이단으로 정죄하기에는 그의 성서 사랑, 민족과 나라 사랑의 정신이 숭고하고 고결하여 감히 그에게 돌을 던질 용기를 가진 사람은 많지 않을 것이다. 김교신만큼 성경을 사랑하고 조선을 사랑한 사람이 얼마나 될까? 그는 일생을 통해 '2C'를 사랑한다고 했는데 그 '2C'는 'Christ와 Chosun'(그리스도와 조선)이었다.50) 그러나 그의 그러한 사랑이 기성교회를 부인하고 무교회를 이끌었던 일과는 결코 상쇄될 수 없는 일임을 분명히 밝히고 지나가야 한다.

7. 최태용(崔泰瑢)의 복음교회

최태용(1897-1950)은 함남 영흥(永興) 출신으로 김교신처럼 일본의 무교회주의자 내촌감삼(內村鑑三)에게 강한 영향을 받은 사람이었다.51) 그는 1924년 일본에서 귀국하여 개인잡지 「천래지성」(天來之聲)을 창간하면서 "주 내게 명령하시니······속화타락(俗化墮落)한 교회에 그 인위적 제도의 파기, 생명의 신앙의 부흥을 외치지 아니치 못하는 자로라"52)고 말하면서 조선의 기성교회를 공격하기 시작하였다.

기성교회를 속화, 타락한 교회로 정죄하고, 교회의 제도를 인위적인 것으로 외칠 때 벌써 그의 마음속에는 자기의 교회를 세울 의도가 드러나 있었다. 따라서 기성교회의 거부는 무교회주의와 축을 같이 하였으므로 기성교회로부터 백안시되어 '조선기독교장로회에서는 결코 용납하지 못할 이단'53)이라고 정죄된 것은 당연한 결과였다.

---

50) 김교신이 일생을 통해 2 C(Christ, Chosun)를 사랑한 것은 그의 스승 일본의 내촌감삼이 일생 동안 2 J(Jesus, Japan)을 사랑한 것에서 배운 원리였다.
51) 최태용의 생애와 신학은, 기독교대한복음교회 총회 신학위원회 편 「최태용의 생애와 신학」(한국신학연구소, 1995)를 참조할 것.
52) 崔泰瑢, "너는 누구냐?" 「天來之聲」 第2號 (1925).

이들의 단체가 이단으로 정죄된 것은 반드시 무교회주의라는 이유 외에도 교회로서는 도저히 받아들일 수 없는 옛날 초대교회의 이단이 었던 영지주의(靈知主義 : Gnosticism) 요소를 내포하고 있었기 때문이 었다.54) 박형룡의 '게노시스 기독론'에 의하면, "……로고스가 성육신하실 때에 신속성(神屬性)을 포기하였다. 순육(純肉)으로 돌변하였다"고 말하는 자들이 있다고 지적한 것은 최태용의 신앙노선에 있던 백남용(白南鏞)을 지칭한 것이지만 결국 최태용의 신앙노선을 겨냥한 것이었다. 뿐만 아니라 1936년경에는 신약성경의 유일회적 계시를 부인하고, 하나님은 "영원히 살아 계셔서 자유로 사람 안에 역사하셔서 새로이 기독교를 산출하시는 일을……나에게 일하여 영적 기독교를 주장케"55) 한다고 했을 때 그는 이미 정통교회의 기독론을 거부하고 있어서 더 이상 교회의 일원이라고 말할 수 없을 지경까지 가 버렸다.

그는 1929년 일본에 다시 건너가 명치학원 신학부의 복음주의 신학자 고창덕태랑(高昌德太郎)에게서 수학하고 나서는 무교회주의마저 공격하기 시작하였다. 1930년 귀국한 후에는 일본에서 발간하기 시작한 「영과 진리」(靈과 眞理)를 통해 한국에서 새로운 신앙운동을 전개하려고 하였다. 1930년부터 「영과 진리」의 독자들을 중심으로 신앙 공동체가 형성되어 결국 교회를 창설하게 되었는데 이것이 '기독교조선복음교회'였다. 1935년 12월 서울 소격동에 교회를 창립하면서 밝힌 이 교회의 성격은 이러했다.

1. 신앙은 복음적이고 생명적이어라

---

53) 「神學指南」, (1922. 9), 18쪽, 「基督申報」, 1932. 12. 14.
54) Gnosticism에 관해서는 P. Schaff, *A History of Christian Church*, vol. Ⅱ (Grand Rapid : Wm. B. Eerdmans, 1953), pp. 442 이하 참조.
55) 池東植, "崔泰瑢의 詩, 評論, 神學," 「現代와 神學」 第6集(1970), 141쪽.

2. 신학은 충분히 학문적이어라
3. 교회는 조선 자신의 교회이어라.56)

여기서 엿볼 수 있는 이 교회의 특성 중 제3항의 '조선 자신의 교회'라는 말은 외래 선교사에 의해 시작되었고, 여전히 선교사가 주도권을 가진 교회인 현실 조선 교회는 조선인의 교회일 수 없다는 것을 암묵적으로 나타낸 것이다. 따라서 조선인의 교회가 되려면 선교사들을 제거하고, 그 세력을 몰아내야 한다는 반 선교사적인 뜻이 짙게 배어 있었다. 선교사를 배척하는 것이 민족교회의 형성이라는 논리 구조는 기독교의 본질을 처음부터 잘못 이해하고 있는 편향적이고 사시(斜視)적 기독교 이해라고 말할 수밖에 없다. 선교사는 복음의 적도 아니요, 민족교회의 적도 아닌 그리스도 안에서 서로 용납되어야 하는 우리의 친구이다. 그리고 또 우리에게 복음을 전해 준 생명의 은인들이다. 복음은 결코 배타적이 아니고, 포용적이라는 것을 '복음'을 표방하는 '복음교회'는 몰각하고 있었다.57)

8. 적극신앙단(積極信仰團)

1932년 당시 서울 YMCA 총무였으며, 감리교 평신도 지도자였던 신흥우(申興雨, 1883-1959)58)가 중심이 되어, 일단의 장로교회와 감리교회의 지도자들이 한 그룹을 형성한 초교파 신앙운동 단체가 민족주의 색채를 강하게 띠고 나타났다. 지역적으로 서울이 한국의 중심이면서도 교회의 세력은 항상 서북 세력에 밀리고 있다는 것이 당시 서울을

---

56) 崔泰瑢, "우리의 標語,"「靈과 眞理」(1935. 12), 1쪽.
57) 崔泰瑢의 生涯와 思想은 全炳昊의「崔泰瑢의 生涯와 思想」(聖書敎材刊行社, 1983) 참조.
58) 신흥우는 1930년 6월 9일 모교 University of California에서 명예 법학박사학위를 받았다. 盧載淵,「在美韓人史略」, 中卷 (1963), 14쪽.

중심한 남한 교회 지도자들의 생각이었다. 따라서 이들은 항상 서북에 대한 경쟁의식 내지는 질투심을 잠재적으로 가지고 있었던 것을 부인할 수 없다. 1930년대에 특히 두드러지게 나타나는 민족주의 의식의 대두와 반 선교사적인 경향, 그리고 서서히 그 자태를 드러내고 있는 자유주의 신학 등이 복합적으로 작용하여 '반 서북' '반 선교사' '반 보수'라는 세 가지 기치를 들고 나타난 것이 바로 신흥우 중심의 적극신앙단운동이었다.

신흥우가 이 운동을 처음 시도한 것은 1927년 그가 YMCA 총무로 있으면서 '기독교연구회'라는 반 선교사, 반 보수를 표방하면서 '조선기독교의 성립과 교파의식 둔화'59)를 목표로 하는 단체를 만들면서부터였다. 이듬해 그가 예루살렘에서 개최된 국제선교사대회(IMC)에 한국 대표의 한 사람으로60) 다녀와서는 그 대회의 주제 가운데 하나였던 '토착화' 신학에 강한 영향을 받아 한국에서도 '한국적' 기독교의 설립을 부각시키기 시작하였다. 이 운동이 발전하여 1932년 6월에 장로교회 지도자들인 함태영(咸台永), 전필순(全弼淳), 최거덕(崔巨德), 권영식(權英湜), 홍병덕(洪炳德), 김영섭(金永燮) 등과 감리교회의 신흥우, 정춘수(鄭春洙), 유억겸(兪億兼), 신공숙(申公淑), 김인영(金仁泳), 박연서(朴淵瑞), 구자옥(具滋玉) 등의 인사들이 '적극신앙단'이라는 단체를 발족하였다. '적극'이라는 말은 장로교 소속 전필순의 제의를 받아들여 붙이게 되었다.61) 그들은 이 단체의 강령으로 다음을 채택하였다.

1. 나는 자연과 역사와 예수와 경험 속에 계시되는 하나님을 믿는다.

---

59) 全澤鳧, 「人間 申興雨」 (서울 : 大韓基督敎書會, 1971), 223쪽.
60) 그때 함께 간 사람들은 장로회 측에서 한석진, 강운림, 최흥종, 이자익, 차재명, 강학림, 로혜리(H. A. Rhodes), 남감리회 측에서 홍종숙, 원익상, 감리보, 북감리회 측에서 김종우, 홍순탁, 현석칠, 노블(W. A. Noble), YMCA 측에서 윤치호 등이었다. 전택부, 「한국 에큐메니컬 운동사」 (한국기독교교회협의회, 1979), 105쪽.
61) 閔庚培, 「韓國民族敎會形成史論」, 164쪽.

2. 나는 하나님과 하나가 되고, 악과 더불어 싸워 이기는 것을 인생 생활의 제1원칙으로 삼는다.
3. 나는 남녀의 차별 없이 인간의 권리, 의무, 행위에 있어서 완전한 자유가 보장되어야 하며, 타인의 권리를 침해하지 않는 완전한 자유가 있어야 된다고 믿는다.
4. 나는 신 사회의 건설을 위해서 개인적 취득욕이 인간적 공헌욕으로 대체되어야 한다는 것을 믿는다.62)

이들의 뜻은 크게 나무랄 것이 없었다. 하지만 이들의 이런 단체 구성이 교회의 지지를 받지 못할 것은 자명했다. 왜냐하면 당시의 한국적 풍토에서 반 보수, 반 선교사적 경향을 띤다고 하는 것은 아직은 시기상조였기 때문이다. 이들에 대한 단죄의 소리는 신흥우가 몸담고 있던 감리교회에서 먼저 나왔다. 이 단체는 비밀 결사의 성격을 띠었으며, 자기들만이 애국적이고 진보적이며 이상적인 교계 지도자로 자처하였다. 기성교회와 기독교 기관은 절망적이고, 보수적이며 비정상적인 상태이기 때문에 이를 구원하는 유일의 방법으로 그 단원들을 서울 교회와 감리교 연회, YMCA, 기독교서회, 성서공회, 기독신보, 기타 선교 기관에 침투시켜야 한다고 주장했다. 그들의 가장 위험한 행동은 집회를 갖거나 운동을 할 때 비밀리에 진행하는 것이었다.

그러다 흥사단 계열의 재경기독교유지회(在京基督敎有志會)가 1935년에 감리교 연회와 장로교 총회에 이 신앙단을 반대하는 건의문을 제출함으로써 이들의 몰락은 구체화되었다. 감리교회는 그해 4월에 모인 동, 서, 중부 연합연회에서 "적극단이라는 것은 우리 교회 헌법상 공(公)한 의회가 아니므로 차(此)를 부인한다"는 결의와 "교직자는 총회가 승인치 아니한 단체에 가입치 말 사(事)"63)라고 결의하였을 때 이는

---

62) 위의 책, 255쪽.

적극신앙단을 염두에 두고 한 결의였다.

장로교회는 파장이 클 수밖에 없었다. 경성노회를 경유한 재경기독 유지회의 건의를 접수하고 나서, "적극 신앙단의 신앙노선은 우리 장로교회에서 용납하지 안키로 함이 가하다"64)고 하여 노골적으로 신앙단에 가입한 목사들을 겨냥하였다. 그러나 서울 교계의 유지들이었던 이들은 순순히 물러나지 않았다. 이미 언급한 바와 같이 반 서북 교계의 기치를 들고 나온 이들이 서북 세력이 지배하는 총회의 결의에 순응하지 않은 것은 당연한 일이었다. 적극신앙단에 가입한 인사들은 경성노회의 보수적 노선에 반기를 들고 경중(京中)노회를 조직함으로써, 이 문제는 자칫 잘못하면 총회의 분열로 진전될 위기를 맞게 되었다. 총회는 이 문제의 해결을 위해 특별위원회를 구성하여 노력한 결과 1937년 두 노회가 화해하여 원상 복귀하고, 이듬해 함태영 등의 사과로 일단락되었다.

적극신앙단이 이렇게 본래의 취지대로 계속 나가지 못하게 된 것은 기성교회들의 제압도 크게 작용했다. 그중 가장 결정적인 원인은 중심 인물이었던 신흥우의 YMCA 총무직 사퇴였다. 1930년대 초부터 YMCA 내에서는 신흥우 총무의 사업 추진에 대한 찬반 양론이 갈리며 갈등을 노정시켰는데, 이때 신흥우가 이혼한 박인덕(朴仁德)65) 여사와 스캔들을 일으켜 사퇴를 하지 않을 수 없게 되었다. 따라서 신흥우가 YMCA 조직과 그 회원들을 상대로 이끌어 오던 적극단은 결국 그 중심 세력을 잃고 침몰하고 말았다.

---

63) 「信仰生活」 (1935. 5), 37쪽.
64) 「朝鮮예수敎長老會總會 第23回會(1935년) 會錄」, 18, 54쪽.
65) 박인덕(1897-1980)은 평북 용강 출신으로 감리교 여성 독립 운동가이며 교육자였다. 이화여전을 나와 이화학원에서 가르치다가 1929년 미국 Georgia 주에 소재한 Wesleyan 대학을 졸업했고, *September Monkey*라는 책을 저술한 바 있다. 그녀는 거부 金雲鎬와 결혼하였으나 곧 이혼하였다. 현재 인덕대학의 전신 인덕실업학교를 설립하였다.

적극신앙단 문제는 언젠가는 터져 나와야 하는 한국 교회가 안고 있는 문제, 즉 한국 교회 중심이 지나치게 지역적으로 편중되어 있고, 신앙의 폐쇄성이 개방을 향해 가는 시대에서 변화를 촉진하는 세력에 부닥치게 되어 있었다. 또한 선교사 중심의 교회가 선교사들의 보호권 내지는 주도권 밖으로 나와야 하는 문제가 조금 일찍 터져 나왔을 뿐이다. 비록 적극신앙단이 좋은 결과를 얻지는 못했고, 여러 가지 문제점을 안고 있었음에도 불구하고, 장·감이 연합하여 한국 교회의 고질적 문제점과 환부를 도려내기 위해 노력한 점은 긍정적 평가를 받을 수 있을 것이다.

그러나 이 운동을 일으킨 기저에는 서북 지방을 중심으로 한 안창호의 흥사단(동우회)에 제동을 걸기 위한 저의가 짙게 깔려 있었다. 교세가 강한 서북 지방의 장로교회 세력을 꺾고자 하는 감리교회 신흥우 중심의 기호(畿湖) 지방 인사들의 모임이었다는 점을 생각해 본다면 그 순수성이 의심되고도 남음이 있다.66) 한 가지 흥미로운 사실은 이 적극신앙단에 적극 참여했던 인사들 대부분이 일제 말엽에 친일적 단체였던 '혁신교단'의 중요 인사들이었다는 사실에서 반 선교사는 곧 일제의 반 교회(반 선교사) 정책과 맥이 통한다는 사실을 입증한다. 또한 이들의 반 서북적 경향은 해방 후 장로회 내의 서북 세력과 보수 신앙을 대변하는 박형룡(서북)에 반대하여 비서북, 신학적으로 자유주의 경향을 띤 기독교장로회를 창설하는 인사들이 대개 적극 신앙단 출신이라는 점이 눈에 띈다.67)

따라서 역사는 순수한 복음적 동기가 다른 사람들의 마음을 움직일 수 있고 좋은 결과를 가져오는 것이지 어떤 저의를 갖고 정치적인 색채를 띠게 되면, 그 표방하는 바가 아무리 좋다 해도 결국은 그

---

66) 이 문제에 대한 자세한 내용은 「金麟瑞著作全集」 2권 173쪽 이하를 참조할 것.
67) 閔庚培, 「韓國民族敎會形成史論」, 132쪽.

뜻을 관철할 수 없을 뿐만 아니라 후세 사가들의 준엄한 비판을 받게 된다는 교훈을 남겼다.

제 5 장
사회 변화에 따른 교회의 대응(對應)

1. 공산주의(共産主義) 사상의 대두

1917년 러시아에서는 블라디미르 레닌(V. Lenin)이 이끄는 볼셰비키(Bolsheviki)가 로마노프(Romanovs) 왕조의 마지막 황제인 니콜라이 2세(Nicholai Ⅱ)를 처형하고 공산당 혁명을 성공시켰다.1) 이때부터 공산주의 사상이 밀물처럼 각처로 퍼져 나가기 시작하였다. 특별히 이 사상은 무산대중과 억압받는 사람들에게 호소하여 급속도로 전파되었을 뿐만 아니라 레닌은 약소민족의 독립운동에 대한 지원을 선언했기 때문에 뜻있는 지사(志士)들과 민족주의자들에게는 복음으로 들렸다.2)

3·1 독립운동 후 일제가 문화 정책을 표방하고 나서자 각종 새로운

---

1) 레닌의 공산주의 혁명에 대해서는, 金仁洙, "소비에트 철학의 역사적 배경 소고", 「長神論壇」 Ⅱ (1986), 335~369쪽을 참조할 것.
2) 1920년 코민테른은 제2차 대회 때에 "민족 및 식민지 문제에 관한 테제"를 채택하고 식민지의 소위 민족해방운동을 지원하였는데 이는 공산주의 세력의 국제적 확산을 꾀한 공산 혁명 공작의 일환이었지 식민지 국가의 독립이 목적이 아니었다. 유동렬, 「한국 좌익운동의 역사와 현실」 (도서출판 다나, 1996), 25쪽.

사상과 지식이 한국에 밀려들어왔고, 이에 편승하여 사회주의 내지 공산주의 사상이 한국에도 소개되고 유행하기 시작하였다. 이 사상은 주로 북으로 이주해 간 이주민들의 내왕과 유학생들에 의해 유입되었다. 한국이 일제의 식민지로 10여 년을 착취당하고, 더욱이 3·1 독립운동을 통해 독립을 쟁취하지 못함으로써 많은 사람들이 좌절하고 있을 때, 이 사상은 적지 않은 지성인들과 뜻있는 사람들에게 달콤한 메시지가 되었다. 기독교가 주축이 되었던 독립운동에 대해 미국이 소극적 입장을 보였다고 생각한 사람들이 교회에 실망하고 그들의 눈길을 새로운 세력으로 다가오는 공산주의와 소련이라는 신흥대국으로 돌리게 된 것은 어쩌면 자연스러운 일이었는지도 모른다.

　사회주의 내지 공산주의 사상이 한국에 처음 들어올 때는 과격한 모습으로 나오지 않았고 민족의 염원인 독립을 쟁취하기 위한 방편으로 다가왔다. 따라서 이들은 이 궁극적 목적을 위해 민족주의자들과 손잡고 일할 수 있었다. 그러나 이 사상은 처음부터 무신론적 이데올로기로 무장하고 있었기 때문에 교회는 이 사상의 파급에 긴장하지 않을 수 없었다. 한국 교회는 이 땅에 민족교회로 형성되기 시작하면서 위기를 맞이하게 되었다. 이 위기는 외부로부터 오는 위기가 아니고 우리 민족 자체에서 온 위기요 사상적, 이데올로기적 위기였다. 지금까지 기독교가 겨냥했던 일반 대중과 하류층에 파고드는 무서운 사상적 적대 세력이었다. 다시 말하면, 기독교가 파고들어가 전도해야 할 대상을 공산주의가 대신 침투하여 그 사상을 불어넣고 기독교에 등을 돌리게 할 뿐만 아니라 기독교에 대해 적대적인 태도를 취하게 함으로써 전도에 커다란 거침돌이 되었으며, 또한 무서운 적대 세력으로 나타났다.

　사회주의 사상이 한국인들 사이에 퍼져 나가면서 연해주(러시아 영)의 이동휘, 김립, 박진순 등이 중심이 되어 1918년 6월 10일 '한인

사회당'을 결성하였다. 이것이 조선인이 만든 최초의 사회주의 정당이다.3) 한인사회당을 이끌었던 이동휘가 후에 상해의 임시 정부에 참여하면서 이들의 근거지가 상해로 옮겨졌고, 이와 더불어 사회주의 비밀 결사인 사회혁명당의 김철수, 이봉수, 장덕수 등이 함께 1920년 5월에 '고려공산당'을 결성하였는데 이들을 일컬어 '상해파 고려공산당'이라 부른다.4)

한편 러시아령 바이칼 호 근처의 한인들을 기반으로 한명세, 김철훈, 김하석 등이 1919년 1월 '이르쿠츠크 한인공산당지부'를 결성하였다. 이들은 1919년에 창설된 국제 공산당인 코민테른 지원 아래 같은 해 9월 '전 러시아 한인공산당'을 결성하여 시베리아 일대의 한인공산당 운동을 이끌었다. 후에 상해의 여운형, 안병찬을 포함하여 '통일고려공산당'을 결성하였는데 이들을 일컬어 '이르쿠츠크파 고려공산당'이라 부른다. 후에 김단야, 박헌영, 조봉암 등이 이르쿠츠크파에 가담하였다.5)

국내에 이 운동이 유입된 것은 일본으로부터였다. 일본에 유학했던 변희용(卞熙鎔), 조봉암(曺奉岩) 등이 그곳에서 사회주의 사상에 접하면서 국내에 본격적으로 유입시켰다. 이들에 의해 '북풍회',6) '화요회',7) '토요회' 등의 사회주의 단체가 서서히 머리를 들고 일어났다. 그들은 당면 목표를 민족 독립에 두고 일제의 자본주의를 박멸하기 위해서는 전 민족이 유, 무산을 가릴 것 없이 똘똘 뭉쳐야 된다는 공산주의

---

3) 위의 책, 24쪽. 이 문제에 대해 金邦, "李東輝硏究," 「國史館論叢」 18 (國史編纂委員會, 1990), 67쪽에서는 조금 다르게 다루고 있다.
4) 유동렬, 위의 책.
5) 위의 책, 24쪽.
6) 북풍회는 1923년 동경에서 김약수, 김종범 주도로 조직된 '북성회'가 국내에 들어와 1924년 형성된 것이다.
7) 화요회는 1924년 마르크스가 태어난 요일을 기념하여 만든 모임이며, 여기에는 이르쿠츠크 파 고려 공산당원인 김재봉, 김찬, 조봉암, 박헌영, 김단야 등이 참여했다.

사상을 유포시키기 시작했다. 그 결과 1925년 4월 17일 아사원에서 김재봉(金在鳳), 조봉암(曺奉岩), 박헌영(朴憲永) 등이 주동이 되어 '조선공산당'을 조직하였다.8)

공산주의 사상이 한국에 소개되면서 기독교 신앙에 매력을 느끼지 못한 사람들과 기독교 신앙을 가졌던 사람들 가운데 기독교가 자기들이 생각했던 것만큼 민족의 독립을 위해 나서지 않는다고 판단한 지도자들 중 교회를 떠나는 사람들이 나타나기 시작하였다. 이들 중 대표적인 사람이 함경도에서 순회 전도사로 일했던 이동휘(李東輝)였다. 그는 1904년 기독교에 입교할 때 "기독교야말로 쓰러져 가는 나라와 민족을 구원할 수 있다"9)고 말했으나, 후에 기독교 신앙을 버리고 1918년 6월 러시아 땅 하바로프스크에서 '한인사회당'을 창당하였고, 이듬해 4월에 블라디보스토크에서 '고려공산당'을 창당하였다.10) 김구 선생이 쓴 「백범일지」에 보면 이동휘는 민족주의자라기보다는 철저한 공산주의자였고, 상해 임시 정부에도 지울 수 없는 큰 손실을 끼친 인물이었다.11)

한인공산당도 여러 갈래가 있었는데, 이동휘를 수령으로 하는 상해파, 안병찬(安秉瓚), 여운형12)을 두목으로 하는 이르쿠츠크파, 그리고 일본 유학생을 중심으로 일본인 복본화부(福本和夫)의 지도를 받는 김

---

8) 유동렬, 「한국좌익운동의 역사와 현실」(도서출판 다나, 1996), 27쪽.
9) 洪相杓, 「間島獨立運動小史」(平澤: 韓光中高等學校, 1966), 11쪽. J. Grierson, *Episodes on Long Trail*. 전택부, 「토박이 신앙산맥」 2 (대한기독교출판사, 1982), 38쪽에서 재인용.
10) 「基督敎大百科事典」 12卷 (1986), 項目, "이동휘"
11) 김구, 「백범일지」(범우사, 1995), 245쪽 이하를 보면 백범은 이동휘의 행적을 비교적 자세히 적고 있는데 그는 공산혁명을 부르짖으면서도 돈에 대해 정직하지 않았다. 그는 러시아의 레닌으로부터 받은 독립자금을 유용하고 나서 상해 임시 정부에서 책임을 묻자 러시아로 도망하였다.
12) 여운형은 중국에 망명하기 전 곽안련 목사가 목회하던 서울 승동교회에서 전도사로 일하기도 했다. 유호준, 「역사와 교회」, 유호준 목사 회고록 (대한기독교서회, 1993), 184쪽.

준연(金俊淵) 중심 엠엘(ML:Marx-Lenin) 당파 등이었다. 그 외에도 이을규(李乙奎), 이정규(李丁奎) 형제와, 유자명(柳子明) 등이 중심한 무정부주의파(아나키스트), 심지어 공산주의에 충실하여 자기 아비를 죽이는 살부회(殺父會)가 이상룡(李尙龍)의 아들에 의해 조직되었다. 이들은 그래도 일말의 양심은 있어서 자기 아비를 죽이지는 못하고 서로 상대방의 아비를 죽이자고 결의하기도 했다.13) 우리는 여기서 공산주의의 실체의 한 단면을 여실히 볼 수 있다.

그러나 초창기에는 공산주의가 기독교와 같이 일하려는 모습을 보인 때도 있었다. 그 한 예로 새문안교회 장로였던 김규식(金奎植)14)이 평양장로회신학교에서 공부했고15), 중국 남경 금능(金陵)대학 영문학부에서도 공부한 서울 승동교회 전도사16) 여운형(呂運亨)과 같이 1922년 모스크바에서 열린 '제1차 극동 피압박 민족대회'에 '기독교도 동맹' 이름으로 참석했다.17) 이는 기독교 지도자들이 공산주의 사상을 잘 몰랐거나, 공산주의가 의도적으로 가면을 쓰고 기독교 속에 침투해 왔거나 둘 중에 하나였을 것이다.

기독교와 공산주의는 출발부터 그 이념이 다르다는 점을 이광수는 1931년 「청년」(靑年)에 잘 묘사하고 있다.

1. 기독교는 너를 미워하는 자를 위하여 기도하고 원수를 사랑하라고 가르친다. 마르크스-레닌주의는 '부르주아들'에 대해

---

13) 김구, 「백범일지」(범우사, 1995), 250쪽.
14) 김규식은 1896년 5월에 있었던 러시아의 Nicholai II세의 대관식에 참석한 바 있다.
15) 「長老敎會史典彙集」, 110쪽.
16) 당시 승동교회는 선교사 곽안련(Allen D. Clark) 목사가 목회하고 있었다. 해방 후 여운형은 일정한 교회에 다니지는 않았으나 고향인 양평에 내려가면 설교를 곧잘 했다 한다. 「姜信明信仰著作集」(기독교문사, 1987), 588쪽.
17) D. S. Suh, *Documents of Korean Communism,* 1918~1948, p. 18.

증오하라고 요구한다.
2. 기독교 혁명은 계급 권력과 적대감이 사랑으로 만나는 곳에서 발견된다. 그리고 자기를 죽이는 고통에서 발견된다. 마르크스-레닌주의의 혁명은 적대계급에 대한 폭력적 파괴를 의미한다.
3. 기독교는 십자가로 그 군대를 결속시키나, 마르크스-레닌은 총으로 결속시킨다.
4. 기독교 혁명가들의 눈은 사랑과 용서의 눈물로 가득 차 있으나, 마르크스-레닌주의자들의 눈은 증오와 복수의 불길로 가득 차 있다.[18]

이광수의 이 분석은 교회와 공산주의 사이에는 결코 합할 수 없는 이념적 간격의 골이 너무 깊고 넓은 사실을 잘 묘사하고 있다. 그것은 "마르크스-레닌주의자들은 그들이 희생시킨 자들의 피로 강을 이루게 한 반면에, 기독교인들은 그들 자신의 피로 강을 이뤄야 하는 점에서 다르다"[19]고 말한 대목에서 극명하게 표현되고 있다.

2. 공산당에 의한 교회의 피해 – 이데올로기 비극의 서막

공산주의 사상이 한국에 유입된 후에 시간이 가면서 공산주의는 기독교와 이질(異質)적 사상임이 드러나기 시작하였다. 이 시대에 교회와 사회에 팽대되어 있는 공산사상의 형편을 다음의 글에서 엿볼 수 있다.

오늘날 모든 사람은 다 사회주의 사상에 물들어 있는 것 같다. 고등보

---

18) 이광수, "그리스도교의 혁명사상,"「청년」11호 (1931. 1).
19) 위의 책.

통학교에서도 소년, 소녀들이 공산주의 서적을 정독하는 것을 막을 길이 없다……한국에서는 어떤 문화 기관보다도 교회가 이 공산주의의 침해에 더 시달리고 있는 것 같다. 이들 젊은층은 사회주의자로 자처하면서 안하무인격으로 '하나님은 죽었다'고 신의 존재까지 부인한다. 정직하고 의로운 사람치고 이 나라에서 생존할 사람은 하나도 없다고 본다……한 가지 알아둘 것은 어느 나라도 그 나라가 가지고 있는 도덕적 표준 이상으로는 절대 발전하지 못한다는 사실이다.[20]

이러한 분위기에 편승하여 반기독교적 단체들이 서서히 그 모습을 드러내기 시작하였다. 맨 먼저 형성된 것은 사회주의 청년단체로서 차금봉(車今奉) 등에 의해 1920년 4월에 창립된 '조선노동공제회'(朝鮮勞動共濟會)이다.[21] 이 단체는 처음에 기독교 사회주의에 입각하여 신의 뜻에 따라 노동문제를 해결한다는 태도를 천명하였으나 곧 좌경운동으로 그 본색을 드러냈다. 급진파들은 '남조선노농총연맹'(南朝鮮勞農總聯盟)을 결성하였고 1923년 9월에는 다양한 노동조합을 통합하여 '조선노농총동맹'(朝鮮勞農總同盟)이 발족되었다.[22] 한편 청년단체들도 통합되기 시작하여 1920년 11월 '조선청년연합회'(朝鮮靑年聯合會)가 발족되었고, 1924년 4월 장덕수가 지도하는 조선청년총동맹(朝鮮靑年總同盟)이 결성되었다. 그 후에도 여러 단체들이 형성되고 와해되는 현상이 계속되었다.[23]

그중 구체적으로 교회에 대해 적대적인 행동을 한 단체는 '한양청년연맹'(漢陽靑年聯盟)이었다. 이 단체는 1925년 8월, 서울 아현청년회관

---

20) Frank Y. Kim, "Glimpse of Korea after Ten Years' Absence," *The Korea Mission Field* (January 1932), pp. 3~4.
21) R. A. Scalapino, Chong Sik Lee, *Communism in Korea*, Part Ⅰ: The Movement, 「한국공산주의운동사」 I, 한홍구 역, 식민지시대 편 (돌베개, 1986), 99쪽.
22) 朝鮮總督府, 「最近朝鮮事情要覽」, 1926년 "在朝鮮社會團體一覽表."
23) R. A. Scalapino, Chong Sik Lee, *Communism in Korea*, Part Ⅰ: The Movement, 한홍구 역, 「한국공산주의운동사」 I, 식민지시대 편 (돌베개, 1986), 99~100쪽.

에서 서울 주변에 있는 사회주의 청년 단체 10개를 규합한 연합체로 출발하였다.24) 이 단체가 반기독교운동을 구체화한 것은 제2회 '전조선주일학교대회'가 서울 기독교청년회관에서 모일 때였다. 이 주일학교대회는 조선주일학교연합회 주최로 경성 중앙기독교청년회관에서 1925년 10월 21일부터 28일까지 각 교파 주일학교와 협동하여 조선의 종교교육 발전을 위해 대회를 개최한 것이다. 그런데 한양청년연맹이 동월 25~26 양일에 주일학교대회를 방해할 목적으로 반기독교 대강연회25) 개최 준비에 착수하였다. 그러나 이 계획은 사전에 일경에 발각되어 무산되고 말았지만 후에 12월 25일 성탄절을 '반기독교 데이(날)'로 정하는 등 반기독교운동을 공공연히 선전하기 시작하였다.26)

국내에서는 일제의 극심한 단속으로 그들의 활동이 미약하였으나 공산주의의 본산인 러시아가 있는 북부에서는 어쩔 수 없이 기독교와 공산주의의 충돌이 표면화되기 시작하였다. 충돌의 결과는 오직 교회의 일방적인 피해가 있었을 뿐이었다.

기록에 남아 있는 공산당에 의한 첫 박해는 동아기독교회(침례교회의 전신)의 선교사들이 당한 것이었다. 1925년 이 교회에 의해 중국 길림성에 선교사로 파송되었던 윤학영(尹學榮, ?-1925), 김이주(金二柱, ?-1926) 등 네 사람이 같은 해 9월 공산당들에 의해 일본의 밀정이라는 터무니없는 죄목으로 이국땅에서 동족들에 의해 죽임을 당하였는데 이것이 공산당들에 의해 기독교인들이 순교하는 최초의 사건이었다.

---

24) 「東亞日報」, 1925. 8. 6.
25) 위 신문, 1925. 10. 25. 이들이 반기독교 강연회에서 하려고 했던 내용은 다음과 같았다. 제1일 (25日 午後 7時, 公會堂) : 金丹冶, "基督敎의 起源," 朴憲永, "科學과 宗敎," 洪淳俊, "基督敎는 迷信," 金平王, "大衆아 속지 말아라," 朴來源, "羊而狼心의 基督敎". 제2일 (26日 午後 7時, 公會堂) : 權五卨, "基督敎의 本質을 論하야 그의 害毒을 痛함," 金章鉉, "支配階級과 基督敎," 李亦曉, "基督敎의 迷妄," 許貞淑 "現下 朝鮮의 基督敎의 害毒," 朴海聲, "惡魔의 基督敎"등.
26) 墨峯, "反宗敎運動과 이에 대한 基督敎會의 態度를 回顧하는 나의 所見," 「靑年」 第7號 (1927. 2), 55쪽.

이것은 실로 무서운 비극의 서막이었다. 이때로부터 1948년 여수·순천사건, 1950년 6·25 한국 전쟁으로 이어지는 수난들은 "만일 낱낱이 기록된다면 이 세상이라도 이 기록된 책을 두기에 부족할 줄 아노라"(요 21 : 25)라는 성경 말씀이 어울릴 것이다.

첫 번째 희생에 이은 두 번째 희생도 동아기독교회 김영진(金榮振, 1887-1932) 목사와 김영국(金榮國, 1884-1932) 장로 형제였다.27) 이들은 함경북도 종성(鍾城) 사람들로서 간도 연길현(延吉縣)에 있는 종성동(鍾城洞)에서 목회하고 있었다. 이곳은 함북 종성에 살던 사람들이 이주하여 이룬 동리여서 종성동이란 이름이 붙여졌다. 1932년 10월 약 30여 명의 공산도당들이 밤에 이 동리를 습격하였다. 이들은 동민들과 교인들을 예배당에 몰아넣고 공산주의를 따르면 살려 주고 예수를 따르면 죽이겠다고 협박하였다. 아무도 대답하지 않자 공산당들은 김 목사 형제에게 다그쳤다. 그때 김 목사 형제가 "나는 예수 믿습니다"라고 대답하자 '잔인하고 무도한 악형으로 이들을 탈피(脫皮:가죽을 벗김)하여 죽이는 참혹'28)한 일을 자행하였다.

당시의 형편을 그곳에 있던 장로교회의 서창희 목사가 「기독신보」에 다음과 같은 편지를 보내 보고하였다.

> 동만(東滿) 각지에 산재한 동포들이 매일같이 무참한 살상과 피해당함을……애매히 남모르게 피 흘리고 동분서주하는 고생과 한숨의 눈물을 하나님 외에 누가 알리오. 그런 중에도 본 교회(동만교회) 안에 있는 각 교회에서 교인의 살상피해가 너무도 극한고로, 참다 못하야 할 수 있는 한도 내에서 대강 아는 대로 기재하나이다.29)

서 목사의 편지에 따르면, 연길현(延吉縣) 와룡동 예배당이 공산당들

---

27) 金春培, 「韓國基督敎受難史話」(聖文學舍, 1979), 86쪽.
28) 「大韓基督敎浸禮敎會史」, 43~44쪽.
29) 「基督申報」, 1932. 11. 9.

의 방화로 소실되어 교인들이 뿔뿔이 흩어졌으며, 적암동교회의 영수(領袖) 노진성은 공비들에게 피살되었고, 교인들은 모두 피난을 갔으며, 로터거우 교회는 두 번씩이나 공비들의 습격을 받아 재정적 피해가 수천 원에 이르렀다고 하면서, "이 동만노회를 위하여 기도해 주소서"라며 편지를 끝맺었다.

감리교회의 목사 김영학(金永鶴, 1877-1932)은 1922년 목사로 안수받음과 동시에 9월 연회에서 러시아, 시베리아, 블라디보스토크 선교사로 임명받았다. 그가 시베리아 신한촌(新韓村)에서 선교하던 중, 그 지방의 공산당들에게 여러 가지로 시달림을 당하였다. 결국 그는 1930년 2월 소련 경찰에 체포되어 반동분자라는 죄를 뒤집어쓰고 10년 중노동 형을 선고받았다. 그는 신한촌에서 천 리나 떨어진, 영하 50도가 넘는 시베리아 오지로 끌려가 중노동을 하던 중 얼음이 깨지는 바람에 같이 일하던 10명과 함께 빠져 목숨을 잃음으로 순교자의 명부에 그 이름이 기록되었다.30) 감리교회에서는 사태가 위태해지자 그에게 귀국하라고 권했다. 그러나 "한 사람의 기독자가 남아 있는 한 남겠다"고 하더니 결국 생명을 잃고 말았다. 참 선한 목자의 모습을 여기서 볼 수 있다.

장로교 목사로서 공산당에게 학살당한 사례는 한경희(韓敬禧, 1881-1935) 목사의 경우이다.31) 1909년 평북 전도회는 그를 중국 유하현(柳河縣)과 통화현(通化縣)에 전도인으로 파송한 바 있다.32) 그 후 그는 1914년 평양 장로회신학교를 졸업하고 목사 안수를 받은 후 남만주에서 전도하여 여러 교회를 세웠고, 한때 평북 창성(昌城)에서 목회를 하였다. 총회 파송으로 다시 북만주로 갈 때 친구들이 그곳은 공비

---

30) 金春培, 「韓國基督敎受難史話」, 76~79쪽.
31) 한경희 목사는 장로회 총회 남만주노회 노회장을 역임했다. 「大韓예수敎長老會 總會 第16回(1927년) 會錄」, 84쪽 참조.
32) 「朝鮮예수敎長老會史記」 上, 222쪽.

들이 많아 위험하므로 가지 말라고 권했으나 "만주 선교는 나의 소원이다"라며 권유를 뿌리치고 1933년 북만주 오소리(烏蘇里, Ussuri) 강변으로 떠났다. 1935년 정월 한 목사는 김창근 영수(領袖) 등과 함께 북만 호림현(虎林縣) 지방으로 교회 순방과 전도 여행을 떠났다. 교인 네 사람과 함께 썰매를 타고 오소리 강변을 지나다가 공비를 만났다. 이들은 돈을 빼앗으려고 위협하다가 한 목사 일행이 기독교인들인 것을 알고 한 목사를 그 자리에서 총살하였다. 그중 한 사람이 구사일생으로 살아남아 이 비보를 전해 주었다.33)

이 비보를 접한 장로교회 총회는 송창근(宋昌根) 목사를 파송하여 현지의 상황을 살피도록 하였다. 송 목사가 현지 시찰을 마치고 와서 보고한 것을 김린서(金麟瑞, 18394-1964) 목사는 그가 출판하던 「신앙생활」에 다음과 같은 기록으로 남겼다.

> 북만교회는 순교의 피로 쌓은 교회다. 우리는 북만의 순교자라면 한 목사만을 알되, 목사 외에도 순교한 신자의 이름은 다 헤아릴 수 업시 만타. 잔악을 극한 공산당에게 몽치에 맞아 죽은 순교자, 정수리에 못 박혀 죽은 순교자, 머리 가죽을 벗기워 죽은 순교자, 말 못할 학살을 당한 여 순교자, 기십 기백에 달하였다 한다. 죽임을 당하지 아니하여서도 김현참(金炫斬) 목사와 갓치 공산당의게 살을 찢겨 벗긴 핍박을 당한 자도 있다 한다……그래 어떤 목사의 집은 거처키 난(難)한 토막이요, 어떤 목사 부인의게는 옷다운 옷이 없고, 아이들도 바람 가리울 옷도 입지 못하였더라 한다……우리는 엇지 무심하겟느냐?34)

살아갈 길 막연하여 정든 조국과 고향을 떠나 북풍한설 몰아치는 이국땅에서 유리하던 동족들을 사상과 이데올로기가 다르다는 이유 하나만으로 그토록 잔인무도한 만행을 저지른 야수와 같은 악마들

---

33) "北滿老會狀況報告," 「大韓예수敎長老會 總會 第24回(1935년) 會錄」, 104쪽 이하.
34) 金麟瑞, "北滿洲 敎會에 나타난 하나님의 攝理," 「信仰生活」(1936. 4), 3쪽.

중에 우리 동포들이 있었다는 사실에, 우리는 할 말을 잃는다. 이런 역사적 사실을 직시하고도 기독교가 공산주의자들과 손잡고 민족과 국가를 위해 일할 수 있다고 말하는 자들은 어떤 부류일까?

3. 교회의 농촌문제 대처

공산주의와 사회주의가 한국 사회에 이데올로기적 갈등을 야기하고 기독교의 영향력을 극소화시키기 위해 준동하고 있을 때, 교회는 흔들리는 빈민, 노동자, 농민들을 위한 대책에 나섰다.

1920년대 농민은 전체 인구의 80%를 차지했고, 한국 교회는 75%가 농촌교회였다. 따라서 농촌의 문제는 곧 교회의 문제였고, 교회의 문제는 바로 농촌문제와 직결되어 있었다. 그러므로 당시에 교회가 당면한 가장 큰 문제 가운데 하나는 농민들을 위한 시책이었다. 일제가 우리나라를 강점하기 시작한 때부터 가장 심각한 피해를 본 계층이 농민들이었다. 일제는 러·일전쟁에서 승리한 후 한국의 국토를 잠식하기 위해 1906년 '토지가옥증명규칙'(土地家屋證明規則)을 발표하고 토지와 가옥에 대한 증명서를 발부한다는 명목으로 토지의 소유권자를 조사하기 시작하였다. 1910년 한일병탄을 한 후에는 총독부에 '토지조사국'을 설치하고 1912년에는 토지조사령(土地調査令)을 발표하여 본격적으로 토지 수탈에 나섰다. 일제는 동양척식회사(東洋拓植會社)를 만들어 가난한 농민들을 대상으로 농지를 담보로 영농자금을 대출하고는 기일을 어기면 가차 없이 농지를 빼앗아 갔고, 또한 일본의 대재벌들이 의도적으로 농지를 헐값에 사들였다. 또한 철도를 부설한다는 명목으로 농지를 빼앗았으며, 미등기 농지나 삼림을 국유화하여 일본 이주민들에게 헐값에 넘겨주거나 불하해 버렸다. 결국 한국의 곡창이라는 호남 지방의 경우 농지 75%가 일제의 손에 넘어가고 말았다.[35]

농지를 빼앗긴 농민들은 소작농으로 전락하여 고액의 소작료를 지

불하지 않으면 안 되는 절대 빈곤층으로 내몰렸다. 이에 농민들은 농토가 많고 비옥하다는 만주와 북간도로 줄을 이어 이민을 떠났다. 선교사들도 한국에 와서 절대 다수의 인구가 농민인 점을 감안하여 농촌문제에 많은 관심을 기울였다. 예를 들면 언더우드는 그가 발행한 「그리스도신문」(The Christian Times)에서 '농리편설'이라는 제목으로 농민들을 위한 농사개량법과 농민들의 수익을 위한 여러 가지 방법들을 꾸준히 소개하고 계몽했음을 볼 수 있다.36)

농촌문제가 심각한 지경에 이른 때에 농촌문제 전문가인 선교사 러츠(D.N.Luts)가 1920년에 내한하였다. 버터필드(Dr. Butterfield)는 그를 가리켜 '한국의 농촌 선교의 개척자'37)라고 말하였다. 그는 재래적인 농사법에 의존하고 있던 한국의 농민들에게 농작물 개량법, 토지의 개량, 윤작제, 채소와 과일의 갈무리법, 콩과 식물의 재배법 등을 가르쳤고, 특히 과수의 재배와 언덕배기의 땅을 농지로 개간하는 일 등에 역점을 두고 계몽활동을 벌였다.

그는 또한 단기 지도자 훈련을 위한 농민학교 프로그램을 시작하여 농민 지도자 훈련에 심혈을 기울였다. 그는 이 지도자 훈련을 장기화, 체계화하기 위해 숭실전문학교에 농과(農科)를 신설하는 데 큰 역할을 하였으며, 농민 잡지인 「농민생활」을 출판하는 일도 앞장서서 추진하였다. 그의 지도에 따라 여러 지역에서는 현저하게 수확이 늘어났고, 자연히 수익도 높아 농민들의 생활에 큰 보탬이 되었을 뿐만 아니라 교회의 수입도 늘어나는 결과를 가져왔다.38)

---

35) 일제의 토지정책에 대해서는 金文植, "日帝下의 農業" 農業機構를 中心으로, 「日帝의 經濟侵奪史」(民衆書館, 1971)을 참조할 것.
36) 밭을 가는 론, 생재론, 가금 만드는 법, 외양간 짓는 법, 파 심는 법, 아라사 해바라기 씨 개광하는 론, 각색 짚이 농가에서 유익한 론, 닭이 알을 잘 낳게 하는 론, 농부가 급히 들을 말, 과목에 병 없게 하는 법, 농가에 제일 유익 되는 짐승론 등의 기사를 연속 게재하였다.
37) H. A. Rhodes, ed., *History of the Korea Mission*, p. 520.

농촌문제를 위해 특히 많은 노력을 기울인 기관은 YMCA였다. 총무 신흥우는 1924년 미국에 가서 국제 YMCA 총무인 모트(J.R.Mott) 박사를 만나 한국 농촌을 위해 다음과 같이 합의를 보았다.

1. 한국 전역에 10개 지역을 선정하여 미국에서 전문 간사를 파송한다.
2. 이 전문 간사는 1925년부터 1년에 2명씩 5년간 10명을 파송한다.
3. 이들은 모두 농촌문제의 전문가이며 YMCA의 정신과 목적에 합한 자격자여야 한다.
4. 조선 YMCA는 이들과 같이 일할 조선인 간사 10명을 선발한다.
5. 각 지역에서는 회의, 교육을 할 수 있는 시설과 농사개량과 증산을 시범할 수 있는 최소한의 농토를 마련해야 한다.39)

이 협의에 따라 미국에서 전문가들이 내한하였다. 1925년에 에비슨 (G.W.Avison)40)이 쉽(F.T.Shipp)과 함께 한국에 와서, 에비슨은 최영균 (崔瑛均)과 함께 전남 광주 지방에서, 쉽은 계병호(桂炳鎬)와 함께 평북 선천 지방에서 쌀 문제를 가지고 계몽활동을 하였다. 1928년에는 번즈(H.C.Bunce)가 축산과 과목(果木)에 대하여 이순기(李舜基)와 함께 흥남 지방에서, 그리고 1929년에는 클라크(F.O.Clark)41)가 농촌경제, 반

---

38) 위의 책.
39) "The Rural Program of the YMCA's in Korea," *The National Council of the Korean YMCA's* (1932), p. 9. 全澤鳧, 「韓國基督敎靑年運動史」 (正音社, 1978), 334~337쪽.
40) G. W. Avison은 세브란스병원장을 지낸 O. R. Avison의 장남으로 미국 Cornell 대학교 농과를 졸업하고 평신도로 내한하여 광주 YMCA를 중심으로 농촌 사업을 지원하였다. 尹南夏, 「姜順明牧師小傳」 (1983), 70, 109쪽 참조.
41) Clark는 미국의 유명한 연쇄백화점 J. C. Penny의 창업자인 Penny 씨의 Florida 농장 책임자였는데, YMCA에서 한국에 보낼 농촌 기술자를 Penny 씨에게 요청하자 Clark를 보낸 것이다. Sherwood Hall, *With Stethoscope in Asia*, 「닥터 홀의

하르트(B.P.Barnhart)는 농촌사업을 담당하여 한국인 간사 홍병선(洪秉 璇)과 함께 각 지역에서 농촌문제를 위해 헌신하였다. 또한 각지에 20개의 농민지도소(Farmer's Institute)가 개설되어 4,200명이 등록, 수강하였고, 약 4만 명의 농민들이 저녁집회에 참석하는 성과를 올렸다. 이 프로그램은 미국이 대공황 시대로 돌입하면서 클라크 등 전문가들이 소환될 때까지 계속되었다.42)

한편 모트는 1928년 예루살렘에서 모이는 국제선교협의회(IMC)에서 발표할 자료를 마련하기 위해 1927년 미국 미시간대학 사회학 교수인 브룬너(E.B.Brunner)를 한국에 파송하여 약 두 달간 머물면서 농촌을 둘러보았다. 그는 하경덕(河敬德)으로 하여금 '한국 농촌'이라는 보고서를 작성토록 하였다.43) 이 보고서에 의하면 한국 농부의 50%가 소작농이며 나머지 절반도 부분적으로 남의 농지를 빌려 생계를 유지하고 있었다. 따라서 한국 농민의 75%가 소작농의 신세를 벗어나지 못하는 극히 어려운 형편에 놓여 있음이 밝혀졌다.44)

그는 보고서의 결론에서 '한국 농촌교회를 위해 취해야 할 다음 단계는 경제에 11, 교육에 10, 사회생활에 4, 교회에 6, 기타 일반 행정에 9를 투자해야 한다'45)고 말했다.

1926년 4월 YMCA는 앞으로 지향해 나갈 농촌운동의 목적을 다음과 같이 설정하였다.

> 농촌사업의 주요 목적은 정신과 문화와 경제 향상에 있다. 제일 중요한 것은 농민들로 하여금 하나님과 이웃과의 올바른 관계에서 살게 하며, 일상생활을 통하여 정신적 가치를 인식하게 하는 데 있다. 그러므로 그들

조선 회상」, 金東悅 역 (동아일보사, 1984), 333쪽.
42) H. A. Rhodes, ed., *History of the Korea Mission*, p. 520.
43) C. A. Clark, *The Nevius Plan for Mission Work*, p. 65.
44) 위의 책.
45) Jerusalem Meeting, vol. VI, *Mission and Rural Problems*, pp. 150~170.

에게 글을 가르쳐서 문맹을 퇴치하며, 농사의 개량과 협동정신의 배양을 통하여 그들의 경제 상태를 향상시켜야 한다.46)

즉 문맹퇴치, 농사개량, 협동정신 이 세 가지를 그들의 목표로 삼았다.

1929년 조선기독교연합공의회에서는 각 교파가 연합하여 청년회 대표들이 참석한 가운데 농촌사업협동위원회를 조직하여 농촌사업의 연합전선을 형성하였다.47) 농촌사업 및 농사에 관한 책자를 발간하여 농민을 계몽하고 농사개량법을 보급하여 농산물 수확을 늘리는 데 일조하였다.48)

농촌사업에 적극적으로 나선 교단은 장로교회였다. 감리교회가 YMCA 같은 기구를 통해 농촌문제에 접근하고 있을 때 장로교회는 이런 기구의 참여에는 다소 소극적이었으나, 1928년 총회에 농촌부 설치를 결의하고 본격적으로 농촌문제를 다루기 시작하였다.49) 농촌부 총무로는 1928년 예루살렘에서 열렸던 국제선교사대회(IMC)에 유일한 장로교 대표로 참석했던 정인과(鄭仁果, 1890-1972) 목사가 선출되었다.

총무 정 목사가 가장 먼저 시작한 일은 농민 잡지인 「농민생활」의 발간이었다. 이 책은 1929년 6월에 창간되어 매월 5천 부가 팔리는 큰 호응을 얻었다. 따라서 이 책자를 통하여 농민들이 여러 가지 정보를 얻었을 뿐만 아니라 농촌계몽운동에 괄목할 만한 업적을 남겼다. 1930년 총회는 전국 교회의 농촌선교 협력을 위해 10월 셋째 주일을 농촌주

---

46) 全澤鳧, 「韓國基督敎靑年運動史」, 187쪽.
47) 「大韓예수敎長老會總會 第19回(1930) 會錄」, 40쪽.
48) YWCA 활동의 중심적 지도자 중 하나였던 金活蘭이 1931년 미국 Columbia 대학에 제출한 박사학위 논문제목도 "Rural Education for the Regeneration of Korea" (조선의 부흥을 위한 농촌 교육)이었다.
49) 「大韓예수敎長老會總會 第17回(1928년) 會錄」, 41쪽 참조.

일로 결정하고 이날에 농촌을 위한 헌금을 하여 절반은 노회 농촌부에서, 절반은 총회 농촌부에서 사용하도록 하였다.50) 농촌부에서는 농촌 전도, 농촌위생, 농촌교육, 농촌조합운동 등을 시행하였다.

총회는 농촌 지도자 훈련에도 눈을 돌려 1931년 숭실전문학교 농과에 '고등농사학원'을 설치하여 2개월(7월 1일부터 8월 말까지) 과정으로 농촌 지도자 훈련 프로그램을 실시하였다. 서울에 있는 연희전문학교 내에도 조선기독교청년연합회와 공동으로 농촌 지도자 양성소를 설치하여 1932년 11월부터 매년 2회 1개월씩 남녀를 교육하여 많은 지도자들을 양성하였다.51) 연희전문 교장 원한경(H.H.Underwood, 元漢慶, 1890-1951)은 그 학교 안에 농학과 설치를 줄곧 노력해 왔지만 그 실현을 보지는 못했다. 그 대신 '농업개발원'(1967년 4월)이라는 기구를 두게 되었다.52)

1935년 정인과 목사가 소위 '정 찬송가사건'53)으로 총무 직에서 물러나게 되자, 새 총무에 배민수(裵敏洙) 목사가 선출되었다. 배 목사는 농민협동조합 설립에 많은 관심을 갖고 이 일을 추진하였다. 그러나 이 일에 적극 동조하였던 유재기(劉載奇), 박학전(朴鶴田) 등이 1938년에 일어났던 '농우회(農友會)사건'54)으로 체포되면서 다시 그 활동이 움츠

---

50) 「大韓예수敎長老會 總會 第19回(1930년) 會錄」, 40쪽.
51) 「연세대학교사」(연세대학교 출판부, 1969), 348쪽 참조.
52) 원한경의 농업교육 치중에 대해서는 손인수, 「원한경의 삶과 교육사상」, 229쪽 이하를 참조할 것.
53) '정 찬송가사건'이란 정인과 목사가 당시 장감 연합으로 사용할 찬송가를 발간하기로 합의하고 추진하던 중 일방적으로 장로교가 단독으로 사용할 '신편찬송가'를 발간하여 총회 안에 물의를 일으킨 사건. 「基督敎大百科事典」 제13권, '정찬송가사건' 참조. 「朝鮮예수敎長老會 總會錄」(1934~1937) 참조.
54) 農友會는 경북 의성 지방에서 농촌운동을 위해 형성된 협동조합체였다. 일경은 이를 불순 단체라고 단정하고 핵심 인물이었던 劉載奇 목사를 체포함으로써 비롯된 것이 농우회사건이다. 이 사건은 일제가 1930년대 민족운동을 하던 그룹들을 말살하기 위해 벌였던 修養同友會사건, 興業구락부사건 등과 더불어 허위로 조작한 사건 가운데 하나였다.

러들기 시작하였다. 일제는 농민들을 대상으로 계몽운동과 농사개량 운동, 그리고 농민 지도자 양성 프로그램을 추진하는 교회가 이런 일을 통해 농민들에게 항일의식을 불어넣는다고 판단하고, 이 운동에 음양으로 방해 공작을 가했다. 따라서 이런 일제의 정치적 억압은 교회로 하여금 농촌운동을 활발하게 전개할 수 없게 만들었고, 결국에는 농촌운동도 저들의 억압으로 더 이상 진전될 수 없는 상황에 처하고 말았다.

일제의 억압에 더 이상 버틸 힘을 갖지 못한 총회는 급기야 농촌부 폐지를 결의할 수밖에 없었다. "농촌부는 본 총회에 더 설치하여 둘 필요가 없으므로 폐지하기로 가결하다"55)라고 했을 때 그 이유에 대해 침묵하고 있으나 그 침묵 속에 그 이유가 확연히 드러나 보였다.56) 일제는 농촌운동을 애국, 민족, 항일운동으로 낙인찍어 용납지 않았던 것이다.

4. 사회계몽운동 - 절제(節制)운동

기독교가 처음 한국에 들어왔을 때 선교사들은 교육, 의료, 사회계몽운동을 전개하여 한국인들의 의식 개혁과 생활의 근대화를 위하여 노력하였다. 그러나 1920~30년대에 들어와서는 선교사 주도가 아닌 한국 교회 지도자들을 중심으로 사회계몽운동이 전개되었다. 이것은 기독교 교리에 입각해서 이루어진 면도 있지만, 그것보다는 애국, 애족의 충정에서 이루어진 면이 더 강했다. 다음에서 몇 가지 사례를 통해 이를 더듬어 보기로 한다.

3·1 독립운동 이후 일제는 소위 문화정치라는 것을 표방하고 한국민들에게 어느 정도 자유를 허락했다. 그러나 이는 어디까지나 기만정

---

55) 「大韓예수敎長老會 總會 第26回(1937년) 會錄」, 42쪽.
56) 농촌부 폐지 후의 처리위원으로 5인(오건영, 최용호, 김성삼, 장규명, 김형관)을 세워 잔무처리를 하게 했다. 위의 책.

책에 불과한 것이었고, 내막적으로 한민족 말살 정책을 꾸준히 수행해 나갔다. 그중 일부는 강압적이 아니고 민족 내부로부터 썩어들어 가게 하는 데 목적을 두었다. 예를 들면 젊은이들을 퇴폐적인 문화에 젖게 하기 위하여 술, 담배, 아편, 공창(公娼) 등이 만연하게 하는 방법을 강화해 나갔다. 이것은 일제가 정치적으로 또한 경제적으로 한국을 침탈하는 방법과 축을 같이하여 정신적, 문화적으로 한국을 황폐화시키는 고도의 파괴 작전이었다.

유명한 부흥사 길선주 목사가 기독교인들은 담배를 피워서도 안 되고 담배 공장에 가서 일을 해서도 안 된다는 설교를 했는데, 일제는 국가 정책에 반하는 언동을 한다며 그를 구금한 일도 있었다.57) 이를 봐서도 일제가 한국민들에게 의도적으로 흡연을 유도했던 사실을 유추해 볼 수 있다.

1) 절제회

일제의 이러한 정책에 대해 가장 민감하게 반응한 집단은 역시 교회였다. 정치적, 경제적인 황폐는 때가 되면 회복시킬 수 있지만, 정신적 황폐는 일단 병들면 치유가 거의 불가능하여 민족정신과 민족의 얼을 잃게 되는 무서운 질병임을 자각하였다. 이런 정신적 황폐화에 대해 염려하고 있던 교회 지도자들은 1923년 5월 세계기독교여자절제회 (The World Woman's Christian Temperance Union : WWCTU)에서 파송한 틴링(Miss C.L.Tinling)의 내한을 계기로 절제운동을 전개하였다. 틴링은 한국에 6개월간 머물면서 전국 각지를 순회하며 절제운동에 대한 강연회를 가졌다.58)

---

57) A. J. Brown, *One Hundred Years, A Story of the Foreign Missionary Work of the Presbyterian Church in the U.S.A.* (New York : Fleming H. Revell, 1936), p. 460.

이와 아울러 한국에서 사역하던 여자 선교사들이 중심이 되어 여자 절제회가 창설되었다.59) 1922년부터 전국 각지, 정주, 순천, 이리, 철원, 춘천, 은율, 양주 등지에서 교회를 중심으로 금주, 단연운동, 물산장려운동을 전개하였다. 그해에 '여자절제회'가 조직되어 회장에 박인덕, 총무에 정마리아가 선출되어 전국을 다니며 300회 이상의 금주대회를 개최하였다. 이화학당의 교사로 있던 손정규(孫貞圭:일명 孫메례)는 절제회를 위해 많은 공헌을 하였다. 1923년 9월 감리교 여자 절제회가 조직되어 회장에 홍에스더, 총무에 정마리아가 선출되어 활동을 시작하였다.60)

1924년 8월 이화학당에서 '조선여자기독교절제회연합회'가 창립되었다. 이때 회장에는 YWCA 총무였던 유각경(兪珏卿)이, 총무에 손정규가 선출되었다. 손정규는 이 일을 위해 헌신적으로 노력하며 지방에 지회를 조직하는 일에 온갖 정성을 다하여 1928년에는 52개 지회와 3천 명이 넘는 회원을 확보하였다. 1930년에는 「절제」라는 잡지를 발행하기 시작하여 금주, 단연운동 등을 선도해 나갔다.

2) 금주운동

절제회가 가장 역점을 두고 한 사업은 금주운동이었다. 물론 교회가 금주운동을 시작한 것은 이보다 훨씬 전의 일이다. 1893년 8월에 모인 감리교 선교사 연회에서 처음으로 금주주의(禁酒主義)가 발표되었고,61) 1903년 연회록에는 절제와 사회개혁의 프로그램으로 술에 대

---

58) "Miss Tinling's Work in Korea," *The Korea Mission Field* (January 1924), pp. 12~13.
59) 절제운동에 대해서는 김정주 편, 「한국절제운동 70년사」 1923~1993 (한국기독교여자절제회, 1993) 참조.
60) 위의 책, 135쪽.
61) 小川圭治, 池明觀 編, 「韓日 그리스도교 關係史資料 1876~1922」, 金允玉, 孫奎泰

해 다음과 같이 규정하였다.

1. 교인은 어떤 형태로든 어떤 종류의 술이든 사용해서는 안 된다. 다만 의료 선교사가 약으로서 처방해 준 병자의 경우는 예외로 한다.
2. 교인은 술의 제조나 판매에 종사하는 것을 허락할 수 없다.
3. 교인은 술의 제조, 판매 혹은 사용하는 다른 사람들에게 영향력을 발휘해서 단념하도록 권고한다.

장로회 총회에서도 교인 중 누룩 장사하는 자가 있으면 해당 당회가 권면하고 그 형편에 따라 치리하도록 권고하고 있다.62)

이렇게 초기 교회는 교인들에게 금주를 강력히 권고하였고, 이것은 우리 교회의 좋은 전통으로 남아 있다. 1930년대에 이르러서는 교회 내의 금주운동이 일반의 계몽운동으로 발전하였다.

>   ……술은 탄환 업는 대포와 갓흔데 도로혀 용기를 준다고 밋게 하엿다. 여러 해 동안 연구한 결과 지금은 그 비밀을 알엇다. 그러니 우리는 금주하고 금주운동을 철저히 하야 조선을 살리자. 조선의 금주운동은 모든 운동 중에 가장 큰 운동이다. 육을 살리고 영을 살니는 운동이며 죽어 가는 조선을 살니는 운동이다.63)

여기서 보는 바와 같이 금주운동은 단순히 교회 내적 운동의 차원을 넘어 국가를 살리는 운동이라는 애국적 차원으로 연결된 것을 볼 수 있다. 당시 한국 사회가 술 때문에 심한 고통을 당한 사실을 백범(白凡) 김구(金九) 선생은 그의 「백범일지」에 그 단면을 보여준다. 김구의 어머

共譯 (韓國神學研究所, 1990), 190쪽 참조.
62) 「大韓예수敎長老會 總會 第13會(1924년) 會錄」, 26쪽.
63) 孫袂禮, "朝鮮의 禁酒運動," 「基督申報」, 1930. 4. 30.

니가 그의 남편과 가족의 술주정 때문에 너무 고통을 당하여 어린 김구에게 "너의 집에 허다한 풍파가 모두 술 때문이니 두고 보아서 네가 또 술을 먹는다면 나는 자살을 하여서 네 꼴을 안 보겠다"64)고 한 말에서 한국 사회에서의 술의 폐해를 뚜렷이 엿볼 수 있다.

여전도회 사경회 때 금주 강연을 하고 전도할 때에 금주에 대한 전도지를 나누어 주면서 이 운동에 심혈을 기울였다. 1927년 11월 황주에서 열렸던 주일학교 연합대회 기간 중에 '주마정벌'(酒魔征伐) 행군식을 갖고 금주운동에 동참하였다.

「기독교신보」는 손정규의 금주 강연 활동에 대해 다음과 같이 보도하였다.

> 죠션 녀ㅈ 금쥬회 총무 손메례 녀ㅅ는 본회 임무를 씨고 젼션 각디로 순회ᄒ며 금쥬 션젼에 ᄒ상 만흔 활동을 하야 가는 곳마다 셩젹이 자못 량호 흔바……평북 션쳔군 남면 봉동이란 슈구(守舊)의 풍이 ᄀ장 만흔 곳에 가서 도도흔 열변으로 만흔 군중을 감동식힌 결과 감각이 예민흔 히면 면장은 ᄌ긔가 일 면민의 머리가 되어 일향 광음 난취흔 힝동을 ᄒ면 불가ᄒ다 션언ᄒ고 당장에 금쥬ᄒ기로 결심하였다 하며 츙남 공쥬에 갓을 ᄦ에도 역시 금쥬 강연을 흔바 그 디방에 술 먹기로 유명 사ᄅᆷ이 회개ᄒ고 연보를 거둘 ᄦ에도 ᄀ장 만히 동정하였다더라.65)

이 금주운동에 특히 적극성을 보인 교회는 구세군이었다. 구세군은 창설 때부터 사회악의 척결을 목표로 설정하였던 것에 발맞추어 적극적으로 이 운동에 협력하였다. 그들의 기관지 「구세공보」에 금주호를 특별히 제작하여 살포하고 악대를 동원하여 가두에서 계몽운동을 전개하였다.

교회가 금주운동을 전개하는 중 가장 괄목할 만한 일은 미성년자들

---

64) 김구, 「백범일지」(범우사, 1995), 28쪽.
65) 「基督申報」, 1926. 12. 21. "孫女史의 禁酒講演."

에게 술과 담배를 금하는 법령을 만드는 일을 성사시킨 것이다. 1932년 12월 범교단적으로, 그리고 사회 지도자들까지 망라하여 총독부를 상대로 미성년자 음주, 끽연 금지법 제정을 요구하였다. 결국 1938년 4월에 '청소년 보호법'을 만들 때 그 속에 미성년자 음주, 흡연 금지 조항이 들어가게 되었다.

교회가 벌인 금주운동은 큰 반향을 불러일으켜, 1931년 「신정찬송가」가 출판될 때에 임배세(林培世)66)가 지은 '금주가'가 정식 찬송가로 채택되었다. 당시 많이 불렸던 금주가의 내용을 옮겨 보면 다음과 같다.

> 금수강산 내 동포여 술을 입에 대지 말라
> 건강지력 손상하니 천치될까 늘 두렵다
>
> 패가망신될 독주는 빚도 내서 마시면서
> 자녀교육 위하야는 일 전 한푼 안 쓰려네
>
> 전국 술값 다 합하야 곳곳마다 학교 세워
> 자녀수양 늘 식히면 동서문명 잘 빗내리
>
> 천부 주신 네 재능과 부모님께 밧은 귀체
> 술의 독기 밧지 말고 국가 위해 일할지라
>
> 후렴 : 아 마시지 마라 그 술 아 보지도 마라 그 술
> 조선사회 복 받기는 금주함에 잇나니라.67)

한국 교회의 금주운동은 널리 확산되었고 「기독신보」는 구세군의 지원으로 1년에 1회씩 금주호(禁酒號) 특집을 발간하여 계몽활동에 적

---

66) 임배세는 1919년 이화학당 대학부를 마친 성악가로 이 찬송은 1918년에 지은 것이다. 李成森, 「韓國監理敎會史」, 275쪽.
67) 「신정讚頌歌」(朝鮮예수敎書會, 1931), 230장.

극 협력하였다. 그러나 일제는 교회가 중심이 되어 활발하게 전개하고 있던 금주운동을 방해하기 위해 1935년 금주 강연 금지령을 내리고 더 이상 금주운동을 하지 못하도록 악랄한 와해공작을 자행하였다.68)

3) 금연운동, 금아편운동

교회는 음주뿐만 아니라 금연운동도 지속적으로 펴 나갔다. 이 운동은 이미 초창기 선교사들에게서 비롯되었다. 주한 미국 공사를 지냈고 후에 주(駐) 페테르부르크(Petersburg) 대사를 지낸 록웰(W.W.Rockwell)이 한국의 내륙 지방을 여행하고 나서 "이 세상에서 가장 담배를 많이 피우는 사람들은 한국인들이다"69)라고 술회한 일이 있었다. 선교사들은 가난하여 굶어 죽는 이들이 많은 때 한국인들은 어디서 돈이 생겨 담배를 그렇게 많이 피우는지 이해할 수 없다고 개탄하면서 금연의 당위성을 강조하였다. 「조선그리스도인회보」 기사에 의하면, "담배를 과히 먹는 사람은 여러 가지 병이 잇나니 힘줄이 약하고 가슴이 답답하고 염통이 더 벌덕벌덕하고 수전증이 나고 안력에 대단히 해롭고 여러 가지 병이 많으니라"70)고 기술하여 흡연이 건강에 얼마나 해로운가를 일깨우고 있다.

1903년 감리교 연회록에 절제와 사회개혁 프로그램에서 담배와 궐련 사용에 대해 다음과 같이 규정하였다.

1. 직분을 맡은 자는 절대로 담배나 궐련을 사용해서는 안 된다.

---

68) 김정주 편, 「한국 절제운동 70년사」 1923~1993 (한국기독교여자절제회, 1993), 189쪽.
69) J. S. Gale, *Korea in Transition* (New York : Laymen's Missionary Movement, 1909).
70) 「그리스도신문」, 1897. 5. 7.

2. 직분을 맡지 않은 교인의 담배와 궐련 사용은 가능한 모든 방법으로 저지해야 한다.71)

한 일본인은 조선을 망하게 하는 몇 가지 가운데 흡연을 지적하면서, 다음과 같이 비판한 바 있다.

> 한국인들이 걸으면서도, 일하면서도, 말하면서도 긴 담뱃대를 놓지 않는 데 놀랐다. 잠깐 여행하는 데도 귀중하게 두서너 대씩 담뱃대를 가지고 가는 것을 많이 보는데 그들은 그것을 마치 중요한 재산이라고 생각하는 것 같다.72)

감리교회에서도 후에 금연운동을 전개하면서, 흡연의 해독 네 가지를 지적하였는데, "① 흡연은 신체에 해되고,……② 흡연은 총명에 해되며……③ 흡연은 도덕에 해되며……④ 흡연은 경제에 해된다"73)고 계몽하였다. 따라서 금연의 논리는 교리적인 것보다는 건강, 경제 등의 이유로 교회가 금하고 있었던 것을 알 수 있다.

1912년 장로회 창립총회 평남노회 보고에서 황주군(黃州郡)의 각 교회에 속해 있는 계연회(戒煙會)에서는 전도인 1인을 황주군 동면(東面)으로 보내었고, 기타 전도인을 세운 일이 많다고 보고하였다.74) 금연운동은 일본 유학생들에게까지 확대되어 동경 유학생들이 단연회(斷煙會)를 조직하고 담배를 끊고 모은 돈으로 가난한 유학생을 돕는 일을 하였다.75)

길선주 목사는 그가 지은 「만사성취」에서 다음과 같이 지적하였다.

---

71) *Annual Report of the Missionary Society Methodist Episcopal Church*, 1903.
72) 小川圭治, 池明觀 編, 「韓日 그리스도교 關係史 資料 1876~1922」, 金允玉, 孫奎泰 共譯 (韓國神學硏究所, 1990), 93쪽.
73) 「그리스도신문」, 1권 2호, 1911. 2. 15.
74) 「長老教會史典彙集」, 145쪽. 「예수교회보」, 1913. 3. 4.
75) 「예수교회보」, 1913. 3. 4.

> 담비라 ᄒᆞ는 거슨 흉악ᄒᆞᆫ 즘싱이 즐기는 식물이오 사름을 히롭게 ᄒᆞ는 독약이로다 첫지는 사름의 몸을 히롭게 ᄒᆞ는 독 긔운이 잇으니……둘지는 직산경제(財産經濟)의 방ᄒᆡ가 되ᄂᆞ니…… ᄒᆞᆫ날에 허비ᄒᆞ는 담빗갑시 십만환이오……일 년치만 가지고라도 나라에 큰 공익을 일우을 수도 잇고 불샹ᄒᆞᆫ 동포를 위ᄒᆞ야 아름다운 죠션 ᄉᆞ업을 성취ᄒᆞᆯ 수 잇으니……담비 먹는 시간 허비 ᄒᆞ는거슬 ᄆᆡ일 십분식만 계산ᄒᆞᆯ지라도 일년에 헛되히 지너는 광음을 도합 즉 육만 구천 칠백여 년이 다라나는지라 엇지 놀랍지 아니리오76)

길선주 목사는 담배의 해독에 대해 인체에 해로움, 경제의 낭비, 시간의 낭비 측면에서 분석하여 금연을 강하게 권하고 있다.

일제가 한국의 청년들을 피폐화시키기 위해 아편을 대량으로 재배하고 피우게 하는 악랄한 정책을 편 것에 대해 교회는 단호한 태도로 이를 견제하였다. 1909년 선교부는 샤록스(A.M.Sharrocks, 謝樂秀), 휘팅(G.Whiting, 吳夫人)에게 이 일을 전담시켰다. 총회의 결의로 의사가 병원에서 환자에게 사용하는 것 외에 교인은 아편을 먹거나 사용하거나 아편을 심는 것이나 매매하는 것을 금하고, 이를 행하는 자가 있으면 당회에서 치리케 하였다.77)

이효덕(李孝德)은「절제」라는 잡지를 발간하여 금주, 금연운동과 더불어 색옷(色衣)입기운동을 펼쳤다. 전통적으로 우리 민족이 흰옷을 입어 왔으나 흰옷은 쉽게 더러워지고 자주 빨래를 해야 하므로 물자, 시간, 정력이 낭비되니 색옷을 입어 이런 낭비를 막자는 데 그 목적이 있었다. 당시의 유일한 기독교 신문이었던「기독신보」에 '절제'란을 고정적으로 설치하여 금주, 금연, 폐창(廢娼)에 관한 글들을 계속 게재함으로써 절제운동을 적극적으로 지원하였다.

---

76) 吉善柱,「萬事成就」(平壤 : 光明書館, 1916), 23~24쪽.
77)「長老敎會史典彙集」, 87쪽.「大韓예수敎長老會總會 第8回 (1919년) 會錄」, 52항.

4) 공창폐지운동

일제는 한국 젊은이들의 정기를 흐려 놓고 독립운동에 대한 관심을 뽑아 버리기 위해 공창(公娼)제도를 강화하였다. 교회는 이 공창제도 척결을 위한 폐창운동(廢娼運動)에도 온 힘을 다 쏟았다. 이것은 젊은 청년들을 타락하게 하는 사악한 제도일 뿐만 아니라 젊은이들을 황폐케 함으로써 민족의 정기를 말살하려는 일제의 간악한 정책이었으므로 이를 묵과할 수 없었다. 이 운동이 적극적으로 전개된 곳은 옛날부터 기생의 고장으로 유명한 평양과 경남에서였다. 1920년 경남 호주 장로교 선교사들이 제등실(齊藤實) 총독에게 법적 조치를 요구하는 한편 YMCA 및 장로회 노회와 연합하여 폐창에 관한 계몽을 전개하였다. 1923년 평양의 12개 YMCA 단체들이 결속하여 기생조합의 폐지, 무당, 판수조합의 폐지 등을 강력히 요구하는 선전문을 만들어서 계몽활동을 펼쳤다.78)

1923년 11월 미 감리회 연회의 위촉을 받아 '공창폐지위원회'가 구성된 것을 계기로 공창폐지운동이 본궤도에 오르게 되었고, 세브란스 병원의 오긍선(吳兢善)을 중심으로 '공창폐지기성회'가 조직되어 이 운동에 박차를 가했다.79) 이 운동은 장로회 총회에서도 후원을 결정하였는데, 1926년 총회록에 오긍선의 강의를 듣고 '박수함으로 환영하고 차(此) 사업에 대하야 후원하기로 가결'80)하였다고 기록하였다.

공창폐지운동과 더불어 축첩과 잡기(雜技:투전)하는 폐습도 철폐하기 위해 노력을 기울였다. 1932년 장로회 총회(제12회)에서 절제회 운동을 승인하고 이 운동을 적극 지원하였다.

교회는 절제운동뿐만 아니라 사회사업도 활발하게 선도해 나갔다.

---

78) 金南植, 「韓國基督敎勉勵 運動史」(한국청장년면려회 전국연합회, 1979), 140쪽.
79) 「基督申報」, 1923. 3. 19.
80) 「朝鮮예수敎長老會總會 第17回 (1926년) 會錄」, 48쪽.

특히 구세군의 역할은 매우 컸다. 구세군의 자선 사업은 빈민들에게 구호품을 전해 주는 것으로 끝나지 않고, 그들에게 삶의 터전을 마련해 주는 데에까지 이어졌다. 예를 들면 1918년 일본인 구세군 교인 소림건육(小林建六)의 지원으로 평동에 있던 사관학교(신학교) 안에 걸인 소년들을 모아 기술을 교육하는 육아원을 만들어 사회에 나가 자활할 수 있는 길을 열어주었다. 여성들을 위한 직업훈련소, 걸인을 위한 숙박시설, 굶주리는 빈민들에게 식사를 제공하는 일도 부단히 진행하여 1927년 겨울 동안 6천여 명에게 1만 5천 끼를 급식하였다.[81]

국산품을 애용하고 일제 상품을 배격하자고 하는 가려진 의도를 갖고 일어난 운동이 바로 물산장려운동(物産獎勵運動)이다. 1923년 1월 1일 함흥 YMCA 회원 1천여 명이 무명 두루마기를 입고 시위를 하면서 구체화된 이 운동은 오산학교 교장이자 평양 산정현교회 장로였던 조만식이 그 지도자였다.[82] 그의 말총모자와 짧은 두루마기, 그리고 편리화(便利靴)는 물산장려운동의 상징으로 널리 알려져 있었다. 이 운동은 직업의 귀천을 따지는 사농공상(士農工商) 사상에서, 공업을 천시하는 한국 재래의 잘못된 사고에 도전하는 뜻도 포함되어 있었다.

5) 성경구락부

사회계몽활동 중 빼놓을 수 없는 것은 빈민 자녀들의 교육을 위한 '성경구락부'(Bible Club) 활동이다. 이 운동은 북장로교회 선교사 킨슬러(F.Kinsler, 權世烈, 1904-1992)가 평양의 숭실전문에서 교수하고 있을 때 시작한 운동이다. 그는 1929년 신학교와 숭실전문 학생들을 동원하여 평양 광문서림 2층에서 '개척군구락부'(開拓軍俱樂部:Pioneer Club)

---

81) "Temporary Relief Work," *The Korea Mission Field* (February 1939), pp. 30~31.
82) 「韓國YMCA 運動史 1895~1985」 (대한YMCA연맹, 1986), 139쪽.

라는 이름으로 야학을 시작하였다. 평양의 서성리는 보통강을 끼고 평양 서편 강둑에 토굴을 짓고 사는 빈민촌으로 자녀교육은 상상할 수 없는 지역이었다. 숭전, 숭실, 숭의학교 상급반 학생들, 그리고 장로회신학교 학생들이 이곳 아이들을 위해 오후반, 야간반으로 나누어 가르쳤다.83)

이 운동은 좋은 호응을 얻어 1931년에는 평양시에 7개 처, 34년에는 34개 처로 늘어나 학생 수가 1,500명이 넘었다. 1933년부터는 중등교육과정을 시작하였는데 일제는 이런 일이 불순한 동기에서 시작되었다고 여기고, 정부가 정한 학교의 기준에 맞지 않는 기관에서 교육을 실시하는 것은 불가하다며 폐쇄를 유도하려 했다. 그러나 종교의 자유를 내세우면서, 성경만을 가르치는 기관으로 남기 위해 이름을 '성경구락부'라고 바꾸어 계속 사업을 진행했다.

1938년에는 학생 수가 5천으로 늘어났으나 신사참배문제로 기독교 학교들을 폐쇄하는 과정에서 성경구락부도 결국 폐쇄되고 말았다. 그 후 일제 말엽 선교사들의 추방으로 킨슬러도 떠나자 완전히 중단되고 말았다.

해방 후 다시 한국에 돌아온 킨슬러는 서울의 장로회신학교에서 교수하면서 이 '성경구락부'를 다시 시작하였다. 한국전쟁 후에 이 운동이 본격적으로 재개되어 전국으로 확대되면서 성경 외에도 음악, 독서, 필기, 산술, 지리, 역사, 체육 등의 과목을 추가하였다. 1954년에는 17개 지부 671개 처로 늘어나 학생 7천 명 이상이 수업하였다.84)

그 후 많은 성경구락부가 정규학교로 승격되었으며, 그중 40개가 기독교 학교로 승격하였다. 또한 200개 이상의 구락부가 기술학교로 전환되었다. 이 운동의 총책임자는 킨슬러였고, 총무 서울 구로동장

---

83) 「姜信明信仰著作集」 2, 講解 (기독교문사, 1987), 566쪽.
84) 「基督教大百科事典」, 1권, 항목, "성경구락부."

로교회 김찬호(金贊浩) 목사가 모든 일을 총괄하였다.85)

한국 교회는 그리스도의 사랑으로 끝없는 자선과 봉사, 그리고 계몽 운동을 펼침으로써 사회주의, 공산주의자들이 마치 자기들만이 빈민층을 위해 일하는 것같이 행세하던 때에 기독교의 박애 정신을 보여 줌으로써 교회의 사회적 사명을 감당해 나갔다.

6) 수양동우회사건

절제운동과 연관해서 그대로 지나칠 수 없는 사건이 수양동우회(修養同友會)사건이다. 수양동우회는 도산 안창호(安昌浩) 선생이 미국 로스앤젤레스에서 조직한 흥사단(興士團)이 국내에서 수양을 목적으로 결성한 단체였다. 이 단체는 관청에 등록도 하고, 집회도 합법적 절차를 밟아 회집된 적법한 단체였다. 그러나 일제는 이 단체에 가입한 인사들이 요주의 인물들이었기에 불순한 목적을 갖고 모이는 단체라고 낙인찍고 탄압할 핑계를 찾았다.

그런데 이즈음 각 교회의 청년회, 기독교절제회, 여자절제회 등의 청년 단체들이 절제운동을 전개해 나갔고, 특히 단오(端午)가 되면 금주, 금연운동을 적극적으로 펼쳐 강연회, 토론회, 금주·단연 웅변대회를 개최하곤 하였다. 그런데 일제는 이 금주, 금연운동을 홍보하기 위해 만든 전단에 불온한 문구가 있다고 트집 잡아 그 주동자들을 체포하여 배후 인물을 대라며 온갖 고문을 가했다.

결국 이 사건에 연루되어 지도층 인사인 장리욱(張利郁), 이용설(李容卨), 김동원(金東元), 이광수(李光洙), 정인과(鄭仁果), 주요한(朱耀翰), 백영엽(白英樺) 등 수십 명이 체포되어 옥고를 치르는 곤욕을 당하였다.

---

85) H. A. Rhodes, and A. Campbell, eds., *History of the Korea Mission*, II, pp. 316~320.

당시 고등법원에서 이 사건의 결심공판을 할 때, 변호인은 동경법대 교수를 지냈던 유명한 영목(鈴木)이었다. 그는 최후 변론을 통해 "인류 역사상 가장 큰 오점을 남긴 재판은 예수의 무죄를 말하면서 사형을 선고한 빌라도의 법정이다. 현명한 재판장은 빌라도의 과오를 반복하지 말기를 바란다"고 하여, 결국 전원 무죄 석방되는 일화를 남기기도 하였다.86)

일제는 이렇게 민족의 저변에서 일어나는 절제운동까지 억압하여 민족정신 말살을 기도하는 악랄한 정책을 줄기차게 수행해 나갔다. 그리하여 일제는 연합회, 지교회의 회장을 경찰서에 연행하고 고문을 가하여 자기들 정책에 순응하겠다는 각서를 받고 풀어줌으로써 결국 청년회를 모두 해체시켜 버리고 말았다.

5. 신학적 갈등 – 교회 분열의 조짐들

1) 보수와 진보의 대립 – 박형룡 대 김재준

한국 교회 역사 초기에는 선교사들이 내한하여 교인들에게 기독교 진리를 가르쳤다. 따라서 한국 교회는 선교사들이 가르쳐 주는 것을 기독교의 모든 것으로 알고 따랐다. 그러나 한두 사람씩 해외 유학을 다녀오면서 기독교 신학은 한국 교회가 지금까지 알고 있었던 것 외에도 다른 것이 있다는 사실을 터득하게 되었다. 따라서 이런 새로운 신학의 도입으로 인하여 한국 교회 안에는 과거의 것을 그대로 유지하려는 보수 세력과 서서히 새로운 신학을 소개하여 한국 교회로 하여금 다양한 신학적 견해와 입장을 갖도록 하려는 세력 간의 갈등이 표면화되기 시작하였다.87)

---

86) 강신명 목사가 심양 서탑교회와 선천 북교회 담임으로 있었던 백영엽(白永燁) 목사에게서 들은 증언. 「姜信明信仰著作集」(기독교문사, 1987), 571~572쪽.

이러한 사실에 대해 「조선예수교장로회사기」는 다음과 같이 기록하였다.

> 전 시대에 평양신학교 一門(일문)으로 교역자를 양성할 시에는 派別(파별)도 無(무)하고 사상에 충돌도 없었지마는 현대에 入(입)하여 사조가 복잡하고 교통이 빈번함에 따라 신 신학사상을 包來(포래)한 선교사도 有(유)하며 미국에 유학하고 귀국자도 유하며 일본에 轉學(전학)하고 입국자도 유하여 長短(장단)을 相評(상평)하며 曲直(곡직)을 도변하는 중에서 신구의 교리와 학설이 縣殊(현수)하니 傍觀者(방관자)로 하여금 深思(심사)하지 아니하고도 何長何短(하장하단)과 何曲何直(하곡하직)을 判明(판명)하게 한다.[88]

이 글에서 보듯이 한국 신학의 갈등은 미국이나 일본에 유학한 해외파들에 의해 비롯되었다. 보수, 정통만을 가르쳤던 평양장로회신학교의 선교사들의 신앙과 진보적 신앙을 경험한 해외 유학파 간의 갈등은 필연적일 수밖에 없었다.

뿐만 아니라 이러한 신학적 갈등은 한국 교회 안에서뿐만 아니라 사회에도 지워지지 않는 앙금처럼 남아 있던 지방색이라는 정치적 요인까지 겹쳐 문제 해결을 더 어렵게 만들었다. 이런 상이한 신학적 입장과 지방색이라는 요인들은 1950년대에 이르러 장로교회가 두 번씩이나 나뉘는 비극을 초래하였다.

신학적 입장과 지방색 갈림의 배경은 이렇다. 즉 교세가 전국에서 가장 강했던 서북 지방, 특히 평안도는 신앙적으로 극히 보수적인 입장을 견지하고 있었고, 교세가 약한 남부는 신학적으로 개방적인 입장을 취하고 있었다. 따라서 신학과 정치에 있어서 보수적이고 강세

---

87) 해외 유학을 한 이들은 장로교회의 남궁혁, 백낙준, 박형룡, 이성휘, 송창근, 채필근, 김재준, 윤인구, 박윤선 등이었고, 감리교회는 변홍규, 한아진, 정경옥, 유형기, 김인영, 김창여, 김영의, 이환신, 정일형, 갈홍기 등이었다.
88) 「朝鮮예수敎長老會史記」 下, 54쪽.

인 북(北)이 개방적이고 자유스런 남(南)을 지탄하는 것으로 가닥이 잡혀 가고 있었다. 그런데 이런 갈등은 1930년대 초, 그러니까 한국 교회가 선교를 받은 지 50년, 즉 희년(禧年)이 되는 때, 한국 교회가 기쁨을 함께 나누며 유대를 더욱 공고히 함으로 일제가 곧 강요하기 시작할 신사참배라는 무서운 십자가를 지고 가야 하는 시점에 이루어지고 있었다.

한국 장로교회의 타 신학에 대한 경계는 일찍이 시작되었다. 타 신학교에서 공부하고 장로교단에서 목회하고자 하는 사람들에게 총회는 분명한 어조로 그 자격 기준을 선언했다. 1917년 총회는 "타 신학을 졸업한 이로 본 장로회에서 사역하려는 자는 먼저 장로회의 인도와 관리를 받고, 본교(평양장로회신학교) 별(別)신학에 출석하여 신경, 정치, 규칙을 강습한 후 취직케 하기로"89) 결정하였다. 타 신학의 유입을 막겠다는 의지의 표명이었다. 특히 일본에서 신학을 공부한 사람들에 대한 경계가 심했는데, 그 이유는 일본 신학이 독일 근대주의 신학에 강하게 영향을 받고 있었기 때문이었다. 신학의 다양성은 곧 교회의 분열로 이어질 것으로 보았으나 신학의 폐쇄성도 동시에 교회에 대한 족쇄로 작용한다는 사실을 간과하고 있었다.

신학적인 갈등이 처음으로 표면화된 것은 평양 산정현교회의 담임이었던 송창근(宋昌根, 1898-1950?) 목사의 사임이었다. 강규찬(姜奎燦) 목사가 은퇴하고 그의 후임으로 미국 유학을 마치고 이 교회 담임으로 온 송창근 박사의 신학이 진취적이라는 이유 때문에 조만식 장로 등 보수적인 교우들에 밀려 결국 부산진으로 떠날 수밖에 없었다. 그는 이 고통을 "조선 교회에 누구의 당이 있다, 누구의 파가 있다 하야 서로 노려보고 못 믿어 하는 터이요, 게다가 같은 조선 사람으로서 남(南)놈, 북(北)놈 하야 스스로 갈등을 일삼으니 이 어찌함인가……50년 희년(禧

---

89) 위의책 下, 23쪽.

年)인가, 50년 희년(禧年)인가!"90)라고 한탄했을 때 이미 한국 교회의 보수, 진보 간에 간격이 벌어지고 있었음을 예시하고 있었다.

보수, 진보 간 논란의 심원(深源)은 한국 보수신학의 종교 재판관 역을 담당한 평양장로회신학교의 박형룡(朴亨龍, 1897-1978)과 한국 교회 자유주의 신학의 기수라 할 수 있는 숭인상업학교의 김재준(金在俊, 1901-1987)의 갈등이 그 대표적인 경우였다. 결국 이 두 사람의 갈등은 한국 장로교회를 신학문제로 갈라놓는 비극적 결과를 가져오고 말았다. 박형룡은 1928년 미국 유학91)에서 돌아와 산정현교회를 거쳐 1930년부터 평양장로회신학교 교수로 있었고, 김재준도 미국 유학92)에서 돌아와 교회가 경영하는 숭인상업학교의 성경 선생으로 있었다. 김재준은 평양장로회신학교 교수인 남궁혁을 통해 신학교와의 접근을 시도하였으나 그가 보수주의 신학을 공공연히 비난함으로써 이 일은 뜻을 이루지 못하였다.

1918년 평양장로회신학교에서 발간하기 시작한 「신학지남」(神學指南)은 그때까지 선교사들이 주로 편집인으로 있었으나 남궁혁 목사가 미국 유학을 마치고 귀국하여 한국인 최초의 평양장로회신학교 교수가 된 후에 편집인이 되었다.93) 따라서 한국인들의 글도 이 잡지에 실리게 되는 계기가 되었다. 그러던 중 김재준이 「신학지남」에 "이사

---

90) 宋昌根, "새 생활의 전제," 「神學指南」 (1935. 1), 12쪽.
91) 박형룡은 1923년에 중국 금릉대학을 마치고 바로 미국 유학길에 올라 프린스턴신학교에서 1926년에 신학사와 신학석사를 동시에 받았다. 그는 신학적으로 극히 보수적인 Kentucky 주 Louisville에 있는 남침례교신학교(Southern Baptist Seminary)에서 기독교 변증학으로 철학박사학위를 받고 귀국하였다.
92) 김재준은 일본 아오야마학원 신학부를 1928년에 졸업한 후 도미하여 프린스턴신학교에서 잠시 수학한 후 Western신학교(현재의 Pittsburg신학교)에서 3년간 구약학을 전공하여 신학석사학위를 받고 귀국하였다.
93) 「神學指南」은 1918년 3월 20일에 창간되었다. 1920년까지는 왕길지(J. Engle), 1921~1927년에는 배위량(W. M. Baird)이 편집인으로 있다가 남궁혁이 1928년부터 편집인이 되었다.

야의 임마누엘 예언 연구"라는 제목의 글을 게재했다.94) 그 글이 한국 교회가 전통적으로 믿어왔던 성경의 축자영감설(逐字靈感說)을 거부하는 내용으로 되어 있었을 뿐만 아니라 선교사들이 고루한 정통신학을 한국 교회에 주입시켰다고 공격함으로써 보수 일변도의 평양장로회 신학교에 도전장을 냈다. 이는 박형룡과 김재준의 신학적 대립의 시발점이 되기도 하였다.

박형룡은 미국 프린스턴신학교에서 공부할 때, 신약학 교수였으며 후에 프린스턴이 자유주의 신학에 물들었다고 통박하면서 보수신학을 표방하며 필라델피아에 웨스트민스터(Westminster)신학교를 설립해 나간 메이첸(J.G.Machen)에게서 강한 영향을 받았고, 그의 신학의 굴레에 얽매여 신학적 사고에 더 이상 여유를 갖지 못했다.95) 그는 신학이라는 것은 시대에 따라 변화, 변천하는 것이 아니고 사도 시대부터 전승해 내려오는 '사도적 정통의 정신학(正神學)'을 그대로 보수하는 것이라고 굳게 믿고 있었다. 따라서 성서는 절대 오류가 있을 수 없다는 성서무오설(聖書無誤說)을 확신하였으며, 성경은 성령의 감동을 받아 쓴 책으로 일점일획도 틀림이 없다는 축자영감설(逐字靈感說)을 굳게 믿는 근본주의(根本主義) 신학의 입장에 서서 한국 교회가 자유주의 신학으로 흐르는 것을 막는 첨병으로서의 사명에 충실하였다.

이런 신학상의 차이는 박형룡과 김재준이라는 개인의 문제로 끝나는 것이 아니고 두 사람을 지지하는 사람들에게로 연결되면서, 급기야는 교회 분열까지 초래하게 되었다. 박형룡은 김재준의 신학사상을 위험한 자유주의라 판단하고 더 이상 그의 글을 신학교 기관지인「신학지남」에 싣지 못하게 하면서 김재준에 대한 경계에 나섰다. 이 두

---

94)「神學指南」, 1934. 1.
95) J. G. Machen의 신학과 그의 신학교 분립에 대해서는 Bradley J. Longfield, *The Presbyterian Controversy, Fundamentalists, Modernists, & Moderates* (Oxford University Press, 1991), Ch. 2 이하를 참조할 것.

사람 사이에서 화해를 시도한 사람은 한국 사람으로는 처음으로 미국 버지니아유니온신학교(Union Theological Seminary in Virginia)에서 명예신학박사96) 학위를 받고, 역시 한국 사람으로는 처음으로 평양장로회신학교 교수가 된 남궁혁(南宮 爀, 1882-1950) 박사였다. 남궁혁이 「신학지남」의 편집인으로 있을 때 김재준의 글을 싣게 되었고, 이는 남궁혁이 박형룡의 눈에 나는 계기가 되었다.

2) 창세기 저자문제

1934년 23회 총회에서는 구약 창세기의 모세 저작을 부인한 문제에 대한 논란이 일어났다. 이것은 서울 남대문교회 목사였던 김영주(金英珠)가 1934년경에 창세기의 모세 저작을 부인하는 것에 대해 강병주(姜炳周) 목사가 총회에서 문제를 삼음으로써 비롯되었다.

이에 대해 총회는 연구위원회를 구성하여 평양장로회신학교 교장 라부열(S.L.Roberts 羅富悅), 동교(同校) 교수 박형룡, 윤하영, 부위렴, 염봉남(廉鳳南) 등 5인의 연구위원을 선출하고 그들로 하여금 연구한 후 이듬해 총회에 보고하게 하였다. 위원회는 모세의 창세기 저작을 부인하는 것은 '성경의 파괴적 비평, 시대사조에 맞도록 자유롭게 해석'하는 것으로서 '성경을 경멸히 여기는 것'이라는 결론을 내렸다. 이런 이론을 주장하는 목사는 '신조 제1조에 위반하는 자이므로 우리 교회의 교역자 됨을 거절함이 가하다'며 다음의 선언을 하였다.

> 창세기가 모세의 저작이 아니라고 하는 반대론은 근대의 파괴적 성경 비평가들이 주장하는 이론인 바 그들은 과연 창세기의 모세 저작을 부인

---

96) 지금까지 남궁혁이 한국 사람으로는 처음으로 신학박사(ThD.) 학위를 받은 것으로 알려져 왔으나, 필자가 버지니아 유니온신학교에서 수학할 때, 동문회록에서 그의 학위가 논문 박사(Doctor of Theology : Th.D.)가 아니고 명예신학박사(Doctor of Divinity : D.D.)임을 확인하였다.

하는데 머물지 않고, 오경 전부를 모세의 저작이 아니라고 주장하며 모세 시대로부터 여러 세기 후에 어떤 인물들이 기록한 위조문서로 돌립니다. 또 그들은 오경뿐만 아니라 구약의 다른 여러 책과 신약 여러 책을 후대 인의 위조문서로 인정하며 그 기록의 내용에 신화와 고담과 미신과 허실과 각종 오류가 있다고 지적하여 냄으로써 성경 대부분의 파괴를 도모하는 것입니다.……따라서 성경의 권위와 그리스도의 권위도 무시하며 능욕하는 사람이니……장로교의 목사 됨을 거절함이 가합니다.97)

한국 장로교회가 아직 성경의 고등비평을 수용할 수 없었음을 천명한 내용이었다. 김영주 목사가 총회의 뜻을 받아들여 자기의 주장을 철회함으로써 이 문제는 일단락되었다.

3) 교회 안의 여권(女權)문제

함경북도 성진(城津)중앙교회 김춘배(金春培) 목사는「기독신보」에 '장로교 총회에 올리는 말씀'이라는 제목의 공개서한을 발표한 일이 있었다.98) 그는 이 글에서 지난해 총회에서 함남노회에서 여자에게도 장로 자격을 주자고 헌의한 건을 부결한 데 대해 유감을 표시하고, 남녀차별적 헌법에 근거하여 여자에게 치리권을 부여하지 않은 것은 성경의 정신에 위배되는 것이라고 지적하였다. 그가 "여자는 조용하라, 여자는 가르치지 말라고 바울이 기록한 것은 2,000년 전의 한 지방 교회의 교훈과 풍습을 말함이요, 만고불변의 진리는 아니다"라고 선언한 것이 총회에서 문제로 제기된 것이다.99)

위 연구위원회는 이 문제에 대해서도 역시 "성경에 여자 교권이 전연 용허되어 있지 않음에도 불구하고 여권운동이 대두하는 현 시대

---

97)「朝鮮예수敎長老會總會 第24回 (1935년) 會錄」, 附錄, 84쪽.
98)「基督申報」, 1934. 8. 15.
99)「朝鮮예수敎長老會總會 第24回 (1935년) 會錄」, 附錄, 89쪽.

사조에 영합하기 위하여 성경을 시대사조에 맞도록 자유롭게 해석하는 교역자들은 권징조례 제6장 제42조, 제43조에 의하야 처리함이 가하다"100)라 결의한 안을 총회가 통과시켰다.

김춘배 목사는 총회의 결의에 따라 다음과 같은 '필자의 석명'(釋明)을 내고 한 걸음 뒤로 물러섰다.

> 「기독신보」 제977호에 게재한 '여권문제' 란에 교회에 폐해를 끼칠 문구가 있다 하야 총회에서 논의되고 연구위원을 택하기에 이르러서 여러분의게까지 걱정을 끼처 드리게 됨을 필자로서는 황송함과 책임의 중대함을 감(感)하고 이에 필자의 본의를 고하야 여러분의 참고에 공(拱)하려 하오니 하량(下諒)하소서.
>
> 1. 그 게재문의 본 의도가 성경을 해석하려 함이 아닙니다.
> 2. 우리 조선 예수교장로회에서도 벌서부터 여자가 교회에서 가라치고 잇는 사실에 의하야 그 갓치 말한 것이올시다.
> 3. 그러나 그 문구가 만약 성경의 권위와 신성을 손(損)하고 교회에 폐해가 급할 염려가 잇다면 책임의 중대함을 감하고 취소하기를 주저치 아니하나이다.101)

그러나 석명서의 내용이 자신의 주장이 잘못되었다는 것을 시인하는 것이 아니고 이런 논의가 교회에 폐해가 된다면 취소한다는 것이었으므로 이 문제가 언젠가 다시 고개를 들게 될 것이라는 여운을 남겼던 것이다. 결국 여성안수문제는 그로부터 두 세대(60년)가 지난 1990년대에 와서야 비로소 장로교회(통합측)에서 빛을 보게 되었다. 이것은 성경의 문자주의에 매달리는 견해와 그 정신을 찾는 쪽 중에서 어느 것이 바른가를 보여주는 좋은 선례가 되었다.

---

100) 위의 책.
101) 위의 책, 89~90쪽.

4) 아빙돈 단권주석 사건

다음으로 문제가 된 것은 신생사(新生社)102)에서 출판한 「아빙돈(Avingdon) 단권주석」(單倦註釋)의 정통성에 관한 문제였다. 이것은 감리교회가 선교 50주년을 기념하여 유형기(柳瀅基) 목사의 책임하에 번역, 출판한 것인데, 그 번역자들 중에 장로교 목사들인 송창근, 채필근(蔡弼近, 1885-1973), 한경직(韓景職, 1902-2001) 목사 등이 포함되었으므로 문제가 제기된 것이다.103)

당시 평양장로회신학교 교수였던 박형룡 박사는 그 책 내용이 장로교의 전통 신앙에 위배됨을 지적하고 교계 원로 길선주 목사와 함께 이 문제를 총회에 제기했다.104) 그들은 그 집필자의 대부분이 자유주의 신학자들임을 지적하여 장로교회 침입을 용인할 수 없는 것이라고 역설하면서, 번역진에 "장로교의 목사가 있는 것은 크게 유감 된 일로서 엄중한 책임 규명을 함으로 후일에 경계를 삼아야 할 것을 역설하였다."105) 이에 따라 1935년 24회 총회는 길선주 목사의 의견에 따라, "신생사 발행 성경주석에 대하여는 그것이 우리 장로교회의 교리에 위배되는 점이 많으므로 장로교회로서는 구독지 않을 것이며, 동 주석을 번역한 본 장로교 교역자에게는 소관 교회로 하여금 사실을 심사케 한 후, 그들로 하여금 번역의 시말을 기관지를 통하여 표명케 할 것"106)을 결정, 선포하였다.

이에 따라 채필근 목사는 총회의 권고에 순응하여 즉석에서 번역의

---

102) 新生社는 유형기 목사가 개인적으로 설립한 것이었다.
103) 그 외에도 이 번역진에 가담한 장로교 목사들은 김관식, 김재준, 윤인구, 정태희, 서고도, 조희렴, 문재린, 이대위, 이규봉 등이었고 평신도인 김명선도 끼어 있었다. 李贊榮, 「韓國基督敎會史總攬」, 397쪽.
104) 「姜信明信仰著作集」(기독교문사, 1987), 590쪽.
105) 金良善, 「韓國基督敎解放十年史」(大韓예수敎長老會總會 宗敎敎育部, 1956), 177쪽.
106) 위의 책.

과오를 사과하였으나, 송창근 목사와 기타 몇몇 목사들은 교리의 위배를 이유로 사과하는 것은 전연 있을 수 없으며, 신학의 자유를 억제하려는 총회의 독단에 응할 수 없음을 표명하였다. 이것은 "실로 한국 교회에 있어 자유주의 신학사상이 보수주의 신학사상에 도전한 효시였다"107)고 김양선 목사는 기록하였다.

새문안교회 목사였던 강신명(姜信明, 1909-1985) 목사는 장로교회 안의 신학적 갈등은 해외유학파와 평양신학교 출신 간의 갈등으로 좁혀지는데 이는 일제 말엽의 신사참배문제와 관련이 있다고 보았다. 그는 아래와 같이 말하였다.

> 견문이 넓고 또 신앙의 차원이 높다고 할지, 넓다고 할지 좀더 관용적인 목사들은 신사참배 거부를 종교적으로 고집할 필요가 없다는 것이었고, 순수 신앙주의자들은 신 외에 무슨 형태로든지 경배하는 것은 우상숭배라고 규정함으로써 이들 사이의 의견의 불일치가 역시 분열의 요인이 되었다.108)

따라서 이 문제만을 놓고 본다면 신학적으로 자유스러운 목사들은 신사참배를 쉽게 받아들였으나 신앙적으로 보수적인 이들은 적극 반대하였다는 사실을 암시하고 있다.

장로회 총회는 「아빙돈 단권주석」 사건을 계기로 장로교회가 쓸 표준 성경주석을 간행하기로 결정하고 평양장로회신학교 교수진과 아빙돈 사건에 관계없는 인사들을 중심으로 총회 종교교육부가 주관하여 박형룡 목사를 발간위원장으로 일을 추진키로 하였다. 그러나 이 일은 부분적으로 이루어졌으나 전권의 출판은 끝내 결실을 보지 못했다.

한국 장로교회 총회는 서서히 밀려드는 자유주의 신학의 물결을 몸소 체험하면서 1932년에 신조개정을 결의하고, 그 이듬해 총회에서

---

107) 위의 책.
108) 「姜信明信仰著作集」(기독교문사, 1987), 590쪽.

12개 조의 개정된 '조선예수교장로회 신조'가 채택되었다. 이 신조는 1907년 독노회가 조직되면서 발표한 신조의 근간을 다치지는 않았지만 그 내용의 일부가 첨가되었다. 그중에서도 가장 중요한 것은 제1조의 성경에 관한 사항에서 "신구약성경은 하나님의 말삼이니 신앙과 본분에 대하여 정확무오한 유일의 법칙이니라" 하여 성경의 절대권위를 확립하고 있다. 따라서 향후 한국 장로교회의 모든 교리는 성경의 절대권위를 받아들이느냐 아니냐에 달려 있게 되었다. 성경은 절대적 신성불가침으로 남아 있게 되었고, 성경에 대해 왈가왈부하는 것은 곧 이단으로 정죄된다는 등식이 이때부터 성립되기 시작하였다. 향후 장로교회 안에서 일어나는 모든 문제는 바로 이 성경의 권위에 따라 척결되었다. 이 성경의 권위에 도전하는 세력은 출교요, 존립의 지대를 잃게 되는 결과를 초래하게 되었다.

그러나 한국 교회는 시대가 바뀌면서 서서히 밀려오는 자유주의 신학 즉 성경의 권위에 도전하는 신학에 지혜롭게 대처하지 못하고 무조건 '절대불가'라는 고집을 부림으로써, 신학의 다양성을 인정하지 않고 오직 보수 정통에 매달려 결국 세월이 지난 후에 교파 분열이라는 비극을 가져오게 될 씨를 뿌렸다. 다양한 신학을 소개하고 그러면서도 장로교회의 정통교리를 지켜 나가는 융통성을 보이지 못했던 보수주의자들이나, 상황을 고려하지 않고 당시로서는 소화해 낼 수 없는 자유주의 신학을 마구 외쳐 댔던 사람들 모두 다같이 역사 앞에 책임을 져야 마땅하다.

6. 북방 선교

1) 만주 선교

　만주(滿洲)는 중국의 동북 지방의 삼성(三省: 吉林, 遼寧, 黑龍江)을 가리킨다. 만주는 동쪽으로는 우수리 강, 서쪽으로는 외몽골, 남쪽으로는 요동반도 여순 이북, 북으로는 시베리아 접경 흑룡강에 이르는 방대한 영토를 말한다. 이 지방을 일반적으로 통칭하여 만주라 부른다. 압록강 맞은편을 서간도(西間島), 두만강 건너편을 북간도 또는 동간도, 요녕성(遼寧省 구 奉川省) 일대와 길림성 남부를 합해 남만주, 길림성 북부와 흑룡강성을 합해서 북만주라 부른다. 본래 만주는 역사적으로 우리의 땅이었으나 발해(渤海) 멸망 후 만주족(女眞族)이 차지하고 한족(漢族)이 지배하게 되어 우리들의 통치권에서 밀려나 버린 곳이다.109)

　일찍이 의주의 청년들이 만주에서 로스와 매킨타이어를 만나 세례를 받고 성경을 번역하던 과정에서 김청송(金靑松)이라는 만주 청년이 식자공(植字工)으로 활동을 하였다. 그가 1882년 식자공 일을 다른 사람에게 맡기고 매서인이 되어 고향 즙안현(輯安縣) 한인촌(평북 강계의 압록강 건너편에 있는 마을)에 돌아와서 쪽복음을 뿌리며 전도하여 많은 한인들이 예수를 믿고 기독교 신앙을 갖게 되었다. 이것이 만주에서 생긴 첫 기독교 공동체였다.110)

　일제는 한국을 병탄한 후 집요하게 우리 농민들이 가지고 있던 농토를 갖가지 수단으로 탈취하였다. 따라서 농토를 잃은 농민들 중에 한없이 넓은 들에서 농사하면 많은 수확을 얻을 수 있다는 소문을

---

109) 朴春福, 「韓國近代史속의 基督敎」(牧羊社, 1993), 109쪽 이하 참조.
110) 金良善, "Ross Version과 한국 Protestantism," 김정현, 「羅約翰-한국의 첫 선교사」 (계명대학교 출판부, 1982), 8쪽.

듣고 정든 고향 산천을 등지고 굶주린 처자식들을 이끌고 이역만리 만주로 떠나가는 사람들이 줄을 잇게 되었다.

한국 교회는 이들 동포가 몰려가는 만주 땅에 신자들을 돌보고, 전도하기 위해 전도인들을 파송하였다. 만주는 사실 우리 한국 교회가 시작된 발상지라고 볼 수 있다. 일찍이 영국 스코틀랜드 장로교회가 파송한 존 로스와 존 매킨타이어를 통해 의주의 청년들이 이곳에서 세례를 받고 성경을 번역한 사실은 앞서 상술하였다. 이미 이곳에 거주하던 우리 동포들에게 복음을 전하여 세례 받는 사람들이 늘어갔으며, 예배 공동체가 형성되었다.

그 후 각 선교부가 내한하여 활동하던 중 함경도 지방에서 사역하던 캐나다 장로교회 선교사 그리어슨(R.G.Grierson, 具禮善, 1868-1965)이 1902년부터 북간도와 해삼위(블라디보스토크) 일대에서 선교를 시작하였고, 1906년에는 롭(A.F.Robb, 鄴亞力, 1872-1935)과 푸트(W.R.Foote, 富斗一, 1869-1930), 스코트(W.Scott, 徐高道, 1886-1979) 등의 선교사들이 만주 각지에서 전도를 계속하였다.

우리 동포들은 가는 곳마다 언제나 교회를 설립하였다. 장로회 제5회 총회록에 만주에 거주하는 우리 동포들의 삶의 모습을 "……교인들이 조합ᄒᆞ야 토디를 사고 몬져 릭배당을 건츅ᄒᆞ고 그 후에 각각 ᄌᆞ긔의 집을 건츅ᄒᆞᆫ 일도 잇스며……"111)라는 기록에서도 잘 드러난다.

미국 북장로교회 선교부는 지역 분할 정책에 따라 경남 지방을 호주 선교부에 이양한 후 그곳 선교 시설을 호주 장로교회에 매각한 대금 일부를 만주 선교지부 건설에 사용하면서 만주 선교에 기여하였다.112)

만주 선교가 본궤도에 오르게 된 것은 1910년 장로교 독노회 평북

---

111) 「大韓예수敎長老會總會 第5回(1916년) 會錄」, 41쪽.
112) H. A. Rhodes and A. Campbell, eds., *History of the Korea Mission*, II, p. 134.

대리회에서 서간도 지역 선교를 청원하면서부터였다. 노회는 이 청원을 받아들여 그해 김진근(金振瑾) 목사를 파송하였다. 만주의 중심이 되는 봉천(奉天 : 현재의 瀋陽) 지방 선교는 1913년 김관필(金寬弼), 장죽섭(張竹燮) 등이 중심이 되어 그 지역에 있는 교인 수십 명이 모여 예배를 드림으로써 시작되었다. 물론 예배당도 없고, 교역자도 없는 어려운 상황 속에서 교인들은 믿음을 지키며 교회를 이끌고 나갔다. 본래 이 지역은 평북노회 소속으로 있다가 후에 산서노회 관할로 넘어가게 되었다. 1914년 선천읍교회 여전도회가 그곳 노회를 경유, 선교비를 부담하여 김덕선(金德善) 목사를 봉천에 파송하여 선교하게 하였다. 그 외 평북노회에서 선교사 몇 명을 파송하여 전도하였으며 34개 처에 교회가 세워졌다.113)

1915년 평북노회가 최성주(崔聖株) 목사를 서간도에 파송하였고, 같은 해 장로회 총회에서 김내범(金範範) 목사를 북간도에, 1918년에는 이지은(李枝恩), 한경희(韓敬禧), 최봉석(崔鳳奭) 목사 등을 서간도에, 백봉수(白奉守) 목사를 북간도에 파송하여 큰 부흥을 일으켰다. 심양 지역에 교회가 부흥되어 교인이 250명으로 늘어나자 의산노회 부인전도회에서 1926년 중국 각지를 다니며 전도하던 백영엽(白永燁) 목사를 파송하여 교회를 돌보게 하던 중 같은 해 5월에 서탑(西塔) 중앙에 벽돌 건물 2층으로 된 예배당을 건축하였다.114)

만주 선교는 많은 우리 동족 선교사들의 순교의 피 위에 서 있다. 북만노회장 권중흥(權重興) 목사의 통보에 의하면 총회가 파송한 한경희 목사는 1935년 공산당 비적에게 총살당하여 우수리 강에 버려져 순교한 사실은 이미 언급한 바 있다.115)

---

113) 「대한예수교장로회총회 제3회 회록 (1914)」, 11쪽.
114) 張晸式, "봉천교회의 확장한 건물을 보고 내지교회를 향하여,"「基督申報」1927. 1. 19.
115) 보다 자세한 내용은 「金麟瑞著作全集」 1권, 56쪽 이하 참조.

1936년(25회 총회) 광주에서 모인 총회는 산동 선교사 증원과 만주 선교 개척안을 결의하고, 이듬해 4월 방지일 목사는 부친이 선교 사역을 하던 산동성으로, 그리고 최혁주(崔赫宙) 목사는 만주로 파송되었다. 최 목사가 신학교에 재학하고 있을 때 그의 부친과 친동생은 1933년 만주인의 손에 피살되었다. 이 사건을 김린서 목사는 "자기 아버지와 동생을 죽인 만주인에게 자기 생명까지 드리는 것은 참 그리스도인의 정신이며 우리 선교사상의 광채이다"라고 기록하였다.116)

이 지역은 1921년 조선예수교장로회총회의 허락을 받아 압록강 이북의 재만 한국인 교회들을 관할하는 남만(南滿)노회가 설립되어 독립노회를 만들었다.117) 같은 해 12월 역시 총회의 허락을 받아 간도노회(1925년 東滿노회로 개칭)118)가, 1931년에는 북만노회가 남만노회에서 분립 조직되어 넓은 만주는 3노회로 나뉘어 관리되었다. 그 후 1935년 남만주의 철도 일대를 관할하는 봉천(奉天)노회가 서탑교회에서 창립되었다.

만주 선교는 감리교회에서도 장로교회와 같이 시작하였다. 1908년 9월 제12회 남감리회 선교 연회는 간도 선교를 결정하고 같은 해 이화춘(李和春) 전도사와 매서인 2명을 북간도에서 용정을 중심으로 선교 사업을 시작하여 많은 선교의 열매를 맺었다.119) 그러나 후에 장·감 선교지 분할 협정에 따라 이 지역을 캐나다 장로교회에 넘겨주고 이곳을 떠났다. 이후 1919년 배형식(裵亨湜) 목사가 현지를 시찰하였고, 이듬해 양주삼 목사와 선교사 크램(W.G.Cram, 奇義男, 1875-1969)이 현지를 시찰한 후에 만주 선교를 다시 시작하기로 결의하고, 1921년

---

116) 金麟瑞,「金麟瑞著作全集」1卷, 82쪽.「信仰生活」(1937. 6).
117) 노회장에 선교사 쿡(W. T. Cook, 鞠裕致), 서기에 金益洙 회계에 李址宓이 선임되었다.
118) 한국인들은 이 지역을 전적으로 간도라 불렀으나 이 말이 중국인들의 감정을 자극할 우려가 있다 하여 동만노회로 개칭하였다.
119) 양주삼,「基督敎朝鮮監理會滿洲宣敎年會狀況大要」, (1939), 2쪽.

정재덕(鄭在德), 최수영(崔壽永) 목사를 파송하여 선교를 재개하였다.
　미국 감리회(북감리회)에서도 만주 선교를 결정하고 1910년 5월 한국 연회에서 손정도(孫貞道) 목사를 북만주에 파송하여 전도케 하였는데 1912년 '가쓰라 수상 암살음모사건'에 연루되어 국내로 압송되는 바람에 중지되었다.120) 그 후 1918년 내외국 선교회가 조직되면서 배형식(裵亨植) 목사를 파송하여 만주 선교를 재개하였다. 그러나 1930년 미국 감리회와 남감리회가 통합되는 계기로 이듬해 12월에 만주 선교 연회가 조직되어 감리교회의 만주 교회들은 행정적으로 자립할 수 있게 되었다.
　넓은 만주 지역을 장·감 양 교파가 함께 선교하는 과정에서 중첩되는 경우가 발생하자 두 교회는 1924년 선교 지역을 분할하기로 합의하였고, 1924년에는 장·감협의회를 조직하고 전도, 교육, 청년 사업 등의 협조가 이루어졌다.
　1939년 9월에는 일제의 교회 통합 정책에 따라 장로교계 재만 한국인 교회들이 '전만야소교장로회연합회'(全滿耶蘇敎長老會聯合會)로 통합되었다. 그 산하에 영구(營口), 안동(安東), 화북(華北)노회가 증설되었고, 1942년 만주에 있는 모든 교회들이 '만주조선기독교회'로 통합되어 일제의 통제하에 들어갔다. 해방 이후 중국과 이북이 공산화되면서 만주의 모든 노회들은 자연히 소멸되고 말았다.
　만주 지역은 기독교 활동이 무척 활발한 곳이었으며, 교회들은 이 지역에서 활동하던 독립투사들과 독립군들을 음양으로 도와주고 활동할 수 있는 은신처도 제공하는 역할을 감당하였다. 따라서 이 지역 교회들의 민족정신과 항일의식은 그 어느 곳보다 더욱 강렬하였다.
　만주 선교 역사에 있어서 봉천신학교 문제는 빼놓을 수 없다. 만주국이 형성되고 이에 따라 만주국 조선기독교연맹이 결성되자 자연히

---

120) 李聖森, 「韓國監理敎會史, 1930~1945」, 338쪽.

교역자 양성을 위한 신학교 설립문제가 제기되었다. 이에 따라 봉천에 봉천신학교를 세우게 되었다. 먼저 서탑교회 안에서 개교되어 교장에 정상인 목사, 교수로는 신사참배를 피해 도피한 박형룡, 박윤선, 그리고 일본인 국지일랑(菊池一郞) 등이었다. 8·15 해방때까지 3회 졸업생을 배출하였다.121)

2) 몽골 선교

몽골에까지 흘러들어간 동포들과 몽골인들을 위한 한국 교회의 선교는 1925년 감리교회의 최성모(崔聖模) 목사에 의해 시작되었다. 그는 어려움 속에 선교를 계속하여 그가 그곳에 들어갔던 1925년에 내몽골(內蒙古)의 백음태래(白音太來)에 화흥교회(華興敎會)를 설립하였다. 그러나 최 목사는 이곳에서 선교를 계속하지 못하고 귀국하였으므로 일시 중지되었다.122)

다음으로는 침례교회 목사 이현태(李賢泰)는 몽골 선교를 위해 목숨을 바친 순교자이다. 그는 침례교신학교에서 공부하고 19세에 러시아 침례교에서 목사 안수를 받았다. 그는 러시아 교회가 공산당에 의해 해산된 뒤 무소속 독립 전도자로 만주, 몽골 땅에서 22년간 조선, 만주, 몽골 3족에게 복음을 전하고 30여 곳에 교회를 설립하는 등 몽골 전도의 사명을 띠고 한국인 방범룡(方範龍)과 중국인 이달고탁(李達古鐸)과 함께 몽골인 전도를 시작하였다. 그는 몽골 지방으로 이주하여 그곳에 살면서 전도하여 신자 400명에 예배 처소 4, 5처를 세우고 성경학원을 세워 전도인 양성에 힘썼다.123)

---

121) 졸업생 중에는 김치묵, 황금천, 오병수, 백리언 등이 있고 문익환, 문동환 등도 여기서 수학했다. 李贊榮,「韓國基督敎會史總覽」, 521쪽.
122) 위의 책, 276쪽.
123) 金麟瑞,「金麟瑞著作全集」 1卷, 112쪽,「信仰生活」 8卷, (1939. 12).

이 목사는 독립 선교사로 선교하였기에 재정적 후원자가 없어 무척 핍절한 상태에서 말할 수 없는 고통을 당하면서 전도하였다. 부인과 자녀들이 기아로 인한 영양부족으로 결국 아이는 굶어 죽고 말았다. 몽골인들의 위협과 도적의 위험 속에서 마지막까지 전도하다가 1938년 10월 몽골인에게 맞아 병석에 누웠다. 그 후 이 목사는 자기가 입은 옷을 벗어 가난한 사람에게 나누어 주고, 몽골 전도를 위해 기도하면서 선교지 몽골 땅에 그 시신을 묻었다. 그러나 그가 어느 교단에도 속해 있지 않았기 때문에 그가 남겨둔 부인과 자녀들은 아무도 돌보아 주는 사람이 없었다고 김린서 목사는 한탄하는 글을 남겼다.124)그 후 동아기독교회는 이충신(李忠臣) 등을 보내어 일제 말엽까지 계속 선교하였다.

1935년에는 내몽골과 열하(熱河)에 있는 동포들이 장로교 총회에 선교사 파송을 요청하였으므로, 총회는 1935년 의산노회(義山老會)에 선교를 지시하였고, 의산노회는 이듬해 의산노회에서 분립한 봉천노회를 통해 조보근(趙普根) 목사를 내몽골에 파송, 전도케 하였다. 그는 통요(通遼, 퉁랴오)에 교회를 세우고 선교하여 많은 결실을 얻었다. 그러나 몽골에 설립된 교회들은 1941년 만주기독교연맹에 흡수되었다.125)

몽골 선교는 중국이 공산화되면서 자연히 소멸되었고, 반세기가 지난 후 중국이 개방 정책을 펴면서 이제는 조금씩 몽골 땅에도 다시 선교의 길이 열려 우리 선교사들이 활동을 재개하고 있다.

---

124) 위의 책.
125) 李贊榮, 「韓國基督敎會史總攬」, 277쪽.

3) 시베리아(러시아) 선교

한국 교회는 멀리 시베리아까지 우리 동포들이 흘러들어 가는 것을 눈여겨보면서 동포들의 신앙지도와 전도를 위해 선교사 파송의 필요성을 절감하고 있었다. 러시아는 주후 987년 블라디미르(Vladimir) 황제가 희랍 정교회를 국교로 선포126)한 이래로 약 1천 년 이상 러시아 정교회가 뿌리 깊게 자리 잡고 있었으므로 개신교의 선교는 용이한 일이 아니었다.

시베리아 선교에 첫 테이프를 끊은 교회 역시 동아기독교회이다. 1906년 동아기독교회는 교단 조직을 하면서 만주, 시베리아 선교를 결정하고 시베리아에 최성범 목사를 파송하였다. 그는 시베리아 이주민의 자녀로 동아기독교회의 펜윅 선교사를 만나 기독교 신앙을 받아들이고 전도자가 되었다. 그는 1909년 연추 구역의 달라교회를 위시하여 여러 곳에 교회를 세웠다.

1917년 동아기독교회는 교단의 공식 선교사를 파송하였다. 1918년 10월에는 시베리아 선교사로 임명받고 임지로 가던 박노기 목사, 김희서 교사, 김여태 총찰, 최응선 감노 등이 블라디보스토크로 가던 중 풍랑을 만나 목숨을 잃어, 시베리아 선교 사상 첫 순교의 기록을 남겼다.127)

장로교회의 선교는 1909년 대한노회(독노회) 제3회 전도국 보고에 다음과 같이 언급하여 해삼위(海蔘威, Vladivostok)에 50만 명의 동포가 있음을 일깨웠다.

> 지금 히삼위 형편이온즉 고국 강산을 리별ᄒ고 의지홀곳 업시 외로온 나그닉로 불상히 죽어가는 싱명이 오십만 명이오니 이곳에 션교ᄉ 호 사

---

126) P. Schaff, *History of the Christian Church*, vol. IV, p. 140 이하 참조.
127) 李贊榮,「韓國基督敎會史總攬」, 282쪽.

름을 급히 확승하야 오십만 명 싱명을 구원케 하시기를 쳥원이오며[128]

이에 장로회 노회 전도국에서는 해삼위에 평양장로회신학교 제2회 졸업생 최관흘(崔寬屹) 목사를, 조사에 한병직 씨를, 매서에 이재순 씨를 파송하여 1년간 전도케 하였다. 그러나 이 지역은 러시아 정교회의 세력이 강하여 어려움이 많았는데, 특히 최 목사와 노회와의 관계가 별로 좋지 않았던 듯하다. 독노회 제5회 회록을 보면, 최관흘 목사는 해삼위 지방을 감리교회에 맡겨 선교케 하는 것이 어떠냐는 의견을 노회에 물어왔고, 자기 마음대로 상트페테르부르크에 다녀온 일과 해삼위 선교가 어렵다고 하여 일단 성진으로 나오라고 한 노회의 결의를 무시한 일을 지적하였다.[129] 결국 총회는 최관흘 목사의 전도인 직무를 정지하기로 결정하였다.[130] 이런 일이 있기 전에 최 목사와 손정도 목사는 러시아 경찰에 체포되어 투옥되었다. 그 후에 최 목사는 러시아 정교회로 개종하였고 손정도 목사는 끝까지 어려움을 이기며 개종을 거부하여 결국 최 목사는 석방되었으나 손 목사는 추방되었다.

해삼위 선교가 얼마나 어려웠는가는 "매서(賣書) 이재순, 신윤협 씨가 전도하다가 아라사 관리에게 핍박을 당하여 한 달 이상 갇혀 있었고, 3번이나 옮겨 다니며 유치장에서 지내야 되었는데 그 고상(苦狀)이 다 말할 수 없다"[131]고 기록한 데서 짐작할 수 있다.

1918년 장로교회는 다시 해삼위에 김현찬(金鉉贊) 목사를 파송하여 전도케 하였다. 1925년에는 해삼위와 시베리아 지역교회를 관할하는 시베리아노회가 조직되었으나 공산당들의 억압과 핍박으로 4년 만에 해체되고 말았다.[132] 감리교회도 시베리아 선교를 결정하고 1921년

---

128) 「예수교쟝로회대한로회데삼회회록」(1909년), 13쪽.
129) 「대한예수교장로회독노회 제5회 (1911년) 회록」, 26~27쪽.
130) 「대한예수교장로회 총회 제1회 (1912년) 회록」, 19쪽.
131) 위의 책.
132) 노회가 조직될 때 예배당 34개소, 교인 1,935명, 목사 5명, 장로 8명, 소학교

배형식 목사를 해삼위에 파송하여 시베리아 일대에 선교케 하였으나 역시 공산당의 박해로 오래 지속되지는 못했다.

이렇게 한국 교회는 만주, 몽골, 시베리아까지 선교사를 파송하여 이주해 간 우리 동포들과 현지인들의 선교를 위해 많은 노력을 기울였으나 이 지역이 공산권에 속해 교회가 완전히 사라지게 되었다. 하지만 공산권의 몰락과 더불어 종교 자유가 어느 정도 허용되어, 비록 비공식적이긴 하지만 다시 우리 선교사들이 이들 지역에서 활동을 재개하여 선교의 장이 확장된 것은 전적으로 하나님의 은혜이다.

5개소, 야학교 35개소, 주일학교 15개가 있었다. 金良善, 「韓國基督教會史硏究」, 141쪽.

제 6 장
일본 군국주의 통치하의 교회의 시련

　1910년, 국왕 순종(純宗)도 모르는 사이에 일부 일제의 주구(走狗)들에 의해 일방적으로 맺어진 을사늑약(乙巳勒約)1)으로 통한의 한일병탄이 이루어진 후부터 일제는 한국 교회를 조선 통치에 있어서 가장 거침돌이 되는 단체로 생각하고 이의 제압을 시도하였다. 그로부터 온갖 위협과 파괴 공작을 하던 일제는 1930년대에 들어와서 소위 신사참배(神社參拜)라는 것으로 한국 교회를 시험대 위에 올려놓았다. 대동아 전쟁을 획책하면서 아시아 제패와 세계 제패의 망상을 꿈꾸던 일제는 조선 교회를 정신적으로 완전히 일본화하기 위한 방편으로 신사참배라는 올무를 교회 앞에 놓았다. 한국 교회는 서글프게도 이 올무에 걸려들게 되었고, 결국 국가 의식이므로 국민 된 도리로 참배를 해야 한다는 미명하에 우상 앞에 절하고 신앙의 정조를 버리는 무서운 죄악

---

1) 한일병탄의 조약에 옥새를 찍게 된 경위를 震檀學會,「韓國史」現代篇에서 다음과 같이 기록하고 있다. "순종 황후의 숙부 尹德榮이 순종에게 옥새를 찍으라 하였으나 순종은 흐느끼면서 승낙하지 아니하였고 황후 또한 통곡을 그치지 아니했다. 윤덕영은 순종이 침전에 들어간 틈을 타서 몰래 옥새를 찍어 가지고 나와서 이완용에게 내어 주자, 이완용은 이것을 가지고 통감 寺內正毅에게 갔다. 그런 까닭으로 일본 정부는 윤덕영을 자작(子爵)에 봉하고 특사금 40만 원을 주었다."

을 범하고 말았다. 그러나 그중에서도 끝까지 신앙의 절개를 꺾지 아니한 주기철, 최봉석(권능) 목사 등 50여 명이 순교하였다. 이로써 우상 앞에 무릎 꿇은 동료 동역자들과 우리 교회와 민족의 죄악을 그들의 고귀한 순교의 피로 씻어 내었다.

1. 황국신민화(皇國臣民化) 정책

아시아 제패의 꿈을 이루기 위해 한국을 그 전초기지로 삼을 수밖에 없다고 판단한 일제는 한국민을 철저하게 황국신민화해야 할 필요를 느끼게 되었다. 이 정책은 한국인들을 일본에 동화(同化)시키는 정책이었다. 초대 조선 총독 사내정의(寺內正毅:데라우치)는 「조선 지배 1910~1911년의 연감보고서」에서 한국과 일본의 지리적, 문화적 유사점들을 강조하면서, "두 백성들은 그 관심사도 동일하고 형제애로 서로 결합되어 있으므로 한 몸으로 융화하고 형성하려는 것은 자연적이고 필연적인 일의 과정이다"2)라고 선언하였다. 따라서 이들이 그 목적을 달성하기 위해서 착안한 것이 신사참배(神社參拜)였다. 신사(神社)란 일본의 국조신(國祖神)이라는 천조대신(天照大神:아마데라스 오미카미: 태양의 여신)과 옛날 천황(天皇)들과 무사들의 영을 둔 사당을 가리킨다.3) 따라서 신사참배는 이 신사에 절하고 섬기는 것을 의미한다. 이것을 전 국민에게 강요함으로써 일치성을 강조하고 또한 국가와 일본 왕에게 충성을 바치는 표를 삼으며, 한민족을 정신적으로 완전히 일본화하려는 정책이었다. 조선에서의 신사참배는 본래 일본인들에게만 적용되던 것이었지만 조선 총독부는 신사사원규칙(神社寺院規則)을 1915년 8월

---

2) K. M. Wells, *New God, New Nation, Protestants and Self-Reconstruction Nationalism in Korea,* 1896~1937 (Honolulu : University of Hawaii, 1990), 제3장 각주 4 참조.
3) 이 신사에는 1592년 임진왜란을 일으킨 풍신수길(豊臣秀吉:도요토미 히데요시)의 위패도 있다.

에 발표하고, 다시 1917년 3월에 '신사에 관한 건'을 제정하여 조선의 식민지 동화 정책으로 확립하였다.

1919년 일본 제국 의회는 서울에 조선 신궁(神宮)4) 건립을 결의하였다. 이 결의에 따라 약 4년에 걸쳐 신궁을 건축하고, 비용도 160만 원이나 들였다.5) 드디어 1925년에는 서울 남산 중턱6)에 조선신궁(朝鮮神宮)이 완공되었고, 이를 계기로 저들은 서서히 본색을 드러내기 시작하였다. 신사참배는 동방요배(東方遙拜), 황국신민서사(皇國臣民誓詞)의 제창, 창씨개명(創氏改名), 일본어 상용(常用)으로 이어지는 일련의 한민족 말살 정책 중 하나였다.7) 뿐만 아니라 지원병제도를 실시하여 청년들을 전쟁터로 내몰았고, 학도병제도를 통해 대학생들을 전쟁터로 끌고 갔다. 보국대(報國隊)라는 것을 만들어 노동력을 착취하였고, 미곡(米穀)을 강제 공출시키고 색(色)옷을 장려한다며 흰옷을 못 입게 하여 민족정기를 말살하는 정책을 악랄하게 진행시켰다.

신사참배 강요로 가장 크게 피해를 본 집단은 두말할 필요 없이 교회였다. 왜냐하면 신사참배나 동방요배는 바로 '우상을 섬기지 말라'는 기독교 신앙의 가장 핵심적인 교리에 위배되었기 때문이었다.

1925년에 서울 남산에 신궁을 세운 것을 시작으로 전국 각처에 신궁을 세운 일제는 당시 한국민들에게는 참배를 강요하지는 않았다. 그러나 1930년대에 들어오면서 일제가 만주를 삼키고 중국을 넘보면서, 내선일체(內鮮一體)라는 허울로 한국인들에게도 이를 강요하기 시작하였다. 내선일체란 "한국 민족은 일본 민족과 운명을 같이하는 일본

---

4) 조선 신궁은 南山神宮, 京城神社, 朝鮮神社 등으로 불리다가 1925년 朝鮮神宮이라는 이름으로 확정되었다.
5) 姜渭祚, 「日本統治下의 韓國의 宗敎와 政治」, 56쪽.
6) 金奎植은 해방된 이듬해 "조선 교회여 부활하라," 「活泉」 2호, 1946. 6에서 "일제가 조선 신궁을 남산 정상에 세우지 않고 중턱에 세운 것은 더 높은 곳에 계시는 하나님을 쳐다보라고 하신 것"이라고 해석하였다.
7) 한석희, 「일제의 종교침략사」, 김승태 역 (기독교문사, 1990), 제3장 참조.

민족의 일부이며, 소위 흥아(興亞)적 민족 해방의 대상이 아니라 일본 민족과 함께 아시아 제 민족을 서구 제국주의의 압제로부터 해방시켜야 할 주체"8)라는 주장이다. 내선일체에 대하여 남차랑(南次郞) 총독은, "내선일체는……형상도, 마음도, 피도, 살도 모두가 일체가 되지 않으면 안 된다……내선은 융합에 있는 것도 아니고 악수하는 데 있는 것도 아니고 심신이 함께 참으로 일체가 되지 않고는 안 되는 것이다……내선일체의 최후는 안으로부터 멀리까지 차별 없는 평등에 도달하는 데 있다"9)라고 망언하였다. 한걸음 더 나아가 저들은 일본 민족과 한국 민족은 동조동근(同祖同根), 즉 조상과 뿌리가 같다는 터무니없는 논리를 내세우면서 우리 민족을 일본화(日本化)하는 이론적 근거를 삼았다.

일제는 먼저 통제가 손쉬운 학교로부터 신사참배의 공략을 시작하였고, 이어 교회에도 압박을 가하기 시작하였다. 처음에는 상대적으로 힘이 약한 군소 교단부터 시작해서 마지막에 가장 크고 강한 교단인 장로교회를 쓰러뜨리는 작전을 세웠다.

2. 기독교 학교에 대한 억압

기독교회가 그들의 교리를 내세워 신사참배 반대를 할 것이라고 예견한 일제는, 이 문제를 가지고 당장 기독교와 정면충돌을 하는 것은 바람직하지 않다고 판단하였다. 그러면서 이것은 종교적인 문제가 아니라 국가 의식이라는 논리를 내세웠다. 다시 말해서 신사참배는 종교적 의식이 아니고 국민 된 사람으로서 국가에 대한 의무로 수행하는, 종교성이 없는 애국 행위라는 억지 주장을 하였다. 그들이 신사참

---

8) 姜晋哲, 姜萬吉, 金貞培, 「世界史에 비춘 韓國의 歷史」, 218쪽.
9) "國民精神總動員朝鮮聯盟役員總會席上總督"(1939. 5). 飯沼二朗, 韓晳曦,「일제 통치와 일본 기독교」(서울 : 所望社, 1989), 255쪽, 각주 39 참조.

배는 종교의식이 아니라고 주장한 내용을 보면 이렇다.

1. 신사참배는 종교의식이 아니라 국민의례이며, 예배 행위가 아니고 조상에게 최대의 경의를 표하는 것일 뿐이다.
2. 교육의 목적은 학생들의 지적인 육성에만 있는 것이 아니라 학생들로 하여금 천황의 신민이 되게 하는 데 있다. 그러므로 교사와 학생들이 모두 함께 신사참배를 통하여 천황에 대한 경의를 표하여야 한다. 그러나 일반인들의 신사 참배는 자유에 맡길 뿐이고 강제하는 것은 아니다.10)

일제가 각급 학교에 신사참배를 강요하게 된 배경은 두말할 필요도 없이 기독교 학교를 굴복시키기 위한 음모였다. 여기에는 한국 교회 지도자들과 선교사들을 이간하고, 이들 학교를 자기들의 손아귀에 넣어 식민지 교육의 도구로 삼으려는 의도가 분명히 나타나 있었다.

1932년 일제는 평양 서기산(瑞氣山)에서 열린 춘계 황령제(春季皇靈祭)를 계기로 기독교 학교 공략에 나섰다. 평양에 있는 기독교계 학교에 참배를 강요했을 때, 선교사들이나 교사들은 우상숭배 행사에 참석할 수 없다는 입장을 분명히 전했다. 이에 대해 일제는 간교한 수단으로 그렇다면 제사 행위에는 참석하지 말고, 제사 후 국민의례에만 참석하라는 타협안을 내세웠다. 이에 따라 숭실전문, 숭실중학, 숭의여중학교가 이 예식에 참석하였다. 이를 계기로 전국 학교에 신사참배를 강요하였다.

자연히 이 문제는 교회의 문제로 떠오르게 되었다. 1933년 장로회 총회에서는 전국의 여러 노회로부터 신사참배 문제에 대한 문의가 있었다.11) 총회는 이 문제를 해결하기 위해 차재명(車載明), 유억겸(俞

---

10) *The International Review of the Mission* (April 1940), pp. 182~183.

億兼), 마펫 등의 교섭위원을 내세워 당국과 협의를 원했으나 일제는 핑계를 대며 교회와 정면 대결을 회피하면서, 각급 학교의 신사참배 문제는 신사참배에 반대하는 학생이 있다면 당사자가 직접 청원하라고 하였다. 이에 따라 일단 학교의 신사참배 문제는 총회의 차원이 아닌 학교 당국과 일제와의 문제로 좁혀지게 되었다. 그러나 이것은 어디까지나 일제가 아직 교회와 정면 대결을 피하고 학교를 굴복시킨 후 교회에 손을 대려고 하는 불순한 작전에 불과하였다.

일제는 마침내 이 문제를 정면 돌파하기로 방침을 세우고 대만 총독을 지냈던 안무직부(安武直夫)를 평남지사로 임명하였다. 그는 1935년 11월 중학교 이상 도내 공·사립학교 교장 회의를 도청에 소집하면서, 회의 전에 모든 교장들은 평양 신사에 참배하도록 명령하였다. 그러나 숭실중학교 교장 맥큔(G.S.McCune, 尹山溫)과 숭의여중 교장 스눅 (V.L.Snook, 鮮于理 1866-1960), 장로교가 연합하여 세운 숭인상업학교장 김항복(金恒福), 그리고 안식교 계통인 순안 의명(義明)학교장 리 (H.M.Lee, 李希萬)는 신앙 양심상 참배할 수 없다고 거절하였다. 이에 당국은 세 사람에게 두 달의 여유를 주면서 그때까지 응하지 않으면 파면하겠다고 위협하였다.

일이 이렇게 전개되자 북장로교 선교사들 간에 이견이 일기 시작하였다. 이에 따라 신사 문제를 근본적으로 연구할 필요가 있다고 판단하고 홀드크라프트(J.G.Holdcraft, 許大殿, 1878-1972)에게 신사의 본질, 의의, 목적 등에 대해 자세히 연구, 보고하게 하였다. 그는 이 문제에 대해 검토하고 나서 1937년 3월 10일 장문의 보고서를 통해 "신사에는 종교적 요소가 혼재되어 있으므로 참배는 불가하다"는 결론을 내렸다. 선교부는 이 보고서를 각 선교사에게 보내고 신사참배 불가 결론을

---

11) 1933년 전북노회장, 1934년 황해노회장이 신사참배문제에 대한 질의, 평남 順川 溢山교회 목사의 신사 건축비 징수에 대한 문의 등이 있었다. 「朝鮮예수교長老會總會 第22回 (1934년) 會錄」, 11, 65쪽.

확인하였다.12)

선교회는 평양 시내 목사들이 모인 자리에서 선교회의 입장을 전하자 한국 교회 목사들도 이에 동조하고 신사참배를 단호히 거절하기로 결의하였다. 이에 따라 맥큔과 스눅 두 교장은 파면되어 결국 미국으로 추방당했다.13) 다른 교장이 그 자리를 대신하였지만 그들 역시 신사참배를 거절하기는 마찬가지여서 1937년 이들 학교는 마침내 폐교 신청을 하고 말았다.14) 숭실전문은 이종만(李鍾萬)에게 넘어가 대동공업전문학교가 되었고, 중학교는 당국이 접수하여 제3공립중학교가 되는 비운을 겪어야만 하였다.

북장로교계 학교의 폐교는 전국으로 확대되어 서울의 세브란스의전, 정신, 대구의 계성, 신명, 선천의 신성, 보성, 재령의 명신, 강계의 영실학교 등이 폐교했고, 서울의 연희전문도 1941년에 이르러 총독부로 넘어가는 비운을 맞게 되었다.15)

남장로교회는 북장로교회보다 이 문제에 대해 더욱 강경하였다. 그들은 신사참배 문제는 유일신론과 다신론간의 투쟁이라고 단정하고 여러 회의를 통해 확인하였다. 이 문제는 본국 교회의 총무 풀턴(C.D.Fulton)이 1937년 한국을 방문하면서 강화되었다. 그는 일본에서 태어난 선교사 2세이며 일본어, 관습, 종교에 대해 깊은 이해를 가졌으므로 이 문제를 해결하는 데는 더없이 적합한 인물이었다.16) 그는 다음과 같이 신사문제에 대해 정의하였다.

첫째, [일본] 정부가 정의하는 종교는 기독교인들에게는 타당하지

---

12) 金良善, 「韓國基督敎史硏究」, 178쪽.
13) McCune은 미국 North Dakota 주 Huron College 학장으로 재직하다가 3·1운동 후 일제가 문화 정책을 채택하자 다시 내한하여 숭실학교 발전을 위해 헌신하였다.
14) A. D. Clark, *A History of the Church in Korea*, pp. 222~224.
15) 李永獻, 「韓國基督敎史」, (1971), 413쪽 이하 참조.
16) G. T. Brown, *Mission to Korea*, p. 154.

않다.

둘째, 국가와 신도(神道) 사이의 어떤 차이도 찾을 수 없다.

셋째, 신사참배에는 여러 가지 종교적 요소가 많다.

넷째, 투옥과 고문, 그리고 죽음의 위협 아래서 표현되는 한국인들의 의견은 액면 그대로 받아들일 수 없다.17)

이에 따라 남장로교회는 신사참배 절대 불가라는 입장을 정리하였다. 1937년 9월 새 학기가 시작되자 당국은 모든 학교에 대해 중국에 출정한 일본군의 승리를 천조대신(天照大神)에게 기원하라는 명령을 내렸다. 남장로교 선교부는 본국 교회의 훈령과 또 선교사들의 결의에 따라 학생들을 집으로 돌려보내고 각급 학교를 폐쇄하였다. 또한 광주의 숭일중학, 수피아여중, 목포의 영흥, 정명여중, 순천의 매산, 전주의 신흥, 기전여중 등은 스스로 문을 닫았고, 군산 영명 등 10여 개 학교는 당국에 의해 폐쇄되었다.18)

학교의 문은 폐쇄되었으나 비어 있는 학교 건물은 한국 교회와 일제 앞에서 결코 타협할 수 없는 신앙의 확신을 웅변적으로 증언하고 있었다. 풀턴(C.D.Fulton)은 "학교들이 문을 닫았다고 하는 것은 기독교인들은 오직 한 분이시며, 살아 계시고 유일하신 하나님께만 예배해야 된다는 사실을 알게 하는 것이었으므로 결코 실패일 수 없다"19)라고 단호하게 말했다.

호주 선교부도 1936년 2월 "신사참배를 하거나 신사참배를 하도록 가르칠 수 없다"라는 방침을 세우고, 그들이 운영하던 모든 학교를 스스로 폐쇄하였다. 그러나 감리교회계 학교들과 캐나다 선교회 계열 학교들은 신사참배를 받아들였기 때문에 별 어려움은 없었다. 그러나

---

17) 위의 책, 153쪽.
18) 李永獻, 「韓國基督敎史」, 201쪽.
19) C. D. Fulton, *Star in the East*, p. 186. G. T. Brown, *Mission to Korea*, p. 156.

선교회들 간에, 한국 교회들 간에 균열이 표출됨으로써 일제의 교회 억압은 손쉬울 수밖에 없었다.

선교사들이 우리 민족의 개화와 발전을 위해 고난 속에서 세우고 가꾸어 왔던 이 모든 학교들이 일제의 민족 말살 정책의 희생물로 폐교당하는 현실 앞에 선교사들도, 교사들도, 학생들도 서러운 눈물을 흘리지 않을 수 없었다. 그러나 역사를 섭리하시고 우리 민족을 사랑하시는 하나님의 은총으로 이 모든 장로교 계열 학교들은 고난의 세월이 가고 해방이 왔을 때 모두 다시 문을 열고 본래의 사명을 수행하였으니, 역사는 신사에 참배하면서 학교를 계속했던 친일적 학교들과, 끝까지 우상 앞에 절하기를 거절하고 폐교했던 학교 중 어느 쪽이 옳았는가를 웅변으로 증언하고 있다. 신사참배를 하면서 황민화 교육을 계속했던 학교들은 민족 교회와 역사 앞에 무엇을 남겼을까?

3. 교회 지도자들의 굴복

일제는 1937년 7월 노구교(蘆溝橋 : 마르코폴로橋)사건을 일으켰다. 노구교사건이란 1937년 7월 7일 일본군이 북경 교외의 노구교 부근에서 야간연습을 하고 있을 때 중국군이 기습을 가해 와서 일본 관동군 정예부대가 중국군 진영을 습격했다고 허위 날조한 사건을 말한다.[20] 이 사건을 핑계 삼아 중·일전쟁을 시작하면서 기왕에 시작된 신사참배를 교회에까지 확대할 계획을 순조롭게 진행시켰다. 남차랑(南次郞) 총독은 도지사 회의를 소집하여 조선 신궁에서 국위선양을 위한 기원제를 올리고, 조선과 일본의 융합을 위해 일만일체(日滿一體 : 일본과 만주가 한 몸이다), 선만일여(鮮滿一如 : 조선과 만주가 하나이다), 내선일체(內鮮一體 : 일본과 조선이 한 몸이다)의 표어를 주창하였다.[21] 그는 우선

---

20) 朴春福,「韓國近代史속의 基督敎」, 112쪽.
21) 吳允台,「韓日基督敎交流史」, 249쪽.

각지에 신사를 건립하게 하고, 모든 사람들로 하여금 신사에 참배하도록 하기 위해 이를 법제화하여 각 부(府), 읍, 면에 신사를 세우는 1면 1신사 정책을 폈다. 동시에 각급 관공서, 학교, 파출소, 주재소 등지에 신궁대마(神宮大麻)를 넣어 두는 간이 신사 격인 신책(神柵)을 설치하게 하였다. 한걸음 더 나아가 관청을 통해 신궁대마를 민가에까지 강매하여, 각 가정에 신책을 설치하고 매일 아침 여기에 참배케 하였다. 매달 6일을 애국일로 정하고 국기게양, 국가봉창, 조서봉독, 동방요배, 근로봉사, 신사참배를 강요했다. 1938년 10월에는 황국신민서사(皇國臣民誓詞)22)를 제정, 제창하게 하였고, 12월에는 일본 왕 사진을 전 학교에 배포하여 예배를 강요하였다.

1938년 2월에 육군특별지원병제도를 정했고, 3월에는 조선교육령을 제정하여 학교의 명칭, 교육의 내용을 일본 학교와 같이 하여 조선어의 상용(常用)을 금지시켰다. 5월에는 국가총동원법이 조선에 적용되었고, 7월에 국민정신 총동원 조선연맹이 조직되었다. 1940년은 일본 기원 2,600년으로, 이를 축하한다는 의미에서 모든 한국 사람들은 그들의 성(姓)을 개명하는 소위 창씨개명(創氏改名)을 실시하라고 명령하였다. 또한 국민징용령에 의하여 강제 연행이 시작되었다.23)

이러한 사회 형편에 따라 일제는 마지막 남은 보루인 교회를 공략하기 시작하였다.

전 조선에 50만에 달하는 예수교 신자들은 시국에 대하여 대단히 냉담

---

22) 誓詞는 1937년 10월에 제정한 것으로 아동용과 중등학교 이상의 학생들과 일반이 사용하는 일반용으로 되어 있었다. 1. 아동용 : ① 나는 대일본제국의 신민이다. ② 나는 마음을 합해 천황폐하께 충의를 다한다. ③ 나는 인고단련(忍苦鍛鍊)하여 훌륭하고 강한 국민이 된다. 2. 일반용 : ① 우리는 황국신민이며 충성으로써 君國에 보답하자. ② 우리 황국신민은 서로 信愛協力하여 단결을 굳게 하자. ③ 우리 황국신민은 인고단련의 힘을 키워서 皇道를 선양하자.
23) 飯沼二郞, 韓晳曦,「일제 통치와 일본 기독교」, 254~255쪽. 姜胃祚,「日本統治下의 韓國의 宗敎와 政治」, 63쪽.

한 태도를 가졌고 신사에 있어서도 이와 같은 국가적 행사에 참가하는 일은 기독교의 계명에 위반되는 일로 여겨 긍정하지 않았다. 또한 혹은 예수를 가리켜 만왕의 왕이라는 설명을 하고 있으므로 잘 살펴서 불경죄로 처단되어야 할 것이다.24)

일제는 이처럼 교회를 옥죄기 시작하였다.

교회는 이제 마지막 벽에 부딪히게 되었다. 그동안 갖가지 박해를 견디어 왔는데 이 마지막 억압을 어떻게 견디느냐가 관건이었다. 신사참배, 그것은 기독교인이라면 누구도 부인할 수 없는 우상숭배였다. 1935년 한국 교회가 신사참배 문제를 선명히 규명하려 할 때, 총독부 외사과(外事課)에 근무하는 일본인 기독교인 대전(大田)이 총독부를 대신하여 교회 지도자들을 찾아와서 신사는 우상이 아니고 애국적 행위인데 왜 거부하느냐고 물었다. 그때 교회 지도자들은 만일 총독부가 신사에 영(靈)이 없고 애국적인 행동일 뿐이라는 성명서를 낸다면 우리도 참배하겠다고 대답하자, 그는 "영이 있다"라고 대답했다.25) 따라서 교회가 신사참배를 하는 것은 우상 앞에 무릎 꿇는 결과가 되고 마는 것이었다. 그러므로 모든 교회는 이에 대해 생명을 걸고 투쟁해야만 했다. 그러나 교회는 그렇게 하지 못했다. 역사는 우리에게 언제나 고난의 시기에는 현실에 타협하고 순복하는 자들이 나오게 마련이라는 사실을 보여준다.

먼저 신사참배를 수용한 교회는 로마 가톨릭이었다. 이 교회는 1918년 "신사는 다른 신들을 위하는 곳이므로 참배할 수 없다"는 한국 천주교 장정(章程)을 작성하였고 신사는 종교임을 명시한 일이 있었다. 그러나 독일, 이탈리아, 일본이 3국 동맹을 맺은 후에는 갑자기 태도를 바꾸었다. 1936년 5월 교황 비오 12세(Pius XII)는 포교성(布敎省)을 통

---

24) 警務局保安科, 森浩一, "事變下에서 基督敎," 「朝鮮」 (1938. 11) 65쪽. 飯沼二郞, 韓晳曦, 「일제 통치와 일본 기독교」, 255쪽.
25) 吳允台, 「韓日基督敎交流史」, 253쪽.

하여 "신사참배는 종교적 행사가 아니고 애국적 행사이므로 이를 허용한다"26)라고 하면서 다음과 같이 천명하였다.

> 일본 제국 안에서 의식서는 신자에게 다음과 같이 가르친다. 즉 신사에서 행하는 의식은 국민으로서의 의무이다. 교육받은 자의 상식에 의하면, 신사의식은 단순한 애국의 표현이며 황족과 국가의 훈공자(勳功者)에 애친(愛親)의 마음을 표하는 것이다. 그러므로 이 같은 의식은 시민으로서의 가치를 갖는 것뿐이며, 가톨릭 신자는 이들에 참가하는 것을 허용한다.27)

이로써 가톨릭교회는 신자들에게 신사참배를 할 수 있는 길을 넓게 열어 두었다.

이어 안식교가 1936년에 신사참배를 가결하였고, 뒤이어 성결교회, 구세군, 성공회 등이 뒤를 따랐다. 장로교회 다음으로 교세가 컸던 감리교회도 1936년 6월 개최된 제3차 연회에서28) 당시의 총리사 양주삼(梁柱三) 목사가 총독부 초청 좌담회에 다녀온 후 신사참배를 하기로 결정하였다.29) 이에 대해 감리교 내에서 반발이 일어나자, 1938년 9월

---

26) 「大阪每日新聞」朝鮮판, 1936. 8. 2. 盧基南 주교는 "민족 감정으로는 신사참배를 하고 싶지 않으나 신앙상으로는 가책 없이 참가한다"라고 술회하였다. 「노기남 회고록」, 1972년 11월, 133쪽.
27) Sacra Congregatio de Propaganda Fide "Instructio," *Acta Apostolieae Sedis* (Romae : Typis Polyglottis Vaticanis, 1936), Annua XXVIII, Series II.III, pp. 408~409. 姜渭祚, 「日本統治下의 韓國의 宗敎와 政治」, 132쪽 주 87을 재인용. 천주교회가 초기에 생명을 걸고 지켰던 제사 불허 방침을 이때를 기하여 허용함으로써 지금까지 허용되고 있다.
28) 年會 개회 시에 조선 총독 南次郞의 축사가 있었는데, "日本 國民된 者는 宗敎如何를 不問하고 天皇陛下께 尊崇을 바치고 祖先의 神을 尊敬하며 國家에 忠誠을 다하여야 한다. 信敎의 自由는 이 日本 臣民된 本分을 지키는 範圍 안에서 이를 認하는 것이요 이를 背反하는 것은 日本 帝國 內에서도 그 存位를 不許하는 바이다"라고 말하였다. 閔庚培, "日帝 末期의 韓國敎會의 生態", 「基督敎思」(1974. 8.), 59쪽에서 재인용.
29) 그러나 일제는 3·1운동 시 33인 가운데 1인이었던 鄭春洙 목사가 친일파로 돌아서자

에 다음과 같은 성명서를 발표하여 신사참배 원칙을 재확인하였다.

> 연전(年前) 총독부 학무국에서 신사참배에 대하여 조회한 바를 인쇄, 배부한 일이 있거니와, 신사참배는 국민이 반드시 봉행할 국가의식이요, 종교가 아니라고 한 것을 잘 인식하셨을 줄 압니다. 그런고로 어떤 종교를 신봉하든지 신사참배가 교리에 위반이나 구애됨이 추호도 없는 것은 확실히 알 수 있습니다.30)

이는 참으로 안타까운 노릇이었다. 마지막 투쟁에 동지가 있어야 하는데, 한국에 함께 들어와 선교하며 동고동락했던 감리교회마저 맥없이 일제에 무릎을 꿇자, 장로교회만이 외롭게 홀로 남게 되었다. 일제가 장로교회를 쓰러뜨리기 위해 회유와 폭압의 정책을 썼을 것은 당연한 귀결이었다.

이에 앞서 1938년 4월 일제는 한국 기독교의 각파 지도자들, 유형기(柳瀅基), 최석모(崔錫模), 김응조(金應祚), 장정심(張貞心), 박연서(朴淵瑞), 김유순(金裕淳), 김종우(金鍾宇) 등을 서대문 경찰서에 모아 놓고 교회가 신사참배를 이행할 것과 일본적 기독교에 입각하여 황도정신을 발양(發揚)한다는 결의 및 선언문을 채택하게 하였다.31) 같은 해 5월에는 부민관(府民館) 대강당에서 일본적 기독교 창립을 목적으로 하는 '조선기독교연합회'가 발족하였다. 6월에는 조선 YMCA가 세계 Y연맹에서 탈퇴하고 일본 Y에 예속되었고, YWCA 역시 같은 운명을 맞이하였다.

1938년 5월 일제는 내선(內鮮)이 기독교로 융합해야 한다는 명목으

그를 내세워 미국 유학파였던 梁柱三, 柳瀅基, 鄭一亨, 金昌俊, 田榮澤, 鄭京玉 등을 요직에서 축출하여 산간벽지로 쫓아 버렸다. 따라서 양주삼 같은 이는 신사참배하는 일에 앞장서서 일했지만 결국 일제에 버림을 받고 만 셈이 되었다.「姜信明信仰著作集」, 578쪽.

30) 金良善,「韓國基督敎史硏究」, 189~190쪽 각주 32 참조.
31) 林鍾國,「親日文學論」(서울 : 平和出版社, 1986), 351쪽.

로 친일파인 오문환(吳文煥)으로 하여금 신사참배를 적극 반대하던 이승길(李承吉)을 포섭케 하여 김응순(金應珣), 장운경(張雲景)등 3인을 일본에 보냈다. 이들은 "신사참배 문제에 관한 여러 가지 중요하다고 생각되는 자료를 수집하고 일본 관민의 열성어린 환대에 감격하여 돌아왔다."32) 다음 달 6월에는 일본 기독교회 대회의장 부전만(富田滿) 목사를 평양에 초청하여 평안도 내 교계의 유력한 지도자들을 모아 신사참배에 관한 강연과 좌담회를 개최하였다. 여기에서 그는 신사참배는 종교행사가 아니라 국민의례임을 강조하다가 주기철(朱基徹) 목사, 손양원(孫良源) 전도사(손 목사는 해방 후 경남노회에서 목사 안수 받음)로부터 거센 반박을 받기도 하였다.

4. 굴절된 교회의 모습 - 장로교회의 굴복

1938년 9월의 장로교 총회 때에는 어떤 수단, 방법을 동원해서라도 신사참배 결의를 관철시키겠다는 계획을 세운 일제는, 우선 각지에서 모이는 노회에서 신사참배를 결의하는 공작을 수행하였다. 노회가 모일 때 회원들로 하여금 먼저 신사에 참배하도록 온갖 압력을 가하였다. 이 같은 강압으로 인해 1938년 2월 전국에서 가장 교세가 강한 평북노회는 전 일본 헌병 보조원 출신의 친일파 목사 김일선(金一善:평북 龜城 造岳洞교회)33)이 노회장으로 선출되고 나서 그의 주동으로 선천 남교회에서 모인 노회에서 신사참배하기로 결정하였다.34) 첫 무릎을

---

32) 飯沼二郞, 韓晳曦, 「일제 통치와 일본 기독교」, 257쪽.
33) 김일선은 본래 일제의 헌병 보조원 출신으로 평양장로회신학교 29회 졸업생이며, 동양성서신학원 출신으로 목사 된 후 부흥사로 전국을 누비기도 했다. 그러나 그는 후에 친일파로 변절하여 행세하다가, 해방 후 교인들이 배척하자 밤중에 자기가 목회하던 예배당(平北 鐵山郡 西枘面)에 불을 지르고, 평안북도 인민위원회 의 도청 직원이 된 자이다. 金麟瑞, 「金麟瑞著作全集」 第5卷, 146쪽. 「平北老會史」 (敎文社, 1979), 219쪽 이하 참조.
34) 평북노회의 신사참배 결정에 대한 자세한 기록은 「平北老會史」(敎文社, 1979),

꿇은 이래35) 9월 총회까지 23개 노회 중 17개 노회가 굴복하고 말았다. 각 노회에서 선출된 총회 총대들은 그 지역 경찰서로부터 총회에 가면 신사참배 안에 동의하든지 아니면 침묵하든지, 둘 다 못 하겠으면 총대를 사퇴하라는 강압을 받았다. 뿐만 아니라 총대들이 총회에 갈 때 사복 형사 두 명이 동행하여 이들을 감시하였다.36)

1938년 9월 9일 오후 8시, 조선예수교장로회 제27차 총회가 평양 서문밖예배당에서 총회장 이문주(李文柱) 목사의 사회로 개회되었다. 이날 저녁 임원 선거가 있었다. 이때에도 서로 총회장이 되려고 운동을 하고 다녔다고 하니37) 이 얼마나 어처구니없는 일인가? 이 총회에서 신사참배 안이 가결될 것이고, 그렇게 되면 한국 교회사에 신사참배를 결의한 장본인들로 길이 남을 것을 미처 몰랐을까? 임원을 선거하니 회장에 홍택기(洪澤麒), 부회장에는 김길창(金吉昌), 서기에 곽진근(郭鎭根), 회계에 고한규(高漢奎)가 선출되었다. 불법적으로 신사참배가 가결되었다고 선포한 총회장 홍택기는 신사참배를 온몸으로 막고 순교한 주기철 목사와 신학교 동기동창으로 이렇게 상반된 사적을 남긴 것은 역사의 아이러니가 아닐 수 없다.38)

이튿날 신사참배 안이 상정되던 날에는 평양 경찰서 경관들이 예배당을 삼엄하게 에워싸고 일체의 방청객 출입을 막았으며, 예배당 안 강대상 전면에는 평안남도 경찰부장 등 간부들 수십 명이 긴 칼을 짚고 버티고 앉아 있었다. 또한 총대들 사이사이에는 지방에서 총대들을 따라 올라온 사복 경찰들이 끼어 앉아 있었고, 양편 좌우에도 무장 경관이 완전히 둘러싸고 있었다.39) 일제는 총회가 개회되기 전에 신

219쪽 이하를 참조할 것.
35) 朝鮮總督府警務局,「最近에 있어서 朝鮮의 治安狀況」, 昭和 13年, 392쪽.
36) 飯沼二郎, 韓晳曦,「일제 통치와 일본 기독교」, 260쪽.
37) 金麟瑞,「金麟瑞著作全集」第5卷, 149쪽.
38) 위의 책, 135쪽.
39) 金良善,「韓國基督敎史硏究」, 188쪽. 이때 총대는 목사 86인, 장로 85인, 선교사

사참배를 반대하던 주기철, 채정민(蔡廷敏), 이기선(李基宣), 김선두(金善斗) 목사 등을 미리 투옥시켰고, 선교사 총대들에게는 신사참배 안이 상정되면 침묵을 지키라고 압력을 가했으나 선교사들은 이를 거절하였다.40) 반면에 친일파 목사 이승길(李承吉)과 평북노회장 김일선 등이 주동이 되어 신사참배 결의의 분위기를 만들어 나갔다.

아침 경건회가 끝나고 회의가 속회되자 각본대로 평양, 평서, 안주 3노회 공동 발의로 신사참배 안을 평남경찰국에서 지명 받은 평양노회장이며 중화(中和)읍교회 목사였던 박응률(朴應律)이 "당국에서 신사참배는 종교가 아니고 국가의식이라 선언하니 우리 총회도 신사참배하기를 결정함이 가합니다"라고 제의하였다. 이에 평서노회장 박임현(朴臨鉉)의 동의, 안주노회 총대 길인섭(吉仁燮)의 재청으로 상정되었다. 이 동의안에 대해 총회장 홍택기는 수많은 경찰들의 위압에 눌려 떨리는 목소리로 동의에 찬성을 묻자 "두어 사람이41) '예'라고 대답하니 마귀의 예였다"42)고 김린서 목사는 기록하였다. 그때 대부분의 총대들이 침묵하고 있었으니 이는 곧 거부의 뜻이었다. 많은 총대들의 침묵에 당황한 경찰들이 일제히 일어나 위협적인 태도를 보이자 놀란 총회장은 부(否)는 묻지도 않고 만장일치로 가결되었다고 선포하였다. 회의 법상 '부'를 묻지 않은 것은 불법이었고, 두어 사람이 "예"라고

22인, 합 193명이었다. 「朝鮮예수敎長老會總會 第27回(1938년) 會錄」, 1쪽.
40) 이 총회에 참석한 선교사 총대들은 모두 22명이었다. 「大韓예수敎長老會總會第27回 (1938년) 會錄」, 1쪽.
41) 金良善 목사는 그의 「韓國基督敎解放十年史」, 188쪽에서 10명 미만이라고 기록하였다. W. N. Blair, *Gold in Korea*, p. 105, A. D. Clark, *A History of the Korean Church*, p. 193, G. T. Brown, *Mission to Korea*, p. 159 등에서는 '몇 명'(a few members)이라고 기록하고 있다.
42) 金麟瑞, 「金麟瑞著作全集」 第5卷, 149쪽. 이때 可便에 예라고 대답한 이들은 이승길, 김응순, 장운경, 박응률, 박임현, 김일선 등 수인에 불과했다고 안광국 목사는 기록하였다. 안광국, 「한국 교회 선교 百年 비사」 안광국 목사 유고집(대한예수교장로회 총회교육부, 1979), 237쪽.

한 것을 만장일치라 했으니 이는 거짓이었다. 따라서 장로교회 총회에서 신사참배 안은 가결된 것이 아니었고, 회장에 의해 불법적으로 선포된 것이다. 이때 봉천노회 소속 헌트(B.F.Hunt, 함부선) 선교사가 "의장, 불법이오!"라고 소리치며 일어나자 일경들이 떼로 달려들어 그를 밖으로 끌어내 버렸다. 이로써 한국 장로교회는 후세에 길이 남을 오욕의 역사를 남기고 말았다. 이어 총회 서기가 성명서를 낭독하였다.

> 아등(我等)은 신사는 종교가 아니요, 기독교의 교리에 위반하지 않는 본의(本義)를 이해하고 신사참배가 애국적 국가의식임을 자각하며 또 이에 신사참배를 솔선 이행하고 추(追)히 국민정신 총동원에 참가하여 비상시국 하에서 총후(銃後 : 후방) 황국신민으로서 적성(赤誠)을 다하기로 기(期)함. 우 성명함.
>
> 소화(昭和) 13년 9월 10일
> 조선예수교장로회 총회장 홍택기[43]

이런 와중에서 평양 기독교내선친목회(基督敎內鮮親睦會)[44] 회원 심익현(沈益鉉)[45] 목사가 총회원의 신사참배를 즉시 실행할 것을 특청하

---

43) 「朝鮮예수敎長老會總會 第27回(1938년) 會錄」, 9쪽.
44) 기독교 친목회란 일본 기독교인과 한국 기독교인들 간에 친목을 도모하여 교회의 피해를 막아 본다는 명목으로 만든 단체로 친일의 앞잡이 노릇을 하였다. 이 모임을 주도했던 이는 吳文煥, 회원으로는 金漂樺, 朴應律 등이었는데, 李承吉 등 3명은 일본을 방문하고 돌아오기도 하였다. 吳允台, 「韓日基督敎交流史」, 256쪽 참조. 이들에 대해 설명한 구절을 보면, "민족주의 기독교인들 틈에 끼어들어 민족적 항쟁의욕을 저하시켰고, 독립정신 고취 사실을 일경에 밀고하여 항일세력의 약화를 기도하였는데, 후에 교회 내의 지도자급 인사들을 희생시키는 악랄한 경지에 도달하였다"고 하였다. 金載明 編著, 「殉敎者 宋貞根 牧師傳」(着文出版社, 1976), 82쪽.
45) 심익현은 해방 후 강양욱과 더불어 '조선기독교도연맹' 창설에 가담하여 기성교회 박해에 앞장섰다. 「평양노회사」(평양노회사 편찬위원회, 1990), 318쪽 참조.

자 이를 결의하였다. 이에 따라 당일 정오에 총회는 부회장 김길창을 임원 대표로, 각 노회장들을 노회 대표로 을밀대(乙密臺)로 가는 길에 크게 세워 놓은 평양 신사에 나가 절하였으니, 장로교회가 태양신 우상 앞에 공식적으로 무릎을 꿇고 머리 숙인 비극적 순간이었다. 감옥에 가기 두려워 신앙의 절개를 꺾고 우상 앞에 엎드려 있는 당시 교회 지도자들의 초라한 모습 속에서 장로교회의 변절이 서글프게 시작되고 있었다. 또한 총회는 "신사참배 결의안을 총독, 총감, 정무국장, 학무국장, 조선군 사령관, 총리대신, 척무대신 제 각하에게 전보를 발송하기로 가결"46)하였으니, 무력하고 굴절된 교회의 단면을 여실히 보여주고 있었다.

선교사들은 오후 1시에 따로 모여 총회에 항의서를 제출할 것을 결의하였고, 같은 달 12일에 권찬영(權燦永) 외 25명의 연서로 "총회의 결의는 하나님의 계율과 조선예수교장로회 헌법에 위반될 뿐 아니라 우리들에게 발언을 허하지 않고 강제로 회의를 진행한 것은 일본 헌법이 부여한 신교 자유의 정신에도 어긋난다"47)는 요지의 항의서를 총회에 제출하였다. 그러나 이 항의서는 경찰의 강요로 각하되고 말았다. 그래도 항의서를 제출이라도 할 수 있었던 것은 어두운 시대에도 양심의 불씨는 완전히 꺼지지 않고 재 속에 약간은 남아 있었다는 것을 입증하고 있다.

그해 10월 장로교회는 '시국 대응 기독교장로회 대회'를 개최하였다. 여기에 총독이 참석하여 지난달 감리교 총회에서 한 내용과 꼭 같은 훈시를 하면서, 황국신민의 근본정신에 반대하는 종교는 절대로

---

46) 「朝鮮예수敎長老會總會 第27回 (1938년) 會錄」, 10쪽.
47) 金良善, 「韓國基督敎解放十年史」, 189쪽. 신사참배 가결에 대한 항의서 내용의 대강은, 1. 하나님 말씀에 위반함이요, 2. 장로회 헌법과 규칙을 위반함이요, 3. 일본 국법인 종교 자유 헌장에도 위반함이요, 4. 통용 회의법에도 위반되어 있다.

존립을 허락하지 않을 것임을 경고하였다. 참가자 약 3천 명은 황국신민의 서사를 제창하고 일본 국기를 앞세우고 시가를 행진하였다. 이들은 조선 신궁에 참배한 뒤에 남대문소학교에서 신도대회를 개최하고 황거요배, 국가합창, 무운장구를 기도하고 강본(岡本) 소장의 시국강연이 있은 후 산회하였다.48)

한국 교회는 신사참배를 철저히 하기 위해 그해 12월 장로교회의 홍택기, 김길창, 감리교회의 양주삼, 김종우, 성결교회의 이명직 목사가 일본에 건너가 이세신궁(伊勢神宮) 등지에 참배하였다. 홍병선 목사는 "황국신민으로 국가의 원조를 숭배하고 신사참배 곧 예배하는 것은 당연한 일이라"49)고 말하였고, 어떤 자는 "신사참배 하는 일을 우상숭배라 한다면 이는 불경죄에 가깝다고 말해 둡니다"50)라고 하였다. 한국 교회가 신사에 참배하고 우상 앞에 절하는 무서운 죄를 범하면서도 부끄러운 줄 모르는 작태를 연출하였다.

5. 신사참배 거부운동

일제의 간악한 회유와 협박에도 끝까지 신앙의 절개를 지키면서 우상 앞에 머리 들고 나선 우리 민족교회의 사표(師表)들이 있었다. '남은 그루터기' 같은 순교자와 저항자들이 있어서 우리 교회는 그래도 한 줄기 맑은 샘물을 갖게 된 것이다. 세상 모두가 의도적으로 혹은 강압에 못 이겨 일제에 더러운 추파를 던지고 있을 때, "백설이 만건곤할 제 독야청청" 한 이들이 있었으니 그들의 투쟁을 그냥 지나칠 수 없다.

1940년대 초에 처음부터 여러 가지로 도움을 주고 같이 나라를 격

---

48) "最近의 朝鮮 治安 狀況," 「韓國獨立運動史」 5卷, 408~409쪽.
49) "基督敎徒와 時局," 「靑年」 (1938. 7), 7쪽.
50) 위의 책, (1939. 3), 8쪽.

정하며, 기도하고, 후원해 주던 외국인 선교사들이 일제에 의해 단 한 사람도 남김없이 다 추방되었다. 대부분의 동역자들은 일제에 부역하고 있었으나 이에 저항한 진정한 신앙인들이 2천여 명에 이르렀고, 감옥에서 순교한 이들이 50여 명에 이르렀으며, 폐쇄된 교회만도 200여 곳이 넘었다.51)

1) 평양장로회신학교의 반대 시위

신사참배 반대운동은 개인 또는 집단으로 시행되었다. 본격적으로 반대운동이 일어난 것은 1938년 초 일제가 전국 노회에 참배를 강요한 때부터였다. 당시 전국에서도 가장 교세가 강하고 걸출한 지도자들이 모여 있는 평북노회가 노회장 김일선의 주도로 2월에 전국에서도 가장 먼저 신사참배를 결의하였다는 소식이 들려오자, 평양장로회신학교 학생들과 교수들은 울분을 참지 못하고 이를 성토하였다. 이때 평북노회 소속 학생 장홍련(張弘璉)52)이 격분하여 평북노회장 김일선이 신학교 입학 기념으로 신학교 교정에 심어 놓은 나무 한 그루를 도끼로 찍어 버렸다. 각 노회 소속 학생들은 노회 단위로 신사불참배 운동을 전개할 계획을 세우고 있을 때에, 평양 경찰에서 이런 기미를 알아차리고 신학교에 들이닥쳐 학생 일곱 명을 체포하했다. 저들은 또한 학생들의 강의록, 설교 원고 등 여러 가지 문서를 압수하고, 교수 박형룡과 김인준(金仁俊)을 불구속 입건하였다.53) 일제 경찰이 신학생, 교수를 체포, 구금한 일은 당시 「동아일보」에도 크게 보도되었다.54)

---

51) 吳允台, 「韓日基督教交流史」, 260쪽.
52) 성격이 과격한 장홍련은 목사가 된 후에 7계를 범하고 교회에서 추방되었다. 金隣瑞, 金隣瑞著作全集」5권, 146쪽.
53) 「長老會神學大學 七十年史」 (장로회신학대학, 1971), 94~95쪽.

일이 이렇게 진행되자 신학교 이사장 방위량(W.Blair), 교장 나부열
(S.Roberts) 등 선교사 교수들도 신사참배에 대해 강경한 입장을 견지
하고 있었으므로 신학교가 폐쇄되는 운명에 봉착하게 되었다. 교장
라부열은 다음의 글 속에서 신학교를 폐쇄할 수도 없고 그렇다고 교리
에 어그러진 상태에서 개학할 수도 없는 진퇴양난에 빠진 고통스러운
심정을 토로하고 있다.

> 우리 미순회의 사업에는 어느 것에든지 기독교의 신조를 기초로 하야
> 실행될 것이다. 이 신학교 문제도 마찬가지로 기독교 교회에 준거하야 문
> 제가 해결될 것인데 지금 이 정세로는 개학할 수 없다. 우리는 다만 이
> 학교를 개학할 수 잇는 시기를 엿보고 잇을 뿐인데, 아직 그것을 발견치
> 못하였다. 어떠한 때가 개학할 수 있는 시기라고는 말할 수 없다. 언제든
> 지 개학을 할 수 잇서 이 신학교만은 계속할 수 있기를 바라고 있다.55)

1901년 시작된 교단 총회 신학교가 40여 년의 역사를 이어 오면서
교역자를 양성하여 오다가 신사 불참 결의로 1938년 9월 무기휴교를
선언함으로써 그 문을 닫을 수밖에 없는 비운을 맞게 되었다.56) 당시
재학생들은 교수들이 통신으로 강의록을 보내고 시험도 치게 하여
졸업시켰다.57) 교수들은 「신학지남」의 편집, 총회가 추진하던 주석
서의 번역 등의 일을 하면서 때가 올 때까지 다른 일에 종사할 수밖에
없었다.58)

---

54) 「東亞日報」, 1938. 2. 15.
55) 위의 신문, 1938. 10. 2.
56) 「장로회신학대학교 100년사」(장로회신학대학교 출판부, 2002), 236쪽 이하 참조.
57) 학교가 폐문된 이듬해 통신 교육으로 과정을 마친 신학생 16명이 졸업식을 한
　　사실을 「東亞日報」가 1939. 4. 15자에 사진과 함께 자세히 보도하고 있다.
58) H. A. Rhodes and A. Campbell, eds., *History of the Korea Mission*, II, p. 263.

2) 선교사들의 신사참배 거부

한국에 주재하고 있었던 선교사들은 교파와 선교사의 신학적 성향에 따라 신사참배 문제에 대한 견해를 각각 달리하였다. 감리교 선교사들은 대체로 묵인하는 태도를 보이고 있었고, 장로교 선교사들은 대체로 반대의 입장에 있었으나, 개인에 따라서는 적극 지지하는 사람들도 있었다. 예를 들면 연희전문 교장이었던 원한경(H.H.Underwood, 元漢慶, 1890-1951)은 신사참배가 불법으로 선포되자 평남 경찰부장에게 악수를 청하면서 동 결의안에 축의(祝意)를 표하였고, 연희전문학교 사업 보고 석상에서 "종내 신사 불참배를 고집하여 역사 있는 제 학교를 폐쇄한 것은 크게 유감된 일입니다. 신사참배는 종교 신조상 별로 문제 될 것이 없습니다. 오늘 총회가 신사참배를 결의한 것은 정당한 일입니다"59)라는 망언을 서슴지 않았다. 그는 물론 교육자로서 학교가 폐쇄되는 것보다 참배하면서 교육을 계속하는 편이 낫다는 생각을 했을 것이다. 그러나 기독교 학교가 근본적 기독교 신앙에 어그러지는 일을 하면서 교육하는 게 과연 하나님의 뜻을 따르는 것인지를 놓고 심각하게 고민했어야 했다. 캐나다 선교부는 1938년 10월 21일 신사참배를 할 것과 교육 기관을 계속할 것을 결의하는 상반된 면모를 보였다.60) 그러나 대다수의 선교사들은 강력한 반대운동을 추진하였다.

한편 남장로교회 선교사들은 장로회 총회가 신사참배를 결의한 후 더욱 강경한 태도를 보이면서 전남 광주에 모여 차후의 행동을 결의하였는데, 모든 선교사는 각 소속 노회로부터 탈퇴하고 불신자들을 상대

---

59) 朝鮮總督府 警務局,「最近의 治安狀況」, 昭和 13년, 334~335쪽. 金良善,「韓國基督教解放十年史」, 190~191쪽 脚註 34 參照.
60) 위의 책, 190~191쪽의 脚註 34 參照. 신사참배에 대해 이렇게 자유스런 입장을 보인 캐나다 선교부가 해방 후에 '기독교장로회'가 신학의 자유를 주창하며 교회를 갈라 나갈 때, 기장과 함께 예장을 떠난 이유가 여기서 증명된다.

로 전도운동을 계속할 것을 통보하였다. 그러나 선교부는 개교회가 전도 사업을 의뢰할 때 이에 응하기로 하여 노회는 탈퇴하되, 신사참배에 반대하는 목회자와 교회와의 관계를 계속 유지하려는 의지를 천명하였다. 이들은 참배를 거부하는 교회들과 목사들을 규합하여 신사불참배 노회 내지 총회를 구성하여, 장로교회의 역사와 전통을 지켜 나갈 구상을 하였다. 그러나 동년 10월 캐나다 선교부 대표 맥길(McGill)이 함남경찰서 고등과장을 방문하고, 신사참배를 국가의식으로 인정하는 것과 그들이 경영하던 교육기관들을 계속 운영할 것을 통보함으로써, 역시 장로교회 선교부들 간에도 균열이 생기고 말았다. 그럼에도 불구하고 반대파 선교사들은 초지(初志)를 굽히지 않고 노회를 탈퇴하고 신사참배를 거절한 적지 않은 목사들을 물심양면으로 지원하였다.

3) 주기철(朱基徹) 목사[61]

주기철(1897-1944) 목사는 신사참배 반대투쟁의 대표적 인물이며, 한국 개신교 역사에 있어서 가장 빛나는 순교자이다. 그는 1897년 11월 25일 경남 창원군 웅천면(熊川面) 북부리에서 주현성(朱炫聲) 장로의 7남매 중 넷째 아들로 태어났다. 그의 집은 대체로 부유한 편이어서 웅천면의 개통(開通)소학교를 마치고 1912년 평북 정주(定州) 오산(五山)학교에 진학하여 20세에 우수한 성적으로 졸업하였다. 오산학교는 남강(南岡) 이승훈(李昇薰) 장로가 세운 학교로서 당시 민족의식을 고취

---

61) 주기철 목사의 생애에 대해서는 김인수, 「예수의 양 주기철」(홍성사, 2007), 민경배, 「주기철」(동아일보사, 1996), 金麟瑞, 「朱基徹 牧師의 生涯와 說敎集」(信仰生活社, 1959), 김충남, 「순교자 주기철 목사 생애」(백합출판사, 1987), 박용규, 「저 높은 곳을 향하여」(생명의 말씀사, 1992), 김요나, 「일각사오」(韓國敎會뿌리찾기宣敎會, 1992) 등을 참조할 것.

하는 등 항일적 기상이 강한 학교였다. 주 목사는 오산에서 당시의 교장 고당(古堂) 조만식(曺晩植) 장로를 위시하여 기타 민족정신이 투철한 교사들로부터 민족정신과 항일사상에 강한 영향을 받았다. 이것이 후에 신사참배 반대의 서릿발 같은 절개를 이끌어 준 정신적 지주가 되었다.

오산학교를 마치고 부친의 권고에 따라 1917년 연희전문 상과(商科)에 진학하였으나, 평소에 앓던 안질이 악화되어 학업을 중단하고 고향 웅천에 내려와 고향 교회의 집사로 봉사하였다. 이 무렵 그는 김해교회에 와서 부흥사경회를 인도하던 김익두 목사의 집회에 참석하던 중 성령을 받으라는 말씀에 감동되어 회개하고 중생의 체험을 하였을 뿐만 아니라 김 목사의 안수로 안질 치유까지 받았다. 따라서 주 목사는 평생 김익두 목사를 은사로 모셨고, 성경을 열심히 읽고 기도하는 중에 소명을 받아 신학교에 입학하였다.

1921년 평양장로회신학교에 입학하여 수업하던 중, 그는 신학교 기숙사가 네 파(미국 북, 남, 캐나다, 호주) 장로교 선교부에 의해 세워져 신학생 출신 지방별로 거주하는 것을 보고, 지방으로 나뉘어 지내는 것이 교회 화합에 좋지 않다고 여기고 학생들과 의논한 후 교장에게 진언하여 지방별 기숙제도를 철폐하게 하였다. "주 목사는 (경상도 사람으로) 평안도 여성과 혼인하고 평양에서 목회하다가 평양에 묻히었으니, 남북 화합의 화신"62)이었다고 김린서 목사는 갈파한 바 있다.

1926년 30세에 신학교를 졸업하고 부산 초량교회에 청빙을 받아 첫 목회를 시작하였다. 주 목사가 목회를 한 후, 교회는 수백 명이 모이는 교회로 크게 성장하였다. 그는 그곳에서 목회하는 동안 경남성경학교에서 가르쳤다. 그의 제자 중, 후에 함께 신사참배를 반대하여 옥고를 치르고 해방 후 출옥하였으나 결국 한국전쟁 중에 순교한 손양

---

62) 金麟瑞, 「金麟瑞著作全集」 第5卷, 135쪽.

원(孫良源) 목사가 있었던 것은 결코 우연이 아닐 것이다.63) 순교자의 올바른 가르침을 받은 제자는 순교의 길을 간다는 사실을 엿볼 수 있는 대목이다.

초량교회에서 6년간 목회를 한 후에 주 목사는 마산 문창교회로 옮기게 되었다. 문창교회는 박승명(朴承明)64)이 목회하다가 교회 안에서 불미스러운 일을 일으키고 교회를 떠나자 혼란을 수습하기 위하여 주 목사를 청빙하였다. 이곳에 주 목사가 온 후 교회는 안정을 되찾게 되었고 크게 성장하여 주목사의 명성은 전국에 널리 알려졌다. 그는 한국 내에서뿐만 아니라 일본에까지 가서 사경회를 인도하였고, 평양 장로회신학교의 사경회 때 말씀은 신학생들의 뼛속 깊이 아로새겨진 주옥과 같은 훈계였다. 그러나 주 목사는 이곳에서 부인 안갑수(安甲守) 사모가 병으로 급서하는 슬픔을 겪는다. 그 후 주목사는 마산 의신(義信)여학교65) 교사 오정모(吳貞模)와 재혼하였다. 오정모 사모야말로 주기철 목사에게 순교자의 영예를 안겨준 공로자요, 목사 사모로서 우리 교회사에 길이 남을 귀한 인물이었다.

마산에서 5년여의 목회생활이 끝날 무렵, 평양 산정현교회에서 목회하던 송창근 목사가 자유주의 신학을 가르친다는 이유로 교회를 떠나게 되자, 전에 오산학교의 교장이며 은사였던 이 교회 조만식

---

63) 孫良源 목사는 1950년 6월 金隣瑞 목사가 지은 「朱基徹 牧師의 殉敎史와 說敎集」(信仰生活社, 1959) 서문에서 "일찍 주 목사님은 경남성경학원 선생이시고 나는 학생이었는데……"라고 기록하고 있다.
64) 박승명은 본래 평남 강서 사람으로 마산 문창교회에서 목회하다 7계를 범하고, 이것이 문제가 되어 배척을 당하자 자기가 이북 사람이므로 배척한다고 선전하여 교회에 분란을 일으킨 자이다. 김린서 목사는 그를 가리켜, "마귀의 자식이요, 남·북싸움의 발단자요, 마산교회 목사로서 주(기철) 목사를 괴롭히던 자"라고 기록하였다. 金隣瑞, 「金隣瑞著作全集」 5권, 135쪽.
65) 이 학교는 호주 장로교회가 1912년 여학생들을 위해 세운 학교였는데 맥피(Miss McPhee) 양이 첫 교장으로 일했다. A. Kerr and George Anderson, eds., *The Australian Presbyterian Mission in Korea, 1889~1941* (Australian Presbyterian Board of Missions, 1970), p. 157.

장로가 주기철 목사를 청빙하러 마산까지 내려왔다. 주 목사는 하나님의 부르심인 줄 믿고 평양으로 떠났다. 이때가 1936년, 그러니까 일제가 서서히 한국 교회를 신사참배의 올무로 옥죄기 시작한 때였다. 주 목사 환영회 석상에서 평양장로회신학교 이성휘(李聖徽, 1889-1950) 박사는 "우리는 산정현교회 주 목사를 환영하는 것이 아니라 평양교회 주인 목사를 환영하는 것이요, 조선의 주인 목사를 환영하는 것입니다"라고 하였는데 "당시에는 과장이요, 지금에는 이루어진 예언"66)이라고 김린서 목사는 기록하고 있다. 평양과 한국 교회의 거목 길선주 목사가 1935년 세상을 떠나고, 주기철 목사가 이듬해에 평양에 왔으니 이 또한 우연은 아닐 것이다.

산정현교회에 부임하고 나서 그는 곧 예배당 신축을 하였는데, 예배당이 완공되어 헌당하기 직전인 1938년 2월에 일제는 주 목사를 검거하였다. 교인들은 목사도 없이 눈물로 헌당식을 거행하였다. 일제는 1938년 27회 총회가 신사참배를 결의하자 주 목사를 일시 석방하였다. 그러나 1939년 7월 유재기(劉載奇) 목사가 농우회(農友會)사건으로 의성경찰서에 연행되자 아무 연고도 없는 주 목사를 이 사건에 연루된 것으로 엮어 또 검속하였다. 7개월 동안 조사를 한다며 고통을 가하다가 별 혐의를 발견하지 못하자 일단 석방하였다. 평양에 돌아와 다시 강단에 서서 그는 최후의 유언과 같은 "5종목의 나의 기원"이라는 설교를 하였다.67) 이 설교 후 일제는 주 목사에게 3개월 내에 목사직을 사면하라고 협박하였다. 주 목사는 목사직을 사임하고 평안히 사느냐 아니면 끝까지 싸우다 죽느냐의 갈림길에 놓이게 되었다. 왜냐하면

---

66) 金隣瑞, 「金隣瑞著作全集」 5권, 143쪽.
67) 5種目의 祈願은, 1) 죽음의 권세를 이기게 하여 주옵소서, 2) 장기(長期)의 고난을 이기게 하여 주옵소서, 3) 노모와 처자와 교우를 주님께 부탁합니다, 4) 義에 살고 義에 죽게 하여 주옵소서, 5) 내 영혼을 주께 부탁합니다이다. 위의 다섯 대지의 설교 내용이 金麟瑞, 「金麟瑞著作全集」 5卷, 154~162쪽에 요약되어 있음.

일제는 주 목사가 목사직만 사임하면 신사참배를 강요하지 않겠다는 타협안을 내놓았던 것이다. 그러나 주 목사는 신앙의 절개를 꺾고 평안히 사는 길보다는 일사각오(一死覺悟)로 끝까지 싸우다 죽는 길을 택하였다. 이 결단이야말로 그의 일생뿐만 아니라 한국 교회사상 중대한 고비가 되는 계기였다.

1940년 일제는 주 목사에게 더 이상 설교를 하지 말라고 강요하였다. 그러나 주 목사는 "나는 설교권을 하나님께 받았으니 하나님이 하지 말라 하면 그만둘 것이요, 내 설교권을 경찰에게서 받은 것이 아닌즉 경찰에서 하지 말라고 한다고 안 할 수는 없소"라고 단호히 거부하였다. 이에 경찰이 "금지함에도 불구하고 설교하면 체포하겠소"라고 하자, 주 목사는 "설교하는 것은 내 할 일이요, 체포하는 것은 경찰이 할 일이니 나는 내 할 일을 하겠소"[68]라고 대답하였다. 며칠 후 일경은 주 목사를 체포하였다. 주 목사는 경찰에게 80 노모가 계시니 고별케 하여 달라고 부탁하고, 어머니께 나가 하나님께 기도하기를, "하나님! 불효한 이 자식이 어머님을 봉양치 못하옵니다. 내 어머님을 주님께 부탁하나이다. 불효한 자식의 봉양보다 자비하신 주님의 보호하심이 나을 줄 믿고, 내 어머님을 주님께 부탁하옵고 이 몸은 주님의 자취를 따라 가겠나이다……"라며 흐느꼈다. 기도를 마치고 어머니께 하직하니 이것이 어머니를 보는 마지막 순간이었으며, 순교의 영광을 안고 천국에서 다시 만날 날을 기약하고 떠나는 길이었다.

주 목사를 투옥한 후 일제는 목사직을 사면하라고 온갖 고문을 가했으나 별 효과가 없자, 이제 평양노회로 하여금 주 목사 사표를 받으라고 강요하였다. 평양노회장 최지화(崔志化)를 비롯하여 박응률, 이인식 목사 등이 평양 감옥으로 수차례 찾아와 주 목사에게 사표를 내라고 강요하였다. 그러나 주 목사는 "내 목사의 성직은 하나님께 받은 것이니,

---

68) 위의 책, 163쪽.

하나님이 그만두라고 하시기 전에는 사면 못합니다"라고 완강히 거절하였다. 평양노회는 할 수 없이 "주 목사는 총회의 신사참배 결의와 총회장의 경고문을 무시하였다"는 이유로 노회 명부에서 제명 처분하고 이인식 목사를 임시 당회장으로 파송하였다.69) 주 목사의 제명 처분은 일반 사회에서도 깊은 관심이 있어서 노회의 결의가 있자 「동아일보」에서 이 사실을 상세히 보도하였다.70) 이에 따라 평양경찰서는 산정현 예배당을 대각선의 횡십자로 나무를 대고 못 박아 폐쇄하였다.

다음 평양 정기노회가 창동교회에서 모였을 때 (후) 평양신학교71)에서 산정현교회 사택을 신학교에서 쓰게 해 달라는 청원이 들어오자 노회는 이를 결정하였다. 평양노회장 등 목사 3인은 산정현교회 유계준(劉啓俊, 1879-1950) 장로를 찾아와 사택을 비워 달라고 하였으나 들어주지 않았다. 결국 평양경찰서에서 노회의 결의에 따라 주 목사 가족과 세간들을 끌어냈고 사택에는 (후) 평양신학교 교수 고려위(高麗偉)72)목사 가족이 입주하였으나 믿지 않는 사람들도 욕을 하고 가족이 질병에 자주 시달림을 받자 결국 스스로 사택에서 나갔고, 곧이어 사택은 폐쇄되었다.73)

옥중에서 온갖 고문을 받으며 5년 수개월의 세월을 보내면서 두

---

69) 평양노회의 주 목사 파면 이유는 "敎役者로 國家儀式 不應은 總會 決議 精神 違反"이라면서 교회 헌법 권징조례 19조에 따라 산정현교회 시무를 권고 사직시킨다"고 하였다. 평양노회 "遂免職決議," 「長老會報」, 1940. 12. 24.
70) 「東亞日報」, 1939. 12. 21.
71) (후) 평양신학교는 신사참배를 결정한 총회가 평양 장로회신학교가 폐쇄된 후 세운 신학교로 蔡弼近 목사가 교장이었다.
72) 고려위는 주기철 목사와 동기 동창으로 평양장로회신학교를 1926년 졸업하였다. 「朝鮮예수敎長老會總會 第15回 會錄」, 44쪽.
73) 주 목사 가족을 끌어 낸 일에 대해 "평양노회장 이인식 목사와 7인 위원인 최지화, 심익현, 박응률 등이 주 목사 사택에 와서 가장지물을 밖으로 내던지고 주 목사 모친 80여 세의 노인의 손목을 잡고 끌어냈다"는 기록도 있다. 김경진, 「순교 성자 주기철 목사」-유일한 생존자 김경진 장로 9년을 함께 산 간증 -(을지문화사, 1988), 34쪽.

눈, 폐, 심장이 허약해질 대로 허약해진 주 목사는 1944년 4월 병감으로 옮겨졌다. 같은 달 어느 날 오정모 사모가 면회를 갔을 때 감옥에서 면회를 허락지 않았지만 간청하여 면회를 허락 받았다. 주 목사는 간수에게 부축을 받아 나와서 부인과 최후의 면회를 하였다. 주 목사는 면회 중 힘이 진하여 쓰러졌는데, 그때 남긴 마지막 유언 네 마디는 다음과 같다.

1. 내 대신 어머님을 잘 모셔 주오.
2. 따스한 숭늉이 한 그릇 먹고 싶소.
3. 나는 하나님 앞에 가서 주님의 조선 교회를 위하여 기도하겠소. 교회에 이 말을 전해 주시오,
4. 나를 [고향] 웅천에 데려가지 말고 평양 돌박산에 묻어 주오.74)

이 말을 마치고 그 자리에 쓰러지자 간수들이 업고 감방으로 갔다. 그날 저녁, 그러니까 1944년 4월 21일 밤 9시 경에 하나님의 부르심을 받을 때, "내 영혼의 하나님이여, 나를 붙드시옵소서"라고 외치는 소리에 방안이 진동하여 곁에 자던 죄수들이 모두 놀라 깨어났다고 한다. 그는 한창 일할 나이인 47세에 신사참배의 강요도 없고 친일하는 배도(背道)의 무리도 없는 하나님의 품으로 갔다. 주 목사는 "고생과 수고 다 지나간 후 광명한 천국에 편히 쉼"을 얻게 되었다. 한국이 낳은 위대한 순교자 주기철 목사는 우상 앞에 고개 숙인 한국 교회를 짓눌렀다. 그는 우상 앞에 머리를 곧게 쳐들고 우뚝 선 우리 교회의 다니엘이요, 신앙의 사표요, 영원히 꺼지지 않을 횃불로서 지금도 계속 타오르고 있다. 해방을 불과 1년 서너 달 남겨 두고 떠난 순교자 주기철 목사는 오고 오는 모든 세대에 신앙의 본이 되는, 청사에 길이

---

74) 金麟瑞, 「金麟瑞著作全集」, 5卷, 169쪽. 돌박산은 평양에 있는 기독교인 묘지였다.

빛날 우리의 선배이다. 일제의 강요에 따라 신사에 참배하며 비굴하게 살아가던 사람들은 역사의 무서운 심판을 받아 모두 죽었으나 끝까지 신앙의 절개를 지키며 감옥에서 죽어간 사람들은 오늘도 역사 속에 살아서 우리에게 참된 신앙인의 삶이 무엇인가를 증언하고 있다.

최권능(崔權能, 1869-1944)75) 목사로 더 잘 알려진 최봉석(崔鳳奭) 목사도 주 목사와 함께 평양감옥에서 옥고를 겪으면서도 교회와 민족을 위해 40일 금식 기도를 하다가 그 힘이 소진된 채로 석방되어 평양 기흘병원에 입원하였다. 그러나 결국 회생하지 못하고 1944년 4월 15일 "하늘에서 전보가 왔구나, 나를 오라는……"76) 이라는 유언을 남기고 순교하였으니 주 목사가 순교하기 일주일 전이었다. 주기철 목사를 비롯하여 감옥에서 50여 명의 신앙의 지사들이 순교의 관을 썼는데, 그중에는 감리교회의 이영한(李榮漢) 목사가 해주 감옥에서 순교하였고, 성결교회의 박봉진(朴鳳鎭) 목사가 철원 감옥에서 온갖 고문을 받고 석방되었으나 곧바로 순교하였으며, 전택규(田澤圭) 목사가 함흥 감옥에서 순교하였고, 안식교회의 최태현 목사도 역시 순교의 관을 썼다. 이리하여 저들은 한국 교회가 우상 앞에 머리 숙여 하나님 앞에 지은 죄악을 자신들의 순교의 피로 씻어냈다. 또한 이 위대한 신앙의 지사들은 이세벨의 무리들 틈에서 한 줄기 소망의 빛으로 오늘까지 남아 있다.

우리는 주기철 목사의 순교 사적을 이야기하면서 오정모 사모에 대해 언급하지 않을 수 없다. 오정모(吳貞模, 1903-1947)는 평남 강서(江西)에서 출생하여 평양 숭의여중을 졸업하고 마산 의신(義信)여학교 교사로 있었다. 그는 본래 병약하여 결혼하지 않고 홀몸으로 교육계에 헌신

---

75) 강신명 목사는 그의 『姜信明信仰著作集』(기독교문사, 1987), 582쪽에서 최전능(全能) 목사라고 쓰고 있다. 최봉석 목사는 늦은 나이에 신학교에 들어가서 어렵게 공부를 했는데, 그 중 암기 사항이 많은 교회사 과목이 가장 어려웠다고 한다.
76) 金忠南, 朴鍾九, 「예수 천당」(백합출판사, 1993), 160쪽.

하려 했으나 주위의 권고로 주 목사와 결혼하게 되었다. 오정모는 강직한 성품으로 주 목사가 네 차례 구속이 되는 고난의 세월 속에서도 단 한 번밖에 눈물을 흘리지 않았다.77) 주 목사가 수감되어 있는 동안 줄곧 추운 예배당에서 기도로 밤을 새웠고, 도와주는 이도 없이 손수 어린 전처 자식들을 돌보고, 늙으신 시어머니를 봉양했다. 낮에는 백인숙(白仁淑) 전도사와 더불어 주 목사 대신 교인들을 심방하며 격려했다.

해방이 되고 나서 김일성 정부는 주 목사가 항일투사라며 상장과 금일봉을 보내왔으나, "주 목사는 항일투사가 아니고, 예수를 위한 순교자이므로 이런 것을 받을 수 없다"78)고 하며 돌려보냈다. 또한 평양노회가 오정모 사모에게 사과하고 주 목사 순교기념예배를 드리자고 제안했을 때도 이를 거절하였다. 사람을 우상화해서는 안 된다는 신앙의 결단이었다. 산정현교회가 예배당 뜰에 주 목사 순교기념비를 세우려고 계획했을 때도, 돌아가신 분의 유지에 어긋날 뿐 아니라 우상이 될 염려가 있다고 사절하였다. 유족을 위해 토지를 사 주겠다고 했을 때도 이는 주 목사의 청빈생활 취지에 맞지 않는다며 역시 거절하였다.

오정모 사모는 1947년 1월 27일 유암으로 세상을 떠나 평양 돌박산 주 목사의 묘지 곁에 함께 묻혔다. 오정모의 일생은 오직 믿음, 그리고 오직 청빈의 삶을 산, 그 이름 '정모(貞模)'의 의미와 같이 '정절의 모범'이었다. 김린서 목사가 묘사한 것같이 "대한예수교회 백세지하(百世之下)에 여성도(女聖徒)의 모범"79)으로 살다 간, 그리고 모든 사모들의 산 표본이었다.

---

77) 金麟瑞, 「金麟瑞著作全集」, 5권, 172쪽.
78) 위의 책, 173쪽.
79) 위의 책.

4) 박관준(朴寬俊) 장로80)

박관준(1975-1945) 장로는 평북 영변 사람이다. 그는 기독교인들에게 신사참배를 강요하는 것은 부당하다면서 진정서를 작성하여 우탄(宇坦) 조선 총독, 서본(西本) 평남지사, 황목(荒木) 문부장관에게 보냈다. 그러나 이러한 진정서 제출이 아무 효과가 없게 되자, 직접 만나 담판을 지으려고 전후 13차에 걸쳐 총독을 면회하려 했으나 실패하였다. 그는 이 일을 직접 일본에 가서 시행하려고 당시 보성여학교 교사로 있던 안이숙(安利淑)을 대동하고 동경으로 건너가, 일본에서 신학을 수업하고 있던 아들 영창(永昌) 군과 함께 정부 주요 인사들을 만나 설득하였으나 아무 소득도 얻지 못했다.

마침 일본 제국의회에서 종교법안을 심의하고 있을 때 그는 방청석에 앉아 '여호와는 유일한 진신(眞神)이시다'81)라는 요지의 유인물을 살포하였다. 의회는 수라장이 되고, 이들은 현장에서 체포되어 갖은 고초를 겪었다. 박 장로는 6년여의 옥고 끝에 순교의 관을 썼고, 안이숙 선생은 해방 후 출옥 성도로 출감하여, 옥중 수기「죽으면 죽으리라」를 통해 감옥 생활을 생생하게 보여주었다.

5) 김용기(金容基) 장로

신사참배에 반대하여 곤욕을 치른 평신도 중 가나안농군학교를 세우고 평생을 농촌계몽 사업에 힘쓴 일가(一家) 김용기 장로가 있다. 그는 1912년 9월 경기도 양주군 와부면 능내리에서 김춘교(金春敎)의 5형제 중 넷째로 태어났다. 너는 "농사꾼이 되어라"라는 부친의 유언

---

80) 박관준 장로의 투쟁에 대해서는 그의 아들 박영창,「정의가 나를 부를 때」(서울 : 신망애출판사, 1970)와 안이숙,「죽으면 죽으리라」(신망애출판사, 1969)를 참조할 것.
81) 안이숙,「죽으면 죽으리라」, 94쪽.

에 따라 농사에 전념하기로 결심하고 고향 능내리 안에 있는 봉안 마을에 '봉안이상촌'을 세우고 계획 영농을 시작하였다. 처음에는 주로 밭농사로 고구마를 심어 저장하는 법을 개발하고 농사 개혁에 힘을 쏟았다. 봉안이상촌은 농촌의 이상과 더불어 신앙의 이상촌을 만들었는데, 그의 온 가족은 물론 모든 동네 사람들, 어른 아이 할 것 없이 모두 기독교 정신에 입각한 신앙생활을 하면서 교회를 이루었다.

김용기는 봉안이상촌의 일제(日帝)에 대항하는 목표를 정했는데, 1. 신사참배 거부, 2. 창씨개명 거부, 3. 공출 거부였다. 그는 국가적 시책으로 밀고 나간 신사참배 거부는 경찰 당국에 당장 문제가 되어 소환되었고, 갖은 고문과 고통을 당하였다. 봉안이상촌 교회는 신사참배 거부를 분명히 했으므로 목회하러 오는 목사가 없어, 어쩔 수 없이 집사였던 김용기가 예배를 인도하였다. 목회할 목사가 없어 집사가 예배를 인도한다는 소식이 전해지자 경성(서울)노회, 경기노회, 경동노회 등 3개 노회가 김용기를 장로로 안수하기로 결의하였다. 당시 김용기는 27세의 젊은 나이로 장로회 헌법에 "장로는 30세가 넘어야 한다"는 규정이 있었으나, 특별 예외로 그를 장로로 장립하기로 합의하였다.

장립식을 하기로 한 날 시골 교회에 3개 노회에서 목사 40명, 장로 80명, 교인 300명이 모이는 대성황을 이루었다. 예정된 시간에 예배가 시작되었는데, 예배 인도하는 목사가 당시 일제의 명에 따라 예배 전에 동방요배(東方遙拜)와 황군장병무운(皇軍將兵武運)을 비는 1분간의 묵도를 드리자고 하자, 김용기가 나서서 "못합니다"라고 소리쳤다.

> 나의 이 한마디는 지금껏 칼로도, 총으로도 꺾지 못했던 우리 봉안교회, 아니 지조를 지키려는 우리 기독교인의 정절의 부르짖음이었다……장로를 못하면 못했지 계명을 범할 수는 없습니다……동방요배를 굳이 하겠다면 장로 장립을 받지 않겠습니다.[82]

라고 선언하였다. 김용기는 다음과 같이 기록했다.

> 이미 신사참배 거부로 인해 양주(楊州)경찰서에 잡혀가 갖은 고문을 다 겪었던 내가 장로 하겠다고 신사참배를 하다니, 어불성설이다. 이건 내 개인적인 고집이 아니다. 여자의 정절도 마찬가지가 아닌가, 정절을 지키려는 자에게는 생명과 같은 것이나, 지키지 않는 자에게는 몇 푼어치의 가치조차 없는 게 아닌가, 하물며 하나님과 나 사이에 맺어진 신앙의 정절임에랴! 이 신앙의 정절을 지키기 위해 우리 선배들은 얼마나 값진 피를 흘려 왔던가.[83]

그가 끝내 못하겠다고 고집하자 주최측에서 그럼, 다음에 일어나는 문제에 대해서는 누가 책임지겠느냐고 묻자, 김용기는 자신이 책임진다고 언명했다. 주최측은 숙의 끝에 국가 의례를 생략하고 장로 장립식을 거행하여, 그는 장로 임직을 받았다.

예상했던 대로 다음날 김 장로는 양주경찰서에 끌려가 1주간 온갖 고문을 받는 고통을 감내해야만 했다. 고문을 해도 소용이 없다고 판단한 경찰은 김 장로를 회유하기 시작했다. 다다치라는 고등계 주임이 김 장로를 경찰서 안에 있는 신사로 데리고 가서 말했다.

다다치: 자, 이 신사 안에는 나와 너밖에 보는 사람이 없다. 그러니 내가 지켜보는 앞에서 한 번만 절을 해라, 그리하면 이후에는 두 번 다시 신사참배로 너를 괴롭히지 않겠다.
김 장로: (아무 말 안하고 빙그레 웃기만 했다.)
다다치: 까짓, 절 한 번 하는 게 뭐가 그리 어려워? 절을 하기 싫다면, 고개만 한 번 숙이면 되는 건데, 안 그런가?
김 장로: (정색을 하며) 계명을 범하지 않겠다는 건 나와 하나님과의

---

82) 김용기, 「나의 한 길 60년」(규장문화사, 1987), 45. 이 책은 김 장로가 쓴 자서전이다.
83) 위의 책, 46.

약속을 지키기 위한 내 정절에 관한 문제다. 신앙의 정절
은 목숨과 바꿀 수 없다.
다다치: 아무도 보지 않는데 뭘 그리 고집하는가?
김 장로: 하나님이 보고 계신다. 아니 내가 보고 있다. 내 두 눈이
내 행동을 지켜보고 있단 말이다.

그러자 후떼이센징(不逞鮮人) 하면서 표독스럽게 태도가 바뀌었다.
다다치는 김장로를 몹시 구타하여 의식을 잃고 쓰러져 다음날 아침에
야 겨우 의식을 회복했다. 다다치는 김 장로에게 다음과 같이 말했다.

다다치: 당신 이러다 죽으면 어떻게 하려느냐?
(김 장로는 그 말이 떨어지기가 무섭게 대답했다.)
김 장로: 난 이렇게 죽기를 원하고 있소. 순교자 되기를 열망한단
말이오. 항일운동 하다가 죽는 것만도 영광인데 순교자까
지 될 수 있다니 자손만대에 영광이오! 그것이 참 사는
길이오. 그러니 어서 죽여주시오.

여기서 우리는 진정한 신앙인의 모습을 본다. 무수한 목사, 장로들
이 우상 앞에 머리를 조아려 절하고 있을 때, 죽음을 각오하고 신앙을
고수한 김 장로야말로 우리의 표상이며, 한국 교회의 신앙의 맥을
이어간 위대한 선배이다. 그는 해방 후 가나안농군학교를 통해 한국인
들의 정신 교육에 큰 업적을 남겼고, 신앙인의 삶을 몸으로 실천한
살아 있는 증인이다. 우리는 이런 신앙의 선배를 둔 것을 자랑스럽게
여긴다.

6) 기타 신사참배를 거부한 사람들

신사참배를 총회가 결정하고 나자 대부분의 교직자들은 아마도 마음속으로는 원하지 않았는지 모르지만 현실을 수용하고 신사참배에 동참하였다. 그러나 이 일에 대한 부당성을 외치며 조직적으로 반대운동에 나선 이들도 적지 않았다. 그중에 몇몇 주요 인사들의 면모를 보면, 평북의 이기선(李基善) 목사, 평양의 채정민(蔡廷敏) 목사, 이주원(李柱元) 전도사, 경남의 한상동(韓尙東) 목사 등이 중심이 되어 투쟁을 감행하였다. 이기선 목사는 신사참배 안이 가결되자 8년 동안 시무하던 의주 북하동교회를 사임하고 1939년 4월 평양 채정민 목사와 함께 동지 규합을 위해 전국을 순회하였다. 1940년 3월 중순경 이기선, 오영은, 박의흠, 계성수, 김성심, 김형각, 김창인, 김화준, 심을철 등은 다음의 신사불참배운동의 기본 방안을 확정하였다.[84]

1. 신사참배 학교에 자녀를 입학시키지 말 것
2. 신사불참배운동을 일으켜서 현실 교회를 약체화 내지 해체시킬 것
3. 신사불참배 신도들을 규합하여 가정예배를 가지며 이를 육성하여 교회를 신설할 것

이에 발맞추어 경남에서는 한상동 목사를 중심으로 주남선, 최상림, 최덕지, 손명복, 조수옥 등 여러 교직자들이 신사참배 반대운동을 전개하면서 다음의 투쟁 방안 등을 계획하였다.[85]

---

84) 안용준, 「태양신과 싸운 이들」 부록 예심 종결서 (서울 : 세종문화사, 1972), 262쪽.
85) 金成俊, 「韓國基督敎史」 (韓國敎會敎育硏究院, 1980), 160쪽.

1. 현 노회 해체운동
2. 신사참배 목사의 세례, 수찬(受餐) 불응
3. 신사불참배주의자들로 새 노회 조직
4. 신사불참배주의자들의 상호 원조
5. 그룹 예배 시행과 적극적 동지 규합

한상동 목사는 주남선 목사, 최상림 목사, 최덕지 전도사, 주수옥 전도사 등과 더불어 신사불참배운동을 전국적으로 확대하려고 계획하였다. 다행히도 이 운동에 평양의 해밀턴(F.E.Hamilton, 咸日頓)과 메스베리(D.R.Masbery) 선교사가 재정적 지원을 해주어 큰 도움이 되었다. 만주의 흥경(興京)에 거주하던 헌트(B.F.Hunt, 韓富善) 선교사는 만주 지방의 반대운동을 적극 지도하고, 신앙을 지키는 신자들을 방문하며 격려하였다. 비록 이 운동에 가담하지는 않았지만, 일부 목사들 중에서도 음성적으로 저들을 도와주는 이들이 또한 적지 않았다.86)

1940년 4월 주기철 목사가 일시 석방된 때를 기하여 한상동 목사는 평양에서 만주에서 온 동지들과 만나, 채정민 목사 집에서 신사불참배 동지 단합대회를 열고, 전국 불참배 노회를 조직하기로 결의하였다. 그러나 일제가 이런 운동을 그대로 방치할 리 없었으니, 그해 7월에 주기철 목사를 위시하여 전국 신사불참배 동지 전원을 검속하여 투옥하고 말았다. 일제는 5년이나 지난 후인 1945년 5월 18일에 그들을 치안 유지법 및 보안법 위반, 불경죄 등을 적용하여 판결을 내렸고 주기철 목사를 비롯하여 50여 명이 감옥에서 순교하였다. 아직도 순교자의 명단과 그 투쟁의 과정을 확실하게 밝히지 못하고 있는 것은 참으로 안타까운 일이다.

하와이 진주만을 폭격하면서 태평양 전쟁을 일으킨 일제는 한국에

---

86) 위의 책.

서 목숨까지 내놓으며 일하고 있던 선교사들을 간첩으로 몰아 투옥하고 고문까지 가하는 일을 서슴지 않다가 결국 모두 추방하는 만행을 저질렀다.87) 함께 울고 웃던 신앙의 동지들이요 후원자들이었던 선교사들이 모두 추방되고 동료 교역자들 거의가 친일이라는 현실 타협의 길을 걷고 있을 때, 이 외로운 신앙의 지사들은 '사람의 말을 듣는 것보다 하나님의 말씀을 따르는' 쪽을 택한 하나님의 사람들이었다.

---

87) E. W. Koons, E. H. Miller 목사와 R. O Reiner는 간첩이라는 누명을 쓰고 고문까지 받았다. H. A. Rhodes and A. Campbell, eds., *History of the Korea Mission*, Ⅱ, p. 378.

제 7 장
교회의 마지막 변절

1. 교회의 친일 행각

교회로 하여금 신사참배를 하도록 결정케 한 일제는 1939년에 종교단체법1)을 공포하여 교회 압박에 박차를 가했다. 각 지역에 한 개의 교회만 허가하고 그 외에는 모두 폐쇄하여 신책(神柵) 설치, 국민의례, 궁성요배, 신사참배, 국방헌금, 애국헌금, 항공기헌금, 교회의 종이나 철제 문짝 공출, 위문대 강요, 근로봉사 등 끝없는 수탈과 부역을 집요하게 강요하였다.

주일학교는 수련회(修鍊會)로, 수양회 또는 부흥회는 연성회(鍊成會)로 개칭하게 하였고, 1943년 9월부터는 주일의 오후, 밤예배, 수요예배를 일체 금지시켰고, 면려청년회를 해산시켰으며, 사경회, 아동성경학교가 금지되었고, 교회 안에 일본어 강습회를 두었으며 찬송가의

---

1) 이 법안은 명치시대부터 의회에 제출되어 있었으나 지나치게 종교의 자유를 제한한다는 이유로 부결되었다. 그러나 군국주의자들이 집권하면서 전쟁을 준비하기 위한 총동원체제로 전환하면서 치안유지법으로는 사상을 통제하고, 종교단체법으로는 종교를 통제하였다. 沈谷善三朗, 「宗敎團體法解說」(東京 : 中央社, 1939), 11쪽 참조.

사용도 제한하였다. 전쟁이 막바지에 이른 1945년 7월에는 대구 제일 예배당을 비롯하여 전국의 큰 예배당을 군용으로 징발하는 만행을 자행하여 스스로 몰락의 길을 가고 있었다.2)

1941년 일제가 미국을 향해 소위 대동아 전쟁을 일으켜 제2차 세계 대전에 본격적으로 참여하게 되었을 때, 교회는 이에 발맞추어 친일적 색채를 뚜렷이 표출하기 시작하였다. 이때부터 '일본적'이라는 말이 유행어처럼 떠돌았는데, 이 말은 교회에도 어김없이 적용되었다. '일본적 기독교'의 수립이라는 명제가 교회 앞에 부각된 것이다.

신사참배를 결의한 장로교회는 1939년 4월 총회에서 '국민정신 총동원 조선예수교장로회연맹'을 조직하여 국가 시책에 적극 협력할 것을 결의하였다. 그리고 이 연맹이 할 일을 더욱 효율적으로 수행하기 위하여 '중앙상치위원회'(中央常置委員會)를 설립하여 총간사에 정인과(鄭仁果) 목사가 취임하였다. 위원회는 교회가 실시할 방안으로 신사참배, 궁성요배, 황국신민서사 제창을 결정하였다. 또한 교회의 헌법, 교리, 의식 등에서 민족주의적 요소를 제거하고 순 일본적 교회로 전환할 것과, 찬송가와 기타 기독교 서적들을 재검토하여 국가의 시책에 어긋나는 것은 그 자구(字句)까지 수정하는 등 일제를 위해 충성을 다하였다.

감리교회도 1940년 10월 총리원 이사회에서 민족주의와 자유주의 배격, 일본 정신의 함양, 일본 감리교회와의 합동, 일본적 복음 천명 등을 결의하였으며, 심지어 개교회의 애국반 활동을 강화하고, '교도로 하여금 지원병에 다수 참가케 할 것'3)이라는 사항까지 규정해 놓았다. 이때 이들이 내놓은 개혁안을 보면 다음과 같다.

---

2) 吳允台, 「韓日基督敎交流史」, 263~264쪽.
3) 「每日申報」, 1940. 10. 4.

1. 사상 지도
   - 대동아 공영권과 내선일체의 원칙을 철저히 인식시킨다.
2. 교육 개혁
   - 국시(國是)가 신학교나 대학교 및 전문학교, 중학, 국민학교에서 교수되어야 한다.
   - 군사 훈련 역시 여기서 실시된다.
   - 신학 교육 : 그리스도의 복음을 신학 교육의 기초로 삼는다. 서구화의 과정에서 유입된 유대인의 역사나 이교적인 사상과 관례의 제거를 기한다. 다만, 철학과 동양 성현의 전통에 따라 복음을 해석한다.
3. (생략)
4. 군 지원
   - 개인은 될수록 보국대에 지원하거나 지원병에 나간다.
   - 교회로 군무의 의미를 인식하게 한다.
   - 방첩(防諜)에 교회가 앞장서도록 한다.
5. 기구 통일책
   - 조선 감리회는 일본 감리회와 합동을 실현한다.
   - 외국인이 교회나 그 기관의 지도급 위치에 서거나 대표하지 못하도록 한다.4)

감리교회가 당시에 얼마나 친일적 경향으로 나갔는지 이 개혁안을 통해 잘 살펴볼 수 있다. 장·감 교회 외에 군소 교단도 예외가 아니었다. 1940년 11월 구세군은 그 이름을 '조선 구세단'으로 바꾸었고, 순 일본적 지도 이념을 위한 기구 조성을 선언하였다. 성공회도 동년 12월에 일본 정신에 의한 새 출발을 다짐하면서 1942년 교회의 지도자

---

4) 위의 신문.

들이 좌담회를 개최하였다. 이때 신흥우는 다음과 같은 말로 그의 친일적 작태를 연출하였다.

> 우리의 위대한 구주 예수는 먼저 그 나라를 사랑하라 가르치셨다……
> 우리의 나라는 대일본제국이다. 우리는 종교인이기 전에, 조선인이기 전에 먼저 제일로 일본인이라는 것을 잊어서는 안 된다. 천황 폐하의 충성한 적자로서 다만 일본을 사랑하라. 이것이 우리들 조선 기독교도에게 주어진 하나님의 명령이다. 나는 감히 이렇게 확신한다.5)

여기서 우리 한국 교회의 이지러진 단면을 뚜렷이 들여다볼 수 있다. 한국 교회가 얼마나 그 본래의 모습을 상실했는지는 1942년 10월 평양 서문밖교회에서 모였던 장로교회 제31회 회록을 옮겨 보면 여실히 알 수 있다.

- 17일 오전 9시에 회원 일동 평양 신사에 참배.
- 동일 오전 10시 30분에 회의장에 집합하여 국민의례를 행한 후 예배순서, 그 후 평안남도 고등경찰과장 심정(深井)의 시국 강연.
- 18일 오후 3시 30분, 조선군 보도부장 창무(倉茂)가 '일본인의 군인'이라는 제목으로 특별 강연.
- 18일 오후 7시 30분 전승기원 예배를 열고, 국민의례 후 촌안청진(村岸淸彦)이 '대동아전쟁과 우리의 태도'라는 강연. 이어서 국방헌금.
- 국민 총력 야소교 장로회 총회 연맹의 이사장 철원지화(鐵原志化 : 최지화), 총간사장 덕천인과(德川仁果 : 정인과)의 보고는 다음과 같다.

---

5) 申興雨, "朝鮮 基督敎徒의 國家的 使命," 「東洋之光」(1939. 2), 8쪽.

1. 1943년 2월 중 본부 주최로 대동아 전쟁의 목적 관철과 기독교도의 책무를 재삼 격려하기 위하여 다음과 같이 연사를 파견해 지방 시국 강연회를 개최코자 함(생략).
2. 애국기(愛國機) 헌납의 건, 육·해군에 애국기 1대, 또 육전 기관총 7정 자금으로 150,317원 50전.
3. 육군 환자용 자동차 3대 기금으로 23,221원 28전.
4. 진유기(眞鍮器) 헌납 건은 합계, 2,165점.
5. 헌납종수(獻納鍾數) (예배당의 종), 1,540개.
6. 일본어 상용운동을 하고, 일본어의 성서 교본을 출판 인쇄중.
7. 징병령 실시를 철저하게 촉진할 것.
8. 전선(全鮮) 그리스도교 지도자는 일본적 그리스도교 정신 하에, 황도정신의 함양과 기독교 신학사상의 명랑화를 기하고, 철저하게 연성 운동할 것(각 신학교는 폐지되어 황도정신양성소가 됨).6)

아무리 당시가 전쟁 중이었고, 일제의 억압하에 있었던 교회라 할지라도 이것이 총회의 회록이라고 말해야 되는지 망설이지 않을 수 없다. 이런 상황에서 장로교회는 한껏 움츠러들어 1942년 교회 수가 전년도에 비해 750개 감소하였고, 교인수도 76,747명이 줄어들었는데 이는 자연스러운 현상이었다. 그리스도를 저버린 교회가 성장한다면 이것이 비정상일 수밖에 없을 것이다.

총회가 모이기 한 달 전인 그해 9월에 전국 장로교회가 국방헌금을 해서 모은 돈으로 비행기 1대와 병기 2정을 사서 이의 헌납식을 남산에서 거행하였다. 이때의 상황을 당시 유일한 친일 교계 신문이었던 「기독교신문」은 다음과 같이 보도하였다.

---

6) 「朝鮮예수敎長老會總會 第31回(1942년) 會錄」, 8, 26, 49~51쪽.

남으로 북으로 종횡무진의 활약을 하고 있는 우리 육·해·공군의 분투와 노고에 보답하여, 총후 37만 장로교도 일동이 우리 무적 해군에 해군기 1대와 병기 2정을 헌납한 사실은……이 적성 어린 보국호의 명명식은……해군 대신 대리 판원(板垣) 해군 소장을 맞이하여, 멀리 삭주 금곡 일청(金谷一淸) 목사, 해주 신삼일웅(新森一雄) 목사, 재령 김낙영(金洛泳) 장로, 원산 안동의봉(安東義奉) 목사, 군산 이창규(李昌珪) 목사, 남원 김종대(金種大) 목사, 경성 함태영(咸台永) 목사, 전필순(全弼淳) 목사, 차광석(車光錫) 목사, 백낙준(白樂濬) 목사……외 80여 명 장로회 대표들이……보국호의 명명(命名)을 '조선 장로호(朝鮮長老號)'라 한다7)

　이 신문은 이 기사의 말미에 감사장, 수람서, 헌납 비행기 및 병기 사진은 총회 사무국에 보관되어 있다고 보도하였다.
　이 신문은 또한 다음 해인 1943년 9월 25일자 사설에 '금속회수(金屬回收)에 힘을 다하자'라는 제목으로 다음과 같은 말들을 늘어놓았다.

　　집요한 적의 반공(反攻)은 간단없이 사투를 계속하고 있다……미·영(米英)숭배와 의존 관념을 불식힘을 전제로 반도 전선의 기독교회가 종교와 유서 깊은 예배당의 종을 미·영 격멸의 탄환으로 헌납하고 일본적 성격으로 전환한 기독교로서 재발족한 기억이 눈앞에 떠오른다……금속류의 특별 회수는 9월중 전선적(全鮮的)으로 시행한다……금속 회수에 힘을 다하자. 전선에서는 병기를 많이 보내라고 부르짖고 있다.8)

　하나님께 예배드리는 시간을 알리는 귀중한 예배당의 종을 미·영 박멸의 탄환으로 헌납해야 된다는 망언을 서슴지 않는 당시 기독교 인사들의 모습을 볼 때 한국 교회의 훼절(毁折)이 서글플 뿐이다.
　감리교회도 1941년 3월에는 국민총력조선기독교감리회 연맹 주최로 시국대응 신도대회를 열어, 혁신요강 실천과 고도국방국가(高度國

---

7) 「基督敎新聞」, 1942. 9. 23.
8) 위의 신문, 1943. 9. 25.

防國家) 완성을 위해 최선을 다할 것을 다짐하였다. 그해 10월에는 3부 연회를 해산하고 일본 감리교회 교단 규칙에 따른 새로운 교단 규칙을 만들어 '조선기독교감리교단'을 조직하였다. 이어 그해 10월, 경성 교구에서는 예배당의 종 25개를 떼어 바쳤고, 국민총력기독교조선감리교단연맹 이사회에서 종교 보국 5개 실천 사항을 다음과 같이 공포, 실천케 하였다.

1. 전시 대응 교역자 강습회를 별기와 여(如)히 10월 28일부터 4일간 제1회로 개최하고 제2회에 약 100명을 더하여 제3회에는 여자 교역자를 모으기로 함.
2. 각 교구 대표자 [충청도] 부여 신궁 어조영(御照影) 봉사의 건.
3. 각 교회당 우(又)는 부속 공지를 해 부락, 읍, 면, 정(町)에 제공하야 비상시국에 적응한 집회 급 피난소 우(又)는 특별 작업장으로 사용케 하며 교우들이 자진 협력하고 편의를 도모할 것.
4. 각 교회 소유의 철문과 철책 등을 헌납할 것.
5. 지방별로 동계 성서강의회(사경회) 전후에 전시 대응 강연 후는 좌담회를 개최하되 지방 당국자와 잘 연락하고 부흥강사급 모든 순서는 미리 교단 본부에 교섭하야 내락을 득한 후에 실행할 것.9)

1942년 2월 당시 감리교단 통리 정춘수(鄭春洙) 목사가 각 교구장에게 보낸 '황군 위문 및 철물 헌납의 건'이란 공한에서 예배당의 철문, 철책을 포함하여 예배당의 종도 성전(聖戰) 완수를 위해 헌납해야 한다고 독려하고 있다.10)

---

9) 「朝鮮監理會報」, (1941. 11), 1쪽.
10) 「基督敎新聞」, 1943. 3. 1.

1944년 3월에 교단 상임위원회를 열고 '애국기 헌납'에 대한 아래와 같은 결의 사항을 발표하였다.

결의 사항

1. 애국기(愛國機) 헌납의 건
현하 시국 가열한 전선에 비행기를 한 대라도 많이 보내야 할 이 때에 본 교단은 조속히 다음과 같이 애국기를 헌납한다.
1) 애국기(감리교단 호) 3대
2) 애국기 헌납 자금 예산액 21만 원
3) 이 자금은 신도의 헌금 전액과 본 교단 소속 교회의 병합에 의한 폐지 교회의 부동산을 처분하여 그 대금의 일부로서 이에 충당한다.[11]

또한 감리교회는 1944년 9월 상동예배당에 '황도문화관'(皇道文化館)이라는 간판을 걸고 갈홍기 목사를 관장으로 임명하고 교단 내 목사들을 강제로 모아 일본정신과 문화를 강의하였다. 그리고 이들 목사는 신관(神官)의 인솔로 한강으로 끌려가 신도(神道)의 재계(齋戒)의식인 청정(淸淨)[12]을 행하고 머리에 일장기가 그려진 두건을 쓰고 남산까지 뛰어가서 신궁에 참배하였다.[13]

일제는 계속해서 교회에서 부르는 찬송가에도 제재를 가하여 어떤 찬송가는 일체 못 부르게 하였고, 어떤 찬송가에서는 몇 절을 못 부르게 먹으로 지우게 하는 짓을 자행하였다.[14] 사도신경 중에서도 '전능하사 천지를 만드신 하나님을 내가 믿사오며'라는 부분은 신도(神道)의 창조 설화와 위배되고, '저리로서 산 자와 죽은 자를 심판하러 오시리

---

11) 위의 신문, 1944. 4. 1.
12) 신도의 의식에서 제사에 참여할 사람들이 식에 참석하기 전에 먼저 목욕 또는 물을 몸에 끼얹어 부정을 청결케 하는 의식.
13) 李成森, 「韓國監理敎會史」, 314쪽.
14) 예를 들면, '내 주는 강한 성이요', '믿는 사람들은 군병 같으니', '일하러 가세', '십자가 군병들아', '만왕의 왕' 등이다. 李成森, 「韓國監理敎會史」 277쪽.

라'는 일왕의 영원한 계속사상을 파괴한다고 하여 금지시켰다.15) 예배 5분 전에는 일왕의 사진에나 동방으로 요배를 하였고, 전몰용사들을 위로하는 묵념, 출정 장병의 무운장구를 위한 기원, 황국신민서사를 제창한 후 예배를 시작하였다. 1943년부터는 주일 아침예배 외의 모든 집회는 금지되었다. 예배당 안에서 일어 강습, 근로 작업을 강제하였으며, 징발한 예배당은 군수품 공장으로 전용하였다. 또한 예배당 안에 황국신민서사, 황도실천 등을 게시하게 하였다.

1943년 여름에 경성부(京城府) 근로동원과에서 당시 경성 교구장 김영주 목사(새문안교회)에게 충남 부여(扶餘) 신궁16) 건설에 근로봉사대를 보내라는 지시를 하자 경성 교구 소속 목사, 신자 50여 명이 신궁 건설 정지 작업에 동원되었다. 천주교회와 성공회, 성결교, 구세단, 안식교 등 군소 교단들도 친일 부역을 하는 데는 예외가 아니었다. 1942년 조선에 징병제 실시가 공포되자 성결교회, 구세단 등의 군소 교단들은 앞 다투어 '징병제실시축하강연회,' '징병제도실시감사강연회' 등을 개최하고, 이를 지지하는 성명서, 결의문을 채택하여 일제의 환심을 사기 위해 사력을 다했다. 그러나 그들의 이런 일들이 얼마나 앞을 내다보지 못한 한심스런 작태였는지 곧 드러나게 되었으니, 일제는 결국 기독교회 파괴 공작을 노골화하여 이들 작은 교단을 해체하고 말았다.

1943년 5월에 성결교회는 재림사상을 강조한다는 이유로 200여 명의 남녀 교직자와 장로, 100여 명의 남녀 제직들이 검거되었다. 그리고 그해 말에 다음과 같은 성명서를 발표하고 스스로 해산하고

---

15) 일왕의 영원성을 유보하기 위해 구약성경에서 창조주, 심판주, 만왕의 왕 등의 표현을 삭제하여 사용하라고 강압하였다.
16) 부여에 신궁을 건립하게 된 것은 일제가 과거 백제를 지배했다고 주장하면서 백제의 수도인 부여에 신궁을 세우고 일본과 한국이 동조동근(同祖同根)임을 증명하려고 한 것이다.

말았다.17)

　　우리 조선 예수교 동양 선교회 성결회는 조선에 포교 이래 삼십 오륙 년, 그간 장기에 걸쳐서 미국인 선교사의 지도를 받은 것뿐 아니라 재정적 기초도 역시 미국에 의존하여 왔기 때문에 부지불식간 적 미·영 사상의 포로가 되어 지금까지도 그 잔재를 말살키 어려움은 유감으로 생각하는 바다. 더구나 교리로서 신생(新生) 성결(聖潔) 신유(神癒) 재림(再臨)의 4중 복음을 고조하여 왔는데 취중(就中) 재림의 항은 그리스도가 가까운 장래 육체로써 지상에 재림하여 유대인을 모으고 건국하여 그 왕이 될 뿐 아니라 만왕의 왕의 자격으로 전 세계 각국의 주권자로부터 그 통치권을 섭정하여 이를 통치한다는 것으로 근본적으로 국체의 본의에 적합하지 못할 뿐더러, 신에 대하여도 성서의 해석에 기초한 여호와 이외에 신이 없다는 사상을 선포하여 온 것은 현대 우리들의 심경으로 보면 실로 국민사상을 혼미에 빠뜨린 것으로 그 죄를 통감하는 바이다……필경 성서는 그 기지(基址)를 유대사상에 두어 우리 국체의 본의에 배반하는 기다적(幾多的) 치명적 결함을 가지고 있는 것으로서 성서 자체로부터 이탈치 못한다면 완전한 국민적 종교로서 성립하지 못할 것으로 결론에 도달하였다. 우리들은 장년월간(長年月間) 부지불식 중에 그와 같은 불온 포교하여 온 책임을 통감하고 이금(爾今) 맹서하여 결전 하 황국신민의 자격을 실추시키지 않을 것을 기함.18)

　이상의 글 속에서 선교열이 뜨겁고 열정적이었던 성결교회가 재림사상에 걸려 일제 앞에 힘없이 무너지고, 이에 굴복한 교회 지도자들의 나약한 모습을 엿볼 수 있다.
　그해 말 안식교회도 일제에 의해 해산될 때 다음과 같은 성명서를 발표했다.

　　본 교회는 미국 선교사의 손에 의하여 창립되었으며 이래(爾來) 40여

---

17) 李泉泳, 「聖潔敎會史」, 90쪽.
18) 「東洋之光」(1944. 2), 48쪽. 林鐘國, 「親日論說選集」, 393~394쪽.

년간 직접 그 지도를 받아 왔음과 동시에 그 재정적 기초도 오로지 미국 선교사에 의존했다. 따라서 우리들은 부지불식간에 적 미·영적 사상에 감염되어 그들 양이(洋夷)의 풍속 습관이 반 신앙화 되어 동양 고유의 순풍미속(醇風美俗)은 점차 파괴되고 있다……일상생활에 있어서 양이의 풍습을 청산하고 나아가 적 미·영 사상의 구각(舊殼)으로부터 선탈(蟬脫)하여 심신이 함께 동아에 돌아와 대일본제국의 황민으로 소생하려 한다……이에 우리들은 본 교회의 구각(舊殼)인 조선 제7일 안식일 예수재림교회 연합회 및 그 재원(財源)인 제7일 안식일 예수 재림교 조선합회(朝鮮合會) 유지재단을 자발적으로 해산하여, 이로써 우리들의 새로운 결의를 표명하려 한다.19)

우리는 여기서 안식일교회가 자의에 의해 해산한다고 했지만 강제로 해산되는 사실을 엿볼 수 있다. 그러나 그들이 강제로 해산되는 마당에 그렇게까지 친일적 문구를 동원하지 않으면 안 되었나 하는 점에 비애를 느낀다.

성공회도 예외는 아니어서 일제는 대동아공영권이라는 미명하에 성공회에 대한 탄압을 가하여 1940년 평양교회의 차드웰(Chadwell, 車愛德, 1892-1967) 신부가 투옥되었고, 1941년 초에는 주교를 포함한 모든 선교사들이 추방되었다. 그러나 드레이크(Henry J. Drake) 신부는 70이 넘은 고령으로 끝까지 교회를 지키려 애썼으나 결국 1942년 7월에 정든 선교지를 떠나는 마지막 신부가 되었다. 성공회는 교리적으로 신부 없이는 교회가 유지될 수 없으므로 자연히 교회가 해산되는 지경에 이르렀다.20)

일제가 일본 내에 있는 군소교단들을 해산한 근거는 다음과 같다.

1) 그리스도의 주권사상(천황과 그리스도 중 누가 위인가?)

---

19) 위의 책.
20) 李贊榮, 「韓國基督敎會史總攬」, 512쪽.

2) 재림설(재림 때 일본 천황도 심판을 받는가?)

3) 반전론 및 평화사상

4) 국제적 제휴(영·미를 귀축(鬼畜)이라고 부르는 구호 속에서 영·미와 제휴하는 사람은 스파이 취급을 받았다.)

위의 네 조항 가운데 첫째와 둘째는 성결교, 안식교 해산의 명분이었고, 셋째는 반전론 및 평화사상, 무교회주의자, 그리고 넷째는 구세군 해산에 적용한 항목이었다.21)

2. 혁신교단(革新敎團)

일제는 전쟁 수행을 위해 한국에 있는 여러 교파를 하나로 묶어 통제하는 것이 이롭다고 판단하고, 일본의 기독교 연합회장 부전만(富田滿)을 한국에 보내 '기독교의 신 체제'라는 제목으로 한국 교회의 황국화와 교파 합동을 촉구하였다. 이에 발맞추어 한국 교회 지도자들은 교회 합동을 위하여 1942년 정월부터 교파 합동위원회를 만들어서 활동을 시작하였다. 이 일을 추진하는 인사들이 새문안교회에 모여 '조선기독교합동준비위원회'를 구성하였다. 이곳에서 그해 7, 8월경에 새 교단 창설을 가결하였다. 그러나 감리교측이 소위 혁신 기독교단에 관한 12개 조의 혁신안을 제출하여 이 일은 무산되었다.

조선총독부 보안과장은 당시 경기노회장이었던 전필순 목사와 몇몇 장로교, 감리교 지도자들을 만나 전쟁 수행을 위해 교회가 협력해 줄 것을 부탁하면서 두 가지 일의 수행을 권고하였다. 첫째는 구약성경을 교회에서 사용하지 말아 달라는 것이었다. 그 이유는 구약이 유대 민족의 역사이기 때문에 전쟁 수행중인 일본에 결코 도움이 안

---

21) 澤正彦, 「日本基督敎會史」, 144쪽.

된다는 것이다. 이는 민족주의를 고취할 소지가 있다고 판단한 때문이었다. 둘째는 국민들의 정신무장을 위해 일본의 개국신(開國神)을 둔 신단(神壇, 가미다나)을 예배당에 설치하라는 것이었다.

그러면서 전쟁을 원활하게 수행하기 위해 장·감이 통합하여 새로운 교단을 만들라고 하는 것이었는데 이것이 혁신교단이었다. 이 운동에 참여한 장로교회 인사들은 전필순, 윤인구, 류재한, 최석주 세 목사였고, 감리교회 측에서는 정춘수, 이동욱, 갈홍기, 심명섭 등 많은 인사들이 참여하여 혁신교단은 사실상 감리교회 측이 주도하고 있었다.22)

이 혁신안에는 "신약성서를 기초로 하야 교의를 선포하고 구약성서에 나타난 유대사상을 일체 없애기 위하여 구약성서의 새로운 해석교본을 제정"23)하여 신도들을 가르치자는 것이 들어 있었다. 이것은 쉽게 말하면 구약을 정경에서 제외하여 없애자는 것이었다. 또한 이 교단 설립의 목적이 철저히 친일적인 것이었음이 후에 드러났다. 그 사업으로 "일본 군사훈련 등 황민화운동을 장려하고 교회 내에서는 신학교를 개혁하고, 선교사들로 하여금 지도자급에 있지 못하게 하는 것 등"24)이었다. 요컨대 미국과 영국 등 서양에서 수학한 사람들에 의해 파급되는 미·영 사상을 불식시키고 일본에서 수학한 인사들이 중심이 되어 선교사들의 신학을 배제하고 일본적 정신으로 신학교와 교회를 새롭게 창출하겠다는 복안이었다. 그러나 이 일을 추진했던 감리교 측의 제안을 수정하자는 안이 통과되자 이에 불복하고 감리교회가 탈퇴하여 결국 이 합동안은 수포로 돌아가고 말았다.

처음에 혁신교단은 장로교회의 전필순 목사를 통리로 내세웠다.25)

---

22) 유호준, 「역사와 교회」 유호준 목사 회고록 (대한기독교서회, 1993), 173쪽.
23) 「每日申報」, 1943. 3. 21.
24) 기독교계 반민특위 재판기록, 양주삼 편, 김승태, 「한국 기독교의 역사적 반성」, 508쪽.

그러나 이 일로 장로교회 경기노회에서 내분이 일어났고 전필순은 탄핵을 받았다. 전 목사는 하는 수 없이 혁신교단에서 탈퇴하였고, 혁신교단은 조선감리교단으로 환원하였다.26)

3. 교회의 병합 및 통합

일본 교회는 1941년에 30여 개에 이르는 교파를 모두 통합하여 하나의 교회로 합동을 이루었다. 이 합동이 교회의 자의적인 것에 의해 이루어졌느냐 아니면 국가 권력의 힘에 밀려 타의적으로 이루어졌느냐 하는 것은 일본 교회 안에서도 아직 정리되지 않은 명제인 것 같다.27) 그러나 한국에서는 일본에서와 달리 완전히 일제가 자기들의 목적 달성을 위해 한 지역에 여럿 있는 교회들을 하나로 통합하는 일을 추진하였다. 이 일은 작은 동네에 교인도 많지 않은 여러 교파 교회가 있는 것은 좋지 않을 뿐 아니라 교회 간 갈등의 소지도 있다 하여 하나로 통합한다는 그럴듯한 명분을 내세웠다. 그러나 내심으로는 없어지는 예배당의 재산을 갈취하려는 추악한 속셈이 있었던 것이다.

감리교회는 저들의 시책에 발맞추어 소속 교회의 병합에 관해 다음과 같은 성명을 발표하였다.

1. 본 교단 실시 사항 6항에 의하여 인접 교회의 병합을 단행하여

---

25) 혁신교단의 간부는 교단 통리 전필순, 사무관장 김영섭(金永燮), 총무국장 이동욱(李東旭), 전도국장 박연서(朴淵瑞), 교육국장 윤인구(尹仁駒), 재무국장 최석주(崔錫柱), 연성국장 김수철(金洙喆) 등이었다. 혁신교단에 대해 자세히 알아보려면 김승태, 「한국 기독교의 역사적 반성」 말미에 있는 '기독교계 반민특위 재판 기록'을 참조할 것.
26) 趙香祿, "牧師半世紀,"「크리스챤신문」, 1971. 3. 6.
27) 澤正彦, 「日本基督敎會」 (大韓基督敎書會, 1976), 136쪽.

미약한 교회의 강화를 도모함과 동시에 폐지된 교회의 부동산은 이를 처분하여 애국기 헌납금 및 교단 운영 자금으로 삼을 것.
2. 교회 병합의 실시는 각 교구별로 이것을 정리하여 오는 4월 이내에 수속을 취한다.
3. 병합 실시 지역은 평양, 해주, 경서, 인천, 진남포, 원산, 강경, 강릉 등 수 개 이상 교회가 같은 도시 안에 있는 것은 이를 병합할 것.28)

이에 따라 병합되는 교회 수를 지역별로 보면 경성이 13개, 평양이 6개, 원산, 해주, 개성, 인천이 각 3개, 진남포 2개, 강릉, 강경이 1개로 총 7도시와 2읍에서 모두 34개 처의 교회, 30여 채의 사택, 20여 채의 부속 건물이 병합되기에 이르렀다. 교회 병합에 의해 없어진 예배당과 기타 건물들로 인하여 생긴 돈은 모두 국방헌금으로 전환되었다.29)

4. 일본 기독교 조선교단

일제는 1943년 장로교회를 '일본기독교조선장로교단'으로 만들어 조승제(趙昇濟) 목사를 총회 의장으로 만들더니 후에 채필근을 통리, 김응순(金應淳)을 부통리, 김종대(金種大)를 총무국장으로 세웠다. 마침내 일제는 한국에서 가장 큰 교단 중 성결교회는 폐쇄하고 나서 장로교회와 감리교회 통합 작업을 시도하였다. 새로 조선 총독으로 임명받은 아배(阿陪)는 조선 사정에 밝은 원등(遠藤)을 정무총감으로 임명하였다. 원등은 조선으로 부임하기 위해 오는 도중 대판(大阪)에 살고 있는 많

---

28) 「基督敎新聞」, 1944. 4. 1.
29) 교회 병합에 대한 자세한 사항은 김인수, 「일제의 한국교회 박해사」(서울: 대한기독교서회, 2006), 164-169쪽 참조.

은 조선인들의 정신적 지주인 대판 서성교회(西成敎會)의 전인선(全仁善) 목사를 만나 조선 교회에 어떤 정책을 쓰는 것이 좋겠느냐고 묻자, 전 목사는 "신앙에 손을 대지 말고, 자유 활동을 하게 하여 즐거운 마음으로 국가 시책에 협력하게 하는 것이 현명한 처사"라고 말했다. 원등은 그렇게 하겠으니 와서 교계를 수습해 달라고 요청하자, 전 목사는 이를 수락하고 내한하였다.30) 이에 따라 전 목사는 조선 기독교단 조직에 착수하였다.

전 목사는 교계 중진들의 협조를 받아 일제 패전 40여 일 전에 정동제일감리교회에서 창립총회를 개최하였다. 회의에 앞서 전 목사는 발언권을 얻어 자기를 중상하는 사람들 때문에 교리문제를 다루지 않았고, 이름도 양보해서 일본기독교조선교단으로 정했다고 설명했다. 일본에 일본 기독교단, 대만에 대만 기독교단, 만주에 만주 기독교단이 있는 것같이 조선에 조선 기독교단이 있는 것은 자연스러운 일인데, 일부 중상하는 자들이 있어 결국 일본기독교조선교단으로 낙착되었다고 해명했다.31) 1945년 8월 개신교 각 교파를 합하여 소위 '일본기독교조선교단'이라는 이름으로 통합시켰다.32) 이때 장로교 대표 27명, 감리교 대표 21명, 구세군 대표 6명, 그리고 소교파 다섯 군데에서 대표자 각 한 명씩이 평양 장대현교회에 모여 이 교단의 성립을 공포하였다. 따라서 명실 공히 모든 교파가 해산되었고, 조선 교회는 일제 교회에 그대로 예속되어 버리고 말았다.33) 아배(阿陪)34) 총독에

---

30) 「姜信明信仰著作集」(기독교문사, 1987), 579~580쪽.
31) 위의 책.
32) 처음에는 '일본 기독교'란 이름이 들어가지 않고 그냥 '조선 교단'으로 한 것이다. 교단 본부에서 일하던 인사들 중에 자신들이 배제된 데 질투를 느껴, 일제 경찰과 헌병 계통에 이를 민족운동이라고 고해 바쳐, 그들이 강압적으로 '일본 기독교'란 이름을 앞에 붙이게 되었다. 유호준, 「역사와 교회」, 182쪽.
33) 金良善, 「韓國基督敎解放十年史」, 44쪽.
34) 아배는 일본 총리를 지낸 육군대장으로 정계의 거물인데, 전쟁이 치열해지자 조선 문제의 심각성을 고려해 그를 파견했다.

의해 교단의 초대 통리(統理)에 장로교회의 김관식(金觀植), 부통리에 김응태(金應泰), 총무에 송창근이 임명을 받았다.35) 해방을 불과 2주일 앞두고 이루어진 일이었다. 앞을 내다볼 수 없는 안타까운 인생사였다.

교회가 이렇게 어두운 터널을 지나고 있을 때, 이러한 불법적 비신앙적 강요에 응치 않은 인물은 투옥하거나 강단에서 축출한 후 함구령 또는 금족령을 내려 일체 활동을 금지시켰고, 자기들의 의사와 요구에 순응하는 인물들로 교회를 지도하게 하는 간악한 수단을 사용하였다. 이에 반하는 뜻있는 인사들은 지하로 숨어, 한때 70만을 헤아리던 개신교인의 숫자가 그 절반으로 줄어들었다. 교회가 가장 처절하게 움츠러들었던 시기였다.

5. 기독교 지도자들의 친일 행각

일제의 억압이 심해지면서 교회, 노회, 총회가 조직을 통하여 친일했던 일들은 다반사였다. 그중에서도 기독교 지도자들이 자원하여, 혹은 원하지 않았지만 강제에 못 이겨 친일행각을 벌인 일이 비일비재하였다. 대부분 일제의 협박, 회유 등으로 어쩔 수 없이 그렇게 했으리라 믿지만, 후세의 역사에서 동정만으로 그들의 행각이 정당화될 수 없다는 것을 입증하여야 한다. 그들의 그런 행동은 개인의 문제로 끝나지 않고 전 교회와 일반 사회에까지 파급되어, 교회에 환멸을 느끼고 떠나는 사람도 있었고, 비기독교인 민족주의자들도 그들의 친일행각에 역겨움을 느끼는 정도였다.

1937년 9월 총독부는 각 도에서 시국강연회를 개최하면서 저명한

---

35) 유호준 목사는 그의 회고록에서 김관식 목사가 총독부로부터 사전에 이미 내정되어 있었고, 본인도 승낙한 사실이라고 말했다. 유호준,「역사와 교회」(대한기독교서회, 1993), 182쪽.

기독교계 인사들을 동원하고 있었다. 이에 동원된 인사들 중에는 신흥우, 유형기, 윤치호, 박희도, 차재명 등이 끼어 있었다.36) 또한 정춘수, 김종우, 김우현, 차재명, 이명직, 양주삼, 이동욱 등이 일제에 협력, 친일하는 어용기관이었던 조선기독교연합회에 참여하고 있었다.

3·1 독립운동 당시 민족 대표 33인 중 한 사람이었던 박희도가 친일파로 전향, 「동양지광」(東洋之光)이라는 친일적 잡지를 간행하면서 일제에 부역하는 친일적 논설을 연속적으로 게재하고 있었는데, 그중 몇 개의 제목을 소개하면 아래와 같다.

백낙준 : 미·영의 민정과 식민 정책
신흥우 : 영국인의 민족성
전필순 : 미·영인의 민족성
이용설 : 미국인의 민족성
정춘수 : 미·영인의 종교 정책
정인과 : 미·영인의 종교 정책
양주삼 : 미국은 왜 싸우는가?
박희도 : 일본은 왜 전쟁하는가?
박인덕 : 미국 부인의 전쟁관

1937년 중·일전쟁부터 시작하여 징용제도, 징병제도, 근로보국대, 근로동원제, 여자 정신대 등의 명목으로 1945년 해방 때까지 무려 146만 명의 청장년들이 징용되어 광산, 토목공사, 군수공장에 투입되었으며, 무보수로 노예와 같이 강제 노동에 동원되었다.37) 징병제가

---

36) 民族政經硏究所, 「親日群像」, 1948쪽.
37) 손인수, 「원한경의 삶과 교육사상」, 238쪽.

본격적으로 시작되자 1942년 복음교회의 최태용은 「동양지광」에 '기독교인의 재출발'이라는 논설에서 다음과 같은 말로 아부하였다.

> 조선을 일본에 넘긴 것은 신이다. 그러므로 우리는 신을 섬기듯이 일본 국가를 섬겨야 한다고 나는 생각한다. 오늘날 우리들에게 있어서 국가는 일본 국가가 있을 뿐이다. 우리가 다해야 할 국가적 의무와 지성은 이를 일본 국가에 바쳐야 마땅할 것이다. 우리는 가장 사랑하는 것을 일본국에 바치도록 신에게 명령을 받고 있는 것이다. 징병제 실시가 그것이다.[38]

징병제가 신의 명령이라고 하는 말을 한국 목사가 했다면 더 이상 무슨 말을 못했겠으며, 더 이상 무슨 민족의식이나 기독교인으로서 나라 사랑의 정신을 찾을 수 있었겠는가? 징병제에 대한 찬양의 소리는 각처에서 들려오고 있었다.

여성 지도자들까지 동원되고 있었으니, YWCA의 유각경은 어머니 자신부터 가질 대화혼(大和魂: 일본정신)이라는 글에서 "내지의 어머니들을 근본적으로 본받을 때가 이때라 생각합니다……이 얼마나 기쁜 일입니까……어머니 자신들이 우리나라의 대화혼을 몸소 인식하지 않으면 안 될 줄 압니다"라고 쓰고 있었다.[39] 박마리아는 '자식 둔 보람, 어미 된 면목', 김활란은 "징병제와 반도 여성의 각오" 등의 논설로 한국의 젊은이들에게 일제의 용병이 되어 전쟁터로 나가라고 격려하였다. 비록 이들이 자원해서 한 일은 아니라고 해도, 그들의 친일 부역 행각은 결코 용납될 수 없는 부끄러운 작태였음에 틀림없으며, 역사 앞에 용서받기 어려운 어용, 변절이었다.

그 외에도 교파를 초월하여 기독교계 인사들이 일제의 전쟁을 위해

---

38) 林鍾國 編, 「親日論說選集」, 346쪽.
39) 金仁洙, "日帝 末期의 基督敎 彈壓과 敎會의 御用에 대한 小考," 「敎會와 神學」, 제19집 (1987), 243쪽 脚註 59 참조.

부역하고 있었으니, 참으로 한심스럽고 통탄스러우며 가슴 아픈 일이 아닐 수 없다. 감옥에서 죽음 같은 세월을 보내고 있던 목사와 교우들을 생각할 때, 감옥에 가기 싫어 원치 않은 일을 해야 했고, 하기 싫은 말을 하거나 또는 글을 써야 했던 이들의 행각에 오히려 인간적인 동정이 가기도 한다. 그러나 그들의 행위는 확실히 정죄되어야 하고 역사의 준엄한 심판을 받아 마땅하다.

6. 평양신학교와 조선신학교의 설립

1938년 장로회 제27차 총회에서 신사참배 안을 불법 통과시키기 몇 달 전인 5월에 평양장로회신학교는 신사참배 문제로 무기 휴교에 들어갔다. 재학생들은 통신교육으로 과정을 마치게 하고 졸업을 시켰으나, 교단의 유일한 교역자 양성기관인 신학교가 문을 닫자 교역자 양성의 길이 막혀 버렸다. 총회는 어쨌든 교역자 양성을 포기할 수는 없다고 판단하고 다시 신학교를 시작할 방안을 모색하였다. "선교회가 만 1개년이나 자의로 개교치 아니하고 또 연기하오니 본 총회 직영으로 금후에는 당연히 개교"[40]해야 된다는 주장들이 터져 나왔다.

신사참배를 반대하던 보수적인 선교사들이 모두 신학교에서 물러가고, 한국 교회의 정통 보수의 보루임을 자처하던 박형룡 박사도 신사참배를 피해 국외로 도피해 버렸다. 또한 보수적인 목사들 대부분이 투옥된 상태에서의 신학교 재건은 당연히 자유주의 신학적 배경과 친일적 인사들이 주축이 되어 발기했을 것이라는 사실을 미루어 짐작할 수 있다. 이 일을 처음 제안한 사람은 채필근(蔡弼近) 목사였다. 이에 서울의 김영주, 차재명 목사가 동조하였고, 김대현(金大鉉) 장로가 30만 원의 재정을 부담하겠다고 나서서 '조선신학교 설립을 위한

---

40) 「朝鮮예수敎長老會總會 第30回(1941년) 會錄」, 85쪽.

기성회'가 1939년 3월에 발족되었다.41)

신학교 재건 안은 그해 28회 총회의 인준을 받아 그 설립이 눈앞에 왔으나, 같은 해에 평양에서 평양장로회신학교 재건운동이 일어났다. 서북 지방의 인사들이 장로회 총회를 요리하던 때에 평양에 있던 신학교가 서울에 선다는 것은 그들에게 용납될 수 없는 일이었다. 이에 그 지방 인사들이 중심이 되어 평양에 신학교 설립을 추진하게 되었다.42) 이 일은 빠르게 추진되어 채필근 목사를 위원장으로 하는 장로회신학교 기성회가 조직되었으며, 평양 학무국을 통해 제출된 신학교 인가서가 1940년 2월 총독부로부터 발부되어 신학교 개교를 할 수 있었다.43) 일이 이렇게 되자 조선신학교 설립에 앞장섰던 채필근 목사가 평양신학교 교장으로 옮겨 갔다.

이들은 신학교 설립의 인가를 받았지만, 신학교를 운영할 장소가 마땅치 않았다. 평양장로회신학교는 선교사들의 소유였기에 그곳에서 마음대로 신학교를 운영할 처지가 못 되었다. 이에 총회는 선교부에 신학교 건물 사용을 청원하였으나 신사참배하는 총회와 관계를 끊은 선교부는 "신앙양심으로 기존 신학교 시설 일체의 사용을 허용치 않기로 결의"44)하였다고 통보하였다. 선교부가 이의 사용을 거부하자 일부 과격한 학생들과 인사들이 신학교 건물로 무턱대고 밀고 들어가 강제 점유했으나, 일제 당국이 이를 허용치 않아 결국 물러가고 말았다.45)

---

41) 설립실행위원은 蔡弼近, 金禹鉉, 車載明, 咸台永, 金吉昌, 尹仁駒, 趙喜炎, 韓景職, 白永燁, 李仁植, 金觀植, 金應珣 등이었다. 「東亞日報」, 1939. 5. 9자에 상세히 보도됨.
42) 설립자는 李承吉, 金錫昌, 李仁植, 李文主 등 4인이었고, 학교 명칭은 '朝鮮耶蘇敎長老會神學校'였다. 「東亞日報」, 1939. 10. 23.
43) 신학교 인가가 나오기 전인 1939년 10월 개교를 했다가 도 학무국의 강력 경고를 받고 중지하는 사건도 있었다. 「東亞日報」, 1939. 11. 8.
44) H. A. Rhodes and A. Campbell, eds., *History of the Korea Mission*, II, p. 264.
45) 위의 책, 264쪽.

이들은 어쩔 수 없이 "최억태 씨 소유인 전 동덕학교 교사를 사용하다가 금추기(今秋期)부터 마포기념관과 서문밖교회 하층에서"46) 신학교를 시작하였다. 이때 과거 신학교에 있던 학적부를 비롯한 모든 서류 일체를 넘겨 달라고 요구하였으나 이 역시 선교부에 의해 거부되어 정통성 없는 신학교로 몰골 흉한 출발을 한 셈이 되었다.47)

한편 조선신학교 설립을 추진하던 이들은 신학교 인가를 총독부로부터 받지 못하게 되자 어쩔 수 없이 1940년 3월 경기도 지사의 강습소 인가를 받아 그해 4월 서울 승동교회에서 개원하였다.48) 김대현 장로가 학원장이 되었고 김영주, 함태영, 조희렴, 한경직, 윤인구, 김관식, 오건영 등이 이사로 선임되었으며, 김재준 목사가 교수로 취임하였다. 이 신학교는 김재준 목사가 한국 신학은 선교사들이 전수해 준 신학으로 한국인의 신학이 전무(全無)하다는 자유주의적 경향을 가진 신학으로 출발하였다. 앞으로 한국 교회가 이 신학교와 더불어 보수적 경향의 지도자들과 길을 달리할 조짐을 출발 때부터 내비치고 있었다.

이 신학교의 출발 시점이 아무리 암울했던 시기였고, 일제의 강제가 어찌할 수 없을 정도로 거센 때였다고 해도 이 신학교의 설립 목적을 "복음적 신앙에 기해서 기독교 신학을 연구하고, 충량유위(忠良有爲)한 황국의 기독교 교역자를 양성한다"49)고 했을 때, 이미 그 친일적 성격이 분명히 드러났다. 또한 1941년 "선교사들을 매도하여 한국 교회 주체성 무시를 그들의 책임으로 돌리면서 개교한 조선신학원이 일본 사람 송본탁부(松本卓夫)를 이사장으로 앉혔을 때"50) 이미 그들이 친일

---

46) 「大韓예수敎長老會協會 第29回(1940년) 會錄」, 44쪽.
47) H. A. Rhodes and A. Campbell, eds., *History of the Korea Mission*, II, p. 264.
48) 「한국기독교 100년사」(한국기독교장로회 역사편찬위원회, 1992), 345쪽. 조선신학원은 정식 학교가 아니고 사설 강습소와 같아서 매년 인가 갱신을 해야만 했다. 1942년 강습소 인가가 나오지 않아 무인가 신학원으로 교육을 계속했다. 위의 책, 346쪽 참조.
49) 「朝鮮예수敎長老會總會 第29回(1940년) 會錄」, 43쪽.

적인 모습으로 현실에 타협하고 있는 한계가 뚜렷이 나타났다.

평양신학교의 교장으로 있던 채필근 목사가 "아등(我等) 부지불식간에 미·영인의 사상관념 내지 예의습관에 감염되어서 차등(此等) 아직 잔존해 있는 바……우리들은 깊이 반성하여 국가에 대해서 범한 죄악을 철저히 회개하고 싶다"51)고 말한 것을 우리는 그가 본심으로 한 말이라고 믿고 싶지 않다. 비록 본심이 아니었다 하더라고 그런 교장 밑에서 수학한 교역자가 참 하나님의 사역자로 훈육되었을까 의심하지 않을 수 없다.

신사참배에 처음부터 저항 없이 수행했던 감리교신학교도 그렇게 평탄하게 학교가 유지되지 못했다. 1940년 6월에 교내에 불온 격문이 발각된 것을 빌미로 무기 휴교를 당했다. 이듬해 일제는 다시 개교를 허락하였으나 교문에 '결전태세'(決戰態勢), '종교보국'(宗敎報國)이라는 글을 써 붙여야만 하였다.52) 1944년 교명이 '황도정신교사연성소'로 바뀌었을 때는 이곳이 하나님의 일꾼을 양성하는 신학교인지, 일제에 충성을 바치는 역군을 양성하는 곳인지 분간하기 어려운 지경이 되어버렸다. 좌표를 잃고 허덕이던 비운의 세월이었다.

한편 일제는 교회 박멸을 위한 계획을 세웠다. 자신들에게 협력하지 아니하고 저항하는 기독교 내의 모든 지도자들을 1945년 8월 17일에 한꺼번에 참살하여 버릴 계획을 수립하였는데 후에 밝혀진 바에 의하면 경찰의 목록에 기재되어 있던 약 1만 명의 교회 지도자들을 체포하기로 예정되어 있었다.53) 이는 전세가 불리해 연합군이 일본을 점령하게 되면 한국의 기독교 지도자들이 모두 일어나 반일 항쟁을 주도할

---

50) 閔庚培,「大韓예수敎長老會百年史」, 530쪽.
51) 위의 책, 518쪽에서 재인용.
52) 李成森,「監理敎와 神學大學校」(韓國敎育圖書出版社, 1977), 217, 228쪽.
53) 姜渭祚,「日本統治下의 韓國의 宗敎와 政治」, 67쪽. S. H. Moffett, *The Christians of Korea* (New York : Friendship, 1962), p. 36.

까 두려워했기 때문이었고, 패전 후 이들이 지도자가 되어 일인들에게 보복을 주도할까 두려워해서였다고 한다. 그러나 공의의 하나님께서는 죽음을 두려워하지 않고 감옥에서 우상 앞에 절하지 않고 투쟁하고 있는 성도들의 기도를 들으시고 이 야만적 계획이 실현되기 불과 이틀 전에 해방의 종소리가 울려 퍼지게 하셨다. 한국 교회를 사랑하시는 하나님의 섭리가 여기 있었다.

세월이 지나고 나서 일제 말엽에 부역한 민족과 교회의 지도자들에 대한 평가가 나오게 된다. 결국 일제에 끝까지 저항하면서 신앙의 절개를 지키다가 감옥에서 순교하거나, 살아 출옥한 성도들에 대한 평가는 더 이상 할 것이 없다. 그들은 옳았고 그들은 승리했다. 그들은 이 민족과 교회의 꺼지지 않는 등불로서 어두운 시절을 비춘 산 위에 선 등대와 같은 존재들이었다.

그러나 비록 자의에 의한 것이 아니라 할지라도 친일, 부역한 인사들에 대한 평가에서 시대가 그래서 그럴 수밖에 없었다느니, 원해서 그런 것이 아니고 강제했기 때문에 그럴 수밖에 없었다느니, 그래도 교회를 지키고 목회를 하지 않았느냐는 등의 변명 같지 않은 넋두리는 듣기도 딱하다. 분명한 것은 저들의 행위는 잘못이었고 또 참회하여야 마땅하다는 점이다. 역사는 시시비비를 가려야지 어물쩍 넘어가서는 안 된다. 주님과 교회는 참회하는 자를 용서해 주는 것이지, 변명하는 자의 소리에 귀 기울이지 않는다는 점을 깊이 인식해야 할 것이다. 잘못된 것은 잘못되었다고 겸손히 말할 수 있는 역사가 올바른 역사일 것이다. 교회는 새로 태어나고 새로 출발할 수 있는 기구이므로 그 생명이 영원할 수 있다. 신사참배 반대는 옳았고, 신사 앞에 머리 숙인 일은 마땅히 참회해야 할 죄악이었다. 예수보다 일본 왕이 더 높다고 본의 아니게 말한 사람들은 그 죄악을 참회하기 전에는 그리스도인이라 말할 수 없다.

태평양 전쟁이 말기에 들어서자 일제는 모든 면에서 몰리기 시작하였다. 각지에서 일군이 패전을 거듭하고 있었을 때 광도(廣島 히로시마)와 장기(長崎 나가사키)에 원자폭탄이 투하되어 전의를 완전히 상실한데다, 8월 8일에는 소련이 일본에 선전포고를 하고 만주를 폭격하자 일본은 더 이상 지탱할 능력을 완전히 상실하고 말았다. 8월 14일 자정부터 동경의 황실 지하실에서 열린 비밀회의에서 군부의 미국 본토 작전론을 물리치고 포츠담회담의 무조건 항복을 수락하기로 결정하였다. 이튿날 15일 정오 일본 왕은 떨리는 음성으로 연합국 앞에 무조건 항복을 선언함으로써 피비린내 나던 제2차 세계 대전이 일제의 패망으로 끝나게 되었고 35년간 지옥 같은 세월을 보내던 우리 민족과 교회에 해방이 찾아왔다. 이는 전적으로 하나님의 은혜요, 항일투사들의 피 흘린 업적의 소산이었으며, 교회가 하나님께 피맺힌 간구를 계속한 데 대한 자애로운 응답이었으며, 또한 하나님의 섭리였다.

제4편 해방 후의 한국 교회

제1장 해방 후의 북한 교회

제2장 남한에서의 교회 재건

제3장 한국 전쟁과 교회의 수난

제4장 1950년대 이단운동의 발흥

제5장 장로교회의 계속된 분열─통합, 합동측의 분열

제6장 1960년대 이후 교회와 신학의 변화

제7장 새로운 세기(世紀)에 들어서면서
　　　　― 통일을 위한 준비

1930년 3월 민족시인 심훈(沈熏)은 해방을 그리며 다음과 같은 피맺힌 시를 절규하고 있었다.

그날이 오면

그날이 오면, 그날이 오면은
삼각산이 일어나 더덩실 춤이라도 추고,
한강물이 뒤집혀 용솟음칠 그날이
이 목숨이 끊기기 전에 와 주기만 할 양이면,
나는 밤하늘에 날으는 까마귀와 같이
종로의 인경(人磬)을 머리로 들이받아 울리오리다.
두개골은 깨어져 산산조각이 나도
기뻐서 죽사오매 오히려 무슨 한이 남으오리까.

그날이 와서 오오 그날이 와서
육조 앞 넓은 길을 울며 뛰며 뒹굴어도
그래도 넘치는 기쁨에 가슴이 미어질 듯하거든
드는 칼로 이 몸의 가죽이라도 벗겨서
커다란 북을 만들어 들쳐메고는
여러분의 행렬에 앞장을 서오리다
우렁찬 그 소리를 한 번이라도 듣기만 하면,
그 자리에 거꾸러져도 눈을 감겠소이다.

1930년 3월 1일

해방! 1945년 8월 15일, 우리 민족이 영원히 잊을 수 없는 감격의 그날이 드디어 찾아왔다. 우리 민족을 사랑하시는 여호와 하나님께서 그 구원의 손길을 우리에게 펼치셨다. 하나님께서는 이스라엘 민족이 바벨론에 포로로 끌려가 생활했던 70년의 절반인 35년 만에 우리에게 자유의 날을 허락하셨다. 이스라엘은 해방의 기쁨을 다음과 같은 시로 노래했다.

여호와께서 시온의 포로를 돌리실 때에
우리가 꿈꾸는 것 같았도다.
그때에 우리 입에는 웃음이 가득하고
우리 혀에는 찬양이 찼었도다.
열방 중에서 말하기를 여호와께서 저희를 위하여
대사를 행하셨다 하였도다.
여호와께서 우리를 위하여 대사를 행하셨으니
우리는 기쁘도다(시편 126편 1~3절).

해방! 그 얼마나 그리던 두 글자였던가? 일제의 혹독한 고문과 처절한 형극의 길을 가면서 이 두 글자를 그리며 감옥에서 숨져갔던 신앙의 선배들과 애국지사들이 그 얼마나 많았던가? 하나님께서는 그들의 피눈물의 기도를 들으시고 우리에게 해방의 그날을 허락하셨다. 우리는 이제 마음껏, 그리고 목청을 높여 찬송할 수 있게 되었고, 신·구약 성경 어느 곳도 마음대로 읽고 설교할 수 있게 되었으며, 그 지긋지긋하던 신사참배로 우상 앞에 머리 숙이지 않아도 되는 자유를 얻게 되었다. 일본 사람들에게 아부하지 않아도 되고, 마음에 없는 부역을 더 이상 하지 않아도 되는 세상이 된 것이다. 이제 저 사악한 무리들에 의해 허물어졌던 제단을 수축하고, 변질될 대로 변질되어 버린 교회를 올바르게 재건해야 하는 무거운 짐이 교회 앞에 놓여 있었다.

그러나 해방의 기쁨도 잠깐일 뿐, 우리 민족의 힘으로 해방을 얻지 못하고 연합군의 승리에 따른 전리품처럼 굴러온 해방은 그렇게 값싸게 주어지는 것이 아니라는 사실을 뼈저리게 느끼게 되었다. 그것은 물러간 일제 대신 38선을 경계로 북에는 소련군이, 남에는 미국군이 전승국의 점령군으로 밀고 들어와 일제 대신 우리 민족을 다스릴 채비를 한 것이다. 참으로 한스러운 일이 아닐 수 없었다. 해방을 불과 1주일 남겨 둔 8월 8일, 소련이 일본에 선전포고를 하고 연합국에 가담하는 순간에 우리 민족의 운명은 예측할 수 없는 안개 속으로 빨려 들어가고 있었다.

38선이란 국경 아닌 국경이 설정된 것은 제2차 세계 대전이 끝나가던 무렵 포츠담(Portzdam)회담 도중에 당시 미국 육군 참모총장이었던 마셜(G.E.Marshall) 대장이 육군 작전국장 헐(J.E.Hull) 중장에게 미국의 한반도 진주에 관해 준비하도록 지시한 데서 비롯되었다. 헐은 미국과 소련의 '지상 경계선'을 확정하기 위해 한국 지도를 놓고 적어도 미국이 점령할 지역은 부산항과 인천항이 포함되어야 한다고 결정하고 서울 근처에 선을 그은 것이 시발이었다.54) 이렇게 미국이 소련에게 38선 이북을 맡기려 한 이유는 전쟁 기간을 단축하고 미군이 한반도에 남아 있는 일본군과의 전쟁으로 더 많은 피를 흘려야 하는 것을 방지하기 위함이었다.55)

---

54) 38선이라는 개념은 실제로 일찍이 거론된 바 있었다. 1896년 5월 일본 대표 산현우붕(山縣有朋)이 러시아의 Nicholai Ⅱ세 황제 대관식에 참석하였다가 한반도를 38도 선으로 분할하여 러시아와 일본이 각각 영향력을 발휘하자고 했으나 러시아가 이를 거부한 일이 있었다(H. Allen. *Chronological Index of Foreign Relations of Korea from Beginning of Christian Era to 20th Century* (Seoul: 1900). 「近代韓國外交史年表」,金源模 編, 153쪽. 김학준, "분단의 배경과 고정화 결정", 「해방 전후사의 인식」(한길사, 1979), 69쪽. 김학준, 「한국 전쟁」(박영사, 1989), 15쪽 이하에서는 다르게 기록하고 있다.

55) Joint Chiefs of Staff Memorandum, June 18, 1945. FRUS. "The Conference of Berlin," vol.Ⅰ. p. 905.

불행하게도 제2차 세계 대전이 거의 끝나기 불과 1주일 전인 1945년 8월 8일에 소련군이 일본에 선전포고를 함과 동시에 한반도에 진입하여 8일에 나진, 9일에 웅진을 거쳐 13일에 청진까지 상륙하는 신속성을 보였다. 미국은 서둘러 38선 이남까지 소련군이 진주하지 못하도록 38선을 확정하고, 38선 이남은 미군이 진주하는 것으로 결정하였다. 이로써 우리 민족은 비극의 한국 전쟁을 치르게 되었고, 그 결과 휴전선이라는 국경 아닌 국경으로 남북이 갈리어 반세기가 지나도록 전 세계 유일의 분단국으로 남아 있는 비극이 계속되고 있다.

제 1 장
해방 후의 북한 교회

1. 김일성 정권의 대두

해방이 되자 북한에서는 잃었던 조국의 광복과 더불어 새로운 나라 건설을 위한 작업이 시작되었다. 먼저 민족 지도자였던 조만식은 8월 17일 이윤영과 함께 '조선건국준비위원회' 평남위원회를 조직하고 위원장이 되었다. 평양에 진주한 소련군은 조만식에게 현준혁의 조선 공산당과 평양위원회의 통합을 강요하여 8월 26일 평남 정치인민위원회가 결성되었고 조만식이 위원장에 취임하였다. 이때 소련군의 후원을 받은 김일성은 조만식을 만나 자기를 공산주의와 민족주의 중간파라고 소개하면서 민족 정당 구성을 제안하였다. 김일성은 소련에서 귀국할 때 소련에 거주하던 한인 3만 명과 같이 왔는데 그중 약 3천 명은 김일성의 직계 부하들과 소련군에서 양성된 군인들이었다.[1] 김일성은 소련 상선 푸카초프 호를 타고 추석 전날 원산에 도착하여 평양에 입성하였

---

1) 朴春福, 「韓國近代史 속의 基督敎」, 199쪽.

다. 그는 10월까지 공식석상에 나타나지 않다가 10월 소련군이 소집한 군중대회에서 소련군 사령관 치스차코프 (I.M.Chistiakov) 장군으로부터 애국영웅이라는 대찬사를 받으며 공식적으로 등장하였다.

조만식은 공산당들이 서서히 세력을 확장해 가자 이에 대항하는 정당을 만들기 위해 1945년 11월 3일 조만식, 이윤영, 한근조, 김병연 등을 중심으로 '조선 민주당'을 창당하고 조만식이 위원장, 김일성의 추천을 받은 최용건, 그리고 이윤영이 부위원장이 되었다. 이 정당은 기독교인 민족주의자들이 주축을 이루었지만, 김일성의 동료였던 김책, 최용건 등도 가담했다. 동년 12월 8일 김일성은 북조선 공산당 제1비서직에 올랐고, 제2비서에는 연안파의 무정(武亭)과 국내파 오기섭(吳琪燮)이 각각 선출되었다.

같은 달에 모스크바에서 삼상회담이 열려 조선을 4대 강국(미·영·소·중)이 앞으로 5년간 신탁통치를 한다는 원칙을 발표하였다. 조만식은 단연 이 신탁통치 안을 반대하였다. 소련군은 이듬해 1월 5일 '5도 임시위원회'를 소집하였는데, 민족주의자들은 15명 중 6명만 참석하고 공산주의자들은 15명 전원이 참석한 가운데 신탁통치 안을 수용하기로 결정하였다. 5도위원회에서는 위원장인 조만식이 신탁통치 안을 반대했다는 이유로 친일파, 반민족주의자라는 낙인을 찍어 고려호텔에 연금하고 끝내 그를 학살하는 만행을 자행하였다. 김일성은 1948년까지 70만 명 이상의 노동당원을 확보한 후, 9월 9일 '조선민주주의인민공화국'을 정식으로 선포하고 북한의 유일무이한 권력자로 부상하여 그가 죽는 날까지 반세기 동안 절대 권력을 휘둘렀다.

2. 교회의 재건운동

「한국 전쟁의 기원」을 쓴 시카코 대학교 커밍스(Bruce Cumings) 교수는 "일제의 멸망은 한국인들의 유산- 역사, 문화, 언어, 인간으로서의 권리- 을 재발견할 수 있게 해주었다"[2]고 썼다. '인간으로서의 권리'라는 말에 신앙의 자유가 포함되어 있었는데, 이 신앙의 자유는 우리 교회에는 생명처럼 귀한 것이다. 따라서 해방은 우리 민족 모두에게 더할 수 없는 기쁨이었지만, 그중 기독교인들에게는 이 신앙의 자유를 찾은 기쁨으로 해서 더욱 기쁘고 감격스러운 일이었다. 신사참배를 우상숭배로 규정하고 끝까지 감옥에서 투쟁하던 신앙의 선배들 중 주기철 목사를 위시하여 최봉석 목사, 박관준 장로, 최상림 전도사, 박의흠 전도사 등 50여 명이 순교의 반열에 서서 그 빛나는 이름을 역사에 남겼다. 한편 목숨을 내어 놓고 끝까지 신앙의 절개를 지키며 투쟁에 승리한 신앙의 투사들인 채정민, 이기선 목사, 김인희(金麟熙), 최덕지(崔德支) 전도사, 오윤선(吳潤善) 장로, 안이숙(安利淑) 선생 등 20여 명이 평양감옥에서 출옥하였다. 또한 전국적으로 대구, 광주, 부산 형무소에 수감되어 있던 투사들이 출감하였으며, 청주 감옥에서 옥고를 치르던 손양원 전도사도 출옥하는 감격을 맛보았다.

신사참배를 반대하여 지하에 숨어 은신하던 교계의 지도자들도 해방과 더불어 일시에 햇빛을 보면서 바깥세상으로 나왔다. 교회가 당면한 문제는 그동안 일제의 강압에 못 이겨 고유의 명칭마저 빼앗겨 버리고 일본 교회의 부속으로 있던 교회들이 본래의 모습으로 돌아가는 것이었다. 일제에 의해 강제 해산되었던 군소 교단들도 복구 작업에 박차를 가하게 된 것은 자연스러운 일이었다.

---

2) Bruce Cumings, *The Origins of the Korean War*, vol. I, Liberation and the Emergence of Separate Regimes 1945~1947 (Princeton University Press, 1990), p. 69.

1945년 9월 4일 평양노회가 산정현교회에서 회집되었다. 이 노회에서 일제의 강압에 못 이겨 신사참배, 동방요배, 황국신민서사의 제창 등 하나님과 민족교회 앞에 씻기 어려운 죄과를 통회, 자복하고 3일간 금식하면서 부흥사경회를 가졌다.

   출옥 성도들은 감옥에서 나와 자기 집으로 돌아가지 않고 주기철 목사가 목회하던 평양 산정현교회에 모여 약 2개월 동안 머물면서, 한국 교회의 재건을 위해 기도하며 여러 가지 문제들을 심도 있게 논의하였다. 그들은 숙의를 거듭한 끝에 9월 20일 한국 교회 재건의 기본 원칙을 다음과 같이 발표하였다.

  1. 교회의 지도자(목사 및 장로)들은 모두 신사에 참배하였으니 권징의 길을 취하여 통회 정화한 후 교역에 나아갈 것.
  2. 권징은 자책 혹은 자숙의 방법으로 하되 목사는 최소한 2개월간 휴직하고 통회 자복할 것.
  3. 목사와 장로의 휴직 중에는 집사 혹은 평신도가 예배를 인도할 것.
  4. 교회 재건의 기본원칙을 전한(全韓) 각 노회 또는 지교회에 전달하여 일제히 이것을 실행하게 할 것.
  5. 교역자 양성을 위한 신학교를 복구 재건할 것.3)

   이 재건의 원칙이 발표되자 자기들의 신사참배 죄악을 시인하고 적지 않은 교회와 노회들이 이를 실시하였다.

   일제가 조선의 각 교단을 일본의 교단에 예속시켰을 때에, 평북노회는 비록 신사참배 결정에 있어서는 가장 발빠른 움직임을 보였지만, 교단 통합은 끝까지 거부하면서 고난 속에서도 그 절개를 지켰다. 해방이 되고 교회에 자유가 찾아오자 평북 6노회 평북(平北), 평동(平

---

3) 金良善,「韓國基督敎解放十年史」, 45쪽.

東), 용천(龍川), 의산(義山), 산서(山西), 삼산(三山) 노회는 그해 11월 14일부터 평북노회 주최로 일주일간 선천군 심천면(深川面) 월곡동(月谷洞)교회(홍택기 목사 시무)에서 해방 축하 및 심령부흥회를 겸하여 교역자 퇴수회를 가졌다. 이 모임의 또 다른 목적은 38선으로 남북이 나뉜 탓에 전국적인 치리회 구성이 어려워 북한의 각 노회와 교회를 통솔할 기구의 설치가 필요했기 때문이었다.

이때 강사는 출옥 성도 이기선(李基宣, 1878-?) 목사와 신사참배를 피해 만주로 가서 봉천신학교 교수로 있던 박형룡 박사가 맡았다.4) 평북 6노회 수련회는 자연히 많은 교역자들의 관심을 끌게 되었고 함경도에서 온 몇 명의 목사들을 포함하여 모두 200여 명의 교역자가 참석하는 성황을 이루었다. 출옥 성도 이기선 목사의 신앙 간증은 참석한 사람들의 마음을 흔들어 놓기에 충분하였고 많은 은혜를 주었다. 그러나 박형룡 박사가 교회의 재건 원칙을 발표하자 분위기가 급속히 냉각되었다. 27차 총회에서 신사참배를 불법으로 선포하였던 홍택기5) 등 친일파 목사들은 목소리를 높이며 공박을 서슴지 않았다. "옥중에서 고생한 사람이나 교회를 지키기 위하여 고생한 사람이나 그 고생은 마찬가지였고, 교회를 버리고 해외로 도피생활을 했거나, 혹은 은퇴생활을 한 사람의 수고보다는 교회를 등에 지고 일제의 강제에 할 수 없이 굴한 사람의 수고가 더 높이 평가되어야 된다"6)고 공박하고 나섰다. 뿐만 아니라 신사참배에 대한 회개와 책벌은 하나님과의

---

4) 봉천신학원은 1941년 동만, 남만, 북만, 봉천, 안동, 영구노회가 장로교, 감리교, 성결교, 동아기독교, 조선기독교(변성옥 계열)가 연합하여 창립한 만주 총회의 직영 신학교였다. 교장은 정상인 목사(총회장 겸임), 교수는 박윤선, 박형룡, 일본인 菊地一郎 등이었다. 신학교의 위치는 봉천 서탑교회였는데, 1942년 봉천시 황구룬구 대원가에 1,000여 평을 매입하여 본관, 기숙사를 신축하여 이전하였다. 현재는 모두 소실되었다.
5) 홍택기 목사는 친일을 하다가 해방 후 강양욱의 조선기독교도연맹 찬성자로 활동하였는데 6·25 때 공산당에게 연행되어 살해된 것으로 전해진다.
6) 金良善,「韓國基督教解放 十年史」, 46쪽.

직접 관계에서 해결될 성질의 것이라고 외치고 있는 적반하장의 역설에 그 목사의 화인(火印) 맞은 양심을 보는 것 같아 분노보다는 차라리 애처로움을 느낀다.

순교자들의 유족들이 살아갈 길 막연하여 굶주리고 있고, 피골이 상접한 출옥 성도들이 얼마나 더 살지 알 수 없는 현실을 눈으로 보면서 어떻게 그런 말이 나올 수 있었는지, 우리는 그들의 일제에 대한 부역의 행위보다 이 말에 통분을 금할 수 없다. 우리는 여기서 분명히 하고 지나가야 한다. 어떤 명분, 어떤 이유로도 신사참배는 정당화될 수 없고, 우상 앞에 절한 죄는 하나님과 교회 앞에 무서운 범죄임이 명백할진대, 출옥 성도들이 자숙, 통회, 자복하라고 말하지 않았어도, 스스로 2개월 아니라 2년이라도 참회를 했어야 옳았던 것이다. 그러나 그들은 그렇게 하지 않았고, 우상 앞에 숙였던 고개를 쳐들고 우상 앞에 고개 든 이들에게 대들고 있었으니, 한국 교회 분열의 비극은 여기에서 이미 그 조짐을 보이고 있었다.

신사참배파 목사들의 후안무치(厚顔無恥)한 태도에 크게 실망한 이기선 목사는 도저히 이들과 교회를 같이 이끌어 갈 수 없다고 판단하고 평북 지방 여러 곳을 다니며 단독으로 30여 교회를 개척하였고 1949년 5월에 재건교회(再建敎會)라는 간판을 달고 새로운 단독교회를 출발시켰다. 이들이 소위 '재건파'라 불리는 교회이다. 이들은 신사참배 죄를 회개하지 않는 교회에는 구원이 없다고 극언하기를 서슴지 않았다.7)

그러나 평북 6노회 수련회에 참석한 나머지 출옥 성도들과 신사참배 목사들은 교회의 재건이라는 명분 때문에 이 일을 위해 협의를 하지 않을 수 없었다. 우선 평양노회와 연락을 취하여 이북의 5도 16노회가 연합하여 구체적인 문제를 논의하기로 하고 그해 12월 초에 평양 장대현교회에서 이북 5도 연합회가 소집되었다. 북한에 진주해

---

7) 崔薰,「韓國基督敎迫害史」(예수교문서선교회, 1979), 99쪽.

온 소련의 태도가 점점 교회에 대해 강경해지고 38선의 경계를 강화하여 남북의 왕래를 금지하였으며, 교회 지도자들에 대한 감시와 사찰의 강도가 심해짐으로써 교회의 결속은 그 어느 때보다도 시급한 실정이었다.

5도 연합회는 임원을 선출하였는데, 회장에 김진수(金珍洙) 목사를, 연합회의 일을 맡아 수행할 간부에 김철훈(金哲勳), 이유택(李裕澤), 한의원(韓義源) 목사를 각각 선출하였다. 또한 연합노회는 우선 다음과 같은 사항을 결정하였다.

1. 북한 5도 연합노회는 남북통일이 완성될 때까지 총회를 대행하는 잠정적 협의기관으로 한다.
2. 총회의 헌법은 개정 이전의 헌법을 사용하되 남북통일 총회가 열릴 때까지 그대로 둔다.
3. 전 교회는 신사참배의 죄과를 통회하고 교직자는 2개월간 근신할 것이다.
4. 신학교는 연합노회 직영으로 한다.
5. 조국의 기독문화를 목표로 독립기념 전도회를 조직하여 전도, 교화운동을 대대적으로 전개한다.
6. 북한 교회를 대표한 사절단을 파송하여 연합국 사령관에게 감사의 뜻을 표하기로 한다.8)

연합회가 일제에 의해 강제로 제정한 헌법을 버리고 그 이전의 총회 헌법을 사용토록 한 것은 당연한 일이었고, 신사참배 죄악 참회에 대한 조항에서 신사참배를 한 목사, 장로, 지도자들의 2개월간 휴직에서 교직자들에게만 2개월간 근신토록 한 것은 현실을 인정한 처사라

---

8) 金良善, 「韓國基督敎解放十年史」, 47~48쪽.

평가된다. 친일 신학교 대신 신사참배 문제로 문을 닫았던 장로회신학교를 복구하기로 한 것 또한 마땅히 서둘러야 할 일이었다. 남한 교회와의 연락을 위하여 대표단을 파송하기로 하고 전 총회장 이인식 목사와 평동노회장 김양선 목사를 선출하였다. 그러나 이 대표단은 파견의 목적을 소련 군정과의 마찰을 피하기 위해 연합군 사령관에게 감사의 뜻을 표하기 위한 사절단이라고 하였다. 이들은 남한 교회 지도자들을 만나 교회의 앞날을 의논하고 또한 미국에서 귀국한 이승만 박사와 상해에서 귀국한 임시 정부의 김구 선생을 만나 그들의 노고를 치하하기로 내정했다. 이들은 남하한 후 38선이 가로막혀 다시 북으로 돌아가지 못하고 남한에 계속 남아 있을 수밖에 없었다.

3. 북한 교회의 정치운동 시도

해방 직후 북한의 상황에서 교계는 '교회와 국가의 분립'이라는 명제 앞에 고심하고 있었다. 이 명제는 오랜 세월 교회 역사에서 무수한 논쟁과 투쟁의 결과로 얻어진 결실이었기 때문이었다. 개신교회에서 교회와 국가의 분리라는 명제는 처음부터 전제된 것이므로 별 갈등을 느끼지 않았다. 또한 한국에 진출한 각 교파 선교회도 교회의 정치 개입을 지극히 꺼렸고, 교회가 정치의 장(場)이 되지 않을까 하는 염려를 거두지 않았다. 특히 일제 통치 기간에 일부 교회 지도자들이 교회를 독립 쟁취를 위한 정치운동의 도구로 사용하려는 의도를 갖고 있었을 때 선교사들은 이런 의도를 단호히 차단하였다. 따라서 선교사 주도의 한국 교회는 비사회적, 몰역사적, 몰민족적 성격을 띤 교회라는 오해를 받기도 한 것이 사실이다.

해방이 되었으나 공산당들이 그 세력을 확장해 나가는 북한 상황은, 종교의 자유와 민주주의의 기본 원칙에 따라 정치 일정을 잡은 남한과는 사뭇 그 사정이 다를 수밖에 없었다. 조만식을 제거하고 공산당이 권력을 잡기 시작하자 저들은 그 본성을 드러내면서 서서히 교회에 압박을 가하고 있었기 때문에 공산당 정권에 대한 자구책으로 기독교인들이 정치적 동맹을 꾀하는 현상이 나타나기 시작했다.

1945년 9월 초 평북 신의주제일교회 목사 윤하영(尹河永)은 신의주 제2교회 한경직 목사와 더불어 평안북도 기독교인들을 주축으로 '기독교사회민주당'(基督敎社會民主黨)을 결성하였다. 이 정당은 남북한을 통틀어 처음으로 형성된 기독교 정당이었다. 후에는 기독교인들뿐만 아니라 비기독교인들의 지지를 얻기 위해 이름을 '사회민주당'으로 개칭하였다.9)

이 정당의 정강은 기독교 정신에 입각한 민주주의 정부의 수립과 사회 개혁이었다. 각 교회와 지방에 지부를 설치하고 그 세력을 확장해 나가자 이를 눈여겨보고 있던 소련군 사령부는 이의 제지에 나섰다. 1945년 11월 16일 용암포(龍岩浦) 지부를 결성할 때 이들의 방해공작이 구체적으로 나타났다. 대회가 진행되고 있을 때 사령부의 사주를 받은 공산당원들이 그 지역 공장의 공원들을 동원하여 대회장을 습격하고 난장판을 만들면서 위원장 장원봉(張元鳳) 집사를 위시하여 간부 전원을 무차별 구타하였다. 이때 단상에 앉아 있던 홍석황(洪錫璜) 장로는 현장에서 타살되었고 용암포예배당과 사택이 완전히 훼파되었다.10)

일이 이렇게 되자 그 지역의 기독교 학교 학생들이 일제히 일어나 저들의 폭력 행위를 저지하는 과정에서 양측에 많은 부상자가 발생하는 불상사가 일어났다. 일이 확대되어 신의주와 인근의 기독교 학교 학생 약 5천여 명이 11월 23일 정오를 기하여 공산당 본부와 인민위원회 본부, 그리고 보안서(保安署)의 퇴각을 요구하는 시위를 벌였다. 그러나 무자비한 공산당들은 나이 어린 학생들에게 무차별 총격을 가하

---

9) 金良善,「基督敎解放十年史」, 62쪽 이하 참조.「평양노회사」(평양노회사 편찬위원회, 1990), 319쪽.
10)「基督敎大百科事典」 2권 (1985), 항목 "기독교사회민주당".

여 수십 명이 목숨을 잃었을 뿐만 아니라 소련군 전투기가 나타나 기총소사를 가하여 50여 명의 학생이 죽고 부상당하는 참사가 벌어졌다.11)

소련군 사령부는 이를 빌미로 계엄령을 선포하고 기민당(基民黨) 간부 전원을 검속하였다. 기민당의 기초가 되는 교회를 와해시키기 위해 정치고문단을 총동원하여 목사들의 신상을 면밀히 조사하고 첩자들을 교회에 밀파하여 교직자들의 일거수일투족을 파악하여 교회 박멸의 절차를 밟아 갔다.

평북에서 기민당이 창당될 때 평남에서도 김화식(金化湜) 목사를 중심으로 '기독교자유당' 창당이 모색되었다. 김 목사는 해방되던 해 11월 초에 정주에서 여러 교회 지도자들과 함께 장차 한국에 민주주의에 입각한 정부 탄생을 목적으로 기독교 정당 창당을 협의하였다.

그러나 여러 사정으로 이 정당은 창당을 결행치 못하다가, 1947년 9월 유엔에서 한국문제가 토의되는 것을 보고 남북통일에 대비하여, 김화식 목사는 김관주(金冠株), 황봉찬(黃鳳燦), 우경천(禹敬天) 등과 함께 창당 준비에 박차를 가하여 11월 19일에 창당식을 하기로 작정하였다. 그러나 공산당들이 미리 낌새를 채고 하루 전날 들이닥쳐 김 목사 이하 40여 명의 교회 지도자들이 검속되어 대다수가 옥사하거나 행방불명되는 비극으로 끝나고 말았다.12) 북한에서 기독교 정당이 태동되려다가 공산당의 억압으로 무산되어버린 이 사건은 우리에게 교회가 정치 일선에 나서서는 안 된다는 것을 다시 교훈하고 있다. 정치는 정치가가 하고 목사는 교역에 전념해야 하는 것이 하나님의 뜻이다.

---

11) Bruce Cumings, *The Origins of the Korean War*, vol. II. The Roaring of the Cataract 1947~1950 (Princeton University Press, 1990), 319. Cumings는 사망자가 23명인데 이들 모두는 크리스천이라고 적시했다.
12) 「평양노회사」(평양노회사 편찬위원회, 1990), 320쪽.

4. 3·1운동 기념식과 교회의 탄압

1919년 3월 1일에 벌어졌던 기미만세사건은 10여 년간 일제의 억압에 시달리던 우리 민족이 온 세계에 독립의 염원을 선포한 것이며, 종파의 차별 없이, 남녀노소가 참여하여 민족의 역량을 한껏 보여 주었던 쾌거였다. 일제 통치 기간에 기념식은 감히 상상도 못하다가 저들의 가혹한 통치가 끝나고 해방 후 처음으로 맞이하는 3·1독립기념일은 모든 교회에 무척 의미 깊은 날이다. 평양교역자회는 2월 21일 서문밖교회에서 이 행사를 연합으로 모이기로 결의하고, 감리교회의 신석구, 송정근, 장로교회의 김인준, 이학봉, 황은균 목사 등이 준비위원이 되어 1946년 3·1절 기념예배를 평양 장대현교회에서 드리기로 하고 모든 교회에 통고했다.13)

이렇게 일이 진행되고 있을 때 북조선 임시인민위원회는 교역자들을 마펫 기념관에 모아 놓고 교회 단독의 행사를 중지하고 인민위원회가 주관하는 기념행사에 참석할 것을 요구하였다. 교회는 이미 준비를 완료하였고 또 공산당들과 함께 예배를 드릴 수 없는 노릇이어서 이 제안을 거절하자, 반대하는 교역자들 60여 명을 검거하기 시작하였다. 그러나 교회들은 이러한 상황에서 예정대로 장대현교회에서 수천 명의 신도가 모여 기념예배를 시작하였다. 그런데 황은균(黃殷均) 목사가 설교를 하고 있을 때 공산당들이 들이닥쳐 황 목사를 체포하여 가자, 예배에 참석한 교인들의 분노가 폭발하여 수천 명의 신자들이 십자가와 태극기를 휘두르며 '신앙의 자유와 신탁통치 절대반대'를 외치며 소련군 사령부를 향하여 항의하는 행진을 하였다.14) 공산당들이 주도했던 기념식은 평양 역전에서 이루어졌으나 식 중에 수류탄이

---

13) 위의 책.
14) 金成俊, 「韓國基督教史」(韓國教會教育研究院, 1980), 185쪽.

투척되어 엉망이 되고 말았다.

한편 평북 선천에서도 기념식이 신성학교 운동장에서 열렸는데, 공산당이 부락마다 만든 농민조합원들이 김구, 이승만 타도의 플래카드를 들고 행진하는 것을 보고 기독청년들이 항의하면서 편싸움이 되어 난투극이 벌어졌다. 이때를 기해 우익 기독청년들이 서서히 남한으로 내려가기 시작하였다.15)

5. 조선기독교도연맹의 출현

해방의 기쁨을 만끽하기도 전에 북한에는 연합국의 협정에 따라 소련군이 진주하여 사실상 군정에 들어갔다. 이들은 해방군으로 왔다고 자처했지만 시간이 지나면서 그 악랄한 본성을 드러내어 약탈, 살인, 강간, 파괴, 시설 반출 등 온갖 행패를 부리며 가장 난폭한 무법 점령군으로 변해 버렸다.16) 평양에 입성한 지 이틀 후에 정치 사령부 로마넨코(A.A.Romanenko) 소장의 지시로 민족진영과 공산진영이 같은 비율로 평남 인민위원회를 조직하고 이어 5도 인민정치위원회를 조직하게 하여 이를 장악하고 군정을 실시하였다. 소련은 앞으로 북한을 공산당이 지배하는 지역으로 만들 계획을 가지고, 젊은 소련군 장교 김일성을 내세워 그 계획을 진행해 나갔다. 저들은 우익 세력을 한 사람씩 제거하는 공작을 통해, 인민위원회를 공산당이 완전히 장악하게 만들었다.

공산당들은 북한의 기독교 세력을 완전히 몰락시킬 계책을 세웠는데, 이것은 공산당 정권을 세우기 위한 전초 작업이었다. 1946년 9월 5일 입법부를 만들기 위한 도, 시, 군 인민위원회 선거를 1946년 11월 3일 주일에 실시한다는 법령을 포고하였다. 이것은 교회에 대한 선전

---

15) 「姜信明信仰著作集」(기독교문사, 1987), 587쪽.
16) 朴春福, 「韓國近代史 속의 基督敎」, 193쪽.

포고였다. 교회가 모두 하나님께 예배드려야 하는 시간에 투표를 계획한 것은 일제시대의 신사참배 강요와 같이 교회를 또 다시 시험대에 올려놓은 것이었다.

또한 교회를 박멸하기 위해 이에 대응하는 단체를 만드는 것이 가장 빠른 길이라고 판단한 저들은 공산당 어용 기독교 단체를 1946년 11월에 구성하였다. 이것이 소위 '조선기독교도연맹(朝鮮基督敎徒聯盟)'이라는 친 공산당 조직의 기독교 단체였다. 이 단체를 만든 장본인은 평양 장로회신학교 출신이며 김일성 외조부17)의 육촌 동생인 강양욱(康良煜) 목사로서,18) 공산당으로 전향한 자였다. 그는 해방 후 평양 고정(高井)교회를 맡고 있었는데 반공청년들의 습격을 받고 자신은 간신히 피했으나 장남을 잃는 고통을 겪은 인물이었다.19) 그 이후 본격적으로 공산당 활동을 하면서 당시 김일성이 위원장으로 있던 북조선 임시인민위원회 서기장직을 맡았다. 1946년 10월경 강양욱은 평양에서 곽희정, 이웅, 신영철 목사 등을 포섭하여 기독교도연맹을 발기하였다. 이들은 전 총회장이며, 왕년의 대부흥사였던 김익두(金益斗) 목사, 전 산동성 선교사 박상순(朴尙純) 목사, 그리고 황해도 인민위원회 요직에 있던 전 총회장 김응순(金應淳) 목사를 회유, 협박하여 이 연맹에 가입시켰으며, 박상순 목사를 위원장으로 세웠다.20) 김일성은 북한 괴뢰 정부를 수립하기 위한 인민위원회 선거를 1946년 11월 3일 주일

---

17) 강양욱을 김일성의 외삼촌으로 알고 있는 이들이 많으나 사실은 그의 외할아버지 康敦煜 장로의 육촌동생이다. 한재덕, 「김일성을 고발한다」(서울 : 1965), 92~93쪽. 홍만춘, "북한 정권 초기의 기독교와 강양욱," 「해방 후 북한 교회사」, 김흥수 엮음(서울 : 다산글방, 1992) 참조.
18) 그는 (후) 평양신학교 38회(1943) 졸업생 48명 중 하나이다. 신학교 시절에는 사회주의운동에 앞장섰으며, 신앙은 없었고 학생운동에 열중하였다. 1944년 평양노회에서 목사 안수를 받았으나 해방이 되면서 공산당으로 전향하여 후에 부주석에까지 올랐다. 「평양노회사」(평양노회사 편찬위원회, 1990), 321쪽.
19) 金光洙, 「北韓基督敎探究史」(基督敎文社, 1994), 198쪽.
20) 金良善, 「韓國基督敎解放十年史」, 70쪽.

에 실시한다고 선언하면서, 기독교도연맹 이름으로 다음과 같은 결의문을 발표하였다.

1. 우리는 김일성 정부를 절대 지지한다.
2. 우리는 남한 정권을 인정치 않는다.
3. 교회는 민중의 지도자가 될 것을 공약한다.
4. 교회는 선거에 솔선하여 참가키로 한다.[21]

주일 선거 공고는 5도 연합회 소속 목사들을 회유, 협박하여 자파에 끌어넣는 공작의 일환으로 시행하였으며, 선거에 불참하거나 반대하는 자를 제거할 저의를 갖고 있었다.

선거 일자가 발표되자 교회 안에서는 다시 양론이 제기되었다. 당시 평양에는 약 30여 개의 교회가 있었는데, 그 목회자들 중 대부분은 신사참배를 한 인사들이었다. 그러나 그중에는 출옥 성도도 있었고 지하에 은거했던 목사들도 포함되어 있었다. 이들은 주일 선거 문제에 대해 모두 강경한 입장을 고수하였다. 10월 25일 5도 연합회가 산정현 교회에서 소집되었는데 회장 김진수 목사의 사회로 개최된 회의에서 총선거를 전면적으로 거부한다는 결의를 하였다. 이에 대한 결의문을 작성하여 김일성과 소련군 사령부에 제출하기로 하고 7인 위원을 선출하였다. 이때 결의한 '5개조 결의문'은 다음과 같다.

1. 성수주일을 생명으로 하는 교회는 주일에 예배 외의 여하한 행사에도 참가하지 않는다.
2. 정치와 종교는 이를 엄격히 구별한다.

---

[21] 張喜根, 「韓國長老敎會史」(부산 : 亞成出版社, 1970), 315쪽. 金光洙, 「北韓基督敎探究史」(基督敎文社, 1994), 199~200쪽.

3. 예배당의 신성을 확보하는 것은 당연한 의무요 권리이다. 예배당은 예배 외에는 여하한 경우도 이를 사용함을 금지한다.
4. 현직 교역자로서 정계에 종사할 경우에는 교직을 사면해야 한다.
5. 교회는 신앙과 집회의 자유를 확보한다.[22]

7인 대표들은 신현교회 이유택, 산정현교회 김철훈, 사인장교회 최감은, 연화동교회 김윤찬, 신암교회 김길수 목사 등이었는데 이들이 제출한 주일 선거를 평일로 바꾸어 달라는 청원을 저들은 한마디로 거절해 버렸다. 하지만 이들은 생명을 걸고 다음과 같은 결의를 하였다. "우리는 목숨이 다할 때까지 평양을 사수한다. 우리는 신앙을 위하여 한국의 예루살렘 평양성을 위하여 이 작은 몸을 주님의 제단에 바치기로 한다." 그리고 교인들에게 투표에 임하지 않도록 통보하고, 주일 새벽기도 시간부터 밤 12시까지 강단을 떠나지 말고, 선거에 참여치 말도록 종용하였다. 많은 교회와 교우들이 이 지침에 따라 교회에서 하루를 보내고 선거에 참여하지 않았다. 그러나 이때부터 공산당들은 투표에 참여하지 않은 교역자와 교인들을 정치보위부로 끌고 가서 무자비한 고문을 가하기 시작하였다.

강양욱은 조선기독교도연맹의 조직을 더욱 활성화시켜 민족진영의 목사들과 5도 연합회 소속 목사들을 5월까지 가입토록 하고, 미가입자는 강대에 설 수 없다면서 하나씩 잡아다가 고문과 악형을 계속하였다. 이러한 상황에서 목사들은 이제 '어용파, 거부파, 현실 불가피파'[23]로 나뉘었다. 저들은 각 교회에 공문을 보내 예배당 정면에 김일성 초상화를 걸도록 하여 사상적 흑백을 가리려고도 하였고, 교회 간판 밑에 '○○교회 기독교도연맹 지회'라는 간판을 걸라고 강요하

---

22) 「평양노회사」 (평양노회사 편찬위원회, 1990), 318쪽.
23) 澤正彦, "해방 이후 북한 지역의 기독교," 「韓國基督敎史硏究」(1987. 12), 11쪽.

였다.24) 1948년부터는 일반 평신도들에게도 연맹 가입을 강요하여 연맹을 북한의 실제적인 기독교 총회로 만들려는 저의를 드러내기 시작하였다. 1949년에 5도 교회 대표자를 평양 서문밖교회에 모아 놓고 기독교연맹 총회를 구성하여, 총회장에 김익두, 부총회장에 김응순, 서기에 조택수 목사를 각각 선출하여 조직을 완료함으로써 공산당 어용 기구로서의 면모를 갖추었다.25)

6. 신학교 문제

평양에 있던 장로회신학교는 5도 연합회에서 연합노회 직영으로 한다는 결의에 따라 해방되던 해 12월에 김인준(金仁俊) 목사를 교장에 임명하였다.26) 김 목사는 숭실학교를 거쳐 평양장로회신학교를 졸업하고 미국 버지니아 주 리치몬드에 있는 유니온신학교에서 수학하고 귀국하여 평양여자신학교에서 교수하였다. 그러나 그는 기독교도 연맹 가입을 거부하였기 때문에 1947년 1월 소련군 사령부에 연행되어 온갖 고문을 당하다가 결국 시베리아에 유배되어 그곳에서 순교하였다.27) 김인준 목사가 순교한 후 이성휘 목사가 그의 뒤를 이어 교장에 취임하였다. 당시 교수는 최지화(崔志化), 김태복(金泰福), 이학봉(李學鳳), 박경구(朴敬球), 강문구(姜文求), 김영윤(金榮潤) 목사 등이었다.

제2차 세계 대전 말기에 일제에 의해 강제 추방되었던 선교사들이 하나씩 귀임하면서 남한에서는 선교부의 사업이 차차 제자리를 찾아가

---

24) 홍만춘, "북한 정권 초기의 기독교와 강양욱," 「북한」 (1990. 2). 김흥수 편, 「해방 후 북한 교회사」, 370쪽.
25) 계창주, "북한 기독교도연맹의 정체," 「기독교계」 창간호 (1957. 8), 김흥수 편, 「해방 후 북한 교회사」, 340쪽. 金良善, 「韓國基督敎解放十年史」, 70쪽.
26) 「평양노회사」(평양노회사 편집위원회, 1990), 324쪽.
27) H. A. Rhodes and A. Campbell, eds., *History of the Korea Mission Presbyterian Church in the U.S.A.* vol. II 1935~1959 (The Presbyterian Church of Korea Department of Education, Seoul Korea, 1965), p. 264.

게 되었다. 그러나 북한은 소련군이 진주해 있었으므로 선교사들의 입북이 용이치 않았다. 미 군정청의 특별 교섭으로 방위량(W.N.Blair) 선교사가 1947년 4월 평양을 방문하게 되었다. 그의 보고에 의하면 그때 신학교는 여전히 수업을 계속하고 있었고 재학생이 164명이었다.

그러나 기독교도연맹이 신학교를 그대로 방치해 둘 리 만무하였다. 당시 평양에는 장로회신학교와 감리교의 성화신학교가 있었는데, 연맹 관계자들은 두 신학교를 하나로 통합하는 작업을 서둘러 결국 '기독신학교'로 재편하였다.[28] 당시 장로회신학교에는 약 600여 명의 학생이 있었고 성화신학교에는 200여 명의 학생들이 공부하고 있었다. 연맹의 서기였던 조택수 목사는 강양욱의 심복으로 장로회신학교 현관에 스탈린과 김일성 사진을 걸어 놓고 신학생을 한 명씩 불러 사상 검증을 한 후 두 신학교에서 각각 60여 명만을 선택, 120명 정도의 학생만 공부하도록 하고 나머지는 모두 축출해 버렸다.[29]

저들은 1950년 3월 두 신학교를 완전히 하나로 통합하였다. 장로회신학교 교장 이성휘 목사는 정치보위부에 끌려갔고, 연맹 부총회장인 김응순이 교장으로 들어와서 공산당 시책에 따른 세뇌교육을 실시하였다. 이성휘 목사는 한국 전쟁이 발발한 후 평양이 탈환될 때 우익 인사들과 함께 총살됨으로써 순교의 길에 들어섰다.[30] 그러나 이러한 공산당 어용 기독신학교도 6·25와 더불어 완전히 와해되고 소멸되었다.[31]

---

28) 澤正彦, "해방 이후 북한 지역의 기독교," 김흥수 편, 「해방 후 북한 교회사」, 32쪽.
29) 기독신학교에 관해서는 金光洙, 「北韓基督敎探究史」(基督敎文社, 1994) 제3장 참조.
30) 「평양노회사」에는 6·25 당일 새벽에 정치보위부원에게 납치된 후 순교하였다고 기록하고 있다. 「평양노회사」(평양노회사 편집위원회, 1990), 325쪽.
31) 이 신학교는 단 한 번의 졸업생을 배출했다. 그 졸업생은 노재남, 안병무, 장승찬, 최용문 등이 있다. 金光洙, 「北韓基督敎探究史」(基督敎文社, 1994), 241쪽.

7. 교회의 와해(瓦解)

1948년 북한 공산당은 교회의 모든 재산을 국유화해 강탈했다. 이에 따라 어떤 교회는 지금까지 자기들이 썼던 예배당을 임대료를 내고 사용하기도 하였다.32) 6·25가 우리 민족과 국토에 남긴 상처는 필설로 다 표현하기 어렵지만, 그중 교회가 받은 피해는 가공할 만하며, 특히 북한 교회의 피해는 말로 형용할 수 없을 정도이다. 휴전 후 북한 교회는 공산당들에 의해 완전히 와해되어 버렸다. 전 김일성대학 철학과 교수였던 최광석(崔光石)은 다음과 같이 증언하였다.

> 공산군이 남한을 침략하고 있는 3개월 동안 470여 개의 종교단체가 해체당하고 808동의 종교건물이 파괴되었다. 북한 공산주의자들은 전후(戰後)의 복구 사업을 진행하면서 종교건물들에 대해서 대파된 것은 완전히 허물어 버리고, 약간 파괴된 것은 구조를 변경하여 옛모습을 알아보지 못하게 하였으며 전혀 파괴되지 않은 예배당도 십자가를 제거하고 모습을 변경시켜 유치원, 선전실, 회의장 등 타 목적에 이용하였다.33)

뿐만 아니라 인민재판을 통해 불과 30분 만에 기독교도들을 총살하는 만행을 자행하였다. 많은 목사들과 교인들이 저들의 박해를 피해 월남하였고, 남아 있던 목사들과 교인들은 끈질긴 공산당들의 색출로 모두 참살되거나 추방되었다. 이로써 교회나 목사, 교인들은 공식적으로 하나도 없는 형편이 되었다.

1972년 남북적십자회담이 열리고 남측 대표들이 북에 갔을 때 당시 남측 기자들이 조국통일 민주주의 조선 중앙위원장으로 있던 강양욱을 만나 몇 가지 질문한 내용 속에서 당시 북한 교회의 형편을 엿볼 수 있다.

---

32) 金成俊, 「韓國基督敎史」(韓國敎會敎育硏究院, 1980), 187쪽.
33) 최광석, "북한 기독교인들의 신앙생활," 「基督公報」, 1972. 9. 2.

■ 북한의 기독교계 형편은?
- 내가 말하기 전에 당신들이 더 잘 알 것이다. 미 제국주의가 도발한 침략전(侵略戰) 3년 동안에 미제의 폭격으로 교회가 다 파괴되었으니까. 미군을 따라온 종군 목사들이 선전하기를 미국을 반대하는 것은 하나님을 반대하는 것이라고 미국에 복종시키기 위한 술책을 썼다. 미국 선교사들이 종교를 선전했는데 교회를 파괴한 것도 미국 선교사(종군 목사)였다. 하나님이 있다고 하면 그렇게 할 수 있겠는가. 그래서 교회는 없어졌고 신도를 중에서도 신앙을 포기하는 사람들이 많아졌다. 북반부에서 미국 선교사들이 선교했지만 말아 먹기도 했다.

■ 북한의 기독교인 수와 예배 양식은?
- 교회당도 파괴됐고 신앙을 포기하는 사람도 많아져 누가 신도인지 알기가 곤란하다. 개인적으로는 혹시 있는지 모르겠다. 지방에 있는지 모르겠다.

■ 강 목사께서는 하나님의 존재를 믿고 있는가?
- 내가 목사인데 안 믿을 수 있나?

■ 거리를 다녀 봐도 교회[당]를 볼 수 없는데?
- 당연하다. 전쟁 때 다 파괴되었으니까.

■ 새로 하나 지을 생각은 없으신지?
- 그건 모르겠다. 교인들이 앞으로 짓자 하면 지을 수는 있다. 공화국 헌법 14조에 신앙의 자유가 보장되어 있다.

■ 기독교인들 간에 모이는 일은 없는가?
- 그런 것은 없지 않다고 생각한다. 지방에서 혹시 있는지 모르겠다.

■ 성경책 보급은 어떠한가?
- 교인들이 그렇게 다 없어졌기 때문에 받을 사람도 없고 하나님이라는 것이 신도들이 예배를 보는데 폭격을 했으니……34)

　이상의 강양욱 회견에서 보는 바와 같이 북한의 교회는 단 하나도 없고, 교인도 공식적으로 한 명도 없다는 결론을 내릴 수밖에 없다.35) 그렇게 선교가 잘 되었고, 많은 신자들이 있었고 "해방 전후(前後)에 평양성에만 100여 개의 장로교회가 설립되어 아시아의 예루살렘이라는 이름을 들었던"36) 지역이 이제는 기독교 전무(全無) 지대가 된 사실 앞에 민족의 비애가 서린다.
　남북적십자회담 기자단의 일원으로 평양을 다녀온 한국일보 사회부장 김창열은 북한의 실정을 보도하면서 북한 교회 실정에 대해 다음과 같은 결론을 내렸다. "북한에 종교는 있을 수 없다. 있다면 그것은 유일한 종교, 유일사상(唯一思想)이 있을 뿐이다."37) 한국인뿐만 아니라 외국인들조차 북한의 전통 종교들은 모두 '김일성 사교'(邪敎 : cult of Kim Il Sung)로 대치되었다고 비평했다.38) 북한 교회의 형편이 어떠한지를 단적으로 보여주는 말이다.

---

34) "강양욱 회견,"「基督公報」, 1972. 9. 9.
35) Bruce Cumings, *The Origins of the Korean War*, vol. II. The Roaring of the Cataract 1947-1950 (Princeton University Press, 1990), 319쪽에 한국전쟁 때까지 기독교인들의 정치활동은 일체 용인되지 않았으나 예배의 자유는 허용되었다고 기록되어 있다.
36) 김태규, "사라진 북의 교회,"「基督公報」, 1972. 9. 9.
37)「基督公報」, 1972. 9. 16.
38) F. M. Bunge, ed., *North Korea, a Country Study Foreign Area Studies* (Washington D.C. : American University, 1981), p. 99.

제 2 장
남한에서의 교회 재건

　해방이 되자 남한에는 미군이 진주했다. 1945년 9월 8일 사령관 하지(John R.Hodge)가 이끄는 5천 명의 미군이 남한에 진주하여 반도호텔에 미 24군단 사령부를 설치하였다. 하지는 9일 중앙청에서 공식적으로 일본군의 항복 의식을 거행함으로써 국내에 남아 있던 5만 명 일본군의 무장을 해제시켰다. 그러나 하지는 당장의 무질서를 염려하여 총독부 관리들에게 계속 근무토록 명령하고 친일 인사들과 접촉을 가지면서 남한의 정치적 공백 상태를 최소화하려고 노력했다.[1] 이러한 미군의 친일 인사 등용 정책은 교회 안에까지 영향을 미쳐 결국 친일적 작태를 보였던 교회 지도자들이 머리를 들고 일어나 항일, 순교의 정신을 갖고 투쟁했던 이들의 입지를 좁게 하는 결과를 초래하였다.
　교회의 입장에서는 북한과는 달리 자유민주주의 제도를 따르는 미군이 진주했으므로 교회에 대한 박해는 전혀 없었다. 오히려 기독교

---
1) 한길사, 「한국사」 17권, 70쪽 이하 참조.

국가라고 볼 수 있는 미국은 일제에 의해 와해된 교회의 재건을 위해 여러 모로 도움을 주었다. 특히 일제 말엽 일제에 의해 강제 추방된 선교사들 중 일부는 미군 군목으로 내한하여 자기들이 선교했던 선교지의 복구를 위해 노력하였다. 또한 과거 한국에서 일하던 선교사들이 옛 일터로 돌아와 새롭게 사역을 시작하였다. 뿐만 아니라 미군의 진주는 영어를 구사할 수 있는 인사들의 대량 수요가 요청되었으므로 과거 미국에 유학했던 기독교계 인사들이 미 군정청에서 통역으로 또는 중요 보직에서 일을 하게 되었다. 그러므로 이들에 의해 교회 재건에 혜택이 주어졌고, 교회는 어느 집단보다 좋은 조건에서 재건할 수 있었다.

정치계에도 주요 인사들이 대개 기독교인이거나 기독교 배경을 가진 이들이 많아서 교회의 앞날은 밝았다. 남북이 갈리는 일이 안타까워 남북통합을 시도하기 위해 김구 선생이 북한을 방문하기도 했지만 모든 일들이 그렇게 여의치 않아 결국 유엔의 결의에 의해 남한만의 단독 정부가 들어서게 되었다. 총선거 일자가 1948년 5월 9일 주일로 결정되어 공포되자 남한의 온 교회는 일치하여 주일선거를 거부하면서 평일에 투표하게 해 달라고 청원하였다. 결국 이 요구가 받아들여져 5월 10일로 날짜가 변경되어 선거가 실시되었다.2) 북한에서 11월 3일 주일에 공산당의 억압으로 선거를 한 것과 대조되는 일이었다.

1948년 5월 31일 대한민국 초대 국회가 개원되었을 때, 의장이었던 감리교인 이승만이 이윤영(李允榮) 목사에게 기도를 부탁하였다. 이 목사는 다음과 같이 기도했다.

> 오랜 시일에 걸쳐 괴로움에 잠겨 있던 이 민족을 보호하여 주셨고 인간의 역사를 승리로 이끄시는 하나님께서 감격의 이날을 맞게 하여 주시니 감사합니다. 원컨대 우리 민족과 함께 앞으로 길이 독립을 주시고 평

---

2)「基督敎公報」, 1948. 3. 17.

화를 세계에 펴게 하시와 자손만대에 빛나는 역사를 전하는 자리가 되게
하여 주소서.3)

아마도 정기국회 개회식에서 공식적으로 하나님께 기도하는 일은 그때가 처음이자 마지막일 것이다.

1948년 4월 28일 경기도 파주군 조리면의 초등학교 교장이 국기에 대한 배례를 거부하는 죽원리교회에 출석하는 학생들(60여 명)에게 국기배례를 강요하는 사건이 일어났다.4) 죽원리교회 최중해 목사는 이 문제를 총회에 진정하였고, 그해에 모인 장로회 총회에서 손양원 목사의 발의로 국기배례를 거부하고 주목(注目)으로 하여 달라는 청원을 정부에 하자는 안이 결의되었다.5) 한국기독교연합회는 이승만 대통령 앞으로 국기배례를 주목례로 하게 해 달라는 진정서를 보냈고, 유호준 목사는 이 일로 이 대통령을 만나러 갈 때 이 안의 발의자요 일제시대 때 신사참배 문제로 옥고를 치렀고, 여수-순천 사건(여순반란사건)에서 공산당들에게 두 아들을 잃은 손양원 목사를 대동하고 가서 대통령을 설득하였다.6) 이 문제는 결국 대통령령으로 국기에 대해 왼쪽 가슴에 오른손을 얹는 주목례로 바뀌게 되었다.7)

이런 사실에서 보는 것같이 남한에서는 기독교가 정부의 넓은 아량으로 많은 혜택을 보면서 정착해 갈 수 있었다. 유엔의 결의에 의해 남한에서는 1948년 8월 15일 대한민국 정부가 정식으로 출범하여 새로운 시대의 서막을 열었으나, 교회 안의 사정은 그렇게 단순해 보이지 않았다.8)

---

3) 「基督敎公報」, 1948. 6. 9. 1면 "하나님의 축복 하에 역사적 국회 개회." 그러나 이승만이 이윤영 목사에게 기도를 시켜 물의가 일기도 했다. 「姜信明信仰著作集」(기독교문사, 1987), 587쪽.
4) 자세한 내용은 「대한예수교장로회 총회 제35회(1949년) 회록」, 74쪽 참조.
5) 「대한예수교장로회 총회 제35회(1949년) 회록」, 52쪽.
6) 유호준, 「역사와 교회」, 212쪽.
7) 「基督敎公報」, 1948. 7. 7.

1. 남부대회의 와해

해방이 된 후 남한 교회는 북한과는 사정이 사뭇 달랐다. 우선 남한은 북한과는 달리 출옥 성도가 그리 많지 않았다. 따라서 남한에서는 출옥 성도들과 신사참배를 한 교회 지도자들 간에 갈등이 별로 없었다. 그러므로 해방 직전 일본기독교 조선교단의 통리였던 김관식 목사를 비롯하여 송창근, 김영주 목사 등의 장로교 인사들과, 김인영, 박연서, 심명섭 등 감리교 교단 지도자들은 당연히 모든 교직에서 물러나 참회와 반성의 시간을 가졌어야 했다. 그럼에도 불구하고 그들에 대해 그렇게 하라고 요청하는 사람들도 없었고, 또 그들의 자리를 메울 만한 인사들도 마땅치 않아 자연히 그들이 교권을 그대로 쥐고 남한 교회의 재건에 나서게 되었다.9)

일제 말엽 저들의 강압에 의해 한국 내의 제 교파들이 하나가 된 것은 사실이지만, 기왕에 하나가 된 교회의 조직을 그대로 존속시켜 나가는 것이 좋겠다고 그들은 생각하였다. 그렇게 생각한 것은 교회의 일치가 하나님의 뜻이라는 근본적인 이유도 있었지만 이승만, 김구, 김규식 등 건국의 주요 인사들이 기독교인들이기 때문에 그들에게 건국의 이념을 제공해야 된다는 정치적 의도도 있었다.10)

해방이 되고 3주가 지난 9월 8일 새문안교회에서 교단의 지도자들이었던 장로교회의 김관식, 김영주, 송창근 목사 등과 감리교의 변홍규, 이규갑, 박연서 목사 등이 모여 '남부대회'라는 이름으로 교단 총회를 소집하였다. 여기서 교단의 존속문제를 논의했으나, 감리교회

---

8) 유엔 총회가 대한민국을 정식 인정한 것은 1948년 12월 12일이었다. *Secretary of State Byrnes*, G. McCune, *Korea Today*, p. 43. G. T. Brown, *Mission to Korea*, 170 참조.
9) 金良善, 「韓國基督敎解放十年史」, 50쪽.
10) 위의 책.

측 대표들이 옛날 교회로의 환원을 주장하며 퇴장하고 말았다. 초기 선교사들이 한국에 하나의 교회를 이루어 보려고 노력하였으나 여러 사정으로 인해 그 꿈을 이루지 못했었다. 비록 일제의 강요에 의한 것이라 할지라도 기왕에 하나가 된 교회를 그대로 존속시킬 수 있었던 좋은 기회를 또 놓치고 만 것은 애석한 일이 아닐 수 없다. 물론 이 남부대회의 붕괴를 전적으로 감리교회만의 책임으로 돌릴 수는 없다. 왜냐 하면 장로교회 안에서도 장로교회로의 환원을 원하는 목소리가 적지 않았기 때문이다. 어쨌든 해방 후의 교회는 남부대회의 와해와 교파의 난립이라는 혼란의 늪으로 서서히 빠져 들어가고 있었다.

일단 감리교측의 변홍규, 이규갑 등이 감리교 재건의 기치를 걸고 나갔으나 남은 사람들은 1945년 11월 27~30일 정동제일교회에서 남부대회 성사를 위해 '조선기독교남부대회'를 개최하였다. 여기서 앞으로의 사업을 위해 다음과 같은 몇 가지를 결정하였다.

- 조선독립 촉성(促成)을 위하야 3일간 금식 기도키로
- 대한민국 임시 정부를 절대 지지키로
- 선교사 내방 환영의 편지 발송키로
- 38선 문제와 조선을 완전 자주독립키 위하여 미국 교인에게 여론을 환기할 것과 트루먼 대통령에게 진정키로
- 폐쇄되었던 교회의 문을 속히 열기로
- 유년 및 장년 공과 발행키로
- 찬송가 합편 발행키로
- 종전 기독교 계통의 학교는 기독교계로 환원할 것이며 성경을 정과(正課)로 편입토록 교섭키로.

이때 임원을 선출하였는데 회장에 김관식, 부대회장에 김영섭이

선출되었다. 이때「기독교공보」를 대회의 기관지로 삼기로 결정하였다.11) 그러나 감리교회가 탈퇴하고 나서 장로교회에서도 본래 장로교회로 환원해야 된다는 여론이 높아가자, 제2회 남부대회가 1946년 4월 30일부터 5월 2일까지 정동제일교회에서 소집되었다. 이때 대회장에 배은희 목사가 선출되었지만 몇 사람 모이지도 않았고, 주동세력인 장로교회와 감리교회가 불참하는 대회는 더 이상 존재가치가 없다고 판단하고 각자 교파의 특성대로 활동하기로 결정하고 남부대회 해체를 선언하였다.

그러다 1946년 9월 3일 장로교, 감리교, 구세군, 성결교 대표들이 모여 조선기독교연합회를 창설하고 회장 김관식, 총무 임영빈, 간사 엄요섭 목사를 선출함으로써 오늘의 한국기독교교회협의회 즉 KNCC의 모체를 형성하였다. 조선기독교연합회는 그 첫 사업으로 이듬해인 1947년 남산에서 부활절 새벽예배를 초교파적으로 개최하여 오늘에 이르고 있다. 또한 1949년 미군이 철수한다는 소식을 접하고, 철수를 반대하는 반공 기독교 총궐기대회를 서울운동장에서 개최하기도 하였다.

2. 장로교회의 재건

장로교회의 재건운동은 경남노회에서 가장 먼저 활발하게 진행되었다. 그 이유는 두말할 것 없이 경남노회에서 가장 많은 신사참배 반대자가 나왔고 또한 순교자 주기철 목사와 최상림 전도사가 이 노회 출신이었으며, 출옥 성도 손양원, 주남선, 한상동 목사도 역시 모두 경남 사람으로 이 지역과 깊은 연관이 있었기 때문이었다.

1945년 9월 2일 부산에 있는 교회들이 연합하여 예배를 드리게

---

11)「基督教公報」는 1946년 1월 17일에 창간되었는데 주간으로 발간되었다.

되었는데, 이때 최재화(崔載華), 노진현(盧震鉉), 심문태(沈文泰) 목사 등 20여 명이 신앙 부흥운동 준비위원회를 조직하고, 과거의 모든 죄악을 통회 자복하였으며 정통신학에 의한 교회 재건을 결의하고 이 사실을 선포하였다. 이에 따라 같은 달 18일 부산진교회에서 경남 재건노회가 조직되었고, 같은 해 11월 3일에 경남노회 제17회 노회가 개회되어 출옥 성도 주남선(朱南善) 목사가 노회장에 추대되었다.

경남노회의 재건에 발맞추어 전북노회가 재야 목사였던 배은희(裵恩希) 목사를 노회장으로 선출하는 등 여타 노회들도 모두 다시 조직하여 1946년 초까지 남한 전역의 모든 노회들이 재건을 완료하였다.

전국의 노회 재건이 완료됨에 따라 1946년 6월 12일부터 서울 승동교회에서 장로교남부대회가 소집되었다. 남한 교회들만의 모임이었기에 총회라 이름 붙이지 않고 대회라 칭하였다. 대회는 재야 목사였던 배은희를 대회장에, 부대회장에는 함태영 목사를 추대하였다. 이두 사람 모두 해방 전에 교단에 참여하지 않은 사람들이었으므로 교회의 주도권이 전(前) 교단 지도자들로부터 떠난 것같이 보였다. 그러나 배은희, 함태영 목사는 실제 목회자들이 아니었으므로 내막으로는 여전히 교권이 전 교단 인사들 손에 놓여 있었다.12) 남부대회는 다음과 같은 중요 사항을 의결하였다.

1. 헌법은 남북이 통일될 때까지 개정하지 않고 그대로 사용한다.
2. 제27회 총회가 범과한 신사참배 결의는 이를 취소한다.
3. 조선신학교를 남부총회 직영 신학으로 한다.
4. 여자 장로직의 설정문제는 남북통일 총회 시까지 보류한다.13)

---

12) 張喜根, 「韓國長老敎會史」(부산 : 亞成出版社, 1970), 329쪽.
13) 金良善, 「韓國基督敎解放十年史」, 52쪽.

여기서 주의해 볼 만한 점은 남부대회가 신사참배 결의를 불법으로 규정하고 이를 취소하였으나, 진실한 참회의 모습이 보이지 않는다는 점이다. 이것을 입증하는 것으로 제34회 총회에서 다시 한번 신사참배 결의를 취소하고, 신사참배를 결의한 날에 해당하는 주일을 통회, 자복일로 정하여 이를 실시하였다. 1954년 제39회 총회는 출옥 성도 이원영(李源永) 목사가 총회장에 선임된 것을 기해 신사참배 결의를 재삼 취소하였다.14) 이렇게 여러 차례 취소를 거듭하는 것은 역설적으로 "도리어 총회가 신사참배의 범과를 통절히 뉘우치지 못하였다는 증거 외에는 아무것도 아니었고 일부의 교권주의자의 자기 명예를 위한 제스처에 불과한 것이었다"15)고 김양선 목사는 혹평하였다.

1947년 4월 대구 제일교회에서 제2회 장로교남부대회가 열렸다. 이때 1942년 일제의 강압으로 해산되었던 대한예수교장로회 제31회 총회를 계승하여 제33회 총회로 개회할 것을 결의하였다.16) 이렇게 결정한 것은 세월이 갈수록 38선은 더욱 강화되었고, 북한에서는 김일성 공산당 정권이 확고하게 자리 잡아 갔으므로 남북통일의 전망이 흐려졌기 때문이었다. 뿐만 아니라 많은 이북 교회 목사들이 대거 남하하여 왔으며, 이남에서는 이승만 정권이 독립국가로서 체제를 갖추어 가고 있었으므로 남한 교회에서는 막연히 남북통일 때까지 총회의 결성을 미룰 수 없었기 때문이었다.

총회는 북에서 남하한 목사들을 해당 노회 목사 3인의 보증으로 남한 각 노회에 가입하게 하여 목회의 길에 나서게 하였으며, 이들 대부분이 개척교회를 시작함으로써 교회 부흥에 크게 공헌하였다.

---

14) 「大韓예수敎長老會 第39回(1954) 會議錄」, 263쪽.
15) 金良善, 「韓國基督敎解放十年史」, 53쪽.
16) 1946년에 모였던 제1회 남부대회를 제32회 총회로 인정하였음.

3. 감리교회의 재건

해방 후 새문안교회에서 모였던 교단대회에서 감리교회의 재건을 외치며 퇴장했던 변홍규(卞鴻圭), 이규갑(李奎甲), 김광우(金光宇) 목사 등은 당일 동대문교회에 모여 감리교 재건중앙위원회를 조직하고 이규갑을 위원장으로 선출, 감리교의 재건을 내외에 선포하였다.17) 그들은 3연회를 조직하기로 하고 동부는 변홍규, 서부는 이윤영(李允榮), 중부는 이규갑이 회장이 되어 연회를 구성하였다. 1946년 1월 동대문교회에 다시 모여 연합연회(General Conference)를 형성하여 감리교회의 재건을 결의하였다. 신학교 설립도 결의하여 같은 해 2월에 개교하여 교장에 변홍규가 취임하였다.18) 신학교가 개교되고 학생들이 공부를 시작하여 재건파는 힘을 얻었으나, 이에 가입한 교회는 70여 개에 불과하였다. 서울의 큰 교회들은 여기에 거의 가담하지 않았다. 그렇게 된 이유는 이 재건파들은 일제 말기에 만들어졌던 교단의 횡포에 밀려났던 인물들이 중심이 되어 있었으므로 교단측 교회나 인사들이 가담하지 않았기 때문이었다.

따라서 재건파는 "감리교회의 완전 재건을 목표로 일제 때 교권을 남용하고 교회를 팔아먹던 교직자에 의하여 지도되고 있는 교회들의 각성을 촉(促)하기 위하여"19) 전국 각 교회에 감리교의 완전 재건과 순결의 보수를 강조하는 내용의 성명서를 발표하였다. 따라서 감리교회의 앞날은 재건파와 교단파 중 어느 쪽이 교권을 잡느냐 하는 문제로 귀결되게 되었다. 장로교회에 비하여 감리교회는 감독에게 많은 권리가 주어지는 감독제 정치를 하고 있어서 교권의 향배란 당사자들에게는 무척 중요한 사안일 수밖에 없었다.

---

17) 유동식, 「정동제일교회의 역사」(정동제일교회 역사편찬위원회, 1992), 380쪽.
18) 위의 책.
19) 金良善, 「韓國基督敎解放十年史」, 55쪽.

교역자들 중심으로 교권 쟁탈을 위한 암투가 계속되고 있을 때 이를 중재하기 위해 평신도들이 전면에 나섰다. 유력한 평신도들의 중재는 성공적이어서 양파의 지도자들은 서로 화해하고 1949년 연합연회를 개최하였으며, 단일 감독으로 김유순(金柔順) 목사를 호선함으로써 수년간 갈등을 겪던 감리교회는 일단 하나의 교회로 새 출발을 할 수 있었다.[20]

4. 성결교회의 재건

성결교회는 그 재림사상이 일제의 국체에 어긋난다 하여 일본 내에 있는 안식교, 동아기독교(침례교)가 해산되자 같은 운명에 처했었다. 1943년 5월 경무국에 의해 전국의 모든 교역자가 검거되었고 9월에는 모든 예배가 금지되었으며, 12월에 강제 해산령이 내려졌다. 그리고 그들 예배당은 군수품 공장 등으로 전용되었다. 당시 약 5만에 이르던 성결교인들은 해방이 되어 교회가 재건될 때까지 장로교회나 감리교회에 나가 신앙생활을 할 수밖에 없었다.

해방이 되자 흩어졌던 교역자들과 교인들이 다시 모여 교회 재건에 박차를 가하였다. 해방이 되던 해 11월 서울에서 총회로 모여 박현명(朴炫明) 목사를 총회장에 선임하였고, 교단 신학교였던 경성신학교를 '서울신학교'로 개명하고 이건(李健) 목사가 교장에 취임하였으며, 이명직(李明稙) 목사가 명예교장에 추대되었다. 교수로는 박현명, 김유연(金有淵), 김응조(金應祚), 최석모(崔錫模) 목사 등이 임명되어 70여 명의 학생들로 개교하였다.[21] 또한 교단지인 「활천」(活泉)이 복간되었고, 과거 이사회와 총회 제도로 이원화되어 있던 교회의 행정제도를 의회제도로 일원화하기로 결의하였다. 이에 따라 교회의 재건은 빠르게

---

20) 유동식, 「정동제일교회의 역사」, 386쪽.
21) 李泉泳, 「聖潔敎會史」(基督敎 大韓聖潔敎會出版部, 1970), 95~96쪽.

진행되었고 해산된 교회는 거의 제 모습을 찾았으나 6·25 한국전쟁 때 교단 내의 유력한 지도자들이 피랍 또는 순교함으로써 그 타격이 작지 않았다. 그러나 저들의 불붙는 전도열은 교회를 크게 성장시켜 한국에서 장로교, 감리교 다음 가는 교회로서의 위치를 확보하였다.

5. 침례교회(동아기독교회)의 재건

동아기독교회, 즉 침례교회 역시 일제 말엽 강제 해산되는 비운을 겪었다. 1940년 목사 34명이 투옥되었고, 1944년 5월 흥남재판소에서 교단 해체령이 내려 완전 해산되었다. 해방이 되자 동아기독교회도 즉시 재건운동에 나섰는데 김용해(익산), 백남조, 노재천(점촌), 신성균 등의 목사들이 주도하였다. 1946년 9월 노재천 대리 감목(監牧)에 의해 충남 강경에서 제36회 대화회(大和會)를 소집되었다. 1940년 동아기독교회 소속 교회가 254개였는데 이때에 교회는 단 42개밖에 남아 있지 않았고 교인 수는 350명에 불과하였다.22)

이 대화회에서 이 교회의 체제를 근본적으로 바꾸기로 하고 대화회를 총회제로, 감목정치를 회중정치로, 안사는 목사, 감로는 장로, 통장은 권사, 총장, 반장은 집사로 그 명칭을 바꾸기로 결의하였다. 또한 파송제로 하던 교역자 제도도 청빙제로 바꾸는 획기적 전환을 결정하였다.23)

그러나 이런 획기적 변혁은 수구적 인사들의 불만을 낳아 결국 교회가 양분되는 비극을 연출하였다. 교통편 곤란 등의 이유로 지난해 대화회에 참석하지 못했던 일부 지역 목회자들이 자기들이 없을 때 결정한 총회제 등을 본래의 형태로 환원하자는 제안을 했으나 이 안이 받아들여지지 않자 이에 불복하고 교회의 체제와 전통을 그대로 살려

---

22) 李正洙 編, 「韓國浸禮教會史」(침례회 출판사, 1994), 151쪽.
23) 위의 책.

'대한기독교회'라는 옛 이름으로 10여 개의 교회가 분립하여 나갔다.[24]

1947년 9월 경북 예천에서 모인 대화회(총회)에서는 이 교회가 미국 남침례교회와의 유대관계를 갖자는 제의를 승인하였다. 도미하는 우태호(禹泰浩) 목사를 통해 교섭한 결과 미국 남침례교회는 그동안 해오던 중국 선교 대신 한국 선교를 시작하기로 하고 정식관계를 체결하였다.

1949년 9월 강경에서 모인 제39회 총회에서는 교단 이름을 '동아기독교'에서 '침례교회'로 바꾸기로 의결하였는데 교단 공식 명칭은 '대한기독교침례회'였다. 이로써 이 교회는 침례교회라는 공식 명칭을 갖게 되었다.[25] 교회는 또 강경에 성경학원을 개원하고 수강생들을 받아 후진 양성에 박차를 가하였다. 1950년 2월에는 미국 남침례교회에서 존 애버내티(J.A. Abernathy) 선교사 부부가 내한하여 선교활동을 벌임으로써 미국 남침례교회와의 공식적 관계가 구체화되어 교회 발전에 큰 도움이 되었다.

6. 구세군의 재건

일제에 의해 명칭이 '구세단'으로 바뀌었다가 급기야는 강제로 교단이 해산되었던 구세군도 해방과 더불어 교회의 재건에 나섰다. 해방이 되던 해 10월에 전국에 흩어졌던 사관과 지방관들이 회집하였다. 여기서 앞으로 구세군을 '구세교회'로 할 것인지 아니면 본래대로 '구세군'으로 할 것인지 심도 있게 의논을 한 후에 1947년 8월 결국 원래대로 구세군으로 할 것을 결정하였다.[26] 황종율(黃鍾律) 정령을 서기관장으

---

24) 위의 책.
25) 위의 책, 158쪽.
26) 자세한 내용은 張亨一, 「한국 구세군사」(구세군대한본영, 1975), 170쪽 제13장

로 임명하였고, 이듬해 로드(H.Lord)가 내한하여 사령관에 취임하면서 구세군은 재조직을 하고 지방영(地方營)을 일제히 열게 되었다.

사관학교(신학교)도 1947년 개교하였고 사관후보생들의 교육을 실시하였다. 그러나 한국전쟁 때 로드 사령관이 공산당들에게 납치되는 불행한 일이 있었다. 구세군의 사회사업은 항상 활발하여 고아원, 후생학원, 모자원, 구세병원 등 전국 각지에 많은 기관들이 창설자 부스(W.Booth)의 정신으로 활기차게 그 활동을 계속했다. 특히 성탄절에 거리에서 악기를 연주하고 북을 치면서 자선냄비를 운영하여 극빈자들에게 자선을 베푸는 교회로 일반인들에게도 친숙하게 되었다.

문서 사업으로는 「구세신문」을 복간하여 사회계몽 활동에 이바지하였고 특히 금주호를 내어 금주운동에도 앞장섰다.[27]

7. 고려(高麗)신학교의 설립

한국 장로교회 분열의 비극은 항상 신학교와 연관되어 있었다. 해방이 되었을 때 이북에는 소위 (후)평양신학교가 있었고, 서울에는 김재준 목사가 주도하는 조선신학교가 있었다. 북한의 평양신학교는 전술한 바와 같이 공산당에 의해 와해되었으며, 서울의 조선신학교는 친일했던 인사들이 주도하였으며 자유주의 신학을 고수하는 인사들이 운영권을 쥐고 있었다. 출옥 성도들이 이 모습을 볼 때 이 신학교에서 목사 후보생을 양성한다는 것은 어불성설이었다. 따라서 그들은 보수, 정통 즉 옛날 신사참배를 반대했던 평양의 장로회신학교와 같은 신학교를 설립하는 것이 급선무라 판단하였다.

산정현교회에서 목회를 하던 한상동(1901-1976) 목사는 모친의 부고를 받고 부산에 내려왔다가 평양으로 돌아가려 했으나 38선의 경계가

참조.
27) 위의 책, 176쪽 이하.

심해 어쩔 수 없이 부산에 눌러 앉게 되었다. 그는 자유주의 신학에 물든 한국 장로교회를 건지는 길은 새 신학교를 세우는 길밖에 없다고 판단하고 만주에서 귀국한 박윤선(朴允善, 1905-1988) 목사를 서울에서 만나 신학교 설립 동의를 얻었다. 그는 다시 거창읍교회 목사이며 같은 출옥 성도 출신인 경남노회장 주남선(朱南善) 목사의 동의를 얻은 후 신학교 교사 마련하기에 심혈을 기울였다. 마침 진해에서 적산(敵産) 가옥 하나를 얻어 개척교회를 하고 있던 강주선(姜柱善)의 양해 하에 그곳을 신학교 임시 교사로 쓰기로 합의하였다.

1946년 5월 20일 한상동, 박윤선, 주남선, 손양원 목사 등이 진해에 모여 신학교 설립 기성회를 조직하였다. 6월에 박윤선 박사의 인도로 제1회 하기 신학강좌를 개설했을 때 60여 명의 학생이 등록하였다. 7월 말에는 경남노회 임시회가 모여 신학교 문제를 다루고, "고려신학교 설립 건은 한상동 목사의 취지와 경과보고를 듣고 본 노회에서 인정하고 원조하는 의미로 노회에서 관리하는 진해교회 부속 건물 2동을 교사와 기숙사로 사용하기로 가결하였다."28)

같은 해 9월에 '고려신학교'란 이름으로 부산진 좌천동 일신여학교 교사를 빌려 정식으로 개교하였다. 교장에 박윤선,29) 이사장에 한상동, 교수에 박윤선, 한상동, 한명동 목사 등이 취임하였고, 그해 말에 만주에서 옥고를 치른 한부선(韓富善, B.Hunt) 선교사가 교수진에 가담하였다. 한부선 선교사는 미국 장로교회가 갈라질 때 미국 장로회를 떠나 새로 생긴 '독립장로교회'로 소속을 옮긴 몇 선교사들 가운데 한 사람이었기 때문에 이에 가담케 되었다.30)

---

28) 김요나, 「총신 90년사」(서울 : 양문, 1991), 314쪽.
29) 출옥 성도들만이 모여 만든 고려신학교의 장이 된 박윤선 씨는 신사에 참배한 인사였다. 「長老會神學大學 70年史」 (長老會神學大學, 1971), 124쪽.
30) 이때 미국 장로교회를 떠나 독립장로교회 (Independent Board for Foreign Missions 또는 Foreign Board of the Orthodox Presbyterian Church)로 적을 옮긴 선교사들은 W. H. Chisholm, R. M. Byram, J. G. Holdcroft, M. Hanson 등이었다. H.

이렇게 순조로워 보이던 신학교 문제는 그해 12월에 모인 경남노회 제48회 정기노회에서 지난번 노회 때의 결의를 뒤집으면서 혼란은 시작되었다. 신학교의 인준은 총회가 하는 것이므로 노회가 할 수 없다고 선언하고 신학생 추천은 모두 취소한다고 선언하였다. 이때 한상동 목사는 노회의 결의에 항의, 노회를 탈퇴한다고 선언하고 퇴장하였다.

한상동 목사는 고려신학교를 더욱 튼튼히 하는 길은 이 신학교의 교장으로 만주 봉천신학교에서 교수하던 박형룡 박사를 초치하는 것이라 판단하고 1947년 5월 송상석(宋相錫) 목사를 현지로 파송하였다. 봉천에 도착한 송 목사는 박형룡을 설득하여 그와 더불어 그해 9월 배편으로 인천을 통해 입국하였다. 박형룡이 귀국하자 많은 보수계 인사들이 조선신학교는 자유주의 신학교이므로 보수주의 신학교를 서울에 세워야 한다고 이구동성으로 주장하였다. 그러나 박형룡은 자기를 초치한 고려신학교에 내려가지 않을 수가 없어서 조건을 제시하고 가기로 결심하였다. 그 조건은 고려신학교는 전국 교회의 지지를 얻을 것과 메첸(J.G.Machen)파 선교회뿐만 아니라 남·북 장로회, 캐나다, 호주 장로회 선교부와도 합동해야 한다는 것이었다. 이 조건에 한상동이 동의하였으므로 그는 일단 부산으로 내려가 1947년 10월 부산 중앙교회당에서 고려신학교장에 취임하였다.31)

이즈음 서울의 조선신학교에 다니던 학생 51인이 김재준 목사가 자유주의 신학을 가르치므로 더 이상 수업할 수 없다고 총회에 진정서를 제출하고 자퇴하는 사건이 터졌다.32) 이 진정서의 내용은 다음과 같다.

A. Rhodes and A. Campbell, eds., *History of the Korean Mission*, vol. II. p. 313.
31) 김요나, 『총신 90년사』(서울 : 양문, 1991), 317쪽.
32) 『長老會神學大學 70年史』(長老會神學大學, 1971), 125쪽.

개혁교회는 성경에 절대권위를 두고 그 위에 세운 교회입니다. 성경은 천계(天啓)와 영감으로 기록된 것이라는 초자연적 성경관을 우리는 가지고 있습니다. '신구약성경은 하나님의 말삼이니 신앙과 본분에 대하여 정확 무오한 유일의 법칙이니라.' 이 신조는 조선 교회의 모든 선배와 우리 자신들의 대대계승하야 믿을 순수한 우리 신조입니다······ 그러나 우리들은 소명감에 모여 노회 총회 직영 신학교인 이 조선신학교에 와서 성경과 신학을 배울 때 우리는 우리의 유시(幼時)부터 가지고 오던 신학과 성경관이 근본적으로 뒤집어지는 것을 느꼈습니다.[33]

이들 진정서의 내용은 다음의 두 가지로 요약된다. "첫째, 신학은 보수주의, 정통주의가 중심이 되어야 한다. 둘째, 교권을 강화하여 평양장로회신학교의 전통을 회복하여야 한다"[34]는 것이었다. 이 학생들 다수가 박형룡 박사가 교장으로 취임하고 보수신학을 교수한다는 고려신학교로 몰려갔다. 따라서 고려신학교는 갑자기 학생들이 많아지고, 학교로서 자리를 잡아 가게 되었다. 아울러 그해 12월에 모인 경남노회에서는 47회 노회 때 결의한 신사참배자 자숙안에 불복한 목사들로부터 사과문을 받기로 결의하고, 고려신학교를 노회가 다시 인정하기로 결의하였다. 일이 이렇게 되자 한상동 목사도 노회 탈퇴를 번복하고 노회에 복귀하였다.

그러나 1948년 서울 새문안교회에서 모인 제34회 총회에서는 고려신학교 입학 지원자에게는 추천서를 주지 않기로 결의함으로써 새로운 국면에 접어들게 되었다.[35] 이는 그 신학교가 지나치게 출옥 성도들 중심으로 배타적이고, 총회의 동의도 없이 일방적으로 신학교를 개교한 것에 대한 부정적 반응이었다. 이에 따라 1948년 9월 부산

---

33) 조선신학교 학생 51인이 총회에 제출한 진정서 중에서. 진정서 내용의 전문은 張喜根, 「韓國長老教會史」(부산 : 亞成出版社, 1970), 372~373쪽에 있음.
34) 한국기독교역사편찬위원회, 「한국 기독교 100년사」(서울 : 한국기독교장로회출판사, 1992), 354쪽.
35) 「大韓예수教長老會 第34回(1948년) 會議錄」, 23쪽.

항서교회에서 모인 49회 경남노회는 고려신학교 인준을 취소하였고, 같은 해 12월에 모인 노회에서 재차 이 결의를 확인하였다. 1949년 4월 대구에서 모인 제35회 총회는 여러 노회가 고려신학교에 관해 질의한 건에 대해 다음과 같이 대답하였다.

> 거년(去年) 총회가 발표한 대로 고려신학교는 총회와 하등 관계가 없다. 노회가 해 신학교와 관계를 가지는 일은 총회 결의를 위반하는 일이니 (삼가)는 것이 좋을 것이며 경남노회 분규에 대한 기타 제 문제는 전권위원 5인을 다음과 같이 선정하여 심사 처리케 한다.36)

따라서 고려신학교는 총회와는 무관한 신학교가 되어 버리고 말았다.

8. 장로회 경남노회와 고려파의 분립

남부대회 소속 노회들은 대체로 평온하게 재건되었다. 그 이유는 그 노회들에 출옥 성도들이 거의 없었고 목사, 장로들이 대부분 신사참배를 한 사람들이었기 때문에 두 그룹 간에 갈등이 없었기 때문이었다. 그러나 경남노회만은 사정이 달랐다. 경남노회 안에는 출옥 성도 한상동 목사와 최덕지(崔德智, 1901-1956)37) 전도사가 있었다. 그들은 출옥 후 평북노회가 주도한 교역자 수련회에서 출옥 성도들이 제출한 교회 재건 5원칙을 발표했으나 신사참배한 목사들로부터 면박만 받고 친일한 목사들이 반성의 빛이 없는 것을 목도하고 실망하여 부산과 진주에 내려와 교회 재건을 숙의하였다. 출옥 성도들 간에도 두 부류가 있었다. 한상동 목사와 같은 이는 한국 교회의 재건을 기성 교회

---

36) 金良善,「韓國基督敎解放十年史」, 152쪽.
37) 崔德智 전도사는 경남노회 부인전도회연합회 회장으로 신사참배 반대운동을 하다가 투옥되었다. 최훈,「한국재건교회사」(서울 : 성광문화사, 1989), 120~121쪽.

안에 들어가서 하자고 주장하였고, 이와 반대로 최덕지 전도사는 밖에서 교인들을 불러내어 재건하자는 주장을 굽히지 않았다. 그녀는 기성 교회당은 "마귀당이라고 하여 불을 지르거나 집을 헐어 버리고"38) 그 옆에 예배당을 다시 건축하여 새로운 교회를 시작해야 한다며 극단적인 입장을 견지하였다.

출옥 성도들이 많은 경남노회는 1945년 9월 18일 부산진예배당에서 경남 재건노회가 모였고, 이어 11월 3일 제47회 경남노회가 정식으로 개회되어 출옥 성도 주남선 목사를 노회장으로 선출하여 출옥 성도에 대한 예우를 하였다. 그러나 다음 48회 노회가 모였을 때는 일제 때 친일파 노릇을 하였던 김길창 목사를 노회장으로 선출하였다.39) 김 목사는 노회장이 되자 출옥 성도들을 압박할 목적으로 지난 노회 때 노회가 인준한 고려신학교의 인준을 철회시켰다. 이렇게 신사참배한 이들이 노회의 주도권을 잡는 상황에서, 더 이상 노회에 남아 있는 것은 무의미하다고 판단한 한상동 목사는 노회 탈퇴를 선언하고 퇴장하였다. 이에 경남노회 산하 각 교회에서는 한상동 목사를 따르는 교인들이 적지 않게 따라 나왔다. 이로써 한 목사는 교회의 재건운동을 활발하게 전개하여 노회를 조직하고 총회에 총대를 파송하기에 이르렀으니, 이것이 이른바 '고려파'의 시작이었다.

일이 이렇게 되자 경남노회가 둘이 되는 결과가 되었고, 총회에는 경남노회 총대가 둘이 되는 현상이 나타났다. 1950년 4월 대구 제일교회에서 모인 36회 총회는 두 개의 경남노회 총대문제와 고려신학교 문제로 싸움판이 벌어지고 사회석에 있는 총회장을 끌어내리는 측과 옹호하는 양측이 싸워 "회의장은 일대 격전장으로 변하고 말았다. 결국 경찰이 동원되어 싸움을 중지시키지 않으면 안 되는 지경에까지

---

38) 김요나, 「총신 90년사」, 318쪽.
39) 김길창 목사는 일제 말엽 장로회 총회가 해산되고 일본기독교 조선교단이 되었을 때 경남 교구장이었다. 심군식, 「한국교회 인물 25人 약사」 (양문, 1993), 154쪽.

이르렀다. 목사, 장로들이 경찰로부터 훈계를 받고 총회는 드디어 비상 정회를 선포하고 말았다."40) 이는 "실로 한국 교회 70년 사상 처음 보는 대 수치적 사건"41)이었다. 총회는 같은 해 9월 청주에서 속회로 모이기로 결의하고 해산하였으나, 그런 일이 있은 지 불과 두 달 만에 6·25가 터졌으니, 이는 교회가 싸우고 난장판을 만든 죄악으로 인한 하나님의 심판이라고 여겨진다. 1950년 가을에 모이기로 한 총회는 전쟁으로 인하여 개회하지 못했다.

　이듬해 5월 부산에서 속개된 총회에서는 경남노회 총대를 기성 교회 쪽인 김길창 측의 총대로 받을 것을 가결함으로써 고려신학교 측은 총회에서 몰려나는 결과가 되었다. 총회의 상황을 직시한 한상동은 이대로 저들과는 도저히 교회를 같이 할 수 없겠다고 판단하고, 자기가 처음 목회하던 초량교회를 분립하여 삼일교회를 창립하였다. 경남노회 내의 교회마다 싸움이 벌어져 두 조각이 되면서 계속 분열되었다. 한상동측은 경남법통 노회를 조직하고 기성교회와의 결별을 선언하였다. 이것이 소위 '고려파 장로교회'였다. 고려측은 1952년 9월 11일 진주 성남교회에서 제1회 총노회로 모였는데 이것이 공식적인 고신교단의 출범이었다. 고신교단이 총회를 구성할 때 교회 총수는 568개, 세례교인 15,350명, 목사 111명이었다.42)

　고려파의 분열은 출옥 성도와 친일한 목사들과의 분열이라는 단순 논리로 설명할 수 없다. 물론 신사참배를 한 목사들의 무반성, 교권의 계속적 장악에 대한 반발이 주 원인이었음은 부인할 수 없다. 그 외에

---

40) 위의 책. 당시 총회에 참석했던 獨孤杉 목사(신사참배 거부로 옥고를 치름)의 증언에 의하면 경찰들이 군화발로 예배당에 진입하여 목사, 장로들의 싸움을 말렸고, 경찰 인솔 대장은 강대에 올라가 입에 담지 못할 욕설을 총대들에게 퍼부었다고 하였다. 독고삼 목사의 증언, 1995년 6월, 장로회신학대학교 필자의 연구실에서.
41) 金良善,「韓國基督敎解放十年史」, 152쪽.
42) 심군식,「한국교회 인물 25人 약사」(영문, 1993), 156쪽.

도 1930년대 미국 프린스턴신학교에서 근본주의 신학을 주장하면서 갈라져 나와 웨스트민스터신학교를 세운 메첸과 그가 설립한 국제기독교협의회(ICCC)의 지원도 큰 몫을 담당하였다. 이 단체는 제2차 세계 대전이 끝나고 세계 정치질서가 재편되는 과정에서 1948년 진보적 경향의 신학을 배경으로 하는 교회들이 세계교회협의회(WCC)를 구성하자 이에 대항하여 보수, 근본적 교회들이 모여 만든 단체이다. 따라서 이들은 반공을 내세우고 WCC를 용공(容共)으로 매도하면서 한국의 보수적인 교회를 신학적, 물질적, 정신적으로 후원하였다. 따라서 고려파가 갈라져 나갈 때 남은 교회를 향해 용공이라고 공격하였던 것은 여기에 그 원인이 있다.

뿐만 아니라 교회가 갈린 후 자파 교회의 세력을 확대하기 위해 일제시대에 신사참배를 한 목사나 교도도 무조건 받아들여, 신사참배하지 않은 '거룩한 성도들'이라는 명분마저 사라져 버렸다. 심지어 예배당을 빼앗기 위해 세상 법정에 고소하여 양측 목사들이 비신자 검사나 판사 앞에서 꾸지람을 듣는 지경까지 갔으니 이는 이미 '성자들의 모임'이나 '그리스도인들의 모임'이 아니라 저잣거리 사람들의 모임같이 되어 버리고 말았다.

고려파의 분열에 대해 어떤 인사는 "독선(獨善)과 신앙의 교만이 법통(法統)이라는 미명(美名) 아래 분장되어 있었다"[43]고 신랄히 비판한 바 있는데, 이는 정곡을 찌른 말로 여겨진다. 독선과 신앙의 교만은 기독교에서 가장 경계해야 할 항목 중 하나가 아니던가?

---

43) 趙東震, 「智異山으로 간 牧師」(별, 1994), 31쪽.

9. 장로회신학교와 총회신학교의 설립

총회에서 신학교 문제는 복잡하게 얽혀 갔다. 고려파 장로교회가 분열해 나가기 직전 서울에서는 조선신학교를 대치할 보수 신학교를 세워야 한다는 소리가 높아가면서, 박형룡은 부산에 갇혀 있지 말고 빨리 서울로 올라오라고 하는 소리가 그치지 않았다. 일이 이렇게 되자 서울에서 내려온 학생들도 박형룡에게 서울로 올라가기를 간청하였다. 박형룡도 고려신학교는 신사참배를 하지 않은 이들이 주축이 되어 있는데, 자기는 신사참배하던 만주 봉천신학교에서 가르친 사람이었고, 또한 신학교는 총회의 인준을 얻지 못한 상태인 데다가, 고려신학교측은 마침내 박형룡에게 기존 교회와의 결별을 권고하였다.44) 이런저런 상황을 살펴본 박형룡은 결국 고려신학교를 떠나 서울로 올라오고 말았다. 자연히 서울에서 내려온 학생들도 그를 따라 같이 상경하였다. 상경한 박형룡은 1948년 5월 임시 교사로 남산공원에 있던 기독교박물관(현 국립중앙도서관, 당시 성도교회)을 쓰기로 하고 신학교 문을 열었다.45) 학교명은 옛 평양장로회신학교의 전통을 이어받는다는 의미에서 장로회신학교라 하였다. 보수주의를 표방하는 신학교가 문을 열자, 조선신학교에서 자유주의가 싫어 떨어져 나온 학생들, 그리고 옛날 평양장로회신학교에 재학했던 학생들이 몰려왔다. 이 신학교를 세우는 데 권연호, 김선두, 계일승, 김현정 목사 등이 주축이 되었다. 신학교는 1948년 6월에 개교하고 한 달 만인 7월에 첫 졸업생을 배출하였다. 그것은 졸업반 학생들이 이미 조선신

---

44) 李永獻, 「韓國基督敎史」, 240쪽.
45) 기독교 박물관이 이곳에 있게 된 계기는 김양선 목사가 남산의 조선 신궁이 있던 터에 앞으로 기독교 박물관과 신학교를 세울 꿈을 갖고 해방 후 미 군정청 적산관리처에서 일하던 남궁혁 박사에게 부탁하여 이곳의 사용권을 갖게 되면서부터였다. 趙東震, 「智異山으로 간 牧師」(별, 1994), 20쪽 참조.

학교나 고려신학교에서 3년의 과정을 거의 마쳤기 때문이었다.

장로회신학교가 본궤도에 오르고 졸업생까지 배출하자 조선신학교에서 자유주의 신학을 공부한 목사 후보생들이 계속 배출되는 것을 우려한 전국의 여러 노회들이 장로회신학교의 총회 직영을 헌의하게 되었다. 이에 따라 조선신학교 측의 방해에도 불구하고 1949년 4월, 서울 새문안교회에서 모인 총회에서 장로회신학교의 총회 직영이 가결되었다.46) 이렇게 되자 총회 안에 두 개의 직영 신학교가 운영되는 결과가 되었다. 장로회신학교측은 이 기회에 조선신학교의 총회 직영을 취소시키려고 했으나 일은 그렇게 쉽지 않았다. 총회는 조선신학교파와 장로회신학교파로 갈리어 갈등이 노정되기 시작하였다. 이때 영락교회 한경직 목사가 나서서 서로 싸우지 말고 두 신학교를 합동하는 방향으로 일을 추진하자며 합동위원을 구성하자고 제안하였다. 총회는 이를 좋게 여겨 차제에 신학교를 하나로 만들어 신학교 합동을 위한 합동위원회를 조직하게 하였다. 이들에 의해 제출된 합동안은 다음 두 가지였다.

1. 양 교는 무조건 합동하고 중요 과목은 선교사가 맡고 나머지는 한인 교수가 맡는다, 2. 양 신학교의 직원, 교수진은 백지로 돌리고 합동된 신학교의 교장과 교수는 합동 이사회에서 선택한다.

1950년 9월에 모이기로 한 총회 속회는 6·25 한국전쟁으로 열리지 못했고, 이듬해 5월 부산 중앙교회에서 속회로 모였다. 전쟁이 계속되는 동안 모인 이 총회의 초점은 신학교 문제였다. 신학교 합동위원회 이창규 목사는 두 신학교 합동 노력이 무위로 끝났다고 보고한 후 신학적으로 전혀 어울리지 않는 두 신학교의 총회 직영을 취소하고

---

46) 「大韓예수敎長老會 總會 第35回(1949년) 會錄」, 58쪽.

총회가 직영하는 새 신학교를 세울 것을 제안하였다. 이에 따라 총회는 두 신학교의 직영을 취소하고 총회가 직영하는 '총회신학교'를 세울 것을 결의하였다.47)

이렇게 되어 총회의 결의와 남북장로회 선교부의 적극적인 지원에 힘입어 총회신학교가 1951년 9월 대구에서 새 출발을 하였다. 이 때 교장은 선교사 감부열, 교수는 박형룡, 한경직, 권세열, 명신홍, 김치선, 계일승 등이었다. 그로부터 얼마 후 감부열 선교사가 안식년으로 귀국하자 교장직을 박형룡이 맡게 되었다.

10. 조선신학교와 기독교장로회의 분립

총회가 장로회신학교와 조선신학교의 총회 직영을 취소하고 두 신학교가 합동하라는 결의를 했을 때 장로회신학교는 결의대로 신학교를 폐쇄하고 총회신학교에 합류하였으나, 조선신학교는 이에 응하지 않고 계속 신학교를 고수하였다. 그들은 양 신학교의 합동 결의를 각 노회에 묻지 않고 총회가 직결(直決)한 것은 헌법을 위반하는 것이요, 비법(非法)이며 비신앙이라고 하는 이유를 들어 총회의 결의에 순응할 뜻이 없음을 분명히 했다. 그러나 그 이유는 명목에 불과하고 사실상 조선신학교는 정통, 보수를 내세우는 평양장로회신학교계와 교회를 같이할 수 없다는 신학사상의 배경을 뒤에 깔고 있었다. 이는 조선신학교의 후신이 된 한국기독교장로회 역사에서 잘 나타나 있다.

> 1940년 4월 승동교회에서 조선신학원이 개교되었다. 조선신학교는 그 교육이념에 있어 개혁교회 신학의 주류에 입각하고, 세계 교회의 각양 신학사상을 공정하게 강의, 토론하였다. 또한 자율적으로 결론에 이르는 학문의 자유를 확보하고, 성경해석에 있어 역사학적, 문서학적 비판 방법을

---

47)「大韓예수敎長老會 總會 第36回(1951년) 會錄」, 124쪽.

도입하였으며, 에큐메니컬 정신에 동조하였다. 이와 같은 것은 한국예수교장로교회에서 시련을 겪어 왔으며 선교사들에 의해 허용되지도 않았던 영역이었다.48)

여기에서 조선신학교의 신학적 성격은 결코 평양장로회신학교의 그것과 합할 수 없었다는 점을 엿볼 수 있다.

이에 따라 1953년 4월 대구 서문교회에서 모인 제38회 총회는 총회의 결의를 무시하고 계속 자유주의 신학의 입장을 견지하고 있는 김재준의 조선신학교에 대해 엄격한 규정을 내렸다.

1. 조선신학교 졸업생들에게는 일체 교역자 자격을 부여치 않는다.
2. 한국신학대학 교수 김재준 목사는 목사직을 박탈하고 그의 소속노회인 경기노회에 제명을 지시하여, 이를 선포케 한다.
3. 제36회 총회 시 성경 축자영감설을 부정한 조선신학교 교수 캐나다인 스코트(Scott) 목사를 심사하여 해당 노회에 명하여 처단케 한다.
4. 각 노회에서 위 두 교수의 사상을 옹호, 지지, 선전하는 자는 해당노회에서 처벌한다.49)

이러한 결의는 당시 유행하기 시작한 자유주의 신학에 대한 총회의 단호한 의지 표명이었지만, 이 문제로 인하여 교회가 분열하게 되는 위험을 안게 되었다. 신학적 이견을 가진 인사들을 포용하지 못하고 처단 일변도로 나간 총회는 결국 총회의 분열이라는 결과를 초래하고 말았다.

조선신학교측은 저들과 더 이상 총회를 함께 할 수 없다 판단하고,

---

48) 「한국 기독교 100년사」(한국기독교장로회 역사편찬위원회, 1992), 356쪽.
49) 「大韓예수敎長老會 總會 第38回(1953) 會錄」, 238쪽.

1953년 6월 10일 서울 동자동 한국신학대학50) 강당에서 그동안 분립되어 있던 전북, 군산, 김제, 충남, 경서, 경북, 목포, 충북, 제주 등 9개 노회 대표 47명이 모여 법통 제38회 총회를 열고 제36, 37회 총회에서 결정된 모든 불법결의를 취소하라며 새 총회를 발진하였다.51) 총회는 복음의 자유, 양심의 자유, 노예적 의존사상의 배격, 에큐메니컬 세계 교회 갱신의 철저한 목표로 형해(形骸)만 남은 총회를 반정(反正)하기 위해서 '분열'이 아닌 '갱신'을 한다고 선언하였다.52) 결국 두 총회는 타협점을 찾지 못하고 1954년 6월 한국신학대학 강당에서 총회를 다시 열었다. 그 교단의 이름을 '대한기독교장로회'(The Presbyterian Church in the Republic of Korea)라고 변경하였다. 총회가 새로 출범하면서 낸 성명서에 이 교회의 성격이 잘 나타나 있다.

> 1953년 6월 10일 본 총회는 서울에 회집하여 그 회집 경위와 이유를 선언하고 한국 장로회의 전통을 옳게 계승하는 동시에 새로운 발전에 기여할 것을 성명한 바 있었으며, 1954년 6월 10일에 다시 동 장소에 회집하여 좌와 여히 결의하고 차를 중외에 성명하는 바이다.
>
> 1. 명칭 변경에 대하여 본 총회가 이미 중외에 교회의 평화를 유지하고 세계 복음 운동에 있어서 서로의 협조를 주창해 왔음은 주지의 사실인 바 본 총회는 세계 장로회의 본류를 확보하고 그 분쟁과 마찰을 피하여 에큐메니컬 운동 달성에 박차를 가하기 위하여 그 명칭을 '대한기독교장로회'로 당분간 개칭 사용하기로 결의하였다. 신학적으로도 역사적인 예수를 그리스도로 신앙하는 때에 비로소 그리스도인이 되는 것이므로 '기독교'라는 것이 합당하며 이것은 전 세계의 교회가 공동으로 채용한 것임이 사실이며, 한국 교회에서도 세계 기독교회와 공통된 명칭을 사용함이 가한 줄 아는 바이다.

---

50) 1951년 3월 문교부로부터 교명이 조선신학교에서 한국신학대학으로 변경됨.
51) 각 노회의 총대 명단은 「한국기독교 100년사」, 406쪽.
52) "法統 38總會 宣言書," 「大韓基督敎長老會護憲史」, 191~194쪽.

2. 신조, 헌법 등에 대하여 - 본 총회는 사도전승의 사도신경을 우리의 신앙고백으로 삼으며 우리 장로회의 공동신조를 준수한다.
3. 본 총회는 전 세계 장로교회의 주류를 따라 세계 교회 회의에 협조하여 에큐메니컬 운동을 적극 추진하여, 국내에서도 기독교 연합회와 재휘 협력하며 기타 제반 협동 사업에 적극 협력한다.

우 성명함
1954년 6월 10일, 대한기독교장로회 총회
총회장 박용희(朴容羲)[53]

그러나 기장의 앞날이 그렇게 밝지만은 않았다. 본래 보수적인 신앙에 길들여져 있던 한국 장로교회 평신도들의 정서는 기독교장로회 총회를 이끌고 가는 인사들의 그것을 따라가기에는 아직 거리가 있었다. 후에 이 총회의 지도급 인사였던 전경연(全景淵) 박사가 「신앙고백의 교회」를 저술했을 때 전북노회가 이 책의 내용에 대한 질의서를 냈다. 그 내용은 아래와 같았다.

……기장이 신조를 고치기 위해 발족한 것같이 말하고, 웨스트민스터 신앙고백을 빌려다 읽어서는 안 되니 새 신조를 만들어야 한다고, 가능한 신조 5개조를 발표하였는데, 그 내용에 있어서 몇 가지로 예를 든다면 성경관이 아주 달라져 있고, 처녀 탄생이 빠졌으며, 신자의 최후 부활, 심판이 보이지 않는 것 등류이다……우리의 발족이 과연 그것이었으며, 앞으로 갈 방향이 그것일까.[54]

신학적 문제는 기장 총회 안에서도 쉽게 가라앉지 않고 지도자들 간에도 앞으로 계속 해결을 위해 고심해야 할 어려운 문제로 남아 있어서 그 교회를 괴롭게 하는 요인으로 작용할 것을 예시하고 있었다.

---

53) 金良善, 「韓國基督敎解放十年史」, 288쪽. 「한국 기독교 100년사」 (한국기독교장로회 역사편찬위원회, 1992), 375~377쪽.
54) 「大韓基督敎長老會總會 第47回(1962年) 會錄」, 182~183쪽.

기장 총회가 깨끗이 분리하여 나가자, 초기부터 한국 장로교회의 선교에 손잡고 하나로 일해 오던 네 장로회(미 남·북, 호주, 캐나다 장로회) 중 본래 자유주의 신학의 기치를 가끔 내비치던 캐나다 선교부가 기장에 합류함으로써 자기들의 취할 노선을 분명히 하였다. 총회가 분립될 당시의 교세는 교회가 568개 처, 목사 291명, 교인 21,917명이었다.55)

---

55) 金良善, 「韓國基督敎解放十年史」, 288쪽.

제 3 장
한국 전쟁과 교회의 수난

1. 전쟁 발발의 배경

　35년간의 피맺힌 한을 단번에 풀어 버린 해방의 감격을 맞고 나서, 우리 동족은 국제 정치의 냉혹한 현실 앞에 아연할 수밖에 없었다. 우리의 힘으로 독립을 쟁취하지 못한 채 연합국 승전의 전리품처럼 얻은 해방은 그렇게 쉽고 또 값싸게 오는 것이 아니라는 사실을 원산항에 소련군이 들이닥치는 모습을 보면서 뼈아프게 깨닫게 되었다.
　진주한 소련군은 젊은 장교 김일성을 내세워 공산정권을 세울 계획을 수행해 나갔다. 1930년대부터 교회에 공산주의자들에 의한 박해와 피 흘리는 순교의 행렬이 시작되었는데 이제 본격적으로 교회는 수난의 길을 가야 하는 막다른 골목에 접어들었다.
　공산주의자들은 한국 전쟁을 일으켜 남한을 공산화할 계획을 치밀하게 진행하고 있었다.[1] 1945년에 진주한 소련군은 김일성 일당이

---

1) 한국 전쟁의 기원과 배경에 대해서는 Bruce Cumings, *The Origins of the Korean War*, 2 vols. (Princeton University Press, 1990)를 참조.

공산당 정권을 세우는 데 성공하자 1948년 12월 철수를 완료하였다. 전략적으로 철수를 마친 그들은 남한의 미군 철수를 거듭 요구하였다. 남한의 미군 역시 유엔 감시 하에 1948년 대한민국 정부가 수립되자 동년 12월부터 철수를 시작하였다. 1949년 5월 10만여 명의 기독교인들이 서울운동장에 모인 가운데 주한미군철수 반대집회를 가졌음에도 불구하고 1948년 12월 유엔의 결의에 따라 동년 12월부터 철수를 시작하여 고문단 500명만을 남겨 두고 이듬해 6월까지 철수를 완료하였다.2) 이는 북한 공산당이 남한을 공략하기 위한 호조건의 첫 번째 단추를 끼운 것이었다. 반공주의자로 명성이 높은 이승만 박사는 남북통일을 그의 생의 목표로 북진통일론을 줄곧 이야기하고 있었으므로 미국은 한국을 중무장시키면 북으로 쳐들어가게 되고 이것이 국제전으로 이어질 공산이 크다고 판단하고 한국군의 무장을 경계하여 겨우 소총 정도의 무기만 공급하고 대포나 탱크 같은 중무기는 전혀 제공하지 않았다.3)

   1949년 중국은 모택동에 의해 완전히 공산화되어 북한의 김일성의 남침 야욕에 좋은 환경이 조성되어 있었다. 그럴 즈음 1950년 1월 12일, 그러니까 6·25 한국전쟁 발발 불과 6개월 전에 미국 국무장관 딘 애치슨(Dean Acheson)이 전국 기자 클럽(National Press Club)에서 다음과 같이 천명하였다. "미국의 방위선은 알류샨 열도(Aleutian Isladns), 일본 오키나와, 필리핀을 잇는 선이며 한국은 이 방위선에서 명백히 제외되어 있어 한국에 군사적 공격이 생겨도 먼저 공격받은 국민이 저항하고 다음에 유엔 헌장 밑에 전 문명 세계가 조치해야

---

2) 미국은 미군 철수 대신 연간 1천만 달러의 군사원조를 제공할 계획을 세우는 한편 한미상호방위원조협정을 체결하였다. (1950년 1월 26일) 姜萬吉,「韓國現代史」(創作과 批評社, 1985), 176쪽.
3) 당시 북한은 보병 10개 사단, 전차 242대, 항공기 211대의 전력을 갖고 있던 데 반해 남한은 보병 8개 사단에 전차는 단 한 대도 없었고, 항공기는 연습기 10대에 불과하였다. 邊太燮,「韓國史通論」(三英社, 1986), 505쪽.

할 것"4)이라는 발언을 했다. 이것은 곧 한국의 방위를 미국이 책임지지 않겠다는 말로 우리의 운명과 직결되는 내용이었고 북한에게는 더할 수 없이 좋은 침략의 조건이 형성된 것으로 판단할 수 있던 발언이었다.5)

1950년 6월 25일 주일 새벽, 보병 10개 사단, 전차 242대, 항공기 211대의 정예부대인 인민군들이 탱크를 앞세우고 38선을 넘어 밀물처럼 남한으로 진격해 왔다. 그러나 남한에는 보병 8개 사단에, 전차는 단 한 대도 없었고, 항공기는 연습기 10대가 고작인 상태였다. 그러므로 6·25를 맞아 남한이 입은 피해는 필설로 다 형용키 어렵다.6) 공산군들이 파죽지세로 남한을 거의 다 점령하고 부산항 하나만 겨우 남아 있을 때, 유엔군이 한국전에 참전함으로써 겨우 남한이 살아남을 수 있었다. 유엔군 파병안을 미국이 유엔의 안전보장이사회에서 다루게 되었을 때, 소련 대표 말리크(Adam Malik)는 유엔이 중공의 가입을 거부했다는 이유로 회의 참석을 보이코트하고 있었다. 말리크는 안전보장이사회에서 거부권을 발동하여 '아니오(Nyet)'라고 말하는 대신 7월 6일 모스크바에서 있을 협상에 참석하기 위해 롱 아일랜드(Long Island)에서 편히 쉬고 있었다.7)

---

4) Bruce Cumings, *The Origins of the Korean War*, vol. II. *The Roaring of the Cataract 1947~1950*, pp. 420 ff.
5) Dean Acheson은 1951년 의회에서 그의 정월 기자클럽에서의 발언은 한국을 포기한다는 의미가 아니라 유엔의 책임과 침략을 당하기 쉬운 나라들에게 자국의 독립을 위해서 분발하고 싸워야 된다는 점을 환기시키기 위해 한 것이었다고 해명하였다. 위의 책, 429쪽.
6) 당시의 한국군 사정을 미 육군 본부가 1962년에 발간한 「주한미군사고문단」에 따르면, 한국전 발발 직전 남한의 병력은 '1775년의 미군 수준,' 즉 1776년 미국 독립 전쟁이 일어나기 1년 전의 전력과 비슷했다고 기록했다. 김학준, 「한국 전쟁」(博英社, 1989), 73쪽.
7) Bruce Cumings, *The Origins of the Korean War*, vol. II (Princeton University Press, 1990), p. 636. A. Malik는 그해 8월 1일 다시 안전보장이사회에 나타나서 한국에 관한 결의를 무효화해야 한다고 아우성쳤다. 위의 책, 637쪽.

소련이 거부권을 행사하지 않은 덕에 안전보장이사회는 한국에 유엔군 파견을 결의하게 되었다. 따라서 세계 역사에 유례가 없는 16개국의 군인들이 유엔군의 이름으로 한반도에서 전투를 한 기이한 역사를 기록한 것은 하나님의 섭리라고 해석할 수밖에 없다.8)

1953년에 이르러 3년 동안 동족 간에 이데올로기 때문에 죽이고 죽는 전대미문(前代未聞)의 전쟁은 그 서글픈 역사를 남기고 휴전선이라는 국경 아닌 국경을 경계로 휴전이 성립되어 종전이 아닌 휴전으로 포성은 일단 그쳤다. 한국은 휴전을 극력 반대했지만, 미국과 한·미 상호안전보장조약의 체결과 장기간의 경제원조 및 한국군의 증강 등을 약속받는 선에서 어쩔 수 없이 동의하고 말았다.

2. 교회의 피해와 순교자들

우리 민족의 역사가 시작된 이래로 다시 없는 동족간의 대 참살극은 어이없는 결과를 모든 분야에 남겨 놓았다.9) 그 어느 집단보다도 교회는 큰 상처를 입었다. 북한에서 월남한 교회 지도자들은 이미 북한에

---

8) 유엔의 결의에 따라 우리나라에 와서 싸운 16개 국은 미국, 영국, 프랑스, 터키, 캐나다, 필리핀, 타일랜드, 뉴질랜드, 오스트레일리아, 벨기에, 콜롬비아, 에티오피아, 그리스, 네덜란드, 룩셈부르크, 남아프리카공화국 등이었다. *Encyclopedia Britanica*, vol. 13 (1970), s.v. "Korean War," 1951년 봄까지 영국 12,000명, 캐나다 8,500명, 터기 5,000명, 필리핀 5,000명의 군인들이 파견됐고, 나머지 국가들은 1,000명 미만의 병력을 파견하였다. 이들에 대한 모든 비용은 미국이 담당했다. Bruce Cumings, 위의 책, 636쪽. 16개국이라고 하지만 실제로는 지상군 88%, 공군의 98%, 해군의 84%가 미군이었다. 박명림, "한국 전쟁," 「한국사」 17 (한길사, 1994), 345쪽.
9) 군인들의 피해를 살펴보면 다음과 같다. 공산당들은 약 160만의 사상자를 내었고(그 중 60%는 중공군), 약 40만 명의 비전투원이 병으로 죽어 약 200만 명의 사상자를 냈다. 약 300만 명의 북한 주민이 병이나 기타 전쟁의 원인으로 사망했으며, 약 50만 명의 남한 주민이 병이나 기타 전쟁의 결과로 사망했다. *Encyclopedia Britanica*, vol. 13 (1970), s. v. "Korean War."

서 조선기독교도연맹을 만들어 공산주의를 지지하지 않는 기독교인들과 교역자들을 무참하게 학살했던 저들의 만행을 익히 알고 있었으므로 전쟁이 나자 가장 민감한 반응을 보였다. 인민군이 서울에 입성하자 지하에 숨어 있던 공산주의자들은 제때를 만나게 되었다. 불행하게도 기독교인들을 색출하고 검거하는 데 기독교인들이 앞장섰다는 사실은 우리의 가슴을 아프게 하는 대목이다. 서울이 함락되었을 때, 경동교회 교인을 자처하는 김욱(金旭)이 나타나 '기독교민주동맹'이라는 간판을 종로 YMCA 건물에 걸고 김일성 환영식을 준비한다며 떠들고 다니면서 교인들의 동원을 독려하였다. 그는 미처 피란가지 못한 교회 지도자들에게 7월 9일(주일)에 인민군 환영대회를 기독교 측에서 열라고 협박하였다.

상황이 급박하게 돌아가고 있었기 때문에 어쩔 수 없이 연락이 닿는 각 파 목사들은 서울 감리교 중앙교회에서 인민군 환영준비위원회를 위해 모였고, 위원으로 장로교회의 유호준(총회 총무), 김종대, 감리교의 박만춘(납북), 그리고 기독교교육협회 협동총무 심명섭 목사 등이 위촉되었다. 예정된 날 환영행사를 열기는 했으나 인원이 제대로 동원되지 않아 환영대회는 흐지부지 끝나고 말았다.10)

미처 피란을 가지 못하고 서울에 잔류해 있던 목사, 장로들은 최문식(崔文植)이 나타났을 때 간담이 서늘해짐을 느꼈다. 최문식은 1933년 평양장로회신학교를 졸업하고 목사 안수를 받았으나 공산당으로 전향한 자였다. 그는 1946년 대구에서 일어난 철도 파업이 일어났을 때, 행동대원 노릇을 한 이재복(李在福) 목사와 함께 주도하였다.11) 대구사건이 진압된 후 이재복은 총살형을 당했으나 최문식은 당시 미 군정청의 고급 관리로 있던 김치묵 목사와 동향(同鄕)인 연고로

---

10) 유호준, 「역사와 교회」 유호준 목사 회고록(대한기독교서회, 1993), 215쪽 이하 참조.
11) 金成俊, 「韓國基督敎會史」(기독교문화사, 1993), 191쪽.
12) 위의 책, 195쪽.

그의 주선으로 총살형은 면하고 풀려났으나 대한민국 정부수립 후 다시 투옥되었다가 전쟁이 터지고 나서 인민군이 남하하자 출옥하였다. 그는 종로 기독교서회에 자리를 잡고, 은신하고 있는 목사들을 찾아내어 8월 21일 김일성 정부를 지지하는 궐기대회를 열고 목사들을 여기에 강제 동원시켰고, 목사들에게 자수서(自手書) 제출을 강요하였다. 뿐만 아니라 전 세계에 보낼 남북통일 호소문을 작성한다면서 목사들에게 서명하라고 강제하며 윽박질렀다. 끌려온 목사들이 적극성을 보이지 않자, 이에 격분한 최문식은 목사들 색출 작업에 전력투구하는 어처구니없는 짓을 자행하였다. 그는 유엔군의 인천상륙작전으로 서울이 수복되자 밀려가는 공산군과 더불어 월북하였다.12) 한편 감리교회에서도 감리교인이며 인민군인 최택이라는 자가 성서공회 2층에 사무실을 차려 놓고 자수서를 받아 내었다.

　유엔군의 개입으로 인천상륙작전이 성공리에 이루어져 서울 수복이 눈앞에 오자 북한 공산당은 지하에 숨어 있던 목사들 검거에 혈안이 되었다. 김인선(金仁善), 김윤실(金允實) 목사는 유치장에서 순교하였고, 나머지 목사들은 대부분 납북되는 비운을 겪었다. 장로교회의 송창근, 남궁혁, 김영주, 유재헌 목사 등과 감리교의 김유순 감독을 비롯하여 양주삼, 방훈, 김희운, 조상문 목사, 성결교회의 박현명, 이건 목사, 구세군의 김삼석, 김진하 사관 등 60여 명이 납북되어 현재까지 그 생사여부도 알 수 없으니, 이것은 본인과 가족 그리고 우리 모든 교회의 참담한 고통이 아닐 수 없다.13)

　이름이 남아 있는 분들은 그나마 다행이고 이름도 남기지 못하고 학살당하거나 행방불명된 이들도 그 수를 헤아릴 수 없이 많을 것이

---

12) 위의 책, 195쪽.
13) 납북된 교계 인사들의 명단과 당시의 직책에 대한 자세한 내용은 金良善의 『韓國基督敎解放十年史』, 88~89쪽 참조. 장로교회의 순교, 납북된 교역자는 177명으로 집계되었다. 「基督敎年鑑」1957년, 38~40쪽에 명단이 있다.

다. 심지어 전쟁 전에 조선기독교도연맹의 총회장까지 맡았던 김익두 목사도 저들에게 총살당하였다. 황해도 신천(信川) 서부예배당에서 새벽기도 하던 중 공산당이 들이닥쳐 김익두 목사 외 6인의 교인이 총살을 당했고, 기독교도연맹에 가담했던 많은 목사들도 결국 살해되는 운명을 맞게 되었다.

이때 순교의 반열에 선 우리의 선배가 한 분이 더 있다. 장로회신학대학장을 역임한 박창환(朴昶環) 목사의 부친 박경구(朴敬球, 1903-1950) 목사는 황해도 장연 서부교회를 담임하고 있었다. 그는 평양 숭실전문을 마치고 교육계에 투신했다가 뒤늦게 신학을 마치고, 목회를 시작하였다. 박 목사가 진남포 득신(得信)소학교 교장으로 있을 때 그 학교 교사로 있었고 숭실중학교의 동기생이었던 강양욱이 조선기독교도연맹에 가입하라고 협박하였으나 그는 끝까지 신앙의 절개를 지키면서 이를 거절하였다. 박 목사는 6·25가 터지던 날 주일 새벽에 체포되어 쇠줄로 양 손목과 양 발목이 묶여 끌려갔는데 후에 손가락과 발가락이 모두 무참히 절단된 시체로 발견되었고, 같이 살해된 교인들은 그들의 입에 흙과 재가 가득 채워진 주검으로 발견되었다.14)

이북에서 순교한 이들 중 꼭 기억해야 할 인물 가운데 주기철 목사가 섬기던 산정현교회의 유계준(劉啓俊, 1879-1950)15) 장로와 백인숙(白寅淑, 1917-1950) 전도사를 빼놓을 수 없다. 유장로는 주기철 목사가 감옥에 있을 때 그 가족에게 자비로 생활비를 계속 지급하였고, 해방이 되고 나서 북한에 공산정권이 들어서면서 기독교인들에 대한 박해가 구체화되자 주 목사 가족과 자기 가족을 먼저 이남으로 피란시키고

---

14) 金麟瑞, 「金麟瑞著作全集」 第5卷, 508쪽.
15) 유 장로의 자녀들은 6남 2녀인데, 아들 여섯 중 4남 기천은 서울대학교 총장을 지낸 법학박사이고, 나머지 다섯은 국립의료원장을 지낸 기원을 비롯하여 모두 의학박사들이다. 장녀 기옥은 용산 누가병원장이며, 차녀 기숙은 뉴욕 생화학연구소 연구원으로 있다. 위의 책.

혼자 교회를 지키다가 공산당들에게 순교 당하였다. 백 전도사는 주 목사가 감옥에 있을 때 목사 없는 성도를 오정모 사모와 함께 심방하면서 돌본 믿음의 역군이었는데, 결국 공산당들에 의해 정일선(丁一善, 1883-1950) 목사와 함께 순교하였다.16)

서울에서는 신당동중앙교회 안길선(安吉善) 목사, 김예진(金禮鎭)17) 목사가 순교했고, 서대문 감옥에서 주채원(朱採元) 목사 등 여러분이 순교하였으며, 김응락(金應洛) 장로는 영락교회 앞에서 순교하였다. 김인룡(金仁龍), 김윤실(金允實) 목사 등은 서대문 감옥에 갇혀 있다가 후퇴하던 인민군들에게 총살당해 순교하였다. 전북 옥구군 미면(米面) 원당(元堂)교회의 교인 75명 중 73명이 한꺼번에 살해되는 처참한 살육이 있었다. 전북 삼례(參禮)교회 김주현(金周鉉) 목사는 그의 가족 7인과 함께 순교했고, 광주 양림교회 박석현(朴錫炫) 목사가 순교할 때 그의 장모, 부인, 외아들까지 공산당에게 살해당하였다. 황해도 봉산의 계동교회 180여 교인 중 175명이 목조 예배당 안에 갇힌 채 모두 태워 죽임을 당함으로써 순교의 길에 들었다. 대전형무소에는 남한 각지의 교역자, 평신도들이 수백 명 투옥되어 있었는데, 공산당들이 후퇴 직전에 감옥에 불을 질러 이들 모두를 소사시켰다.18)

6·25를 겪으면서 인적 피해뿐만 아니라 예배당의 파괴도 심각하였다. 장로교회 소속 예배당 소실이 152동, 파손 467동, 감리교 소속 예배당 소실이 84동, 파괴 155동, 성결교는 소실 27동, 파괴 79동,

---

16) 위의 책, 509쪽.
17) 김예진 목사는 3·1 독립운동 때 옥고를 치른 후 상해 임시 정부에서도 한때 일했고, 용천과 만주 봉황성에서 교역할 때는 일경에 의해 많은 고생을 했다. 그는 월남하여 현 후암장로교회의 전신인 혜천교회(惠泉敎會)를 설립하였다. 전쟁 중 인민군에게 잡힌 후 손수레에 실려 총대로 얼굴을 얻어맞으면서 시가지로 끌려 다녔고 결국은 천호동에서 총살당해 순교하였다. 「姜信明信仰著作集」(기독교문사, 1987), 593쪽.
18) 金成俊, 「韓國基督敎會史」(기독교문화사, 1993), 196쪽.

구세군은 소실 4동, 파괴 4동 등이었다. 이것은 통계에 나온 것의 일부일 뿐 실제는 이보다 훨씬 더 많은 피해가 있었음을 짐작하기 어렵지 않다.

3. 손양원 목사의 순교19)

사랑의 성자 손양원(孫良源 1902-1950)은 1902년 경남 함안군(咸安郡) 칠원면(漆原面)에서 손종일(孫宗一) 장로의 장남으로 태어났다. 그는 1908년 부친과 함께 기독교 신앙을 받아들여 신자가 되었다. 손양원은 고향 칠원공립보통학교에 다닐 때 학교가 동방요배를 강요하자 이는 기독교 신앙에 위배된다며 단호히 거절하였다. 이 일로 인해 그는 퇴학 처분을 받았다. 1919년 3·1 독립운동이 있던 해에 서울로 올라와 고학을 하면서 중동(中東)중학교를 다녔는데, 그의 부친이 3·1 독립운동에 가담하여 투옥되면서 그는 다시 퇴학 처분을 받았다. 따라서 그는 그의 부친과 더불어 항일 투쟁의 대열에 서게 되었다.

손양원은 일본으로 건너가 동경의 소압(巢鴨)중학교를 다녔는데, 어느 날 거리에서 동양선교회 노방전도대의 설교에 큰 감화를 받고 귀국하여 경남성경학교에 입학하였다. 여기서 그는 부산 초량교회에서 목회하면서 이 성경학교에서 가르치던 주기철 목사를 만나게 되었고 그의 가르침에 크게 감동을 받아 일생을 통해 주 목사를 스승으로 흠모하였다. 그는 신사참배 반대투쟁의 동지로 일제와 싸우다가 결국 스승의 뒤를 따라 순교자의 반열에 들게 되었다. 1925년 성경학교를 졸업하고 전도사가 되어 부산 나병원교회 전도사로 부임하였다. 보통 사람들이 가기를 꺼리는 나병원에서 일하는 것으로 그의 아가페 사랑

---

19) 손 목사의 두 아들 동인, 동신, 그리고 손 목사의 순교 사적에 대해서는 손 목사의 딸 동희 씨가 쓴 「나의 아버지 손양원 목사」(아가페, 1996)를 참조할 것.

의 사역은 시작되었다. 그는 천형의 병을 앓고 있는 불쌍한 환자들과 더불어 그의 사역을 시작하여 생을 마칠 때에도 나병환자들과 더불어 살다가 순교함으로써 그리스도 사랑의 진면목을 보여 주었다.

손양원은 신학 수업을 철저히 하기 위해 1935년 평양장로회신학교에 입학하여 1938년에 졸업하였다. 졸업한 이듬해 전남 여수 근처의 나병원인 애양원(愛養院)교회에 부임하였다. 그는 경상도 사람으로 전라도에서 목회함으로써 주기철 목사가 그랬던 것같이 지역의 담을 허는 일에 솔선하였다. 그가 신학교를 졸업하던 1938년은 장로회 총회가 불법으로 신사참배를 선포하여 우상 앞에 절하는 추태를 보이던 해였다. 손양원은 신사참배는 우상숭배라며 단호히 거부하여 집회시마다 일제의 악정과 우상숭배 강요를 신랄하게 공격하였다.

일제는 1940년 9월 손양원을 검속하여 광주형무소에 수감하였다가 다시 청주형무소로 이감하고 온갖 핍박과 고문을 가하였으나 그는 끝까지 신앙의 절개를 지켰다. 그가 심문을 당할 때, "왜 신사참배와 동방요배를 하지 않으냐"고 다그치자 "나는 국민 된 도리로서 하지 않는다"고 하였다. 이 말에 형사는 깜짝 놀라 "그게 무슨 소리냐? 국민이면 당연히 국가의 명령에 복종하고 이를 실행해야 되지 않느냐"고 소리를 질렀다. 손양원은 "나는 우상을 숭배하고 하나님을 공경치 않는 나라가 망하지 않은 경우를 보지 못했다. 그러므로 만일 일본이 계속 우상을 숭배하고 하나님을 공경치 않으면 망하게 될 것이므로, 국민 된 도리로 국가가 망하는 것을 원치 않아 신사참배하지 않는다"고 단호히 말하였다.

1945년 해방이 되자 장장 6년의 감옥살이로 형극의 길을 걸어온 손양원은 자유의 몸이 되었다. 그는 석방되자 과거에 목회하던 애양원교회로 돌아왔다. 이때 1천여 명의 나병환자들이 아이들까지 뛰어나와 손양원을 환영하고 부둥켜안고 눈물을 흘렸으니 위대한 투사의 금의환향이었다. 해방된 이듬해인 1946년 3월 손양원은 경남노회에서 목사 안수를 받았다.

손 목사의 평온한 삶도 잠시뿐, 곧 그와 그 가정에 피해갈 수 없는 시련이 다가오고 있었다. 1948년 10월 여수·순천사건이 터졌다. 이 사건은 여수에 주둔하고 있던 14연대를 제주도에서 일어난 4·3사건 진압을 위해 파견하는 과정에서 좌익사상에 물든 김지회 중위(대전차포 중대장), 홍순석 중위, 지창수 상사 등 40여 명의 남로당 조직책들이 주동이 되어 일으킨 반란이었다. 이들은 경찰 타도, 동족상잔 제주 출동 반대, 남북통일 실현, 북조선 인민군의 남진 등의 기치를 내걸고, 4월 19일에 반란을 일으켜 여수, 순천, 벌교 등지를 사흘 동안 점령하고 경찰관 가족 등 우익 진영의 인사들을 대량 학살하였다.[20]

이때 손 목사의 두 아들이 순교당하는 사건이 있었다. 당시 손 목사의 첫 아들 동인(東仁, 25세)은 순천사범학교 4학년에, 둘째 아들 동신(東信, 19세)은 순천중학교 2학년에 다니고 있었는데[21] 그들은 학교의 공산당 급우들에게 총살을 당하였다.

반란이 진압되고 반란의 주모자들이 처형될 때 동인 형제를 죽이는데 앞장섰던 강재선(姜在善)[22]도 포함되어 있었다. 손 목사는 군 사령관에게 특청을 하여 강재선을 석방시키고 양아들로 입적시켜 예수를 믿게 하여 부산성경학교에 보내 공부하게 하였다.

그로부터 2년 후인 1950년에 한국 전쟁이 일어나 부산을 제외한 남한 전체가 공산당의 수중에 들어감으로써 여수 애양원에까지 공산군들이 들이닥쳤다. 나병환자들이 빨리 피신하라고 권하였지만 손

---

20) 유동렬, 「한국 좌익운동의 역사와 현실」(도서출판 다나, 1996), 36쪽.
21) 일부 책에는 동인, 동신이 순천에 있는 미션스쿨인 梅山학교에 다닌 것으로 되어 있으나 이는 잘못이고, 그들의 동생인 東姬 양이 매산중학교 1년에 다니고 있었다. 손동희, 「나의 아버지 손양원 목사」(아가페, 1996), 190쪽.
22) 일부 책에는 강재선이 아니고 안재선으로 되어 있으나 손 목사의 딸 동희씨가 쓴 「나의 아버지 손양원 목사」(아가페, 1996), 250쪽에는 강 씨로 되어 있음.

목사는 다음과 같이 대답하고 의연히 강단을 지켰다.

> 주님의 이름으로 죽는다면 이보다 더 큰 영광이 어디 있겠어요. 나는 일제 때 감옥에서 죽었을 것인데 하나님이 보호하사 해방을 주어 더 살게 된 것도 감사하기 그지없습니다. 내 눈을 빼고, 내 코를 베고, 손이 잘리고, 발이 떨어지고, 내 목이 끊어져서 석 되밖에 안 되는 내 피가 쏟아지고, 내 뼈가 가루가 된들 내 주님의 사랑을 다 갚을 길이 없는데 나를 부모같이 원하는 이 양 떼를 버리고 어찌 피하겠습니까?[23]

그해 9월 공산당들이 들이닥쳐 손 목사를 체포하여 심문하고 난 후 그는 2주일 만에 순교당하였다. 그때의 형편을 김린서 목사가 기록으로 남겨 두었다.

6·25 때 공산군은 손양원 목사 외 120여 명을 여수감옥에 구금하였다가 9월 28일 밤에 모두 한 줄에 묶어 가지고 미평(美坪) 동산으로 끌고 갔다. 신발을 벗겨 40리 자갈돌 길에 걷게 하니 발은 다 찢어져 피의 행로였다. 밤중에 10여 명씩 묶어서 꿇어앉히고 총으로 쏘고 칼로 찌르며 돌로 쳐서 죽였다. 그 중에 한두 사람이 살아남아 그 밤의 참상을 전하여 주었다. 그중에는 80세 되는 목사도 있었고 여전도사와 청년회 회장도 있었다. 불신자들의 울부짖음과 신자의 찬송 소리와 기도 소리가 한데 어우러졌다. 처음에는 많은 사람의 찬송 소리가 들리다가 차차 10여 명, 한두 명의 소리로 가늘게 들리더니 나중에는 그 소리마저 끊어져 조용한 밤이 되었고 희미한 달과 별빛이 순교자들의 시체를 조상하였다.

손양원 목사의 시체는 어깨와 두 손가락에 총알이 관통하였고 그 입은 돌에 맞아 상하고 이빨이 부러져 있었다. 아마 찬송하며 전도하면서 쳐든 어깨와 손을 총으로 쏘고 기도하며 전도하는 그 입을 돌로

---

23) 金麟瑞, 「金麟瑞著作全集」 第5卷, 246쪽.

친 것이리라.24)

　1950년 9월 28일 밤 11시 위대한 사랑의 성자 손양원 목사는 그렇게 천국으로 갔다. 그가 살아생전에 "땅 위에서 하루가 길면 하늘에서 하루가 짧고, 땅 위에서 하루가 짧으면 하늘에서 하루가 길다"(在地一日長 在天一日短, 在地一日短 在天一日長)는 말을 하였다. 이 말은 그의 생이 지상의 생활과 천국의 생활이 단절되지 않고 서로 연결되어 일직선상에 있었다는 것을 의미하였다.

　우리 교회의 역사에 이런 신앙의 선배가 있었다는 것은 후세의 귀감이 되고, 목회자의 길이 얼마나 험난한가를 보여 주는 시금석이다.25)

4. 교회의 대처

1) 교회의 지원

　미증유의 대참변을 겪은 교회는 전쟁 동안에도 꾸준히 교회가 해야 할 임무들을 부분적으로나마 수행하였다. 전쟁이 발발하자 서울을 탈출한 교역자들과 미 점령 지역의 교역자들이 모여 그해 7월 대전제일교회에서 '대한기독교구국회'를 구성하였다.26) 구국회는 대구, 부산 등 전국에 30여 지회를 설치하고 국방부, 사회부와 긴밀한 연락을 가지면서 선무(宣撫),27) 구호, 방송 사업에 참여하였다. 또한 의용군 모집에도 협력하여 기독교의용군 1연대 3천 명을 모집하여 국방부에 이관하기도 하였다.28) 국군과 유엔군이 9월 28일 서울을 수복하고

---

24) 위의 책, 508쪽.
25) 손양원 목사의 순교사는 심군식, 「동도섬의 세 무덤」(양문, 1993)을 참조.
26) 金成俊, 「韓國基督敎會史」(기독교문화사, 1993), 198쪽.
27) 국방부 정훈국장 李瑄根은 수복 지역으로 들어가는 목사들에게 정훈국 선무대원증을 나누어 주고 민심 수습을 위한 주민 선무를 의뢰하였다.
28) 張喜根, 「韓國長老敎會史」(부산 : 亞成出版社, 1970), 324쪽. 金成俊, 「韓國基督敎會

북으로 진격해 들어갔을 때에도 교회는 1천여 명의 선무 대원을 북으로 보내 적극적인 활동을 펼쳤다.

연합군이 압록강까지 진격하면서 한반도 통일이 눈앞에 온 것 같았으나, 전쟁은 중공군이 개입하면서 1·4후퇴라는 또 다른 시련에 부닥쳤다. 부산까지 밀려간 교회 지도자들은 그곳에서 하나님이 교회와 민족 앞에 내린 심판에 참회의 기도회를 열었다. 또한 '기독교연합전시비상대책위원회'를 조직하고 우선 미국의 트루먼 대통령과 유엔 사무총장, 그리고 유엔군 사령관에게 호소문을 보냈다. 한국 교회 대표로 장로교회의 한경직, 감리교회의 유형기를 미국에 파송하여 미국 교계에 한국 지원을 호소함으로써 미국 내의 여론을 환기시키기에 노력하였다.29) 이들의 노력으로 거제도와 제주도에 피란 간 2만 명의 기독교인들과 1천 명의 교직자들에게 구호품을 전달하는 한편 구호부장 김성준 목사를 파송하여 피란민들을 구호하게 하고 교역자들로 하여금 전도활동을 하게 하여 10여 처의 개척교회를 설립하였다.30)

1952년 1월 한국기독교연합회 주관 아래 여러 교파가 연합으로 교회의 재건운동을 결의하고 주일학교, 교육과 문화, 사회의 후생, 농촌, 경제, 산업 등 6개 분야의 교회 재건 사업을 주한 각파 선교부와 제휴하여 추진해 나갔다. 각파 선교부의 노력으로 기독교세계봉사회, 국제선교협의회, 기독교국제연합위원회 등의 세계 교회 협의체 대표들이 한국을 방문하였고, 이들의 주선과 호소로 세계 교회가 한국 교회 및 한민족 구호에 나서게 되었다.

史」, 199쪽.
29) 李永獻,「韓國基督敎史」, 275쪽.
30) 金成俊,「韓國基督敎會史」, 200쪽.

2) 새로운 교회 및 선교회와 구호 단체들의 시작

한국 전쟁이 지나고 나서 여러 선교 단체들이 밀려들어 오기 시작하였다. 먼저 한국에 들어온 선교회는 남침례회(Southern Baptists)였다. 미국에서 가장 보수적인 이 교회는 오랫동안 중국에서 선교활동을 하다가 중국이 공산화됨에 따라 더 이상 선교를 할 수 없게 되자 한국으로 방향을 돌려 서울에 선교의 거점을 확보하여 활동을 시작하였다. 그들은 대전에 신학교를 세우고 학생들을 훈련시키면서 장기전에 돌입하였다. 이때 이 선교회를 이끈 사람은 에버내디(A.J.Abernathy) 목사였다.[31]

그 외에도 나사렛(Nazarene)교회, 그리스도의 교회(Church of Christ), 순복음교회(Assembly of God), 한국복음선교회(Korea Gospel Mission), 여호와의 증인(Jehovah's Witnesses) 등의 소교파들이 서울이나 인근에 거점을 확보하고 자파교회의 증식을 위해 활동을 개시하였다.[32]

이즈음에 나타난 선교회 중 팀미션(Team Mission : Evangelical Alliance Missions : 복음주의연합선교회)은 1953년부터 한국에서 활동을 시작하였다. 이 선교회는 교회 설립을 목적으로 하지 아니하고 고아원, 성경학교 등을 경영하였으며, 특히 방송 선교와 문서 선교를 통해 교파 구별 없이 기성교회를 돕는 선교활동을 하였다. 이들은 1956년 인천에 극동방송국(HLKX)을 세워 국어, 영어, 중국어, 러시아어, 몽골어, 우크라이나어 등으로 방송하여 공산권 선교에 큰 공헌을 하였으며 오늘에 이르기까지 기독교방송국과 더불어 많은 신자들의 신앙지도와 선교에 주력하고 있다.[33]

팀미션이 방송을 시작하기 전 이미 기독교방송국(HLKY)이 선교 방

---

31) H. A. Rhodes and A. Campbell, eds., *History of the Korea Mission* II, 314.
32) 위의 책, 314쪽.
33) A. D. Clark, *A History of the Church in Korea*, 5th print (The Christian Literature Society of Korea, 1992), 353~357.

송을 하고 있었다. 1949년 이승만 정부는 기독교방송국 설치를 인가하였다. 이 방송국을 설치하는 데 드는 비용 약 12만 달러는 재한 선교부들이 분담하였다.34) 모든 장비가 미국에서 수송되어 오는 도중 6·25가 일어나 일본에서 지체되다가 휴전이 된 후 설비를 갖추고 방송을 시작하였다.35) 기독교방송이 시작되기 전에 한국방송(HLKA)을 통해 이따금씩 월드비전(World Vision)의 밥 피머스(B.Pierce), 빌리 그레이엄(B.Graham), 옥호열(H.Voelkel, 玉鎬烈) 등의 인사들이 한경직 목사의 통역으로 방송을 하기도 하였다.36)

선명회(World Vision)도 6·25 후에 우리나라에 들어온 선교 단체 가운데 하나이다. 이 단체는 복음 선교와 말씀대로 살게 하려는 목적으로 세워졌다. 한국 전란으로 많은 이재민이 생기자 이들을 돕기 위해 1953년 한국에 진출하여 대구에 본부를 두고 교파 구별 없이 기존 교회나 선교부의 사업에 협력하였다. 선명회 어린이 합창단은 고아들로 구성되어 구미 여러 나라를 순방하면서 전쟁 동안 한국의 고아들을 도와 준 은덕에 감사하고 그들의 뛰어난 재질을 과시하였다.37)

컴패션(Compassion Inc.)은 미국의 유명한 부흥사 에버레트 스완슨(Everett Swanson) 목사가 세운 단체이다. 그는 전쟁이 한창 진행 중이던 1952년에 내한하여 전투에 참가중인 미군들을 위해 부흥집회를 하고 돌아갔다. 한국 군종감실에서 그에게 다시 한국에 와서 한국 군인들을 위해 집회를 해달라는 요청을 하자 이듬해 한국에 온 그는 수많은 전쟁고아들을 보고 고아원 사업을 하기로 결심하고 컴패션이

---

34) 이 12만 달러는 미국 북장로교회와 미국 감리교회가 4만 달러, 캐나다 장로교회가 7천 달러, 그리고 미국 남장로교회가 5천 달러를 담당하였다. H. A. Rhodes and A. Campbell, eds., *History of the Korea Mission*, II, 348.
35) 위의 책.
36) 위의 책.
37) A. D. Clark, *A History of the Church in Korea*, 5th print, 359.

라는 단체를 만들었다. 그는 전국에 190여 개의 고아원을 설립하여 2만여 명의 고아들을 수용하고 교육하였다. 이 단체는 농촌교회 교역자들을 돕기도 하고 진료 사업도 펼쳤다.

홀트양자회(Holt Adoption Program)는 미국 오리건(Oregon) 주에 거주하는 농부였던 헨리 홀트(Henry Holt) 씨가 한국 전쟁의 비극적 유산으로 남은 혼혈고아 80여 명을 미국에 데리고 가서 각 가정에 입양시킴으로써 시작된 입양기관이다. 본래 목재상이었던 홀트 씨가 전쟁고아들 중 특히 혼혈아들의 비참한 실태를 보고 1955년에 이 입양기관을 발족하여 수천 명의 전쟁고아 및 일반아 입양을 하였고, 오늘에 이르기까지 이 방면에 크게 공헌하고 있다.

「재미한인사략」이라는 조그마한 책자에 기록한 홀트 씨의 내력을 옮겨 본다.

1958년의 사건들

1월 23일 오리건 주 그리스웰 지방에서 농업에 종사하는 해리 [헨리] 홀트 씨는 한국으로부터 혼혈 고아 80여 명을 데리고 항공편으로 포틀랜드에 안착하였다. 홀트 씨는 지금까지 500여 명에 달하는 미국에 데려온 고아들을 그 양부모들에게 소개해 주느라고 늘 동분서주해서 그의 건강과 얼마 안 되는 재산마저 희생하여 왔다 하며 그는 남가주 패서디나에 있는 월드·비숍 재단이라는 전도기관의 후원과 격려를 받은 외에는 아무 보조도 받지 않았고 그 거대한 고아 구호 사업의 부담을 순전히 혼자 짊어지고 헌신투쟁하고 있으며 그 자신이 8명의 고아들을 자기 가정에서 수양하고 있다 한다.[38]

선한 뜻을 지닌 한 사람이 얼마나 많은 사람들에게 행복과 기쁨을 가져다주며 얼마나 많은 하나님의 일을 하는지 여기서도 볼 수 있다.

---

38) 盧載淵, 「在美韓人史略」(1963), 156쪽.

오늘까지도 홀트양자회가 보호자 없는 아이들에게, 자녀 없는 이들에게 기쁨을 선사하고 있음을 수많은 사람들이 눈여겨보고 있다.

3) 군목(軍牧)제도의 시작

한국 교회 부흥과 선교에 있어 가장 중요한 부분 가운데 하나는 군 선교에 관한 부분이다. 군대 선교가 시작되면서 많은 장병들이 전시나 평시에 기독교 복음을 받아들이고 신앙생활을 하기 시작하면서 신자들이 늘어갔다. 그들이 제대한 후 고향에 돌아가 계속 신앙생활을 함으로써 한국 교회 성장에 지대한 영향을 미쳤다. 1970년대에 이르러서는 군복음화운동이 범교단적으로 일어 이 역시 괄목할 만한 성과를 이뤘다.

군목제도가 시작된 것은 선교사들의 활동에서 시작된다. 일제 말엽 제2차 세계 대전이 발발하면서 일제에 의해 강압적으로 선교지를 떠난 선교사들이 제2차 대전이 끝나고 해방을 맞어 선교지로 돌아왔다. 북한에는 소련군의 진주로 김일성 공산당 정권이 들어섰기 때문에 선교사들이 다시 들어갈 수 없었으나, 남한은 미군이 들어왔으므로 선교사들의 입국이 용이했다. 대부분 한국말을 잘하고 한국생활에 익숙했기 때문에 미 군정청의 여러 요직에서 활동을 하기도 했고, 군목으로 복무하는 이들도 있었다.

미 군정청은 한국 군대의 훈련을 지도하기 위해 '미국 군사고문단'(The Korea Military Advisory Group of the U.S. Army, 보통 K-MAG으로 불렸음)을 조직하였는데, 이 본부는 대구에 있었다. 이때 대구 지역 장로교회가 차태화 목사와 캠벨(A.Campbell, 甘富悅, 1890-1977) 목사를 훈련병들에게 파송하여 신앙지도를 한 것이 한국 육군 군목제도의 효시이다.[39]

1949년 5월 차 목사는 한국 육군에서 처음으로 400여 명의 군인들과 몇 명의 장교들을 모아 공식 예배를 드렸다. 1950년 6·25가 일어나 치열한 전투가 계속되는 동안 애덤스(E.Adams, 安斗華)와 캠벨은 고문단 참모부에 군목제도 신설을 청원하였고, 캠벨은 미군의 군목제도 법령을 한글로 번역하면서 기독교뿐만 아니라 타종단도 포함하도록 하였다. 그러나 참모부가 이를 묵살하여 실현되지는 못했다.

1950년 9월 캠벨이 일본에 갔을 때 당시 미군 사령부 군종참모로 있던 벤넷(I.H.Bennett) 대령을 만나 한국에서의 군목제도 신설을 역설하였다. 벤넷은 이를 좋게 여겨 즉시 맥아더 사령관에게 보고하였고, 맥아더 역시 이를 귀담아 들었다. 맥아더가 연합군 사령관으로 한국에 진주했을 때 그는 이승만 대통령을 만나 군목제도를 설명하고 허락을 받아냈다.[40]

한편 해군에서는 군목제도가 실시되기 전에 대한민국 정부가 출범한 1948년 당시 해군 참모총장이었던 손원일(孫元一)이 정훈장교 형식으로 해군 내에서 목사들로 하여금 일하게 한 일이 있었다. 또한 이 제도가 정착된 동기 중 하나는 한국 전쟁이 한창이던 1950년 12월, 어느 카투사 병사 한 명이 이승만 대통령에게 "군에도 목사님을 보내어 신앙의 철판으로 적의 총탄을 막아 공포심이 사라지도록 해 주십시오"라는 편지를 보낸 것이 발단이 되었다.[41]

그 후 장로교회의 권연호(權連鎬), 감리교회의 나사행, 성결교회의 최정원(崔正元) 목사 등의 교계 인사들 역시 이 제도의 정착을 진언하여 대통령의 재가를 얻었다. 1951년 정월 감리교 선교사 쇼(W.E.Shaw)와 가톨릭 선교사 캐롤(G.Caroll) 신부는 대구에 군목학교를 개설하라는

---

39) H. A. Rhodes and A. Campbell, eds., *History of the Korea Mission*, II, p. 344.
40) 위의 책.
41) 「基督敎年鑑」, (1957), 59쪽. 金麟瑞, "軍牧制度와 韓國敎會,"「信仰生活 (1953), 聖誕號.

명을 받고 개교를 서둘렀다. 1951년 2월 제1회 군목학교 졸업생 39명이 배출되었다. 당시 그들은 군인이 아니고 계급 없는 민간인으로 활동을 시작하였다. 그러나 계급사회인 군대 내에서 계급 없는 민간인으로 활동한다는 것이 아주 많은 제약이 따른다는 것을 실감한 실무자들이 정식 장교로 임명해 줄 것을 청원하여 드디어 1954년에 정식으로 군목이 장교로 임관하게 되었다. 이러한 군목제도가 실현된 것 역시 그 어느 선교지에서도 없었던 최초의 사건이었다.42)

1952년 11월 김형도 대령의 보고에 따르면 육군에 139명, 해군에 21명, 공군에 5명의 군목이 일하고 있었다.43) 군목제도가 법적으로 확립된 것은 1961년 4월 군목 신분령에 관한 국무원령 제234호에 의해서였다.44) 군목제도가 시작된 이래 각 군에서 군목들에 의해 전도활동이 활발하게 계속되어 군 선교를 통해 오늘까지 헤아릴 수 없이 많은 성과를 거두고 있다.

---

42) H. A. Rhodes and A. Campbell, eds., *History of the Korea Mission*, II, p. 345.
43) 위의 책.
44) 「大韓예수敎長老會總會 第46回(1961年) 會議錄」, 291쪽.

제 4 장
1950년대 이단운동의 발흥

  6·25라는 미증유의 대전란이 일단 그치고 평화가 돌아왔지만, 전쟁의 피해는 극심하였다. 기아와 질병, 산업시설과 교육기관의 파괴, 도로, 교통, 통신의 두절, 실업과 빈곤 등의 문제는 어느 한 집단의 문제가 아니고 국민 모두의 문제였다. 사회적 혼란과 기댈 곳 없는 불안은 기독교인들이라고 예외일 수는 없었다.

  따라서 항상 그랬듯이 이 세상에 희망이 없어 보이고, 현실에 좌절하게 될 때에 이 어려움을 하나님께 호소함으로써 해결할 수밖에 없는 교인들의 신앙은 열광적인 경향을 띠게 되었다. 사회적 혼란 속에서는 기성교회의 전통적 종교 행위로 만족하지 못하고 신비하고 초자연적인 역사(役事)를, 다시 말하면 직접적이고 피부에 와 닿는 구체적이고 현실적인 종교현상을 통해서 불안한 마음을 해소시키고자 하는 생각을 갖게 되는 것이 일반적 종교 현상이다. 이에 발맞추어 교회 안에서는 여러 가지 사이비, 이단운동들이 나타나게 되었다. 그중에 몇 가지를 살펴보기로 한다.

1. 나운몽(羅雲夢)의 용문산 기도원

용문산 기도원은 나운몽(羅雲夢)이 설립하였다. 그는 1914년 평북 박천에서 태어나 오산중학에서 수학하다가 2년 만에 중퇴하였다. 일본으로 건너가 학업을 계속하려 했으나 뜻대로 되지 않자 귀국하여 만주, 시베리아로 유랑하다 1940년에 귀국하였다. 그는 그해 6월 용문산 일부를 매수하여 애향숙(愛鄕塾)이라는 사설학원을 세우고 계몽운동을 전개하였으나 일제의 간섭이 심해지자 폐쇄하고 서울에 올라왔다. 그는 서울 수표교회에 출석하면서 그곳에서 장로로 장립되었다.

해방이 되고 나서 그는 다시 애향숙을 개원할 목적으로 1947년 4월 용문산에 들어가 그곳을 기도처로 바꾸고 기도원을 세워 기도에 진력하다가 성령의 체험을 하고 입신, 방언 등의 신비체험을 하였다. 그는 곧 전도운동에 박차를 가해 전도서 4장 12절에 나오는 '삼겹줄'을 토대로 1) 기도 전도 2) 부흥 전도 3) 문서 전도를 전개했다.

그러나 기성교회는 나운몽의 기도원을 이단시하였다. 그 이유는 애향숙의 수련 방법이 비성서적이고, 그들이 경영하는 기드온성경학교, 기드온신학교의 성경해석이 "동양적 특수 신령철학을 제창하여 주역(周易)으로 성경을 해석하기 때문"[1]이었다. 예를 들면,「구국 설교집」제5집에서 다음과 같이 주장하고 있다.

1) 공자, 석가도 신이 보낸 동방의 선지자요 신의 뜻을 따라 내렸다.
2) 복음이 전파되기 전 세대는 유·불교를 통해서 구원받은 사람들이 있다.
3) 유·불교가 기독교 안에서 조화된 것이 천국이다.
4) 진리는 형에 있지 않고 질에 있으니 진리라면 유교, 불교, 기독교

---

1) 金成俊,「韓國基督敎史」(서울 : 韓國敎會敎育硏究院, 1980), 268쪽.

가 하나다.2)

이런 주장을 하는 집단이 기성교회의 환영을 받을 수 없음은 자명한 일이다. 나운몽은 삼각산 기도단이란 조직을 만들어 철저한 독재 체제로 이끌면서 한 사람이 두 사람을 위하여 기도하고 이 두 사람은 각각 또 다른 두 사람을 위해서 기도함으로써 기하급수적인 피라미드 형식의 조직으로 확대해 나갔다.

장로회 총회는 군산노회가 다음과 같이 헌의한 안건을 결의하였다.

> 근래 한국교계를 풍미하는 나운몽 씨에 관하여 각 지방에서 그로 인한 손해를 많이 입고 있는 바 그 정체를 밝혀 주기를 청원한 것은 그 신분과 거취가 분명하지 않고 신앙의 기초를 정신수련 위에 두며 우리 장로교 신경에 맞지 않는 점이 많으므로 막는 것이 가하다.3)

1956년 9월 새문안교회에서 모인 장로교회 총회는 장로교회 공식 입장으로 나운몽 집단에 대해 "거년 총회 시에 결정한 바 있거니와 본 장로교회 강단에 세우는 것은 물론 엄금할 것이요 기타 장소에서 개최하는 집회에도 교인들의 참석함을 금지할 일이오며"4)라고 선언함으로써 이들을 비성서적 교훈을 가르치고 교회질서를 문란케 하는 자들의 집단으로 규정하였다. 기타 다른 교단들도 비슷한 결정을 하였으므로 나운몽 집단은 한국 교회에서 이단으로 낙인찍히게 되었다.

---

2) 위의 책.
3) 「대한예수교장로회 총회 제40회(1955년) 회의록」, 366쪽.
4) 「대한예수교장로회 총회 제41회(1956년) 회의록」, 48쪽. 이 총회에서는 또한 경북노회에서 나운몽 씨가 김천시 감리교회 장로로 임직함은 부당하니 한국 기독교연합회에 경고하여 감리회로 차를 시정케 하여 달라는 건은 '타 교파에서 하는 일이므로 우리가 관계할 바 아니나 총회 임원회와 기독교연합회 총대에게 일임하여 선처케 할 일이라'고 결의하였다. 위의 책.

2. 박태선(朴泰善)의 전도관

처음에는 전도관이라 부르다가 후에 천부교(天父敎)가 된 이 이단 집단은 박태선에 의해 시작되었다. 그는 1915년 평북 영변 빈농의 가정에서 태어났다. 그는 어려서 부모를 잃고 고아가 되어 평남 덕천의 친척집에서 자라며 그곳에서 초등학교를 마치고, 일본으로 건너가 고학으로 공업고등학교를 마쳤다. 어느 공업사에서 일하면서 그는 기독교 신앙에 접하게 되고 성경을 애독하는 청년이 되었다. 해방이 되자 귀국하여 서울 서대문 근처에서 정밀기계 공장을 경영하면서 남대문교회에 출석하였다. 그 후 남대문교회 김치선 목사가 창동교회(현 한양교회)로 목회지를 옮기자 박태선도 김 목사를 따라 창동교회로 옮겼다. 그는 자기 공장에서 직공들을 모아 예배를 드리면서 설교 훈련을 쌓기 시작하였다. 그는 창동교회에서 장로로 피택, 안수 받았다.5)

1955년 1월, 그는 우연한 기회에 서울 무학교회에서 부흥집회를 인도한 것이 계기가 되어 서울, 대구, 부산 등 전국 각지로 다니면서, 전후(戰後) 도탄에 빠져 정신적 방황을 하고 있던 교인들에게 호소력 있는 말씀을 외쳤다. 특히 남산에서의 집회는 그를 전후 최대의 부흥사로 만드는 계기가 되었다. 이 집회는 기독교부흥협회가 미국인 부흥사 스완슨(Swanson) 박사를 주 강사로, 박태선을 보조 강사로 1955년 3월 남산의 옛 신궁터 광장에서 모인 것이었다. 이때 전국에서 사람들이 몰려왔고 각색 병자들이 병을 고치기 위해 모여들었다. 오전과 저녁에는 스완슨 박사의 성경해설집회가 있었고, 새벽과 오후집회는 박태선이 손뼉치고 찬송하면서 병 고치는 은사집회를 이어

---

5) 일부 한국 교회사에서 박태선이 남대문교회에서 장로 안수를 받았다고 쓰고 있으나 이는 잘못이고, 그는 창동교회에서 장로 안수를 받았다.

갔다.6)

이때 박태선은 찬송을 계속 부르게 하면서 사람들을 흥분시켜 놓고 하늘에서 불이 내려와 모든 죄인들의 죄를 태우는 "썩은 뼈 타는 냄새가 나더니 그 악취가 어느 사이엔가 사라지고 백합화 향기가 나기 시작하고 이슬이 내리고"7) 하늘의 광채가 나타났다고 주장하였다. 그는 모든 사람들이 지금 죄를 회개하지 않으면 지옥에 떨어질 것이라고 강대상을 내리치며 공갈, 협박을 하면서 회개를 촉구하였다. 그러자 많은 사람들이 흥분하여 박수를 치고 발장단을 치면서, 고성방가와 통곡기도를 드리며 죄를 회개하는 현상이 나타났다.

이어 더욱 한심한 사건이 터졌는데, 사흘째 되던 저녁에 박태선은 주최측 목사님들이 은혜를 막고 있으니, 목사님들이 안찰기도를 받아 죄를 소멸해야 은혜의 집회가 될 것이라며 안찰기도 받기를 권하자, 장로회 전 총회장 권연호 목사 등 100여 명의 목사들이 장로에게 안찰기도를 받는 기현상이 나타났다.8) 계속된 집회에서 박태선은 구국기도관을 짓는다며 교인들의 금반지, 시계, 현금 등을 거두어 갔다. 이때 모은 돈은 모두 박태선이 착복했다고 당시 남산 부흥회를 주최했던 부흥협회 간사 김선환 목사가 증언하고 있다.9) 박태선이 이렇게 된 연유는 당시 교계의 원로였던 권연호, 김치선 목사 같은 이들과, 윤치영 씨 등 정계요인의 후원이 컸기 때문이다.

그러나 이런 비정상적인 신앙 행태는 오래 갈 수 없는 게 역사의 교훈이다. 1955년 11월 신당동중앙교회에서 모인 제65회 장로회 경기노회 정기회와 이듬해 3월 승동교회당에서 모인 임시노회에서는 박태선 소속의 창동교회로 하여금 그를 장로직에서 제명처리토록 명

---

6) 金成俊, 「韓國基督敎史」, 270쪽.
7) 崔德臣, 「新興宗敎集團에 관한 比較硏究」(서울 : 참빛사, 1965), 19~20쪽.
8) 李永獻, 「韓國基督敎史」, 301쪽.
9) 김선환, "나는 그를 따라다녔다," 金景來 편, 「社會惡과 邪敎運動」, 163쪽.

하였다. 그가 가르친 가장 결정적 비기독교적 교리는 소위 '피 가름' 교리였다. 이는 자기가 "주의 보혈을 받아 남에게 분배해 준다"고 하면서, "뱀으로 타락한 천사장 미가엘과 하와가 간음죄를 지었기 때문에 뱀의 피가 가인을 위시한 인류의 원죄가 되었다. 그러므로 은혜 받고 성화된 자기와 성교를 하면 그 피가 성화되고 피가름 받은 자가 또 다른 이와 성교(性交)를 하면 그가 성화된다는 등의 혼음(混淫) 교리로 신도들의 정신적 단결을 도모"10)하였다. 또한 그는 자기를 이사야 41장에 나오는 '동방의 의인 곧 동방의 감람나무'요, 하나님이 한국을 구원하시기 위해 북방에서 보내신(자기의 고향 평북 영변) 자라 지칭하였다.

뿐만 아니라 자기의 손을 담근 물은 성수(聖水)이기 때문에 그 물을 마시면 모든 병이 낫는다 하여 손 씻은 물을 팔았고 나중에는 발 씻은 물까지 파는 작태를 연출하기도 하였다.

1956년 장로회 총회에서 "그 가르치는 바가 비성서적이요, 본 장로교 교리와 신조에 위반됨이 많을 뿐 아니라 교회를 크게 소란케 하므로 차를 이단으로 규정함이 가한 일이다"11)라고 선언하여 이단으로 정리하였다. 그리고 1957년 7월 한국기독교연합회 역시 이 전도관을 사이비 단체로 규정하였다.

그 후 박태선은 소위 천년성(千年城)을 이룬다며 경기도 소사, 덕소 등지에 신앙촌을 형성하여 계시록에 나오는 14만 4천의 선민이 되어야 천국에 간다고 순진한 교인들을 감언이설로 유혹하였다. 교인들은 모든 재산과 가정을 정리하고 그곳으로 들어가 공장에서 혹사당하면서 신앙촌 제품을 만들었다. 그리고 전도관에서는 이를 강매하여 상업·기업집단을 이루는 데 이용하였다. 저들은 여러 번 자체 내분과 격랑을 겪다가

---

10) 金成俊,「韓國基督敎會史」, 274쪽.
11)「大韓예수敎長老會總會 第41回(1956년) 會議錄」, 46쪽.

결국 박태선이 스스로 하나님이 되어 '천부교'(天父敎)를 만들었다. 그러나 그가 죽자 그 집단은 와해되어, 사이비 이단이 가는 정로의 과정을 밟았다.

박태선의 전도관운동은 전후의 혼란한 사회 속에서 흔히 일어날 수 있는 사이비 이단 집단의 한 현상이다. 이것이 그렇게 삽시간에 확산될 수 있었던 것은 분별력 없는 일부 교회 지도자들이 그를 후원하면서 부화뇌동(附和雷同)한 결과였으며, 기성교회가 영적으로 굶주린 성도들의 영적 갈망을 채워 주지 못한 결과라고 평가해야 한다.

3. 문선명(文鮮明)의 세계기독교통일신령협회(통일교회)

'세계기독교통일신령협회'(統一敎會 : The Unification Church)를 창설한 문선명은 1920년 음력 정월 평북 정주군(定州郡) 덕언면(德彦面)에서 문경유(文慶裕)의 차남으로 태어났다. 그의 막내 조부가 기독교 목사로서 독립운동에 투신하여 가산을 독립자금으로 써 버리는 바람에 그는 빈한한 가정에서 자랐다.12) 그가 15세 되었을 때 그의 형님과 누님의 중병 치료가 동기가 되어 전 가족이 장로교 신자가 되었다.13) 서울에 와서 경성상공실무학교(京城商工實務學校)에서 수학하던 중 교회 출석을 시작한 것으로 추측된다. 통일교회가 발간한 「통일교회사」에 문선명이 16세 되던 때 부활절에 기도 중 홀연히 예수께서 나타나시어 엄중한 당부로 인류 구원사업에 대한 소명을 공식 하명(下命)하였다고 기록하고 있다.14)

서울에서 학교를 마치고 1941년 일본 동경으로 가 그곳 조도전(早稻

---

12) 「統一敎會史」 上卷 (世界基督敎統一神靈協會, 1978), 4쪽.
13) 위의 책, 5쪽.
14) 위의 책, 13쪽.

田)대학 부속 고등공업학교에서 수학하던 중 해방을 맞았다. 해방이 되자 김백문(金百文)이 세운 이스라엘 수도원에서 4개월간 체류하면서 원리 교리를 배웠고, 그 후에 그는 다시 월북했다. 평양에서 광해교회에 출석하였는데, 이 교회는 독립교회로서 예배 시 박수치고, 춤추며, 발을 구르면서, 우는 광신자들이 모여 예배드리는 '우는 교회'였다.15)

1946년 8월 문선명은 유부녀인 김종화(金種和)16)와 강제 결혼식을 거행하다가 그 남편의 고발로 1947년 5월 북한 법정에서 사회 문란죄로 5년 형을, 여자는 10월 형을 선고받아 흥남노무자 특별수용소(속칭 흥남감옥)로 갔다.17) 6·25가 터지고 유엔군이 북진하자 그는 1950년 10월 함흥교도소에서 출감하고 1·4후퇴 때 월남하였다. 그는 부산에서 작은 공장을 경영했으나 실패하자 교회운동을 시작하였다. 1953년 12월 동향 출신인 유효원(劉孝元)을 자기 교회에 출석하도록 권유하였다. 유효원은 오산중학을 마치고 경성제대 의학부를 다니다가 병으로 중퇴한 사람이었다. 통일교의「원리강론」(原理講論)은 그가 문선명의 가르침의 원리를 정리한 것이다.18) 그 내용은 문선명이 16세부터 겪은 이야기를 모은 것이었다.

> 수십 성상을 성서의 문자 뒤에 감추인 숨은 진리를 찾으려고 예수님을 비롯한 낙원의 뭇 영인들과 또는 역사 이래에 지상에 왔다 간 모든 성령들과 자유로 접촉하였고, 때로는 하나님과 친히 교통하시어 하나님의 품속에 감추인 천륜의 비밀 찾아내기에 온갖 심혈을 경주하였으며, 때로는

---

15) 위의 책, 36~37쪽.
16) 박정화 외 2인,「野錄 統一敎會史」(큰샘출판사, 1996), 41쪽.
17) 金成俊,「韓國基督敎史」, 275~276쪽.「統一敎會史」에는 그가 기소된 것은 기성교단의 질시와 공산당국의 종교 말살 정책이 야합한 것이라고 주장한다. 45쪽 참조. 그러나 Bruce Cumings, *The Origins of the Korean War*, vol. II. *The Roaring of the Cataract 1947~1950* (Princeton University Press, 1990), 319쪽에 사통(fornication)과 간통(adultery)으로 투옥되었다고 기록하고 있다.
18)「統一敎會史」, 위의 책.

수억의 사탄들과 혈투전을 겨뤄 나왔다.[19]

1954년 5월 문선명은 유효원 등과 함께 서울 성동구 북학동 소재 교회에서 통일교회를 정식으로 발족시켰다.[20] 그 목표는 다음과 같았다.

> 기독교를 비롯한 모든 종교가 갈라질 대로 갈라졌고, 기진할 대로 기진하여서 진퇴유곡의 막다른 골목에 이르고……성서 한 권은 궁경(窮境)에 도달하고……예수님은 말씀도 밝히지 못하고 돌아가셨고……십자가로서는 원죄를 벗어날 수 없어……어떠한 종교라도 전부 포섭할 수 있는 깊이와 넓이를 가진 원리를 가지고 세계 종교를 통일하는 한 종교를 세우는 것이다.[21]

문선명이 교주가 되고, 유효원이 협회장이 되었다. 1955년 7월 문선명은 혼음사건으로 4명의 간부와 함께 3개월간 구속되었다. 이 사건으로 연세대, 이화여대 교수 몇 명이 면직되고 이화여대생 10여 명이 퇴학당하였다. 1960년 3월 문선명이 41세 되던 해에 18세의 여고생과 네 번째 결혼을 감행하였다.[22]

통일교의 주요 교리는 그들의 「원리강론」에 나타나는데, 창조론, 타락론, 복귀섭리론 등이다. 그중 가장 문제가 되는 것은 바로 타락론이다. 그 내용은 타락한 천사장 루시퍼(Lucifer)가 뱀으로 나타나 하와를 감언이설로 속여 성관계를 가졌다는 것이다. 그 후 하와는 아담과 성관계를 가졌는데, 하나님이 나타나셨을 때 부끄러워 허리 아래, 즉 하체를 가렸다는 것이다. 따라서 인류가 이 사탄의 사악한 피를 갖게 되었다는 내용이다.[23]

---

19) 「原理解說」 제4판(서울 : 世界基督敎統一神靈協會, 1962), 19쪽.
20) 박정화 외 2인, 「野錄 統一敎會史」(큰샘출판사, 1996), 89쪽.
21) 「原理解說」 제4판 (서울 : 世界基督敎統一神靈協會, 1962), 1, 2, 6, 10, 73, 74쪽 참조.
22) 金成俊, 「韓國基督敎史」, 276쪽.

그들 교리의 원리는 주로 성경의 내용을 중심으로 동양의 주역(周易)과 음양오행설, 그리고 현대 과학의 제 이론을 결합하여 만든 일종의 혼합주의(syncretism)이다. 이 교리의 중심은 반(反) 기독교적 내용으로 가득 차 있고 기독교의 근본 교리를 처음부터 거부하고 있다. 그것은 특히 예수 그리스도의 십자가 구속이 미완으로 끝났다고 보면서 이 미완의 구원을 완수하기 위해 말세에 재림주가 오시는데 이 재림주가 바로 문선명이라는 것이다. 따라서 문선명을 통해 인류의 구원이 가능하다는 논리를 전개하고 있다. 통일교는 국내에서 무수한 문제를 일으키고 가정을 파괴하고 기독교 신자들뿐만 아니라 비기독교인들까지 포섭하여 이 교회의 교리를 선전케 하였다. 또한 꽃을 팔거나 여러 가지 물건을 강매케 하는 등 그들의 조직 유지를 위한 자금원 확보를 위해 여러 가지 사업도 전개하여 거대한 기업군으로 성장하였다.

기독교의 근본 교리를 거부한 이 문선명 집단이 기성교회로부터 철저하게 비판되고 거부되었을 것은 자명한 일이었다. 1971년 장로회 총회는 통일교에 대한 기본 태도를 천명하였고, 1979년 4월 한국 기독교교회협의회의 이름으로 일곱 가지 이유를 들어 통일교는 기독교가 아니라고 선언하였다. 그리고 같은 해 5월에 '문선명 집단에 대한 한국 교회 대책위원회'가 16개 항을 들어 통일교가 하나의 한국적 사이비 집단에 지나지 않음을 확신하고 이를 만천하에 알렸다.24)

박태선의 전도관운동과 문선명의 통일교운동은 한국 교회와 사회에 심대한 악영향을 끼쳤다. 많은 교회가 이들 때문에 상처를 입었고, 수많은 가정이 파괴되었으며, 개인들의 영혼이 파멸되는 비극이 초래되었다. 박태선 집단은 거의 소진되어 몇 개 남은 천부교 모임처가 그 명맥을 이어가고 있을 뿐이지만, 통일교는 그 세력을 국내에서뿐만

---

23) 박정화 외 2인, 「野錄 統一教會史」 (큰샘출판사, 1996), 26, "하와는 왜 하반신을 감추었나" 이하 참조.
24) 卓明煥, 「統一教의 實相과 虛像」 上卷 (國際宗教問題研究所, 1979), 292~293쪽.

아니라 전 세계로 확산시키면서 정치, 경제, 문화, 교육에까지 그 힘을 과시하고 있다. 우리는 이러한 현실을 바라보면서 기성교회가 한 이단자로부터 받는 피해가 얼마나 지대한가를 겸손히 그리고 통절히 반성해야 할 것이다.

제 5 장
장로교회의 계속된 분열-통합, 합동측의 분열

1950년대는 분열의 비극이 연속된 시기였다. 1950년 한국 전쟁으로 남북이 나뉘어 동족 간에 피 흘리는 비극을 세계 앞에 노정시키고 말았다. 전쟁은 민족과 강토의 나뉨이라는 유산을 남겼는데, 교회 또한 몇 차례 갈리는 비극을 연출하였다. 특히 장로교회가 1950년대에 세 번씩이나 나뉜 것은 실로 가슴 아픈 일이 아닐 수 없다.

1951년에 고려파가, 1953년에는 기독교장로회가 갈라져 나가더니 1959년에는 소위 통합, 합동이라는 두개의 교단으로 나뉘었다. 불과 10년도 안 되는 기간에 반세기 이상을 하나로 내려오던 교회가 세 번씩이나 분열을 하였으니, 이것은 분명히 마귀의 역사이다.[1]

1. 분열의 도화선 - 3,000만 환 사기사건

전술한 바와 같이 대구에서 개교한 장로회신학교의 교장이었던 감

---
[1] 2000년 현재 '대한예수교장로회'란 간판을 걸고 있는 교단이 조사된 것만 200개가 넘는다. 「基督敎大年鑑」(基督敎文社, 2010) 참조.

부열(A.Campbell) 박사가 교장직을 사직하자 이사회는 1953년 8월 박형룡 박사를 후임 교장으로 결정하였다. 휴전이 되어 서울로 모두 올라가게 되었으므로 신학교도 일부는 대구에서 수업을 하고, 일부는 서울로 올라와 남산(지금의 어린이회관 자리)에서 수업을 시작하였다. 이 곳은 일제 강점기에 조선 신궁이 세워져 우상을 숭배하던 곳이었으므로, 이곳에 신학교를 세우는 것을 의미 있는 일이라고 생각한 사람들이 많이 있었다. 그러나 사실은 학생들의 수에 비해 장소가 비좁았다.

신학교 부지를 물색하기 위해 여러 곳을 다니다가 서대문 지나 무악재 방면에서 적당한 곳을 찾게 되었다. 하지만 대지가 너무 커서 신학교 단독으로는 감당할 수가 없어, 서울여자대학 설립 기성회측과 교섭하여 같이 그곳에 신학교와 여자대학을 세우자고 제안하였다. 여자대학측이 이를 거절하자, 신학교는 어쩔 수 없이 현재 사용하고 있는 남산에 학교를 세우기로 하였다. 그때 그 터가 국가 소유였으므로 정부에 교섭하여 불하받도록 하자는 데 뜻을 모았다. 정부와의 교섭을 어떻게 시작해야 할지 그 방법을 강구하고 있을 때, 박호근이라는 자가 나타났다. 그는 자기가 이재학 국회 부의장과 인태식 재무장관을 잘 알고 있다고 허풍을 떨면서 신학교 부지를 불하받도록 주선하겠노라고 호언하였다. 당시 숭의학교 교장 이신덕 여사는 그가 남산에 있는 숭의학교 터를 불하받을 때 힘을 써 준 실력 있는 사람이라며 추천하자 이 교장의 말을 믿고 그에게 신학교 부지 불하, 건축 허가, 신학교의 대학 인가 등의 일을 위임하게 되었다.

박호근은 처음부터 교통비, 통신비, 접대비, 교섭비 등의 이유로 신학교 기금을 조금씩 받아 가더니, 불과 두 달도 안 되는 기간에 무려 3,000만 환이 넘는 거금을 받아 모두 착복하였다.[2] 물론 이

---

[2] 박호근이 쓴 정확한 돈의 액수는 30,162,172환이었는데, 자금 출처 내역은 미국 교회가 보낸 $10,000(880만 환), 북장로교회가 보낸 $3,000(약 250만 환), 1957년 경상비 예산 중 13,807,042환, 1958년 경상비 예산 중 4,816,700환, 도합 30,162,172환

모든 돈은 교장 박형룡의 결재를 받고 지불된 돈이었다. 돈은 3,000만 환이나 지출되었으나 그가 장담한 대지 불하도, 건축 허가도, 신학교의 대학 인가도 얻어내지 못했다.

이런 사실이 밖으로 새어나가 문제가 비화되기 시작하였다. 신학교 부지를 불하도 받지 못하고 경비로 그 많은 돈을 탕진해 버렸으니, 문제가 되지 않을 수가 없었다. 교장 박형룡은 궁지에 몰리기 시작하였다. 우선 도의적 책임을 지고 교장직에서 물러나고, 자신의 집을 팔아 얼마라도 변제하는 것이 좋겠다고 제언하는 이들이 있어 그대로 하려고 했다. 그러나 정규오(丁奎五), 박찬목(朴燦穆) 같은 소장파들이 일어나 교장이 돈을 쓴 것도 아니요, 아랫사람들이 잘못해서 그렇게 된 것이니 교장은 책임이 없다고 하면서, 교장직 사임이나 사택의 매각은 할 필요가 없다고 부추기기 시작하였다. 이즈음 박호근은 자기가 이 일로 제소당할까 봐 박 교장이 미국에서 온 돈 1만 달러를 암시장에서 교환한 것을 꼬투리 잡아 먼저 박 교장을 걸어 제소하자 이 문제는 새로운 국면으로 접어들게 되었다.3) 결국 박 교장은 자기가 법정에 불려 나가 심문당하고 망신당할 것을 두려워하여 박호근에 대한 문제는 소를 취하하는 조건으로 적당히 얼버무리려 하였다.

그러나 신학교 이사회는 1958년 3월 대전에서 회의를 열어 박형룡의 사표를 수리하고 명예교수로 있게 하면서 43회 총회는 교장 서리에 노진현 목사를 임명하고 학교 실무는 계일승 목사가 맡게 하였다. 이렇게 되어 3,000만 환 사건은 수습 단계에 들어간 것같이 보였다.

여기서 우리가 짚고 넘어가야 하는 문제는 박호근에게 3천만 환 이상 되는 돈을 사기당하고도 그를 고발할 수 없었던 이유이다. 박형룡이 신학교 기금 1만 달러를 암시장에서 교환하는 불법한 일을 자행

    이었다.
3) 김광현, 「이 풍랑 인연하여서」(성서교재사, 1993), 255쪽 이하 참조.

함으로 해서 결국 그에게 1원 한푼 변제시키지도 못하고 말았다는 사실이다. 그리스도인이나 교회 기관은 어떤 경우에도 불법한 일을 행해서는 안 되고 모든 일을 바르게 처리해야 된다는 교훈을 남겨 준 사건이다.

2. 경기노회 총대사건

신학교 부지사건이 어느 정도 가닥이 잡혀 가던 때에 이 문제를 더욱 어렵게 하는 사건이 발생하였다. 소위 경기노회 총대 부정 시비의 문제였다. 사건의 대강은 이러하다.

1959년 대전 중앙교회에서 모일 장로회 제44차 총회는 한국 선교 75주년이 되는 해였으므로 내외에서 많은 손님들이 참여하는 뜻 깊은 총회였다. 총회가 모일 때마다 경기노회 총대 선출문제는 중요한 사안 중 하나였다. 그 이유는 경기노회가 전국에서 가장 많은 총대 수를 가지고 있었기 때문이었다. 그해 총회에서는 박 교장의 문제가 중심문제로 떠오르고 있었기 때문에 경기노회 총대 선출은 더욱 중요성을 띠었다. 따라서 박 교장의 책임을 물어야 한다는 (에큐메니컬 운동 지지)측과 박 교장을 비호하는 (복음주의협회:NAE : National Association of Evangelicals 소속) 측은 각각 자파 세력 확보에 열을 올리고 있었다. 5월에 모인 경기노회 정기회에서 총대 투표를 한 결과 NAE측의 승리로 끝났다. 즉 총대 28명 중 NAE측 18명, 에큐메니컬측 10명이었다. 노회가 끝난 후, 자기가 당연히 총대로 선출되어야 한다고 생각한 황금천(黃金泉) 목사가 총대가 되지 못한 점을 이상히 여기고 여론을 환기하자 임원회의 결의로 투표지를 다시 검표하였다. 이때 황금천 목사가 80표를 얻어 당선이 확실하였는데, 그의 이름이 누락되었고, 당선자들의 득표수와 순위에 다소 차이가 있는 것이 발견되었다.4) 그러자 이 일에 대해 도의적 책임을 지고 당시 노회장 이환수 목사와 서기 서재신 목사가 사임하고, 부노회장 강신명 목사의 소집으로 다음 달 임시노회가 모여, 지난번 정기노회시의 총대 명부를 무효화하고, 다시 총대를 선거하였다.

그런데 이 임시노회에서 선출된 총대는 공교롭게도 NAE측에서는 목사 1인, 장로 1인밖에 당선이 안 되고 나머지는 모두 에큐메니컬측에서 당선되었다. 그러나 모든 일이 합법적으로 이루어졌으므로 당연히 임시노회 선출의 총대가 합법성을 갖게 되어 있었음에도 불구하고 전 노회장 이환수 목사는 정기노회에서 선출된 총대 명단을 총회 서기부에 먼저 제출하였다. 임시노회에서 선출된 강신명 목사측의 명단도 당연히 총회 서기부에 접수됨으로써, 경기노회 총대 명부가 둘이 되는 결과가 되었다. 이는 NAE측에서 두 명부를 놓고 총회에서 결의하면 자기들이 승산이 있다고 판단하고 총회에서 결의하려는 작전을 구사했던 것이다.

1959년 9월 제44회 총회가 대전 중앙교회에서 개회되었으나, 처음부터 경기노회 총대문제로 파행이 시작되었다. 즉 경기노회 총대 명부 두 개가 접수되었으므로 어느 한 쪽으로 결정을 하지 않으면 총회가 개회될 수 없었다. 첫날 저녁은 개회도 하지 못하고 혼란 속에 해산되었다가 이튿날 다시 모였다. 결국 총회는 두 총대 명부를 놓고 투표하니 결과는 정기노회측 지지 119표, 임시노회측 지지 124표, 기권 5표로 임시노회 측이 총대 자격을 획득하였다. 회장은 임시노회측 총대가 선정되었음을 선포하고 총대 명부에 기재케 하였다.5)

다음날 속개를 하니 전 경기노회장 이환수 목사가 나와 어제 일단락된 경기노회 총대문제를 다시 제기하였다. 이때 NAE측인 박희몽,6)

---

4) 「基督公報」, 1959. 6. 29. 김광현, 「이 풍랑 인연하여서」, 258쪽 이하 참조.
5) 위의 신문, 1959. 10. 5.
6) 박희몽 장로는 후에 자기 교회에서 행한 시무 투표에서 낙선되어 합동측 총회는 그의 경기노회 총대권을 허락지 않기로 가결하였다. 「大韓예수敎長老會 (합동측)

김자경 장로가 나와 총대들을 향하여 '독사의 자식들'이라고 저주하면서 에큐메니컬은 용공, 신신학, 단일교회운동이라고 고함을 치며 회의를 방해하고 나섰다. 총회장 노진현(盧震鉉) 목사는 그들이 자파 사람들이기 때문에 아무런 제재도 하지 않고 그대로 방치하였다. 회장은 장내를 정리하고 회무를 진행해야 함에도 불구하고, 자파 총대가 많은 정기노회측 총대를 다시 살려 볼 양으로 이 일을 해결하기 위해 정치부와 전 총회장 연석회의를 열어 해결하도록 하자고 제안하였다. 그러자 전 총회장들은 11월까지 정회하고 경기노회 총대를 다시 선임하라는 의견을 제시하였다.

결국 총회는 전 총회장들의 동의로 총회를 11월까지 연기하고 경기노회 총대를 다시 조정하자는 동의와 쌍방의 대표를 각 5인, 각 선교부 대표 1인씩 총회장과 합하여 타협안을 찾자는 개의가 성립되었다.[7] 이때의 회의 장면을 이영헌 교수는 다음과 같이 기록하였다.

> ……또 전일의 안건을 투표로 받아들여 그대로 하겠다 해놓고 11월 24일 새문안교회에서 재개한다면서 개의는 묻지 않고 동의를 물어 100명의 NAE측 '예' 보다 에큐메니컬측 '아니오' 소리가 누가 듣든지 더 컸음에도 불구하고 [의장은] 가결을 선포했다. 일이 여기까지 이르자 그 불법 사회에 참을 수 없었던 안광국 목사가 일어나서 이것은 불법이므로 가결이 아니오 공평치 못한 방법으로 본회를 혼란케 하고 가결 아닌 가결을 선포한 회장과 임원을 불신임할 것을 제안하니, 회중은 환호성을 지르면서 기립 가결했다. 그래도 노진현 회장이 우물쭈물 그대로 있자 회원들은 불신임 받은 회장은 내려오라고 소리 질렀다. 그제야 회장은 자기 혼자서 기도하고 정회를 선언했다. 그때 중앙교회 교인들이 회의장에 들어와서 회원들이 앉아 있는 의자를 뒤엎고 또 사찰은 고무신짝으로 회원 아무나를 난타하여 회의장은 수라장이 되고 말았다. 그래도 150명의 회원이 그 자리를 고수하고 회의를 계속하려 하자 NAE측 인사요 중앙교회 목사이며 총회

總會 第47回(1962년), 會錄 20쪽.
7) 李永獻, 「韓國基督敎史」, 332쪽.

부회장이었던 양화석 목사가 나타나서 이 이상 장소를 빌려 줄 수 없으니 나가라면서 회원들을 축출했다.8)

사실상 이때 교회는 두 쪽으로 갈라진 셈이었다. 에큐메니컬측 총대들은 그 밤으로 상경하여 서울 연동교회에서 속개, 총회장에 이창규(李昌珪) 목사, 부총회장에 김석진(金錫珍) 목사, 서기에 김광현(金光顯) 목사 등 임원을 선출하였다. 이들이 총회를 연동교회에서 열었기 때문에 한때 이들을 가리켜 '연동측'이라 불렀다. 이들이 개회 초에 성명을 발표하였는데 그 내용은 아래와 같다.

1. 우리는 전 임원의 불법 처사를 불신하는 동시에 규칙에 따라 회의를 계속하여 75년의 법통을 계승한다.
2. 우리는 대한예수교장로회의 신경과 정치를 끝까지 고수한다.
3. 우리는 종래 제휴하여 오던 각 선교회와의 관계를 굳게 지킨다.
4. 우리는 분열을 원치 않으며 총회가 하나 되기 위한 노력과 수단을 아끼지 아니할 것이다.9)

한편 NAE측은 자기들의 결의대로 11월에 승동교회에서 총회를 속개하였다. 따라서 한때는 이들을 '승동측'이라 불렀다. 280명의 총대 중 193명이 모였다고 했으나 대전 총회 총대로서 참석한 사람은 95명뿐이었다. 뿐만 아니라 한남, 충북, 군산, 마산, 경남, 경동노회에서는 노회장의 추천서도 없는 총대로 보충했고 선교사는 단 한 사람도 없었다.10) 이런 총회에서 임원을 선거하니, 회장에 양화석, 부회장에 나덕환, 서기 박찬목 등이 선출되었다. 총회는 그동안 문제되었던 WCC를

---

8) 위의 책, 332~333쪽.
9) 위의 책, 34쪽.
10) 위의 책, 337쪽.

영구 탈퇴하기로 가결하였다. 또한 NAE도 개인적으로 가입된 회원은 직접적으로 관계가 없어도 총회를 어지럽게 하는 요인이 된다는 평이 있어 교직자(목사, 전도사)는 탈퇴하기로 가결하였다.11)

3. 에큐메니컬운동에 대한 신학적 대립

신학교 부지 불하사건은 엉뚱한 데로 비화되었다. 박형룡 교장의 인책론은 그 정도(正道)를 벗어나 다른 골로 물줄기가 흐르기 시작하였다. 박형룡 교장의 신학교 부지사건은 누가 보아도 그의 책임이 명백하기 때문에 그를 지지하는 사람들도 이를 부정할 방도가 없었다. 따라서 그가 신학교의 행정직에서 후퇴할 수밖에 없다는 것은 자명한 사실이었다. 그러나 그를 지지하고 그의 후광을 받고 있던 인사들에게 박 교장의 일선 후퇴는 단순히 박형룡 개인의 후퇴가 아니고 장로교회의 보수, 정통의 후퇴를 의미하는 것이고 반면에 자유, 진보의 등장을 가져올 것이라는 논리를 펴기 시작하였다. 따라서 박 교장을 밀어내려고 하는 세력은 결국 보수, 정통을 밀어내려는 것이고 장로교의 자유, 진보 세력이 득세하는 것이라고 설득전을 펴면서 소위 에큐메니컬, 용공(容共)문제를 들고 나오기 시작한 것이다.12) 박형룡 교장을 지지하는 사람들은 대체로 에큐메니컬운동을 반대하는 사람들이었고, 박 교장의 인책을 주장하는 사람들은 에큐메니컬운동을 지지하는 사람들인 점을 악용하여, 박 교장측 사람들은 에큐메니컬운동을 지지하는 사람들을 자유주의자들 내지는 용공주의자로 몰아가는 작전을 구사하기 시작하였다.13)

한국 교회가 에큐메니컬운동의 구심체인 세계교회협의회, 즉 WCC

---

11) 김요나, 「총신 90년사」, 382쪽.
12) 「基督公報」, 1959. 10. 5.
13) 김광현, 「이 풍랑 인연하여서」, 268쪽.

(The World Council of Churches)와 관계를 맺기 시작한 것은 1948년 암스테르담에서 모인 창립 총회에 김관식(金觀植) 목사를 대표로 파송한 때부터였다.14) 제2차 총회가 미국 시카고 북쪽 에번스턴(Evanston)에서 모였을 때는 김현정(金顯晶), 명신홍, 유호준 목사를 대표로 보냈다. 이렇게 장로교회와 WCC의 관계가 진척되고 있었으나 WCC는 용공, 신신학 그리고 교파 통합 운동이라며 이 기구의 성격 문제에 이의를 달고 나오는 사람들이 있었다. 그러나 당시 총회 정치부 서기 김현정 목사는 WCC는 결코 "각 교파의 신조 통일을 의미함이 아니요, 각자의 신조를 존중하면서 연합 사업을 함으로써 각 교파와의 친선과 상호 협조를 도모함"이라고 정리하였고, "단일교회 형성과 무관하고, 용공이 아니며 자유주의라 하나 칼 바르트(Karl Barth) 정도"15)라고 증언하였다.

장로교회는 일부의 이의 제기에도 불구하고 WCC가 단일교회를 추구하는 기구가 아니고, 교회의 연합 기관으로서 회원 교회 간에 친선과 협조를 통하여 이 땅 위에 그리스도의 복음을 증거하고, 세상을 위해 봉사한다는 전제를 받아들임으로써 이 운동에 동참했다. 물론 만일 이 단체가 교회들을 통합하여 단일 교회를 만들려 한다든지 우리 교회의 신조나 교리에 어긋나는 일을 할 때는 지체없이 탈퇴한다는 전제도 덧붙여 놓았다.

그러나 장로회 총회는 이 문제를 좀더 심도 있게 다루기 위해 1956년 제41회 총회시 에큐메니컬운동에 대해 연구, 보고하게 하고 연구위원에 한경직, 박형룡, 박병훈, 정규오 등 8인을 선출하였다. 위원회는 이듬해 총회에 보고하기를 "에큐메니컬운동을 하는 지도자 중에는, 단일 교회를 목표로 하는 사람과 친선과 협조를 위하여 일하는 사람이

---

14) 「大韓예수敎長老會總會 第33回(1946년) 會議錄」, 9쪽.
15) 「基督公報」, 1954. 9. 13.

있다. 그런데 한국 장로교회는 과거에나 현재에도 친선과 협조를 위한 에큐메니컬운동에 참가하고 있으므로, 계속해서 참가하기로 한다."
는 보고를 하였는데 이때 보고자는 서기 정규오 목사였고, 박형룡 박사가 보충 설명을 했다. 이에 따라 1957년 제42회 총회는 에큐메니컬 연구위원회의 보고에 의하여 한국 교회는 이 운동의 교회 친선과 복음 사업에만 참여하고 교파 합동에는 반대한다는 결의를 하였다.16) 그러므로 한국 교회가 WCC에 가입한 것은 이런 전제하에서 이루어진 것으로 이것이 비난을 받을 만한 성질의 것은 아니었다.

그러나 장로교회 안에 소위 NAE, 즉 '복음주의협회'라는 보수적인 그룹에 가입한 인사들이 보수주의의 기치를 내걸고 WCC가 진보, 자유주의라면서 공격하고 나왔다. NAE는 1942년 미국 세인트 루이스 (St. Louis)에서 처음으로 조직되었고, 1951년 세계복음주의친교회로 발전되면서 네덜란드의 우드쇼론에서 24개국 대표들이 모여 국제기구로 자리 잡았다. 한국에서는 1948년 김재준의 자유주의 신학에 반기를 들고 일어선 조선신학교 학생 51명이 주축이 되어 복음동지회라는 단체를 구성하였다. 이들은 1952년 7월에 개최된 여름수양회에서 한국 NAE 조직을 협의하였고 같은 해 12월 WEF 총무 엘윈 라이스 박사를 통하여 정식으로 가입 신청을 하였다.

처음 이 운동에 참여한 사람들은 보수 신앙 수호라는 순수한 생각에서 출발하였으나 차차 정치색을 띠면서 제43회 총회 임원들은 이들 일색으로 구성되기도 하였다. 박형룡이 이 협회의 고문 자격17)으로 정신적 지도자가 되어 이 단체를 이끌고 있었으니, 여기에 교회 분열의 모습이 서서히 드러나고 있었다. 이는 결과적으로 박형룡을 지지하는 NAE측과 그를 반대하는 에큐메니컬측으로 양분되는 현상이 나타난다.

---

16) 李永獻, 「韓國基督敎史」, 323쪽.
17) 강인구, "韓國 NAE에 대한 小考,"「基督公報」, 1959. 11. 23.

박형룡이 이끄는 NAE측은 신학교 부지 매입사건과는 아무 상관도 없는 신학논쟁을 일으켜서 에큐메니컬측을 비방하고 용공이니, 신신학이니 하는 말로써 사건을 호도하고 있었다. NAE측은 1959년 제44차 총회가 열리기 전에 이미 ICCC(International Council of Christian Churches)18)의 지도자이며 미국의 근본주의자인 칼 매킨타이어(Carl McIntyre)와 접선하고 있었다. 동시에 그는 한국 교회의 보수, 정통 유지는 박형룡의 신학교에서의 확고한 위치 점거 외에 다른 길이 없다는 식으로 문제를 몰고 갔다. 박형룡 자신도 한국 교회를 현상대로 방치하면, 한국 교회가 에큐메니컬이 될 터이니 "짜게[쪼개]질 수밖에 없다"19)고 말하여 자기의 실수를 자인하고 교회의 분열을 방지할 생각을 하지 않았다. 오히려 자기의 위치 확보를 위해 신신학과 교회를 같이할 수 없다는 식의 신학적인 문제로 끌고 가면서, 교회를 나눌 생각을 하고 있었으니 이는 한국 장로교회를 위해 참으로 통탄스러운 일이 아닐 수 없다.

이 문제에 대한 한 NAE측 인사는 다음과 같이 기술하였다.

> 1959년 봄 (경북) 노회가 열려 44 (회) 총회 고지 점령을 위해, 자파 총대를 더 많이 확보키 위해 치열한 선거운동이 전개되었는데……경북노회는 이때 NAE파들을 중심으로 에큐메니컬측 표를 잠식하기 위해 WCC의 용공문제를 들고 일어나 이를 최대의 무기로 삼았다. 그들은 아예 신신학이요, 용공주의자로 몰아붙였다.20)

---

18) ICCC는 1948년 암스테르담에서 창립되었다. 그 주동자는 Karl McIntyre로서 오랫동안 회장직을 독점하였다. 따라서 이 단체는 국제란 말이 붙어 있지만 McIntyre 개인 소유라 볼 수 있다. 한국이 이 집단과 관계를 갖게 된 것은 1950년 당시 고신측의 인사들인 한상동, 박윤선 등이 McIntyre의 초청을 받고 미국에 건너가 그가 만든 Faith 신학교에서 명예신학박사를 받고 돌아온 때부터이다. 蔡基恩, 「韓國敎會史」(기독교문서선교회, 1993), 243~244쪽.
19) 閔庚培, 「大韓예수敎長老會百年史」, 558쪽.
20) 김요나, 「총신 90년사」, 374쪽.

고려파 사람들이 갈라져 나갈 때 남아 있는 교회 지도자들을 용공주의자로 몰아세웠던 기억이 아직도 생생히 남아 있는데, 이와 꼭 같은 논리로 NAE측 사람들이 에큐메니컬측 사람들을 용공으로 몰고 있었으니 이 어찌 서글픈 일이 아니겠는가? 그렇다면 자기들은 지금까지 용공분자들과 함께 예배하고 성찬의 떡과 잔을 나누었단 말인가?

4. 장로회신학교와 총회신학교의 분립

교회의 분열은 항상 신학교의 분열과 궤를 같이한다. 총회가 분열되었으므로 신학교도 자연히 분열될 수밖에 없었다. 남산에 있던 신학교 부지는 국회의사당을 짓는 계획이 확정되어 더 이상 수업을 할 수 없게 되었으므로 당시 교장 서리 계일승 목사가 1959년 10월 임시 교수회의를 열고 신설동에 있던 대광중고등학교 구 건물을 수리하여 옮기기로 결의하였다. 신학교의 몇 교수들이 신학교의 비품을 옮기려고 트럭 두 대를 갖고 남산 신학교에 갔으나 NAE측 학생들의 방해로 책상 하나, 책 한 권 가져오지 못했다. 학교에서 가장 중요한 학적부는 그 후 우여곡절 끝에 장로회신학교에서 소유하게 되었다.[21]

당시 태릉에 7만여 평의 신학교 기지를 사 둔 것이 있었지만 만일 신학교를 지으면 NAE측과 또 다른 분쟁이 있을지 몰라 모두 서울여자대학측에 넘겨주고 현재의 위치인 광진구 광장동 353번지의 땅 1만 7천 평을 매입하여 1960년 4월에 교사 건축을 시작하여 그해 12월에 준공하였다. 이때 교수로는 계일승, 김윤국, 박창환 목사와 권세열

---

[21] 에큐메니컬측과 NAE측이 한참 싸움을 하고 있던 와중에 당시 신학교의 교무과 직원 한 사람이 학적부를 자기 집에 갖다 놓았다. 후에 그가 돈이 필요하자 장로회신학교 박창환 교수(후에 학장)에게 그것을 사라고 제안하였다. 그러나 신학교는 그가 요구하는 적지 않은 돈을 갑자기 마련할 수 없었으므로 박 교수는 자기가 살던 집을 급매하여 돈을 마련해서 이 학적부를 그로부터 매입하였다. 1987년 서울에서, 박창환 박사가 필자에게 한 증언.

선교사 등이었고, 이듬해 2월 문교부(현재 교육부)로부터 장로회신학대학의 인가를 받았다. 그해 9월에 신학교를 신설동에서 광나루로 이전하여 소위 광나루신학교 시대가 개막되었다.22)

한편 NAE측도 남산에서 더 이상 수업을 계속할 수 없게 되자 일단 남산동 한양교회 구내로 장소를 옮겼다. 그 후 이들은 ICCC의 매킨타이어로부터 10만 달러를 받아 한강로에 4층 빌딩을 구입하여 수업하다가 5년 후에 서울 사당동의 현 총신대학으로 자리를 옮겨갔다.23) 따라서 총회와 신학교가 양분됨으로써 소위 통합측과 합동측의 분열은 기정사실화되었다.

5. 통합을 위한 노력

결국 총회도 신학교도 양분되고 말았다. 총회와 신학교가 양분되고 나서 각 노회, 각 교회도 양분되어 전국의 장로교회는 싸움판이 되었다. 같은 교회 안에서 목사, 장로가 갈리고, 장로끼리 갈리고, 교인끼리 갈리는 추태가 연출되었다. 세상 법정에 고소하고, 불신자 법관 앞에 목사, 장로들이 서서 재판을 받는 어처구니없는 비극이 벌어졌다. 대구 서문교회에서는 강단 빼앗기 싸움이 치열해 설교를 위해 등단한 목사의 머리 위에 똥물을 덮어씌우는 등 최악의 상태에까지 이르렀다.24) 교회의 분열은 비극의 연속이었다.

그러나 갈라진 교회가 다시 하나되어야 한다는 소리가 여기저기에서 들려왔다. 1960년 에큐메니컬측 총회는 장로교 통합안 8항을 제시하였다.

---

22) 김광현, 「이 풍랑 인연하여서」, 292쪽 이하.
23) 위의 책, 302쪽 이하.
24) 김요나, 「총신 90년사」, 386쪽.

1. 한국 교회는 웨스트민스터 신조와 1920년 이래 평양 [장로회] 신학교 교수들의 신앙고백에서 전수된 신앙을 재긍정하는 토대 위에서 재통일을 한다. 대한예수교장로회 총회는 한국 교회의 75년의 보수적 전통을 고수한다.
2. 통합 총회는 2월 17일 하오 2시 서울 새문안교회에서 소집한다. 이 총회의 준비위원은 오석주, 이기혁, 강문호, 이권찬, 김세진, 유재한, 타요한, 서두화, 감의도, 임옥, 김상대
3. 총대들은 사망했거나 병으로 인하여 출석 못하는 경우를 제외하고는 대전총회에서 인쇄된 총대로 한다. 경기노회는 분열 직전 노회장이 노회를 소집하여 총대를 선출하여 온다.
4. 한국 교회는 세계기독교교회협의회(WCC)에 대한 심각한 의견 차이 때문에 교회의 화평을 위하여 이를 탈퇴한다.
5. 한국 교회는 WCC적 에큐메니컬 내에 자유주의적이요, 용공주의적이요, 세계 단일 교회를 지향하는 어떠한 운동에도 반대한다.
6. 한국 교회는 교회나 그 기관 단체가 국제기독교협의회(ICCC)와 아무런 관계가 없다는 것을 명백히 선언한다.
7. 1959년 9월 24일에 구성된 신학교 이사회는 즉시 신학교를 개편하여 75년간이나 교회의 전통을 지켜온 노선을 지킨다. 이사회는 이 총회에서 인준을 얻기 위하여 교장을 지명한다.
8. 1960년에는 우리의 논쟁의 대상이 되는 문제에 대하여 아무 성과 없고 쓸데없는 쟁론을 중지하고 성경공부와 전국적 복음운동을 강조할 것을 각 교회에 호소한다.[25]

이와 같은 통합안을 NAE측에 제시하고, 1960년 2월 17일 새문안교

---

25) 「大韓예수敎長老會總會 第44回(1959년) 會議錄」, 159~160쪽.

회에서 총회를 개최하였다. 이 총회에는 에큐메니컬측 총대 전원은 물론이고 승동측에서는 전해 11월 총회에서 부총회장으로 선출된 순천 제일교회 나덕환 목사를 비롯하여 적지 않은 NAE 총대들이 참가했고, 각 선교부가 모두 모여 '통합총회'를 개최하였다. 이때부터 '통합측'이라는 말이 쓰이기 시작하였다.

1960년 9월에 모인 통합측 총회는 회의 시작 시에 "회의를 진행해야 할 것이나 같은 시간에 승동측에 따로 모이는 형제들과 다시 한 번 합할 수 있는 기회를 만들기 위하여……내일 아침 속회 시까지 개회를 연기하기로" 하였다.

한편 승동 총회에서도 합동안을 내놓았는데 그 내용은, 신학교문제에 있어서 재단이사 불법 등록을 취소할 것, 교장 서리로 문교부에 불법 등록한 계일승 씨를 취소하고 이사장 안두화 씨를 해면하고 교수 계일승 씨와 조교수 김윤국, 박창환 제씨를 파면할 것 등 연동 총회에서 받아들이기 어려운 조건들을 제시하였다.26) 따라서 합동안은 처음부터 실현이 어려워 보였다. 한국 교회 분열의 비극을 본 미국 남·북 장로교회, 호주 장로교 선교부가 중재를 시도하였다. 또한 미국 남장로교회 본부에서 두 사람이 그해 12월에 내한하여 조정을 시도해 보았으나27) 일단 갈라진 총회와 신학교가 다시 하나되는 것은 갈라지는 것보다 훨씬 더 어려웠다. 양 총회에서 위원들이 나와 여러 차례 통합을 시도해 보았고, 선교사들의 끈질긴 노력에도 불구하고 통합의 가능성은 점점 더 멀어져 갔다.

---

26) 「대한예수교장로회(합동측) 총회 제45회(1960년) 회의록」, 76쪽. 「基督公報」, 1960. 1. 11.
27) 이들 3 선교부가 내놓은 '화해 제안서'(Proposed Plan for Reconciliation)의 내용이 「基督公報」, 1959. 11. 23자에 게재되어 있다.

6. NAE측과 고려파의 합동, 그리고 또 분열

1960년 연동측과 결별한 승동측은 10년 전에 갈라져 나간 고신파와 합동하자는 소리가 높아 갔는데, 이는 교단에서 분리해 나온 명분을 찾기 위해서였다.[28] 또 다른 명분은 신학적으로 같은 노선이기에 같은 동지로서 합할 수 있다는 논리였다. 합동추진위원회가 양쪽에서 발족되어 합동에 대한 논의가 계속되다가 두 총회는 서로 의기투합되어 1960년 12월 13일 서울 승동교회에서 전격적으로 '합동총회'가 열렸다.[29] 이때부터 이 총회를 '합동측'이라고 부르게 되었다. 그러나 의기와 현실은 거리가 있었다. 특히 신학교의 합병은 쉬운 일이 아니었다. 총회가 하나가 되었으므로 당연히 신학교도 하나가 되어야 했지만, 고신측은 고려신학교는 반드시 부산에 있어야 한다면서 신학교의 일원화를 고집하였다. 제47회 총회 때 이사회는 잠정적으로 신학교 문제 해결을 위해 다음과 같은 방안을 제시하였다.

> ……부산 고려신학교는 총회신학교의 분교로 하되 본 별과 3학년은 신학기부터 서울 본교에 와서 공부하기로 하고 그 외 재학생은 부산 분교에서 공부하되, 신입생은 받지 않고 교수는 교류 교수를 하고 예산은 단일화하기로 1961년 12월 14일에 가결하여 실시 중이옵니다.[30]

총회가 합한다는 총론에는 이의가 없었으나, 각론에 들어가서는 모든 일이 그렇게 쉽게 해결되는 것이 아니었다. 첫째, 경남노회 명칭 문제, 둘째, 고신측 교역자들의 율법주의적 도덕성의 갈등, 셋째, 이근삼의 교수 채용을 원하는 한상동 목사의 의견이 제대로 수렴되지 않은 문제들이 얽혀 결국 1963년 고신측이 부산으로 되돌아감으로써,

---

28) 심군식, 「한국교회 인물 25人 약사」, 156쪽.
29) 「대한예수교장로회(합동측)총회 제45회(1960년) 회의록」, 29쪽.
30) 위의 책, 제46회(1962년), 35쪽.

2년 수개월 동안 합했던 두 총회는 다시 분열하는 비극을 연출하였다.31) 고신측은 1963년 9월 17일 부산 남교회당에서 '환원총회'로 모여 재출발하였다.

고신측은 원점으로 돌아왔으나, 환원총회로 돌아오지 않고 그대로 합동측에 남아 있는 목사들과 교회들이 적지 않게 있었다. 그들 중 대표적인 교회가 충현교회(김창인 목사), 동도교회(최훈 목사), 전농교회(김현중 목사), 서울남교회(박원섭 목사), 그리고 차영배 교수, 안용준 목사 등이었는데, 고신교단 600여 교회 중 200여 교회가 합동측에 잔류했다.32) 잔류파 건은 고신측에서 다시 문제가 되어 잔류파들이 갖고 있는 재산을 법정에 고소하여 빼앗아 오자고 하는 '고소측'과 교회 일로 세상 법정에 고소할 수 없다는 '반(反)고소측'으로 나뉘어 갈등을 일으킨 끝에 결국 두 파(고소측-반고소측)로 갈라지는 비극을 다시 연출하였다. 고신측은 승동측과 교단 합동을 했다가 철저하게 피해만 보았고 피차 깊은 상처만 안고 끝내고 말았다. 원래 고려측에 속했다가 그대로 잔류해 있던 최훈 목사가 "어느 시대든지 주관과 독선적인 사상이 강한 집단이나 신학적인 훈련과 성서의 바른 이해가 부족한 집단에는 외부와의 단절은 물론 자체 내에서도 분열, 분쟁이 쉽게 일어나게 마련이다"33)라고 한 말은 자신을 포함해서 고려측이나 합동측 모두에게 음미해 볼 만한 말이라 생각된다.

7. 합동측 주류와 비주류의 분열, 성경장로교회

합동측은 자체 내에서 또다시 분열의 조짐을 보이기 시작했다. 그

---

31) 1963년 6월 부산노회, 8월 전라노회, 9월 경북노회, 경기노회, 경남노회 등이 환원하였다. 심군식, 「한국교회 인물 25人 약사」, 156쪽.
32) 김요나, 「총신 90년사」, 407쪽.
33) 최훈, 「한국 재건교회사」 (성광문화사, 1989), 153쪽.

원인은 대전중앙교회 이영수 목사가 교단 안의 권력을 장악하면서 전횡을 부리기 시작하자 이에 반대 세력이 대두되면서 비롯되었다. 이영수 일파는 주류, 반이영수파는 비주류로 분류되면서 세력 다툼이 일어났다. 결국 1970년대 후반에 이르러 주류파에 밀린 비주류파는 교단 분열의 명분을 찾다가 총신대 학장 김희보가 성서의 문서설을 주장하는 신신학자라고 주장하면서, 박형룡 박사의 정통신학으로 되돌아가야 한다고 강조하였다. 이들은 박형룡의 아들 박아론을 교장으로 서울 방배동에 총회신학교를 세움으로 교단은 둘로 분열되고 신학교도 둘이 되는 결과를 초래했다.34)

이렇게 갈라진 두 교단과 신학교는 그 세(勢)를 확장하는 수단으로 신학생을 많이 받아 목사를 대량 생산하는 길이 첩경이라 판단하고 무자격자도 신학교 자체의 검정시험이라는 제도를 도입하여 신학교에 응시하는 사람은 자격 여부에 상관없이 무조건 받는 원칙을 결정하였다.35) 이에 따라 한국 교계에 무자격자 목사 양산이라는 지극히 바람직스럽지 못한 현상이 나타나면서 교계와 사회에 물의를 일으키는 사건들이 꼬리를 물고 일어났다.

이렇게 무원칙한 신학생 입학은 자연히 이사회와 교수회의 갈등으로 비화되면서 1980년대 총신 갈등으로 이어졌다. 이 갈등 속에서 학생들은 교권주의자 이영수 목사와 학장 김희보의 퇴진을 요구하고, 이사회는 주동학생을 제적하라고 교수회에 압력을 가하였다. 이에 반발한 교수들이 일괄 사퇴를 하자, 결국 박윤선 박사 중심의 합동신학원이 세워졌다.36) 합동측은 1969년 59회 총회 시에 박정희 군사정권의 유신헌법을 지지한다는 결의를 하고 지지성명을 내는 지경에까지 가게 되었다. 광주의 정규오 목사는 "심지어 박[형룡] 박사까지

---

34) 오덕교, 「장로교회사」 (합동신학교 출판부, 1995), 269쪽.
35) 위의 책, 270쪽.
36) 위의 책.

가세하여 신학교를 위해 불가피한 일이니 지지하는 게 좋겠다고 종용하였다"37)고 기록하였다. 결국 이 문제로 합동 보수의 분열이라는 또 하나의 비극이 연출되었다.

이렇게 시작된 합동측의 분열은 비주류 안에서 다시 세포분열을 계속하여 오늘에 200여 개 이상의 비주류 교단으로 분열하였고, 이에 따라 300여 개의 무인가 신학교 난립이라는 필연적 귀결이 뒤따랐다.

성경장로교회가 생겨난 것은 국제기독교협회(ICCC)가 한국에 그 지부를 설립하면서부터였다. ICCC의 총책 매킨타이어의 친구이며 전북장로교회 선교사였던 홀드크로프트(J.G.Holdcroft, 許大殿)는 1960년 봄에 한국에 사무실을 냈다. 교회 분열의 명수인 매킨타이어는 한국 장로교회가 통합, 합동으로 갈라서자 이를 기정사실화하려고 미국에서 모금한 10만 달러를 그해 크리스마스 선물로 합동측에게 주었다. 돈이 궁해 쩔쩔매던 합동측 지도자들은 이것을 받아 용산에 건물을 사고 신학교를 개교하였다. 1960년 7월 매킨타이어는 친히 내한하여 합동측 인사들을 만나 ICCC에 가입할 것을 권했다. 합동측 인사들은 통합측과의 분열시 문제되었던 WCC나 NAE에 가입을 하지 않기로 가결한 것이 있었으므로 당장 가입은 곤란하다는 말을 하였으나, 매킨타이어는 당장 가입하지 않으면 재정 원조를 끝내겠다고 위협하였다. 이때 대구의 박병훈 목사가 매킨타이어와 단독 협상을 하고 한국에서 자기와 협동하여 교회를 세우자고 하였다.

그러나 결국 이러한 매킨타이어의 분리주의 실체를 인식한 합동 총회는 1961년 9월 부산에서 모인 총회에서 ICCC와의 우호 단절을 결의하기에 이르렀다.38) 홀드크로프트는 자기 관할 하에 있는 장로 교회들을 모아 성경장로회 한국 총회와 KCCC를 조직하고 그 총책에

---

37) 정규오, 「신학적 입장에서 본 한국 장로교회사」 하권(한국복음문서협회, 1983), 14쪽.
38) 「대한예수교장로회총회(합동측) 제46회(1961년) 회의록」, 23, 48쪽.

김치선(총신대 교수 겸 대한신학교 교장) 목사를 추대하였다. 여기에서 '성경장로회'라는 교단이 또다시 만들어졌다.39)

매킨타이어의 한국 교회 분열 공작은 장로교뿐만 아니라 감리교회도 '자유감리교회', '예수교감리교회'를 조직하게 하였고, 성결교회에서도 분열되어 있는 틈을 타 '예수교성결교회'를 조직하게 하는 등 계속적인 분열 책동을 감행하였다. 매킨타이어의 세계와 한국 교회에 대한 분열 책동은 악령의 역사라 보아야 마땅하다.

6·25 한국 전쟁으로 민족과 국토가 양분되는 아픈 민족 역사 앞에 위로와 치유, 그리고 회복의 기수가 되어야 할 교회가, 그것도 개신교 중 가장 교세가 큰 장로교회가 불과 10년도 안 되는 짧은 기간에 세 번, 아니 수백 번 분열하였으니, 이것은 세계 교회 역사에 길이 남을 수치스러운 치욕의 역사이다. 한국교회, 특히 장로교회는 하나님과 민족 그리고 교회 앞에 통절한 참회를 해야 마땅하다.

---

39) 蔡基恩, 「韓國敎會史」, 244~245쪽. 「姜信明信仰著作集」(기독교문사, 1987), 591쪽.

제 6 장
1960년대 이후 교회와 신학의 변화

1. 토착화(土着化) 논쟁

　기독교 선교가 진행되면서 줄곧 일어났던 문제 중 하나가 소위 토착화(土着化 : indigenization)문제였다. 토착화란 기독교 복음이 어떻게 비기독교권 문화 속에서 뿌리내리고 그 문화 속에 정착, 성장하느냐 하는 문제이다. 선교 이론가들도 이 문제를 관심 있게 다루었는데, 시대에 따라 다른 이론들이 대두되었다.1) 19세기의 유명한 미국의 선교 이론가 루퍼스 앤더슨(Rufus Anderson)은 선교사들은 오직 복음만을 전해야지 서구 문화를 전해서는 안 된다면서, 처음으로 토착교회(indigenous church)의 중요성을 강조하였다. 이런 경향은 선교지에서 토착교회 설립, 토착인 교역자 양성, 토착문화에 대한 새로운 이해 등의 문제와 어울려 새로운 선교의 지평을 열어 갔다. 그러나 토착화

---

1) 宣敎理論에 관하여는 Charles W. Forman, "A History of Foreign Mission Theory in America," *American Missions in Bicentennial Perspective*, R. Pierce Beaver, ed. (Pasadena, Ca. : 1977), pp. 69~114 참조.

문제는 그렇게 간단한 것이 아니었다. 토착화 과정에서 복음의 변질에 대한 우려와 토착화를 어디까지 그리고 어떻게 할 것인가 하는 문제를 수반했기 때문이다.

한국에서 토착화문제가 제기된 것은 1960년대 초반부터였다. 제일 먼저 토착화문제를 제기한 이는 한신대의 전경연(全景淵) 교수였다. 그는 "그리스도교 문화는 토착화할 수 있는가?"라는 글에서 그리스도의 신앙과 문화라는 양면을 거론하면서, 그리스도 신앙은 토착화할 수 없으나 문화는 토착화할 수 있다고 말했다. 그는 복음과 문화는 동일한 것이 아니며 복음은 하나님의 말씀으로서 불변의 진리로 남아 있기 때문에 어떤 문화 속에서도 토착화라는 것은 있을 수 없다고 말했다. 그러나 문화는 인간이 만드는 것이고, 시대와 지역에 따라 다른 것이기에 기독교적 문화의 토착은 가능하다고 보았다.2)

그러나 그의 이런 이론에 반기를 들고 나온 이가 감리교 신학교의 유동식(柳東植) 교수였다. 그는 다음과 같이 말했다.

> 나는 실존으로서의 개성적 존재다. 서구인이 있듯이 한국인이 있다. 따라서 서구인에게는 서구인으로서의 그리스도 신앙과 이를 토대로 한 교회가 있을 것이며 한국인에게는 한국인으로서의 신앙과 교회가 있어야 한다. 한국의 그리스도교가 결코 서구적 전통과 형식에 대한 단순한 모방과 맹종일 수는 없다……토착화는 초월적인 진리가 일정한 역사적 정황 속에 적응하도록 자기를 변화시키는 것이다.3)

유 교수는 복음은 변할 수 없는 진리라 할지라도 그 복음이 한 문화 속에 옮겨질 때 그 문화의 틀 속에 담겨져 새로운 모습으로 표현되고 이해되어야 한다는 점을 강조하였다.

토착화문제가 서서히 그 방면에 관심 있는 학자들 간에 거론되기

---

2) 全景淵, "韓國敎會와 宣敎,"「基督敎 思想講座」제3권, 207~213쪽.
3) 柳東植, "그리스도敎의 土着化에 대한 理解," 위의 책, 215쪽.

시작했을 때, 감리교신학교의 윤성범(尹聖範, 1916-1980) 교수가 이에 가담함으로써 새로운 국면의 전환이 이루어졌다. 그는 1963년 5월호 「사상계」에 "환인(桓因), 환웅(桓雄), 환검(桓儉)은 하나님이다"라고 선언함으로써, 소위 단군신화를 기독교의 삼위일체 신앙에 적용하려는 과감한 시도를 하였다. 그는 단군신화에 나오는 3신, 곧 환인, 환웅, 환검을 기독교 신학의 삼위일체의 하나님으로 대비하여 환인은 성부 되시는 하나님, 환웅은 성령 되시는 하나님, 그리고 환검(단군)은 성자 되시는 하나님으로 설정하였다. 단군왕검 되는 환검이 환인의 허락을 받고 천부인(天符印) 세 개를 가지고 3천 명의 부하를 거느리고 태백산 신단수 아래 내려와서 360여 정령(政令)을 가지고 다스렸다는 단군신화를 예수 그리스도의 성육신 사건으로 대치하였다. '환'은 '한'이며 곧 하나님이라는 설명이었다.4)

윤성범의 단군신화 토착화 이론은 한국 교회에 충격을 주기에 충분하였다. 윤 교수의 토착화론을 둘러싸고 한신대의 박봉랑, 전경연, 감신대의 홍현설 등 여러 학자들 간의 설전이 계속되었고, 긍정적으로 보려는 견해와 부정적인 견해가 만만치 않게 대두되었다.

한동안 한국 교회 안에서 토의되던 토착화 논쟁도 시간이 가면서 차차 수그러들었고 간헐적으로 신학자들 간에 의견이 제시되고는 있지만 아직 성숙한 단계에 이르지 못하고 있다. 토착화문제는 앞으로도 많은 논쟁을 거쳐야 할 것이고, 그 논쟁은 어떤 면에서 필요한 것이긴 하다. 하지만, 또 어떤 측면에서는 일부 비생산적 요인도 있을 수 있다는 점도 지적해 두어야 할 것이다.

---

4) 尹聖範, "桓人, 桓雄, 桓儉은 곧 하나님이다,"「思想界」(1963. 5), 265쪽.

2. 민중신학(民衆神學) 논쟁 5)

민중신학은 1970년대 군사정권하에서 이에 저항하다가 투옥된 신학자들을 중심으로 일어난 한국적 신학의 하나였다. 민중신학은 남미의 해방신학의 아류로서, 독일 튀빙겐(Tubingen)대학 몰트만(Jurgen Moltmann) 교수의 정치신학에서 영향 받은 바 크다. 몰트만은 "자신을 방어하지 못하고 폭력과 불의에서 고통을 당해야 하는 모든 사람들은 가난한 자들이다. 생활 자원이 없고 생활에서 아무것도 얻지 못하여 물적으로나 영적으로 죽음 직전에 머물러 있을 수밖에 없는 사람들이 가난한 자들이다"6)라고 말하였다. 이 말은 곧 민중을 위한 신학을 촉구한 것이었다.

이화여자대학교 교수 서광선(徐洸善)은 한국의 민중신학의 발생을 다음과 같이 설명한 바 있다.

> ……민중신학은 1970년대 한국이라는 상황에서 한국의 그리스도인들이 경험한 나름대로의 사회적 경험들을 신앙으로 성찰한 과정의 결과라고 할 수 있다. 민중신학의 발생과 기원은 한국 그리스도인이 한국 사회의 정치적, 경제적 상황에서 그 상황의 부당함과 모순과 비리와 부조리를 경험하면서 그 경험을 고발하고, 그 상황의 시정과 개혁을 연구하는 과정에서 얻은 경험이다.7)

박정희 군사정권은 경제 제일주의를 기치로 내세우면서, 외국의 자본과 기술이 필요하다고 판단하였다. 이들은 일본과의 해묵은 적대 감정을 척결하고 서둘러 국교 정상화를 이루고 나서 고도성장과 공업

---

5) 김인수, "한국 신학사조의 역사적 배경," 「牧會와 神學」(1992. 8), 34~39쪽 참조.
6) Jurgen Moltmann, "전도와 해방," 「基督敎思想」 (1975. 4), 111쪽.
7) 徐洸善, "韓國의 民衆神學," 「1980년대의 韓國 民衆神學의 展開」 韓國神學硏究所 편 (서울 : 韓國神學硏究所, 1990), 39쪽.

화를 이루었다. 그러나 이런 근대화의 제한적 성공 뒤에 엄청난 부작용들이 우후죽순처럼 나타났다. "농촌의 피폐와 이농인구의 증가, 도시빈민의 확대, 노동조건의 열악에 따른 노동문제의 대두, 부익부 빈익빈의 심화에 따른 분배문제의 노정, 엄청난 외채 누적과 이에 따른 해외 의존도의 심화 등 사회, 경제적 문제들이 노골화되기 시작하였다."[8]

민중신학의 출현은 아무래도 유신정권하에서 그 정권의 폭압적 처사에 항거했던 성직자, 교수, 대학생, 그리고 신학자들의 감시, 연행, 해직, 재판, 투옥 등의 정치적 탄압으로 인한 결과라고 보는 것이 타당할 것이다. 특별히 이 과정에서 신학자들이 '억압받는 자들의 고통'을 체험함으로써 이것을 성서적 근거와 연결하여 우리 역사 속에서 억압받고, 억눌리고, 소외당하고, 수탈당해 온 소위 '민중'의 고난에 동참한다는 논리로 민중신학이라는 것을 창출하였다.

그러나 이 민중신학은 민중 신학자라고 자처하는 사람들조차도 민중 개념을 정확히 정의하기 힘들다는 데 그 한계가 있다.[9] 민중신학에 대한 또 다른 비판은 흑인신학을 백인이 하는 것이 걸맞지 않은 것처럼, 민중도 아닌 사람들이 민중신학을 운위하는 것은 어울리지 않는다는 비판도 없지 않았다. 따라서 이 민중신학은 유신정권하에서 인권 회복을 위해 노력했던 소수의 사람들에 의해 남미(南美) 해방신학의 영향을 받아 일시적으로 나타났던 소위 '한국적 신학'의 한 모습이었다고 여겨진다. 그러므로 민중신학이 항구적인 한국적 신학으로 자리 잡기 위해서는 관심 있는 신학자들의 부단한 노력이 경주되어야 할 것이다.

---

8) 위의 책, 40쪽.
9) 民衆의 定義에 대해서는 玄永學, "民衆. 苦難의 從 希望," 위의 책, 11~23쪽 참조.

3. 도시산업 선교

교회의 사명은 선교이다. 따라서 선교 없는 교회는 이미 죽은 교회이다. 한국 교회는 초창기부터 여러 분야에 걸쳐 선교의 사명을 수행하는 일에 결코 게으르지 않았다. 국내 선교와 해외 선교를 비롯하여 학원, 농촌, 군인 선교 등 다양한 현장에 선교사를 파송하고 선교의 사역을 감당하였다. 산업화와 도시화가 가속되면서 공장에서 일하는 공원들을 중심으로 한 선교에 교회는 다시 눈을 뜨기 시작하였다. 일찍이 영국에서 산업혁명을 거치면서 공장 노동자들을 상대로 선교가 시작되었고, 미국의 '사회복음'(Social Gospel)운동도 본격화되기 시작하였다. 이 운동은 산업사회 속에서의 노동자들 권익, 노동자들의 열악한 작업 환경, 잔업(殘業) 수당의 지급, 미성년자들의 노동문제, 그리고 산업재해에 대한 보상 등의 문제를 통합적으로 다루어 많은 이들의 호응을 얻었다.

한국 교회는 일찍이 노동의 신성함을 강조하였고, 성경말씀에 "일하기 싫거든 먹지도 말라"(살후 3:10)라는 말씀에 근거하여 육체노동의 중요성을 계몽하여 왔다. 교회는 육체노동의 중요성을 강조하였을 뿐만 아니라 노동자들의 권익에 대해서도 일찍부터 관심을 갖고 그들에게 관심을 표하고 있었다. 1926년 5월 「기독신보」에 원산의 맥도널드(D.McDonald, 梅道捺, 1883-1938) 선교사는 당시 미국 NCC가 발표한 '사회강령'을 수차에 걸쳐 각 조항마다 연재하여 한국 교회의 노동자들의 권익에 대한 주의를 환기시켰다.10)

---

10) 여기서 다룬 주요 내용은 교회는 고용주와 노동자 간에 분쟁이 생길 때 그 사이에서 조정자 역할을 해야 하고, 노동자들이 1주일에 하루를 쉴 수 있도록, 노동자들의 노동 시간을 줄여 여가 시간을 선용할 수 있도록 지도하고, 최저 임금제를 실시하여 생활에 곤란을 받지 않게 해야 된다는 내용의 논설을 길게 게재하였다. 매도날(梅道捺), "사회문제에 대한 기독교 태도를 再考함,"「基督申報」, 1926. 5. 12, 19쪽, 16일자.

초기부터 한국 교회 구성원들은 80% 이상이 농민들이었기에 노동자들 선교에는 별 관심이 없었다. 한국에서 산업혁명이란 것은 없었으나 시대의 변화에 따라 한국 사회가 차차 산업화의 길을 걸으면서 서서히 노동자들에게 관심을 갖는 사람들이 나타나기 시작하였다. 1956년 미국 뉴욕 레이크 모혼크(Lake Mohonk)에서 피선교지에 있는 선교사들이 모여 변화하는 세계에서의 선교 전략 5개년 사업에 대한 대회가 열렸다. 한국 선교부 대표로 참가했던 애덤스(E.Adams, 安斗華, 1895-1965) 선교사가 돌아와 이 대회에서 논의되었던 산업 선교에 대한 보고를 하였고, 이 분야의 권위자인 존스(H.D.Jones) 박사가 그 운동을 격려하기 위해 내한하면서 한국에서도 산업 선교에 대한 관심이 확산되기 시작하였다. 또한 선교부에서는 이 분야에 예산을 책정하기로 결정하였다.11)

한국 교회가 산업 선교를 구체화한 것은 1957년 산업 선교의 실무자인 어커트(R.C.Urquart)가 내한하여 산업 선교를 시작하면서부터였다. 이로써 한국에도 산업 선교 시대가 도래하였다. 그해에 장로교회는 총회 안에 산업전도위원회를 두기로 결정하였다. 감리교회에서도 1960년대 초반에 오글(G.E.Ogle, 吳明傑) 선교사가 인천 지방에서 장로교회와 발맞추어 이 분야 선교에 관심을 기울이기 시작하였다. 1960년대 후반에는 산업 선교의 지부를 영등포, 대전, 대구, 부산, 광주, 인천 등지에 두고, 이 지역 산업전도위원회를 결성하고 산업 전도를 위한 각 지역의 조사활동을 벌였다.12)

산업 선교는 한국 사회가 산업화하면서 그 필요성이 더욱 강조되었고, 공장 지대에 있는 교회들도 자연히 이 방면 선교에 관심을 갖게 되었다. 1969년 8월에 미국 연합장로회 선교사 화이트(H.White)가 내

---

11) *Annual Meeting Minutes*, Korea Mission, Presbyterian Church, U.S.A, 1956, p. 114.
12) 「大韓예수敎長老會總會 第52回(1967년) 會議錄」, 53~55쪽.

한하여 연세대학교 내에 '도시문제연구소'를 만들고 이 대학의 교수였던 노정현 박사가 소장이 되어 도시문제에 대한 학문적 연구와 더불어 요원 양성에 주력하였다. 그러나 산업 선교는 노동자들 편에 서서 일하게 됨으로 자연히 공장주와 기업주들에게는 거침돌이 되는 결과가 되었다. 경제발전에 온갖 노력을 기울이고 있던 당시의 군사정권에게는 자기들의 계획에 차질을 빚게 하는 존재들로 인식되었다. 따라서 "도산(都産: 都市産業宣敎會)이 들어가는 데는 도산(倒産)한다"라는 말이 유행할 정도로 기업측은 도시산업 선교에 대해 못마땅하게 여기면서, 어떻게 해서든지 '도산'이 자기 공장에 들어오지 못하도록 갖은 방법을 다 동원하였다. 이에 대해 영등포 산업선교회 총무 인명진 목사는 "도산에 의한 도산은 근거 없다"는 요지의 강연을 예수교장로회 총회 전도부 주최 "산업선교정책 수립을 위한 공청회"에서 주장하였다.13)

박정희 군사 정부는 소위 '긴급조치'라는 위헌적 법률을 공포하여 국민들의 기본권을 제약하였다. 이 법은 도시산업 선교를 규제하는 데 악용되어 도산의 실무자와 관계자들이 구속되는 불행한 사태를 가져왔다. 정부는 산업선교가 마치 근로자들을 선동하여 국가의 법을 어기고 계급의식과 계급투쟁을 조장하는 것처럼 매도하였다.14) 이에 1975년 장로회 총회는 산업선교 중앙위원회가 발표한 '산업선교정책'을 채택하여 총회의 입장을 정리하였다. 그 원리는 아래와 같다.

1. 도시산업 선교신학은 영원한 복음에 기초한 성육신의 방법으로 추진되어야 한다.
2. 도시산업 선교에 종사하는 실무자들에 대한 총회적인 훈련이 강화되어야 한다.

---

13) 「長老會報」, 1983. 4. 1.
14) "産業宣敎에 대한 政府立場," 「福音新報」, 1979. 9. 9.

3. 도시산업 선교활동은 그 지역 노회의 감독과 지원 아래 교회적인 협력으로 이루어져야 한다.
   4. 신설 공단에 대한 산업 선교활동을 해 지역 노회와 총회는 우선적인 선교 사업으로 고려해야 한다.
   5. 도시산업 선교활동에 있어서 노사문제는 복음 선교의 제2차적인 것으로 취급되어야 한다.15)

교회는 산업 선교가 기독교 선교의 일환이며, 노동자뿐 아니라 기업가도 선교의 대상이 됨을 천명함으로써 교회 선교의 영역임을 재확인하였다. 산업 선교는 현대사회의 산업화, 도시화와 더불어 불가분의 관계에 놓이게 되는 현대교회의 필수적 선교 영역임이 확실해졌고, 선교가 여기에 미쳐야 할 것은 당연한 것으로 받아들여졌다. 그러나 교회 안에서는 그 선교의 방법론에 대한 이론의 일사불란한 실현에 약간의 혼선이 온 것도 사실이었다. 산업 선교는 노동자들의 의식이 높아지고, 노동자들에 대한 정부의 태도가 달라지며, 기업의 노동자 권익에 대한 인식이 깊어지면서 서서히 제자리를 잡아가게 되었다.

4. 1967년도 신앙고백과 신학 논쟁

신앙고백은 개인이나 교회가 처한 시대와 상황에 따라 행하게 되어 있다. 따라서 교회의 전통이나 상황에 따라 신앙고백은 다를 수밖에 없다. 전통적으로 우리 교회는 사도 신조나 니케아 신조, 칼케돈 신조, 그리고 웨스트민스터 신조 등 다양한 신조를 갖고 있고 또한 고백하고 있다. 따라서 어떤 교회가 그 교회의 형편에 따라 신앙고백을 했다면 그 교회의 신앙고백으로 인정하면 되는 것이다. 그 신앙고백이 우리

---

15) 「大韓예수敎長老會總會 第60回(1975년) 會議錄」, 95~96쪽.

교회의 실정과 맞지 않을 경우 받지 않으면 그뿐이다. 그러나 신앙고백을 한 교회가 우리와 끊을 수 없는 깊은 관계에 있는 교회라면 문제는 그렇게 간단하지 않다.

1967년에 한국 교회는 신앙고백으로 한바탕 소용돌이 속에 휘말렸다. 이 신앙고백은 미국 연합장로교회(UPCUSA)가 1967년에 발표한 신앙고백이어서 '67년도 신앙고백'이라고 불렸다. 이 신앙고백서가 발표되자 우리와 선교 협력관계에 있는 미국 연합장로교회가 자유주의 신학을 배경으로 하는 이러한 신앙고백을 발표한 것에 대해 한국 교회는 민감한 반응을 보이기 시작하였다. 가장 먼저 이 신앙고백을 대해 비판하고 나선 곳은 장로교회 합동측이었다. 그들은 총회장 이름으로 성명서를 발표하면서, 이 신앙고백을 절대 받아들일 수 없다고 못박았다.16)

이 신앙고백서는 한국 교회 안에서 적지 않은 파문을 일으켰다. 결국 논란의 초점은 이 신조가 지나치게 그리스도의 인성 면을 강조하고, 교회의 세속화를 부추겨 교회로 하여금 초월적 하나님의 섭리를 약화시키면서 역사적 예수를 강조하고 있다는 점이다. 따라서 이 신조는 이 시대에 대한 교회의 책임을 강조하는 것으로서는 타당하다고 볼 수 있으나, 기독교 신앙의 근본인 개인의 죄악에 대한 참회, 거듭남의 강조, 그리고 성육신하신 그리스도의 사역을 강조하는 면이 약화되어 있다는 점이 지적되었다. 이 신앙고백은 어디까지나 미국 장로교회의 신앙고백이지만, 그 신앙고백이 한국 교회에 직접 영향을 미친다는 점에서 논쟁의 여지가 충분하다고 본다. 그러나 지나치게 남의 신앙고백을 우리의 그것같이 과민 반응을 보이면서 신학 논쟁을 벌여 교회로 하여금 이런 문제에 휩쓸려 들어가 낭비적 논쟁과 심지어 인격을 모독

---

16) '67년도 신앙고백에 대한 합동측의 비판과 기타 통합측의 입장, 그리고 이 문제에 대한 찬반 입장에 대한 여러 신학자들의 글의 요약은, 張喜根, 「韓國長老敎會史」(亞成出版社, 1970), 440~473쪽 참조.

하는 글도 서슴지 않은 데까지 간 것은 아직도 한국 교회가 더 성숙한 모습을 보여야 할 것이라는 교훈을 남겼다. 신앙고백은 그 시대 그 교회가 그 상황에서 하는 것이라 해도 기독교의 근본을 그르쳐서는 안 된다는 점을 다시 한번 일깨워 주는 과정이었다.

5. 일본 교회의 한국 교회에 대한 사과(謝過)

일제 35년 식민지 통치 기간, 아니 1895년 을미사변으로 명성황후를 침전에서 살해하고 시체를 끌어내어 숲속에서 석유를 뿌려 가며 태워 뼈 몇 개만 남기고 재로 만들었던 때로부터 일제의 우리 민족과 국가에 대한 만행은 처절하게 계속되었다. 1945년 그들이 제2차 세계대전에서 패전할 때까지 저지른 죄과는 수만 년을 두고 사죄하고 배상해도 다 갚지 못할 것이다. 그러나 해방된 지 20년이 지나도록 일본이나 일본 교회가 한국에 지은 죄악에 대해 사죄 한 번 한 일이 없었다. 그런데 1965년 9월 5일 일본 기독교 각파 대표자 대회가 동경에서 열렸을 때, 과거 일본 통치시대에 한국인과 한국 교인들에게 범한 과오를 사과하는 서한을 박정희 대통령과 이효상 국회의장 그리고 한국기독교연합회에 보냈다. 이 서한의 요지는 다음과 같다.

1. 일본인이 과거 한국을 통치했을 때, 한국인과 한국인 교회에 대해 범한 과오를 사과한다.
2. 일본은 새로운 평화국가로 출발하고 그를 위해 노력한다.
3. 한·일 양국 기독교의 유대강화가 한·일 양국 유대강화의 길이라고 생각하고 이를 위해 각 종파 교인들이 최선의 노력을 다한다.17)

---

17)「基督公報」, 1965. 9. 18.

일본 교회가 이러한 사과의 일환으로 3·1 독립운동 당시 일제의 가장 처참한 만행 중의 하나로 지적되는 수원 제암리교회 복구가 있었다. 1969년 미산영인(尾山令仁) 목사를 중심으로 '한국 제암리교회 소타(燒打)사건 사죄위원회'가 800만 엔을 모금하여 제암리에 새 예배당을 건축하였다.18)

일본 교회가 일제의 식민지 통치에 협력하고 천황을 현인신(現人神)으로 인정하고 한국 교회에 대해 신사참배를 하도록 강요하면서 음양으로 우리 교회에 가한 음해는 말로 다 표현할 길이 없다. 그런데 저들은 해방이 된 지 20년이 지나도록 공식적으로 단 한 번도 한국인과 교회에 대해 저들 국가와 국민, 그리고 교회가 지은 죄과에 대해 사과한 일이 없었다. 오히려 개인들에 대해서는 일본이 한국을 통치해서 오늘 한국이 근대화되고 발전할 수 있는 기틀을 마련했다는 망발을 서슴지 않는 사람들이 적지 않았다.

그런데 이제 20년이 지난 후에 일본 교회가 저들의 과거를 회상하면서 잘못을 시인하고 사과를 한 것은 너무나 때가 늦은 감이 있다. 그러나 그들이 뒤늦게나마 과거를 반성하고 참회한다면, 우리는 그리스도 안에서 용서해야 하고, 또한 그리스도 안에서 형제의 사랑을 나누어야 할 것이다. 그들의 과오를 그리스도 안에서 용서는 하지만 결코 잊을 수는 없다.

6. 복음화운동 – 삼천만을 그리스도에게로

한국을 복음화하려는 운동은 우리 교회의 역사 속에 늘 있었던 운동이었다. 멀리는 1909년에 시도되었던 '100만 명 구령운동'으로부터 교회와 민족이 어려움을 겪을 때마다 교회는 민족의 구원을 위해 힘써

---

18) 「基督敎大百科事典」 13권 (1986). 항목, "제암리교회."

왔다. 근대에 이르러서는 1952년 6·25가 한창일 때, "무너진 3천여 제단의 재건과 성령의 불이 내려 1천만 전도운동을 전개하자"는 운동이 일어난 일이 있었다.[19]

그로부터 10여 년이 지난 1966년은 개신교 첫 순교자 토마스 목사가 대동강변에서 순교의 피를 뿌린 지 100년이 되는 해이며, 한국 교회가 선교를 받은 지 80주년이 되는 해였다. 이런 뜻 깊은 해를 맞이하여 전국적인 복음화운동을 전개하기로 의견을 모으고 개신교 각 교단이 연합하여 운동 본부 형성을 합의하였다.

이 운동은 주로 이화여자대학교 총장이었던 김활란 박사에 의해 추진되었다. 처음에는 개신교단 교회들만이 참여하였던 이 운동에 로마 가톨릭교회도 동참하여 범교회적인 운동으로 발전하였다. 운동 본부는 해외의 저명 부흥사를 초청하여 부흥집회를 갖기로 하고 중국인 부흥사 조세광(趙世光) 목사를 초청하여 서울을 비롯한 전국 각지에서 부흥집회를 개최하여 좋은 성과를 거두었다. 국내 집회 인도자로서는 한경직 목사를 위시하여 김활란, 이기혁, 이상근, 김옥길, 조동진, 지원용, 강원용 등의 인사들이 전국을 다니며 부흥의 불길을 지펴 다대한 성과를 거두었다. 1년여 동안 진행된 복음화운동은 가시적인 성과가 여러 분야에서 나타났다.

그동안 동원된 강사가 400명이 넘고 동원된 인원이 100만 명을 상회하여 과거 어떤 운동보다 큰 영향력을 행사하였다.[20] 특히 이 운동을 통하여 그동안 여러 가지 요소로 갈렸던 교회들이 하나로 결집될 수 있었다. 이것은 앞으로 한국 교회가 나아갈 방향을 제시해 주었다는 면에서 좋은 성과였다고 평가할 수 있다. 개신교가 주축이 되어 시작한 이 운동에 가톨릭교회까지 동조하였고, NCC가 주동이 된 에

---

19) 「基督公報」, 1952. 1. 28.
20) 위의 신문, 1965. 11. 27.

큐메니컬운동의 일환이 아닌가 하고 처음에 의심의 눈초리를 보냈던 보수 교회들도 의심을 버리고 동참한 것은 신학적 논쟁에 있어서는 찬반으로 갈릴 수 있어도, 민족 복음화운동에 찬반이 있을 수 없다는 좋은 교훈을 남겨 주었다고 하는 데서 이 운동의 성과는 긍정적 평가를 받을 만하다.

7. 일치를 찾아가는 교회들

1) 장로교 일치를 위한 노력

한국의 장로교회는 장자(長子)교단으로 자처하지만 그 어느 교단보다도 잦은 분열을 한 수치스런 역사를 지니고 있다. 그러나 분열된 교회들이 다시 하나가 되고자 하는 노력들이 조금씩 나타나기 시작하였다. 1972년 9월 16일, 그동안 갈라졌던 네 개의 장로교회들 즉, 대한예수교장로회 고신측, 합동측, 통합측, 그리고 기독교장로회 총회장들과 각 교단 총무들이 성서공회 회의실에 모여 기도와 간담의 시간을 가졌다. 이날 모임에서 대표들은 나라와 남북적십자회담을 위해서, 북한 선교를 위해서, 그리고 장로교회 일치를 위해서 기도했다. 또한 대표들은 서로의 대화를 위해서 우선 함께 기도할 것과 교회의 공동 과제를 위한 상설기구를 두는 문제 등에 대한 의견 일치를 보고 다음과 같은 공동 성명을 발표했다.

4개 교단 총회장 합의 사항

1. 우리는 장로교회를 이끄는 이들이 정기적으로 모여 함께 기도할 수 있기를 바란다.
2. 우리는 장로교회 신앙 전통의 수호와 선교의 동일 목표를 위하여 대외적으로 공동 보조를 취할 수 있도록 상설적인 기구를 둘 수 있기

를 바란다.
3. 우리는 당면문제로서 국내 장로교회에 속한 각급 학교의 성경교육과 교회와의 행정적 관계에 있어서 교회의 권한을 확보하여야 하며 주일 행사 등 국가 제반 의식이 신앙의 자유를 침해함이 없도록 공동으로 노력하는 조처를 취할 수 있기를 바란다.
4. 우리는 우리의 간절한 기도가 이루어져 우리의 장로교회가 하나의 빛난 전통을 후손들에게 계승시키며 한국 민족의 복음화에 실질적 주역을 담당할 수 있기를 바란다.
5. 우리의 이 간절한 기원과 뜻이 전국에 계신 동역자와 전체 장로교회 교우들의 뜻에 일치되어지기를 바란다.[21]

서명자 : 각 총회 총회장. 배석자 각 총회 총무

이로써 해방 전까지 하나로 내려오다 사분오열된 장로교회가 다시 하나의 장로교회로 통합하려는 의지가 서서히 표출되기 시작하였다. 그로부터 10년 후인 1981년 장로교협의회가 창설되어 협력을 해왔으나 큰 성과를 얻지는 못했다. 그러다 1995년에 이르러 장로회 총회 창립 80주년, 그리고 조국 광복 50주년을 맞이하여 기념예배를 드리게 되었다. 그동안 협회에 가입하는 교단도 합동측 비주류의 개혁측, 합정측, 호헌측, 그리고 대신(대한신학교)측이 가담하여 4개 교단에서 8개 교단으로 늘어났다.

1995년 9월 1일 통합측 소망교회에서 8개 교단 지도자들과 평신도들이 운집한 가운데 장로교회들이 수차 분열한 이래 처음으로 같이 예배를 드리고 성찬을 나누는 뜻 깊은 행사를 가졌다.

그러나 갈라진 장로교회들의 숫자가 너무 많고 패인 골들이 깊어서 모든 장로교회들이 다시 하나가 되는 지난(至難)한 작업을 성공시키기까지는 아직도 넘어야 할 험산들이 수없이 가로 놓여 있는 것이 현실이다.

---

[21] 「基督公報」, 1972. 9. 23.

2) 감리교회의 통합

1974년부터 감독 선출문제로 여러 개의 교단으로 갈렸던 대한기독교감리회 연합연회가 1978년 11월 30일부터 12월 1일까지 정동제일교회에서 열려 중부(김지길), 동부(이경제), 남부(박우희), 중앙(김재황) 4개 연회 감독 위임식을 거행하였다. 감독회장에 김지길 목사를 선출하는 한편 상정된 헌법 및 규칙 제정안을 만장일치로 통과시킴으로써, 명실공히 교회가 하나 되어 새로운 출발을 하였다. 4백여 총대와 많은 방청객이 지켜보는 가운데, 김창희 감독의 사회로 진행된 총회에서 최대의 쟁점이었던 평신도 건의안에 대해서 8인(목사 4, 장로 4)위원회가 합의한 3개 조항, 즉 다음의 원안을 통과시킴으로써 이 문제를 일단락지었다.

1. 모든 위원회는 교역자와 평신도를 동수로 하는 것을 원칙으로,
2. 중직회는 기획위원회로 하고 상주 직원들의 인사문제와 당회의 공천사무를 공천,
3. 구역회 안에 인사위원회를 두며 위원은 구역회에서 선출한 대표로서 구성한다.

이 원칙의 통과로 장로들의 교회 행정 참여가 활발하게 될 근거가 마련된 셈이 되었다. 헌법 및 규칙 개정안이 만장일치로 통과되어 총리원이 감리회 본부로, 총회가 중앙연회로 존속하게 됐으며 감독의 임기는 2년으로 재선할 수 없게 되었다. 또한 감독회장은 네 연회 감독이 6개월씩 순번제로 하며 연회 총무는 감독이 선출, 임기는 2년으로 결정했다. 이로써 장기간의 감리교회의 분규는 일단락되었고 일치를 모색하기 위해 노력했던 평신도들의 노력과 기도가 결실을

맺었다.[22]

3) 미군 철수 반대운동을 위한 연합

인권(人權)을 주요 정책으로 삼은 지미 카터(J.Carter)가 미국 대통령으로 취임하면서 세계의 인권 유린 국가들에 대해 인권 존중 정책을 강력하게 요청하였다. 한국의 박정희 군사 정부는 소위 긴급조치라는 초헌법적 악법을 발표하고 유신 정부나 국가 원수를 비방하는 사람들을 무자비하게 다루고 있었기 때문에 카터 행정부의 표적이 될 수밖에 없었다. 따라서 카터 행정부는 한국에 대한 압력 수단으로 미 지상군 철수를 선언하였다. 이 선언은 우리 민족의 운명에 직결되는 것으로 한국 교회는 이를 좌시할 수 없었다. 왜냐하면 미군의 철수는 우리의 방위를 취약하게 만들 것이고, 이는 곧 북한으로 하여금 남침의 계기를 마련해 줄 수 있는 소지가 되기 때문이었다. 6·25의 악몽을 알고 있는 많은 교회 지도자들은 이 문제가 정치적인 문제에 국한하는 것이 아니고 민족과 교회 전체의 문제라고 판단하고 이에 대처해 나가게 되었다.

교회는 우선 미군 철수를 반대하는 운동을 벌이고 미국으로 하여금 이의 시행을 중지해 줄 것을 호소하는 운동을 전개키로 하고 1977년 5월 22일 NCC 주최로 미군 철수 반대 기도회를 새문안교회에서 각 교파 연합으로 드리기로 하였다.[23]

예장 통합측 교회는 동년 5월 25일 영락교회에서 약 2만 명의 교인이 운집한 가운데 교회와 민족의 생존을 위해 기도하였다. 이 예배에서 교회는 미국 대통령과 상·하원 의장에게 보내는 메시지를 채택하

---

22) 위의 신문, 1978. 12. 9.
23) 위의 신문, 1977. 5. 27.

였다. 이 성명서와 서한은 주한 미군 철수가 한국의 안보와 전 한국민의 생존권과 직접 관계된다는 사실을 상기시키고 한반도 및 아시아 평화를 위해 미 지상군이 계속 주둔해야 한다는 점을 강조하였다. 또한 38선의 설정, 6·25 한국 전쟁, 휴전협정이 모두 미국 정부의 일방적인 결정에 의한 것임을 상기시키면서, "미국이 한국에 대하여 도덕적 책임이 있음을 분명히 기억해 주기 바란다"24)고 천명하였다. 장로교회는 미국에 미군 철수 반대 사절단을 보내기로 하고 이상근, 이종성, 고황경, 박조준, 김형태, 조선출 등을 미국에 파송하여 미국 교회와 정계 요로에 미군 철수 반대 의사를 전달하였다.25)

미국 연합장로회 총회가 우리 교회의 요청을 받아들여 주한 미군의 철수가 재고되어야 한다는 요지의 성명서를 채택하고 미국 정부에 강력하게 요청한 것은 우리와 맺은 그리스도 안에서의 형제 우의의 강한 표현이었다. 연합장로회뿐만 아니라 미국 남장로교회도 1977년 6월 테네시 주 내쉬빌(Nashville)에서 열린 총회에서 카터 대통령에게 주한 미군 철수를 유보하도록 하는 건의문을 보내기로 결정하여 혈맹의 자매교단으로서의 충정을 보여주었다.

국가의 운명이 걸린 문제가 제기되었을 때에 항상 앞장서서 민족의 고난을 걸머지고 갔던 교회는 이때에도 사회의 그 어느 단체보다 열정적으로 민족과 국가를 위해 활동하였다. 하나님께서 우리 민족을 사랑하셔서 결국 미 지상군 철수는 유보되었다. 그러나 여기서 우리는 NCC 주최로 새문안교회에서 열린 미군 철수 반대 기도회에서 신종선 목사(기장, 성남교회)가 기도중에 "우리가 인권과 민주주의를 소홀히 여기지 않았는지 두렵다"고 한 말을 되씹어 봐야 한다. 미 지상군이 철수하는 것이 급박한 일이고 생존에 관한 문제라면, 인권 유린과

---

24) "駐韓美軍撤收 反對決議文," 「大韓예수敎長老會總會 第62回(1977년)會議錄」, 119쪽.
25) 위의 책, 116~117쪽.

민주주의에 역행하는 일도 그에 못지않게 중요한 일임을 교회는 뼈아프게 명심해야 할 것이다.

4) 구속자를 위한 신·구교 기도회

대체로 협력관계보다는 갈등관계에 놓였던 신·구교가 괄목할 만한 관계의 정립을 이룬 계기는 1962년부터 시작된 가톨릭교회의 제2차 바티칸 공의회에서 개신교에 대해 새로운 규정을 한 것으로부터였다. 즉, 가톨릭교회가 개신교에 대해 지금까지 열교(裂敎)라 하여 이단시하던 입장을 바꾸어 '갈라져 나간 형제들'(Separated Brethren)[26]이라 선언하고 개신교를 형제 교회로 받아들이면서부터 급격히 가까워지게 되었고 협동의 전기가 마련되었다. 양 교회는 '일치기도주간'을 맞아 1968년 1월 18일부터 25일까지 한국 교회사상 처음으로 명동성당에서 두 교회가 공동 기도회를 가짐으로써 이들 관계의 새로운 장을 열었다.[27]

박정희 군사 정권은 자신들의 정권 연장과 영구 집권을 위해 1972년 비상사태를 선포하고 유신헌법을 제정, 공포하였으며, 긴급조치라는 초헌법적 악법을 만들어 국민들의 기본권을 짓밟는 일을 감행하였다. 이에 뜻있는 목사, 신부, 교수, 대학생, 재야인사들이 항거하고 나서자, 정부는 이들에 대해 무자비한 탄압을 가했다. 신·구교의 화합은 이와 같은 고난의 현장에서 이루어졌다. 긴급조치 위반 혐의로 구속된 사람들을 위한 신·구교 연합 기도회가 1974년 9월 22일 명동성당 구내에 있는 가톨릭 문화관에서 있었다.[28] 신·구교의 12개 단체가 주관한 기도회에는 1,600명의 교우와 시민들이 참석한 가운데 구속자

---

26) *The Documents of Vatican II* (American Press Association Press, 1966), 346.
27) 최석우, "한국신·구교의 만남," 「韓國基督敎史硏究」 제6호 (1986.2), 6쪽.
28) 「敎會聯合新聞」, 1974. 9. 29. 「基督公報」, 1974. 9. 28.

를 위한 기도를 드렸다. 신부들의 공동 집전으로 시작된 예배는 강론에 이어 남녀 신도 대표들의 구속자와 사회정의를 기원하는 기도가 있었다. 참석자들은 "하나님이 역사의 주인이심을 우리는 믿는다. 인류는 서로의 의사를 존중해야 하며 자신의 뜻을 다른 사람에게 강요해서는 안 된다"는 등의 내용을 포함한 '우리의 선언'과 주관 단체들의 행동 자세를 결의한 다음과 같은 '우리의 결의'를 발표하였다.

우리의 결의

우리는 이상과 같은 신앙 양심과 판단에 따라 우리 신앙과 행동 자세를 다음과 같이 결의한다.

1. 하느님의 주권을 무시하고 참된 민주정신을 무시한 유신체제를 조속히 철폐하고 삼권분립의 민주체제를 실현한다.
2. 긴급조치를 전면적 원천적으로 무효화하고 민주회복과 사회정의를 외치다 투옥된 성직자, 교수, 학생, 민주애국인사를 즉각 석방하라.
3. 하느님의 백성에 해방을 선포하는 선교의 자유와 민주국가 발전에 첩경인 언론, 집회, 결사, 보도의 자유를 보장하기 위하여 우리는 몸으로 증거한다.
4. 서민 대중을 위한 복지 정책을 조속히 확립하고 경제발전의 주축인 노동자의 경제적, 사회적 지위 향상을 위한 노동삼권을 보장키 위하여 총력을 다한다.
5. 이제 우리는 우리의 신앙 양심과 판단에 따른 우리의 결의를 효과적으로 수행하기 위하여 이 기도회에 즈음하여 범교회적으로 뜻있는 모든 젊은이와 함께 '한국교회사회정의구현위원회'를 발족시킬 것을 선언한다.

1974년 9월 22일

구속자를 위한 신·구교연합기도회 주관단체 일동[29]

주관 단체들은 이 기도회를 계기로 범교회적으로 뜻을 같이하는 젊은이들과 함께 '한국교회사회정의구현위원회'를 발족시킨다고 선언하였다. 여기에 참가한 단체들은 한국가톨릭노동청년회, 한국기독학생회총연맹, 한국가톨릭노동장년회, 대한YWCA연합회, 한국가톨릭농민회, 대한YMCA연맹, 한국가톨릭학생총연합회, 기독교도시산업선교회, 안양근로자회, 경수산업선교회, 에큐메니컬현대선교협의체, 수도권특수지역선교회 등이었다.30)

신·구교가 고난받는 이들과 사회정의구현을 위해 힘을 모을 수 있었던 것은 같은 하나님을 믿고 같은 예수를 구주로 고백하는 신앙으로 가능했다. 따라서 신·구교는 교리의 차이를 극복하고 같이 손잡고 이 땅 위에 하나님의 정의가 실현되도록 노력할 수 있다는 실증을 보여준 한 사례였다.

5) 공동번역 성경 출판

신·구교간의 화해 분위기가 익어 가면서 두 교회 간에 구체적 협력의 산물 하나가 1977년 4월에 나타났다. 그것은 두 교회가 같이 사용하고 있는 성경을 공동으로 번역, 출판한 일이었다. 1968년 두 교회는 이 일에 착수하기로 합의하고 '성서공동번역위원회'를 발족시켜 그 작업을 개시하였다. 이 일은 9년 만에 완료되어 신·구약 '공동번역' 성경전서가 외경을 포함하여 총 3,430면의 방대한 단행본으로 출간되었다. 이 일은 "세계에서 처음으로 신·구교가 공동으로 하나의 성서를 읽게 된 것"31)일 뿐만 아니라 우리의 교회 역사에 처음으로 출간된 공동성경이었다. 이 번역본은 원본에 대한 신·구교 학자들 간의

---

29) 「基督公報」, 1974. 9. 28.
30) 「基督公報」, 1974. 9. 28.
31) 「敎會聯合新報」, 1977. 4. 17.

견해를 여러 해 동안 조정하고 쉬운 한국말로 번역하여 중학생 정도의 청소년들과 젊은 세대들로 하여금 부담 없이 읽게 한 점이 장점이다. 또한 주석을 달아서 성경을 처음 읽은 사람들도 쉽게 이해할 수 있도록 하였다. 외경은 신·구약성경 중간에 삽입함으로써 외경을 사용하는 가톨릭교회를 배려하였다.

이 같은 신·구교간의 성경 공동번역은 하나님의 말씀으로 두 교회가 협동하고 이해를 증진시키며, 앞으로 에큐메니컬 정신으로 협조한다는 좋은 선례를 남긴 획기적 사건이다.

6) 통일 찬송가의 출간

그동안 한국 교회는 각 교파가 서로 다른 찬송가를 사용해 왔는데 모든 교회가 다 같이 쓸 수 있는 통일된 찬송가를 만드는 것이 바람직하다는 교계의 의견에 따라 1976년 '찬송가통일위원회'가 발족되어 이 사업을 위한 준비 작업에 들어갔다. 그 후 개편 찬송가와 새 찬송가의 판권을 갖고 있는 교계의 대표들이 모여 '한국찬송가공회'를 1981년 4월에 정식으로 발족시켰다.[32] 공회는 가사위원회, 음악위원회, 교독문위원회 등 여러 위원회를 두고 업무를 분담하여 1982년 부활절까지 통일 찬송가 출판을 목표로 작업을 서둘렀고, 음악분과위원회가 추천한 529곡을 선택하여 545장으로 결정하였다.

통일찬송가는 한국 선교 100주년을 기념하는 사업 가운데 가장 중요한 연합 사업의 일환으로 추진되다가 드디어 8년의 각고 끝에 1983년 12월 첫선을 보였는데 모두 558장의 찬송가와 76편의 교독문을 담고 있다. 이 찬송가의 출간으로 "한 하나님, 한 주님, 한 성령을 믿는 한국 개신교회 8백만 성도들은 한 찬송가를 한 입으로 불러 하나

---

32) 위의 신문, 1983. 12. 18.

님을 찬송할 수 있게 되었다."33) 통일찬송가의 출간은 한국 개신교사상 처음 있는 일이다. 이것은 한국 교회가 일치를 추구해 나가는 데 있어서 좋은 본보기가 되었고, 앞으로 교회 연합 사업의 성과를 기대할 수 있는 계기가 되었음에 틀림없다. 분열에만 익숙한 우리 교회가 합심하여 하나되는 일도 감당해 나갈 수 있다는 실례가 되어, 앞으로 계속해서 모든 교파들이 이와 유사한 연합 사업을 추진할 수 있다는 희망을 주었다.

8. 교회의 급속한 성장

1) 전군신자화운동(全軍信者化運動)

대한민국 남자는 병역의 의무를 갖는다. 군대생활은 누구에게나 힘들고 외로운 고난의 시기이다. 그러므로 이 기간은 장병들에게 복음을 전하는 데 더없이 좋은 기회이기도 하다. 한경직 목사는 "고기를 많이 잡기 위해서는 고기가 많은 곳에서 낚아야 한다"는 명언을 한 일이 있다. 군대는 확실히 많은 사람을 낚을 수 있는 좋은 어장이다.

전군신자화운동은 1970년대 초부터 시작되었다. 이 운동은 당시 1군 사령관이었던 한신(韓信) 장군이 이스라엘에서 그 나라 군대가 막강한 전투력을 갖게 된 직접적인 동기가 바로 그들의 민족종교인 유대교 신앙에서 나온다는 사실을 간파한 데서 비롯된다. 그는 대한민국 군대를 신앙으로 무장하는 것이 전투력 향상에 도움이 된다고 판단하여, 1군 산하 모든 장병들이 신앙을 갖도록 지도하라고 명령하였다. 이에 발맞추어 군종감실은 이 기회가 군인들에게 복음을 전할 수 있는 좋은 기회라고 생각하고 '전군신자화운동'을 전개하였다.

---

33)「基督公報」, 1983. 12. 17.

전국 교회는 군복음화운동을 적극 지원하기로 하고 우선 훈련병들이 훈련에 지쳐 있을 때 영혼의 휴식을 얻을 수 있도록 논산훈련소에 1,500명을 수용할 수 있는 예배당을 건축하기로 하고 모금운동을 전개하였다. 성서공회는 성서 46만 권을 당시 군종감 한준섭 대령에게 전달하였다. 국제기드온협회는 300만 예비군에게 성경을 전달하겠다고 국제 기드온 총무 헨더슨 씨가 약속하였다. 전군신자화운동을 효율적으로 수행할 수 있도록 후원회에서는 군목들에게 오토바이 보급운동을 전개하여 1차분 150대를 지원했다.34)

전군신자화운동이 전개되는 과정에서 소위 '합동 세례식'이라는 새로운 형태의 세례식이 군부대에서 시행되기 시작하였다. 합동 세례식은 심지어 군목도 없는 부대에서 군종 사병이 열심히 전도하여 1972년 10월 28일 장교 17명, 하사관 56명, 사병 449명 등 500여 명이 합동으로 세례를 받는 획기적인 사례도 있었다. 육군 제3사관학교에서는 사관후보생 1,132명, 기간 장·사병 473명, 도합 1,605명의 합동 세례식이 1972년 11월 10일에 동교 연병장에서 거행되었다. 합동 세례식 가운데 가장 눈길을 끈 것은 한꺼번에 3,200명이 세례를 받은 사건이다. 육군 7528부대(군목 김태동 중령)에서는 1973년 10월 29일 동 부대 연병장에서 3,427명에 대한 야전 합동 세례식이 거행되었다.35) 3천 명 이상이 한꺼번에 세례를 받는 일은 교회사상 거의 없었던 대사건이다. 전군신자화운동이 전개되기 시작한 1970년에 군인들 중 기독교 신자가 8만 8천 명이었는데, 4년 후인 1974년에는 17만 8천명으로 두 배 이상 늘어났다.

그동안 이 운동을 위해 성서공회가 1972년 9월까지 46만 1천 권의 성서를 특별 제작하여 기증했고,36) 기드온협회는 매년 18만~25만

---

34) 위의 신문, 1972. 11. 11.
35) 위의 신문, 1973. 11. 3.
36) 위의 신문, 1972. 2. 23.

권의 성서를 부대별로 전달했으며, 아세아복음선교회 등에서 지휘관용 성경전서 200여 권을 전달했다. 기독교 신문 보급도 크게 활성화되어 매주 「기독공보」 7천여 부와 「크리스챤신문」 2천여 부가 보급되었고, 「가정문서선교회」 20만 부 및 루터교 등에서 실시하는 통신강좌가 수만 부씩 지원되었다. 한경직 목사가 지은 「기독교란 무엇인가?」라는 책자 3만 부, 「예수님은 누구신가」 1만 부도 군인들에게 보급되었다.

전군신자화운동의 일환으로 이루어진 집단 세례식으로 많은 불신 병사들이 기독교 신앙을 갖게 된 것이 사실이며, 교회 성장에 밑거름이 되었다는 점은 부인할 수 없다. 그러나 군내에서 유행병처럼 번진 집단 세례식은 필연적으로 충분한 교리교육이나 기독교 신앙의 정확한 점검 없이 행해진 일이 허다했다. 어떤 곳에서는 병사들을 강제 동원하여 세례에 참석하게 함으로써, 여러 가지 부작용을 낳기도 하였다. 세례 받은 병사들이 제대 후에 정작 바르게 예수를 믿고 다시 세례를 받으려 할 때, 군에서 이미 받은 세례로 인해 적지 않은 혼선을 가져온 것도 사실이었다. 다만 전군신자화운동이 우리 교회 성장 역사에서 지울 수 없는 획기적 전도 사업의 일환이었음은 부인할 수 없다.

2) 대형 전도집회

1970년대는 교회가 급속히 성장한 시기였다. 이런 발전은 교파를 초월한 대형집회들을 통해서 이루어진 한 결과라고 보아도 좋을 것이다. 1970년대 첫 대형집회는 1973년 5월 미국의 저명한 부흥사 빌리 그레이엄(Billy Graham) 목사 초청 부흥 성회였다. 이 대회는 초교파적인 대집회로서 여기에 동참하는 교파만 해도 구세군대한본영, 기독교대한감리회, 기독교대한성결교회, 기독교대한하나님의성회, 기독교

한국오순절교회, 대한기독교나사렛교회, 대한성공회, 대한예수교장로회(고신), 대한예수교장로회(통합), 대한예수교장로회(합동), 예수교대한감리회, 예수교대한성결교회, 한국그리스도교회, 한국기독교장로회, 한국루터교회, 한국연합오순절교회, 한국침례회연맹 등이었다.37)

본대회가 열리기 전에 각지에서 예비대회가 열렸는데, 지방대회에 연인원 120만 명이 동원되었고, 결신자만도 16,703명이나 되었다. 본 대회는 5월 30일 저녁부터 12만 평의 여의도 광장에 51만 6천 여 명이 운집한 가운데 대회장 한경직 목사의 인도로 시작되었다. 6,000여 명의 성가대가 '오직 소망은 그리스도'를 합창하면서 시작된 대회에서 빌리 그레이엄은 "50여 개 국을 순방 집회했으나 한국의 집회는 2천 년 기독교 역사상 가장 큰 역사적인 전도의 첫날이며 한국이야말로 어느 곳에서나 영적인 면에 감동을 일으키고 있다"38)고 역설하였다. 설교를 마치고 결신자는 일어나라고 하자 2만여 명이 일어나 첫날부터 감동의 도가니가 형성되었다.

"5천만을 그리스도에게"라는 대회 표어 아래 모인 첫날 집회에서 한경직 목사는 개회사를 통해 "이 역사적인 한국대회를 계기로 5,000만 우리 겨레가 서로 사랑하고 깨끗하고 아름다운 통일된 나라를 건설하도록 성령의 새로운 역사가 일어나게 하자"고 역설하였다. 빌리 그레이엄 목사는 박정희 대통령을 방문하고 성경을 선물하였으며, "정신적인 강대국을 영도하는 박 대통령을 위해 기도하자고 제의하여 약 3분간 한국민과 박 대통령을 위해 기도하였다. 이 대회를 통해 얻어진 결신자는 통산 3만 7천 명으로 기록되었다.39)

1974년 8월에는 엑스플로대회(성령의 제3폭발)가 한국대학생선교회

---

37) 「敎會聯合新聞」, 1973. 5. 13.
38) 「基督公報」, 1973. 6. 2.
39) 「敎會聯合新聞」, 1973. 6. 10.

(CCC) 주최로 서울 여의도 광장에서 열렸다. '예수 혁명 – 성령의 제3 폭발'이라는 표제로 세계대학생선교회 총재 빌 브라이트(Bill Bright) 박사를 위시한 국내외의 저명인사들이 강사로 초빙되었다. 이 대회는 세계 90여 개국으로부터 3,000여 명이 참가한 세계적인 전도 집회였다. 다른 대회와는 달리 일과성 집회로 끝난 것이 아니고, 전도 훈련을 시켜 계속해서 전도케 하는 합숙 전도훈련을 하는 프로그램이 포함되어 있었다.40)

1977년 8월에는 '77민족복음화성회'가 여의도 광장에서 열렸다.41) 주최측은 이 대회를 위해 3년 동안 준비했고, 70여 회의 지구대회를 개최했으며, 사상 처음으로 1만 명이 넘는 성가대가 동원되었다. 이 집회를 계획하게 된 것은 1973년의 빌리 그레이엄 대회, 1974년의 엑스플로 대회를 거치면서, 한국인에 의한 자주적인 민족 부흥 집회의 필요성을 느꼈기 때문이다. 한국부흥사협의회(회장 신현균 목사)를 중심으로 1907년 대부흥운동의 70주년이 되는 1977년에 대회를 개최키로 하고 준비하였다. 첫날 80만 성도들이 모이는 열성을 보였고, 밤에는 30만 성도가 남아 철야하면서 나라와 민족을 위해 기도하였다.42)

3) 성장 뒤의 그림자

1970년대의 이 같은 대규모 전도 집회 결과 한국 교회는 양적으로 크게 성장을 보인 것이 사실이다. 1970년대 말 한국의 종교인 통계는, 한국종교연구소의 집계에 의하면, 총인구 3,700만 중 80%인 2,918만 명이었으며, 개신교도가 701만 4천 명으로 전체 인구의 28%에 해당되고, 그 중 장로교인이 47%인 287만 명에 달한다는 통계가 나왔

---

40) 위의 신문, 1974. 8. 15.
41) 위의 신문, 1977. 8. 21.
42) 「基督公報」, 1977. 8. 20.

다.43)

1970년대에 이러한 대형 전도운동을 통한 한국 교회 성장은 누구도 부인할 수 없다. 그러나 이러한 대형운동들에 대한 교회 안팎의 비판적 시각도 만만치 않았다. 수백만의 대중이 모인 것을 "오늘 한국의 기독교와 종교 및 한국을 움직이고 있는 모든 기성제도와 질서에 대한 불평, 불만의 표시가 이러한 모임에서 나타났다는 사회학적인 문제"44)로 분석하는 이들도 있었다. 특히 지적된 점은 이 운동들과 집회들이 군사정권의 비호 내지는 협력에 의해 치러짐으로써 교회가 마땅히 소리 내야 하는 현 시대에 대한 비판적 기능을 상실하고 있었다는 점이다. 즉 현 정부가 저지르고 있는 문제점은 조금도 언급하지 않고, 오로지 복음 전도만을 외침으로써 정의를 부르짖다가 투옥되고 정부나 정보부에 의해 온갖 고통을 받고 있는 소외되고 외롭고, 도움을 필요로 하는 사람들을 도외시했다는 비판의 소리가 들려왔다. 해직 교수였던 연세대학교의 김찬국은 다음과 같은 비판의 글을 썼다.

> 5·16 광장 집회에서도 물론 예수 그리스도의 복음을 설교했지만 대회 전체의 방향과 내용은 한국의 사회문제나 정치문제 비리에 관해서 언급하지 않고 침묵을 지킨 인상이었다. 더욱이 인권문제나 구속된 약자들을 위한 기도나 헌금이나 현 상황에 관한 기독교적 견해와 입장을 밝히는 태도를 기피한 것으로 안다.45)

1970년대에 교회가 급속히 성장한 이유에 대한 분석이 있어야 한다. 연세대학교의 민경배 교수는 이 이유에 대해 두 가지를 꼽고 있다. 첫째는 강력한 사회참여였고, 둘째는 복음주의적 성령운동을 통한 보수계의 수적 증가였다.46) 즉 군사 정권하에서 대학과 언론이 그

---

43) 위의 신문, 1980. 6. 28.
44) 「教會聯合新報」, 1973. 6. 10.
45) 金燦國, "여의도 大集會와 金曜祈禱會,"「基督公報」, 1980. 3. 1.

사명을 다하지 못하고 있을 때 교회가 분연히 일어나 과감히 군사독재 정권의 불법성을 규탄하면서 노동자, 농민 등 억압받는 계층의 대변자로 투옥을 불사하면서 투쟁한 지식층들의 "이 용기와 통찰과 예언에 도덕적 매력을 느끼지 않을 수 없었고, 따라서 교회는 지식 사회에서 조수 같은 대세로 몰리는 신앙인들을 새 구조력으로 맞이할 수가 있었다"47)고 분석하였다.

다른 하나는 1970년대에 이루어진 경제적 성장으로 인간의 물질생활이 윤택하게 된 것이 사실이다. 하지만 여기에서 파생되는 필연적인 부산물은 인간을 물질만능주의로 내몰았다는 점이다. 이에 따라 사람들은 물질에서 얻을 수 없는 인간 영혼의 고독과 갈증을 해소시킬 수 있는 방법을 찾게 되었다. 빌리 그레이엄이 박정희 대통령을 만나 "아무리 경제적으로 풍부해져도 마음의 안식이 없으면 불행하다"고 말한 것과 같이, 물질의 풍요가 결코 영혼의 안식을 줄 수 없기 때문에 사람들은 종교로의 귀의라는 길을 찾게 되었다. 여기에 성령운동으로 복음화의 기치를 높게 든 교회 선교운동은 이들로 하여금 교회로 발길을 돌리게 하는 전기를 마련해 주었다.

그러나 교인들이 늘어나는 데 반하여 그들을 양육시키고 질적 교육을 시킬 여건이 부족한 형편이었다. 일찍이 이러한 점에 대해 가톨릭쪽의 비판은 신랄했다. 가톨릭교회 교회사연구원장인 최석우 신부는 "……양보다 질이 문제다. 곧 양은 많지만 실제로 세례 받은(개신교) 신자 수는 총수의 반에 불과하다"48)고 지적하여, 개신교의 양적 팽창에 대한 질적 보완 미흡을 비평하고 있었다. 양적 성장에 따라가지 못하는 질적 성장이 오늘 한국 교회가 안고 있는 심각한 문제점 가운데 하나이다.

---

46) 위의 신문, 1979. 12. 22.
47) 위의 신문.
48) 최석우, "한국 신·구교의 만남," 「韓國基督敎史硏究」 (1986. 2), 5쪽.

9. 유신정권에 대한 저항

1) 기독교정의구현전국성직자단 구성

박정희 군사 정권이 들어선 이후 정부와 교회 간의 갈등은 날이 갈수록 심화되어 갔다. 특히 교회와 정부가 정면 대결하게 된 것은, 1965년 정부가 한·일회담을 수행하려는 데 대해 전국 교회가 이를 반대하고 나선 때였다. 그 후 박정권이 소위 3선을 위해 헌법을 개정하려 할 때도 교회들이 연대하여 투쟁을 벌였다. 박정희 정권은 자신들의 영구 집권을 위해 유신헌법을 공포하고, 긴급조치라는 초헌법적 악법을 만들어 이에 저항하는 시민, 대학생, 교수, 성직자 등 양심세력들을 무차별 구속, 투옥하기 시작하였다. 장로교 합동측 교단은 1969년 59회 총회 시에 박정희 군사정권의 유신헌법 지지 성명을 내는 추태를 부리기도 했지만[49] 대다수의 교회와 교인들은 분개하고 있었다. 이에 따라 교회는 이러한 불법적 작태에 대해 침묵만 할 수 없었으므로 힘을 모아 대처하지 않을 수 없었다.

개신교 8개 교단 321명으로 구성된 '기독교정의구현전국성직자단'이 1975년 3월 20일 서울 연동교회에서 전국 성직자 120여 명이 모인 가운데 그 발단식을 가졌다.[50] 성직자단은 대표위원으로 연동교회 김형태 목사, 고문으로 강신명, 강원룡, 김관석 목사 등 5명을 추대하고 사무국장에 조승혁 목사를 각각 선임했다.

이들은 성명을 통해 "오늘의 권력 집단은 그 막강한 물리적 힘과 현대적 대중 조작의 기술을 총동원하여 사회의 양심세력을 탄압하고, 정권유지 획책 및 소수 특권층과 특혜 자본가의 이익을 위해 악용하고

---

49) 정규오, 「신학적 입장에서 본 한국 장로교회사」 하권 (한국복음문서협회, 1983), 14쪽.
50) 「교회연합신보」, 1975. 3. 30.

있다"고 지적하면서 불법, 불신, 포악으로 불의 심판을 받은 소돔과 고모라가 되는 것을 막기 위하여 소리 높여 최대의 복음을 선포한다고 천명하였다.51)

또한 오늘의 불의하고 타락한 현실은 교회가 그 예언자적 사명을 다하지 못한 데 그 원인이 있다고 전제하고 억압당하고 있는 서민 대중과 농민과 노동자의 친구로서 그들의 권익 옹호를 위해 함께 투쟁의 대열에 참여할 것임을 분명히 했다. 아울러 모든 악법의 근원인 유신헌법의 철폐를 위하여 모든 양심세력과 힘을 합해 싸우겠다고 선언하였고, 성직자는 결코 위정자의 적이 아니며 그들이 권력을 바로 사용하도록 권고하고 위하여 기도하는 다윗 왕에 대한 선지자 나단의 입장이라고 천명했다. 또한 위정자가 충고를 무시하고 약자를 억압, 수탈하는 폭거를 뉘우치지 않을 때에는 재야의 모든 양심세력과 함께 투쟁을 전개할 수밖에 없다고 주장하였다.

이 성직자단에 속한 목회자들은 예장 통합측 80여 명을 비롯하여 감리교, 기독교장로회, 성공회, 복음교회, 구세군, 성결교회, 루터교회 목사 등 352명으로 구성되어 있었다. 불의가 판을 칠 때 외로운 광야의 소리와 같이 이 사회에 정의 실현을 위해 일어선 성직자들이 그 시대의 어둠을 한쪽 구석에서 비추고 있었다.

2) 장로교(통합) 교단측의 대정부 입장 천명

산업 선교와 유신헌법 철폐를 위해 투쟁하다가 투옥된 인사들을 위한 기도회와 가족 돕기 운동을 펼치는 가운데 예장 통합측 총회는 교단 소속 인명진, 고영근 목사 석방을 위한 총회 주최 기도회를 1978년 7월 25일 연동예배당에서 총회임원, 교회연합회, 사회문제대책위

---

51)「基督公報」, 1975. 3. 29.

원 총회 산하 30개 노회장, 총회 산하 각 기관장 등 200여 명이 모인 가운데 개최하였다. 여기서 총회는 아래와 같은 성명서를 채택하여 그 입장을 천명하였다.

1. 오늘 우리 교회가 처하고 있는 이 나라의 상황은 국민의 총화를 전제로 한 중대한 시국에 접어들었다……통일 조국을 위한 국력 배양을 경제발전에 그 첫째 의의를 두고 있는 현 정부의 시책은 사회 각 분야에 걸쳐 경쟁적인 성취의욕을 자극하여……경쟁 의식이 심화되는 부작용을 노출시키는 현상마저 나타내고 있다. 교회와 국가는 대한민국 헌법이 보장한 국가와 교회의 분리 원칙에 기초하여 각자의 안보를 유지하고 신장시키기 위해 피차 서로 존중하고 협력해야 할 시대적 필요성에 민감해져야 할 것이다.
2. 교회의 안보와 발전을 위해 국가는 교회가 공적으로 보증하는 소속 교단 성직자에 대한 법적 제재에 있어서는 불구속으로 재판을 받게 하고, 해당 교단의 책임 있는 자율적인 규제를 받도록 하는 것이……총화풍토 조성의 첩경임을 깨달아야 할 것이다.
3. 성경의 말씀과 성직자의 말을 분별하지 못하여 하나님의 말씀을 대통령 긴급조치 제9호 위반 혐의로 기소하는 등의 신성모독죄를 범하는 것과 같이 기독교 선교의 활동범위를 어떤 정치적 이기주의에 의하여 임의로 한정시키려는 오류를 범하기 쉽다는 사실을 관계 당국은 각성해야 할 것이다.
4. 작금에 야기되고 있는 도시산업 선교에 대한 피차의 오해와 충돌을 해소하고 예방하기 위해 교회와 국가 사이에 교차적인 협의 기구를 설정하여 인권의 안보와 국가의 안보가 조화를 이루고 사회정의와 경제정의가 일치할 수 있도록 서로가 충분한, 그리고 진실한 협의를 해야 할 긴박성을 느껴야 할 것이다.52)

성명서는 8·15해방을 기하여 모든 수감되어 있는 성직자와 양심수들의 일대 석방을 요구하는 것으로 끝맺었는데, 한국의 장자교단으로서 정부에 대한 교단의 입장을 분명히 하였다.

3) 기독교교회협의회(NCC)의 선교자유 수호를 위한 결의

한국기독교교회협의회 6개 교단의 노회장급 교회 지도자 전국대회가 1975년 5월 8일 크리스찬 아카데미 하우스에서 모였다. 여기서 지도자들은 "긴박한 현 시국에서 전국 교회의 단결된 선교 과제 수행과 그 자유 수호를 위해 최선을 다할 것"을 다짐하고 선교비 사건으로 구속된 교역자들의 석방도 당국에 요구하기 위한 합의문을 발표하였다.53)

합의 사항

1. 오늘의 역사적인 모임을 전국 교회에 알린다.
2. WCC와 NCC에 대한 터무니없는 비방과 오해를 없애기 위해 우리는 평소의 입장과 주장을 천명토록 한다.
3. 대통령께 건의서를 보내고 6개 교단장의 면담이 실현되도록 한다.
4. 김관석 NCC 총무와 박형규, 조승혁, 권호경 목사 등 네 교역자의 구속사건의 문제성을 지적하고 이들의 석방을 당국에 요청토록 한다.
5. 예배의 방해 특히 최근에 발생한 주일 낮 예배 30분 전에 예배를 인도할 목사를 당국에서 연행한 사건에 대하여 이를 중대시하며 엄중 항의한다.
6. NCC는 최근의 교역자 구속, 연행사건에 관한 경위 및 '현황보고서'와 '공소장' 등 필요한 문서를 전국 교회에 보내어 알리고 또한 김관석 총무와 '수도권 특수지역 선교위원회' 관계자들의 구속사건에 대

---

52) 위의 신문, 1978. 7. 22.
53) 「教會聯合新報」, 1975. 5. 18.

한 NCC '선교자유수호 임시대책위원회'에 맡겨 추진케 한다.

1975년 5월 8일

교회가 종교 자유와 선교 사역에 중대한 침해를 받을 때 정부를 향해 목소리를 모을 수 있었던 것은 한국 교회가 사회문제에 등 돌리고 있지 않다는 의미였고, 침묵으로 맹종만 하지 않음을 보여주는 한 증좌가 되었다.

10. 한국 교회의 여성운동

1) 한국 여성운동의 태동

한국 여성들은 전통적으로 유교의 가부장적 사회 문화 속에서 억압과 차별을 받으며 살아 왔다. 그동안 교회를 통해 여성의 인권이 신장되고 그 사회적 지위가 두드러지게 향상된 것이 사실이다. 그러나 이론적으로는 그렇지만 실제로 그 차별은 아직도 도처에 산재해 있는 것 또한 사실이다.

한국에서 여성의 차별이 가장 심한 곳은 직장이다. 이러한 전통에 저항하는 운동이 처음으로 동일방직(東一紡織)에서 터져 나왔다. 이 회사에 노동조합이 결성된 것은 1946년이었다. 그러나 1960년대에 이 회사의 종업원 중 여성 근로자는 1,300명이고 남성 근로자는 불과 200명밖에 안 되었음에도 불구하고 노조 간부는 항상 남성들이 독차지하였다. 그런데 1972년 이 회사 노조 사상 처음으로 여성이 지부장이 되는 이변이 일어났다. 그렇게 된 직접적인 동기는 조화순 목사가 1966년부터 이 회사에서 산업 선교활동을 하기 시작한 데 근거한다. 조 목사는 여자 직공들을 데리고 소그룹 활동과 성경공부를 시키면서

근로자들의 의식을 전환시켰다.54)

또한 박정희 군사 정권에 종지부를 찍게 한 시발이 되는 사건도 역시 여성 근로자들이 주축이 된 'YH노동조합사건'이었다. 이 사건은 1979년 8월 YH에 근무하던 여성 근로자들이 당시 야당인 신민당사에서 농성을 한 사건이다. 이 사건은 한국노동운동사에 기록될 만한 중대한 사건으로 파업을 주도한 지부장 등이 모두 기독교인들이었고, 산업 선교에서 훈련받은 사람들이었다는 데에서 한국 여성 노동운동의 새로운 장이 시작되었다고 보아야 한다.

1970년대부터 불기 시작한 서구에서의 여성신학의 발전은 한국 교회와 사회에도 영향을 미쳐, 여성들에게 역사 의식과 사회 참여 의식을 북돋아 주었다. 이에 대한 구체적 모습은 1976년 4월에 '한국교회 여성연합회'의 발족으로 나타났다. 예장 통합, 기독교감리회, 기독교장로회, 구세군, 성공회, 루터교회 등 6개 교파가 연대하여 구성한 이 연합회는 남녀 차별 철폐, 미국과 일본에서의 민족 차별에 대한 항의에서부터 시작하여 핵무기, 환경문제까지 다양한 분야에서 목소리를 높이기 시작하였다.

또한 YWCA에서도 가족법 개정, 소비자 보호, 근로여성 복지문제, 주부클럽, 어머니 교실 등을 통하여 여성 복지와 인권 향상에 괄목할 만한 사역을 지금까지 계속하고 있다. 이러한 일련의 여성운동은 한국교회 여성운동을 가속화하는 계기가 되었다.

2) 한국여신학자협의회

기독교가 처음부터 남성 위주의 종교로 그 역사를 이어오고 있는 현실을 직시하고 여성들이 신학의 보조나 부속 정도로 인식되는 것을

---

54) 이우정, "한국 기독교 여성운동," 「基督敎大年鑑」, 1986, 76~80쪽 참조.

불식시키고, 여성의 위치를 신학적으로 확립하고 앞장서서 계도해 나간다는 기치 아래 1979년 1월 한국교회여성연합회 주최로 한국 여신학자 모임을 가졌다. 여기에서 한국여신학자협의회를 창립하기로 하고 1980년 4월 기독교회관 대강당에서 창립총회를 열어 박순경 교수(이화여대)를 초대 회장으로 선출하면서 그 첫발을 내디뎠다.55) 이 협의회의 목적은 한국의 "모든 여신학자들이 하나가 되어 자질을 향상시키고 여성신학을 수립함으로써 교회 선교에 이바지함과 동시에 평화와 정의 사회를 이 땅 위에 건설함을 목적으로 한다"56)고 선언하였다.

회원은 신학과정을 이수한 사람과 현역 교역자를 원칙으로 했다. 조직은 회장단, 기획, 교육, 신학, 목회, 홍보출판, 섭외, 사회, 재정위원회 등 8개 위원회로 구성되어 있어서 각 분야의 일을 다양하게 수행했다.

협의회는 교회의 여성이 교회의 문제, 사회의 문제를 어떻게 직시하고 극복해 나갈 것인지, 새로운 미래를 어떻게 창출할 것인지를 연구하고 교회 여성이 자유와 사랑과 평화가 지배하는 미래의 새로운 인류 공동체를 형성하기 위해 정진한다고 하였다. 이로써 남성 위주의 교회 운영과 신학 독점을 창조 질서 회복의 차원에서 남녀가 공유하고, 동반자로서 서로 힘을 모아 선교와 봉사에 임할 것을 촉구하는 전기를 마련하였다.

3) 여성안수의 실현

성직은 남성들만의 전유물인가? 여성은 성직에 임명될 수 없는가? 여성은 장로안수도 불가능한 것인가? 이러한 문제는 오랜 세월 동안

---

55) 「한국여신자협의회보」, 1981. 4. 7.
56) 「크리스챤신문」, 1987. 11. 28.

교회 안의 첨예한 논란의 대상 중 하나였다. 가톨릭교회에서는 물론 여성의 성직 임명을 엄격히 거부하고 있다. 그러나 개신교회는 각 교파에 따라 다른 입장을 갖고 있다. 미국의 경우, 컴버런드(Cumberland) 장로교회는57) 이미 1889년 루이사 우슬리(Louisa L. Woosley)를 장로교 역사상 처음으로 목사로 안수하였고, 북장로교회는 1950년대, 남장로교회는 1960년대에 여성에게 안수하여 목사직을 허락하였다.58)

한국은 미국과 그 문화적 상황이 달라 여성에 대한 차별문화가 오래 유지되어 왔으므로 여성의 안수는 성서적, 신학적 문제로 끝나는 것이 아니고 문화와 사회의 문제라는 또 다른 요인이 크게 작용하고 있다. 그러나 국내에서도 감리교회는 이미 1930년대에 여장로 제도를 두었고 기독교장로회, 순복음교회, 오순절 성결교회 등의 교회가 이를 허용하고 있다. 성공회도 1988년 7월에 모인 세계 성공회 주교회의에서 여성에게도 사제직을 부여할 수 있다고 결의하였다.59)

한국 개신교 최대 교단인 장로회 총회에 여성안수문제가 처음으로 대두된 것은 평북 선천에서 열린 1933년 제22회 총회 때였다. 당시 함남노회 여전도회연합회가 함남노회를 통해 여장로 제도를 허락해 달라는 청원을 했으나 총회는 이를 기각해 버렸다.60) 당시 함북 성진교회 김춘배 목사의 여권문제에 대한 「기독신보」 기사가 총회적인 문제로 확대되어 연구위원이 연구한 결과 여성안수를 인정하는 자는

---

57) 이 교회는 미국 장로교회의 한 분파로, 미국 중서부 지방인 켄터키 지방에 부흥운동이 크게 일어나 교인들과 교회는 계속 불어나는데, 여기서 목회할 목사 수가 부족하자 목사 교육 수준을 완화하자고 주장했다. 미국 장로교회가 이에 불응하자 1802년 Cumberland 장로교회를 조직하여 이탈하였다. 그러나 이 교회는 1906년에 다시 미국 장로교회에 통합되었다. W. W. Sweet, *The Story of Religion of America* (New York: Harper and Brothers, 1950), 제15장 참조.
58) 김인수, "여성과 여성안수의 이해에 대한 교회사적 고찰," 「교역과 여성안수」 (장로회신학대학 출판부, 1992), 27~34쪽 참조.
59) 「基督敎新聞」, 1988. 9. 25.
60) 「大韓예수敎長老會 總會 第22回(1933년) 會議錄」, 65쪽.

장로회 목사가 될 자격이 없다고 결정했다는 사실은 전술하였다. 따라서 1930년대에는 여성안수문제가 전혀 고려의 대상이 될 수 없는 분위기였다.

그런데 이 문제는 1953년 총회에서 다시 거론되었다. 당시 여전도회전국연합회는 총회 헌법 개정을 하던 때에 맞추어 여장로 직제를 신설해 달라는 청원을 했다.61) 그러나 총회는 이런 제안을 거절하고 대신 권사(勸事)제도를 설치하기로 결의하였다.62)

장로회가 통합, 합동 총회로 분열된 후 여성안수문제가 보수적인 합동총회에서는 거론조차 될 수 없었지만, 대체로 온건한 통합측에서는 계속 이 문제가 총회에 상정되었고, 총회는 연구위원을 내어 이를 연구케 하였다. 한국여신학자협의회는 세미나를 개최하여 통합측 총회가 여성안수를 허락할 것을 요청하고, 교회 내에서 여성을 차별하는 법 조항을 개정해 줄 것을 촉구하는 성명서를 발표하기도 하였다. 통합측 전국여교역자회도 여성안수문제를 시급한 문제로 다루면서, 이의 실현을 위해 힘을 모으고 그들의 입장을 밝히는 성명서를 발표하였다.

이러한 일련의 여성안수 실현을 위한 노력들이 드디어 결실을 맺게 되었다. 1994년 장로회(통합측) 총회는 여성안수건을 압도적 다수로 통과시켜 이 일을 위해 수고한 이들에게 승리를 안겨주었다. 이 안건은 헌법을 개정해야 하는 문제여서 총회가 끝나고 각 노회에 회부하였는데 여기서도 역시 압도적인 수로 통과되어 한국 장로교회 100년의 역사에 획기적 전기를 마련하게 되었다. 각 노회 결과는 장로회 헌법 25조 2항의 목사의 자격 중 '남자'라는 말을 삭제하는 건은, 총 51개 노회 중 47개 노회가 찬성, 4개 노회가 반대하였고, 헌법 40조(장로의

---

61) 당시 여전도회전국연합회 임원은 김필례, 유각경, 한영신, 김덕영, 김함라, 문복숙, 김성무, 이영숙 등 쟁쟁한 인사들이었다.
62) 「大韓예수敎長老會 總會 第40回(1953년) 會錄」, 366쪽.

자격)는 46개 노회 찬성, 5개 노회 부결로 각각 압도적 다수로 통과되었다.63) 따라서 1996년에는 예장 통합측에서도 여자 장로와 목사가 처음 탄생하는 역사가 시작되었다. 한국 여성으로서 예장 교단의 첫 여성안수의 영광을 얻은 이는 서울 안동교회의 박숙란(朴淑蘭)으로 동년 5월 장로로 안수를 받아 첫 여성 안수자의 영광을 차지하였다. 그 후 여러 교회에서 여자들을 장로로 안수하는 일이 이어져 한국 교회 여성운동의 새로운 장이 펼쳐지게 되었다. 같은 해 총회가 실시한 목사고시에 여성 후보자 175명이 응시, 77명이 합격하였고, 1996년 10월 경안노회에서 박진숙이 목사로 안수됨으로써 이제 통합측 장로교회 안에 여성목사 탄생이 실현되었다.64) 길고 지루한 기다림의 응답이 이루어진 것이다.

11. 선교 제1세기의 결산

1) 한국 교회 선교 100주년 기념

한국에 주재하는 선교사가 처음 들어온 것은 1884년 미국 북장로회 의료 선교사 호레이스 알렌(Horace Allen)의 입국이었다. 따라서 한국 교회 선교의 시점을 이 해로 잡으면 선교 100주년은 1984년이다. 물론 1884년을 선교의 기점으로 잡는 데에 이론이 없는 것은 아니었지만,65) 대체로 한국 교회 여러 교파가 이에 동조함으로써 1984년을

---

63) 「基督公報」, 1995. 5. 20.
64) 「목회자신문」, 1996. 9. 21. 11쪽 참조.
65) 일부에서는 귀츨라프가 이 땅에 와서 복음서를 전해 준 1832년으로 잡아야 한다는 주장을 하고, 토마스 목사가 대동강에 와서 순교한 1866년으로, 혹은 의주의 청년들이 만주에서 세례를 받은 1876년으로 잡아야 한다는 주장도 있다. 한국 교회는 1884년을 기준으로 1934년에 선교 50주년 기념식을 가졌으므로 1984년을 100주년 기념으로 잡는 것이 가장 보편타당하다고 여겨진다.

선교 100주년으로 합의하고 한국의 제 교회가 연합으로 이 행사를 성대하게 치르기로 결의하였다.

1980년 12월 한국기독교교회협의회(NCC) 주선으로 한국 기독교 100주년 기념 사업협의회 발기위원회가 조직되어, 당시 장로교(통합) 측 총회장이었던 박치순 목사가 위원장에 추대되었다. 이듬해인 1981년 9월 동 협의회가 창립되면서, 박치순 목사는 회장으로 취임하였고, 영락교회 원로목사인 한경직 목사가 총재로 추대되었다. 이 협의회에는 20개 개신교 교단과 25개 기독교 기관이 공식적으로 참여하였다. 이 협회의 주요 사업으로 다음의 사항들을 결정하였다.

1. 한국 기독교 100주년 기념 선교대회를 1984년 8월 15~19일 서울 여의도 광장에서 거행
2. 기념센터 건립
3. 기념대회, 순교자 추모예배, 종합예술축전, 연구 및 강연회, 교육대회
4. 사랑의 실천운동
5. 기념 교회당 건립

개신교 선교 100주년 기념행사는 1884년 8월 15일 전야집회를 시작으로 그 역사적 막을 올렸다. 첫째 날은 '화해와 일치의 밤,' 둘째 날은 '교회성장과 갱신의 밤,' 셋째 날은 '민족통일과 평화의 밤,' 넷째 날인 마지막 날은 연합예배로 빌리 그레이엄 목사가 특별 설교를 하였다.66) 연인원 350만이 동원되었고 기념사업의 일환으로 벌인 헌혈운동에도 4천 명이 참여하였다. 대회를 치르고 난 후 여러 가지 부정적 평가도 없지 않았으나, 처음으로 한국의 개신교 전 교단이 합심하여

---

66) 「한국일보」, 1984. 8. 16.

이 뜻 깊은 행사를 치른 것만으로도 긍정적 평가를 받을 만하다.

2) 언더우드 내한 100주년 기념 연합예배

언더우드(H.Underwod)가 최초의 개신교 목사, 선교사로서 이 땅을 처음 밟은 것은 1885년 4월 5일 부활주일이었다. 대한예수교장로회 통합, 합동, 고신, 대신 그리고 기독교장로회 등 언더우드 선교를 뿌리로 하는 5개 장로교단으로 구성된 장로교협의회는 그가 이 땅에 온 100년을 기념하는 예배를 1985년 4월 5일 한국 장로교회의 어머니 교회인 새문안교회에서 드리기로 합의하였다. 이날 예배는 대한예수교장로회 통합측 박종열, 합동측 최훈, 고신측 박태수, 대신측 박기수, 기독교장로회 이영찬 등 각 교단 총회장 등이 예배 순서를 맡아 진행하였다.67)

이 예배에는 언더우드의 손자 원일한(H.G.Underwood)과 기타 그의 가족 30여 명이 자리를 함께하였다. 최훈 목사는 '선교 2세기를 향한 한국 교회의 좌표'라는 설교에서, "장로교회는 자체 개혁 단행, 올바른 신앙관 형성, 화해와 연합 실현, 그리고 사회에 추락된 공신력을 회복하는 일이 좌표"68)라고 역설하였다. 박종열 목사는 기념사에서 언더우드 선교사 후손 3대가 한국 교회와 한민족을 위해 계속 봉사해 준 데 대해 감사의 뜻을 표하였다. 또한 지난 100년 동안 장로교회가 학교, 병원, 후생 사업, 농민계몽, 민주의식 개혁, 민족 주체성을 자각시키는 등 민족과 고락을 같이해 왔다고 말하였다. 그러나 장로교회는 그동안 신사참배 결의, 교단 분열 등 교회와 사회에 부끄러운 일을 행한 점도 있었음을 회고하였다. 앞으로 장로교회는 화합과 일치로

---

67) 「크리스챤신문」, 1985. 4. 13.
68) 대한예수교장로회 총회, 「한국 교회 100주년 기념사업 종합 보고서」 (대한예수교장로회 한국교회100주년준비위원회, 1985), 246~247쪽.

정통신앙 고수와 사이비 종교의 발호(跋扈)를 막고 민족 복음화에 진력하여 북한의 실지(失地)도 회복해야 할 것을 강조했다.69)

이날 예배에는 언더우드 5대까지의 후손 59명 중 30명이 참석하였고 그들에게 한국 선교에 헌신한 것을 치하하는 감사패를 증정하였다.

한국 교회의 개신교 선교 100주년 사업은 1985년 10월 14, 15일에 순교자 기념예배와 기념대회를 거행함으로써 사실상 마무리되었다. 4년 동안 100주년 기념사업과 행사들이 줄을 이었다. 이 일을 추진하면서 교회들이 서로 협동하고 일치를 추구하며 노력을 경주한 것은 긍정적으로 평가받을 만하였다. 그러나 행사들이 지나치게 평면적이고 외형적인 사업 중심으로 이루어진 것이 사실이다. 행사가 끝나고 나서 과연 100주년을 지내면서 한국 교회가 무엇을 남겼는가를 돌이켜 볼 때 소리는 요란했지만 정작 알찬 수확은 별로 없지 않았느냐 하는 비판의 소리가 적지 않았다. 특히 선교 2세기를 향하는 한국 교회가 나아가야 할 방향 설정이 미흡한 것은 교회가 시급히 해결해야 할 문제라 지적해야 한다.

3) 교황 요한 바오로 2세(John Paul II)의 방한

개신교가 선교 100주년을 맞아 한창 그 기념사업에 분주할 때, 선교 200주년을 맞는 한국 가톨릭교회도 뜻 깊은 행사를 가졌다. 그것은 교황 요한 바오로 2세가 교황으로서는 한국 가톨릭 역사상 처음으로 우리나라를 방문한 것이다. 그는 1984년 5월 3일, 5일간의 일정으로 한국 땅을 밟았다. 그는 3일 오후 김포공항에 도착, 전두환 대통령과 천주교 주교단의 영접을 받으며 한국에 첫발을 내디뎠다. 그가 이 땅에 발을 디딘 것은 한국 가톨릭교회가 과거 200년 동안 이 땅에서

---

69) 위의 책.

그 선교의 기틀을 만들기 위해 이름 없이 죽어 간 수많은 순교자들을 생각할 때 참으로 뜻 깊은 일이 아닐 수 없다. 그가 한국에 머무르는 동안 들려준 강론과 말씀은 한국인들에게 깊은 감동을 주었고, 103위 성인의 시성식을 집전함으로써 한국 천주교 200주년을 더욱 뜻 깊게 하였다.70)

또한 그는 광주에 내려가서 그곳의 아픈 상처를 달랬고, 소록도 나병환자촌을 방문하였다. 또한 노동자, 농어민을 만났으며, 교황청 대사관에서 타 종교 지도자들을 만났고, 개신교 지도자들과도 따로 만나 그리스도 안에서 형제 된 사실을 확인하였다. 그러나 그의 방한은 가톨릭 교회가 전통적으로 그랬던 것같이 정치적 냄새를 짙게 풍겼다. 교황 방한의 정치적 의미에 대해 「동아일보」는 다음과 같이 평하였다.

> 이번 방한 중 또 하나 정치성이 두드러졌던 것은 광주에서의 화해와 용서의 강조였다. 누가 누구를 용서하고 누가 누구와 화해해야 하는지 구체적 언급은 없었으나 '용서' 와 '화해' 의 대상을 염두에 두었음은 분명하다. 방한 그 사실 하나만으로 정부 당국으로서는 모든 긍정적인 해석의 기준을 삼기에 충분하기 때문이다. 그런 가운데 3일 저녁 서울 혜화동 가톨릭대학의 미사 때 부근 학생 데모를 저지하던 경찰의 최루가스로 인한 '교황의 재채기' 는 또 하나의 정치적인 현상이었다. 이것은 교황에게 한국의 정치적 현실의 일단을 실감할 수 있게 했을 것이다.71)

그러나 일부 부정적인 면에도 불구하고, 그의 방한은 한국 가톨릭교회 역사에 기록하고 길이 기억할 만한 거사 중 하나였음에 틀림없다.

---

70) 「크리스챤신문」, 1984. 5. 5.
71) 「東亞日報」, 1984. 5. 7.

12. 정의·평화·창조질서의 보전 대회(JPIC)

세계교회협의회(WCC)가 주최하는 정의, 평화, 창조질서의 보전 대회(JPIC)가 1990년 3월 5일 서울의 잠실 역도경기장에서 개막되었다.[72] 8일간 계속된 이 대회에서는 현재 인류가 안고 있는 위기상황을 진단하고 이를 극복하기 위한 방안을 기독교적 입장에서 전 세계 그리스도인들이 어떻게 대처하며 신앙적으로 해결할 것인가에 대한 방도를 토의하였다.

이 대회에는 미수교국 20여 개 나라 대표 140명을 포함해 124개국으로부터 1천여 명의 대표들이 참석해서 다양한 강좌와 토의를 벌이는 국제대회로 진행하였다. 여기서 다루어진 중요 문제들은 세계 경제 체제의 모색, 세계 질서 재편과 제3세계문제, 소수민족문제와 관련한 새로운 국제정치 구조의 형성문제, 인종문제에 대한 국제적 관심의 고양, 환경문제에 대한 국제적 관심 등이었다.

첫날 개막식에서 WCC 부회장인 월터 마클루(Walter P. Makhulu) 주교는 개회사를 통해 "우리가 분단국 한국에서 모인 것은 한국 기독교인들의 평화통일 노력에 동참하기 위한 것"이라고 전제하고 "분단 극복을 위해 세계 교회가 공동 노력으로 그 해결책을 모색해야 한다"[73]고 강조했다.

대회의 폐막 메시지에서 불의, 전쟁, 창조질서의 파괴에 의해 지구상의 모든 생명이 위협받고 있다며 정의, 평화, 창조질서의 보전을 위해 세계 교회가 결속하여 예수님이 오신 세상으로 과감히 나아가야 한다고 다짐하였다. 정의, 평화, 창조질서의 보전을 위해, 정의로운 경제 질서를 위해, 외채의 굴레로부터의 해방을 위해, 모든 국민과

---

72) 「기독교신문」, 1990. 3. 11.
73) 최명국, "정의, 평화, 창조질서의 보전 대회(JPIC) 진행 과정 및 그 의미," 「基督敎年鑑」(1991년), 38쪽.

민족의 참된 안전보장을 위해, 비폭력 문화를 위해, 지구의 환경을 보존하고 창조질서의 보전과 아울러 조화 있게 살 수 있는 문화를 만들기 위해 노력할 것을 결의하였다.

이 대회에서 한국 교회는 참석한 모든 회원들에게 한반도의 분단 극복이 인류 평화와 직결된다는 사실을 인식시키고 한민족의 자주적인 통일에 적극적인 지지와 협조를 요청하여 긍정적인 반응을 얻어냈다. 또한 이 대회의 의의는 개신교는 물론 가톨릭까지 그리고 개신교 내의 보수적인 교회들이 한자리에 앉아 인류의 과제를 숙의했다는 점이다. 비록 문제의 접근이나 이해에는 여전히 많은 시각차가 있었지만 당면한 인류의 문제를 같이 숙의하고 대안 모색을 했다는 점에서 의의를 찾을 수 있다.

여기서 다루어진 문제는 비단 기독교 세계뿐만 아니라 전 세계의 모든 종교와 국가들이 같이 고민하고 해결해야 하는 인류 공동 과제이기에 어느 국가나 종족 또는 한 종교 문제가 아니고 전 인류의 문제이다. 따라서 모든 문제가 해결될 때까지 지속적으로 안고 씨름해야 하는 과제라 할 수 있다. 하나님이 창조하신 세계, 그리고 우리와 후손들이 살아야 하는 이 세계는 반드시 창조의 질서를 회복하고 인류 공동의 번영과 행복 추구를 위해 노력해야 할 것이다. WCC 총무 에밀리오 카스트로(Emilio Castro)가 이 대회에서 밝혔듯이 "한국은 정의·평화·창조질서의 보전에 관해 총체적 과제를 안고 있는 소우주"라는 표현은 한국의 현실을 직시한 것이라 여겨진다. 따라서 한국 교회의 사명은 중차대하며 하나님의 특별하신 은총이 더욱 기대되는 시점이기도 하다.74)

---

74) 이 대회에서 결정된 대회 '보고서'의 요약은 「基督敎年鑑」(1991년), 40~41쪽에 게재되어 있음.

13. 종교다원주의 논란

20세기가 저물어 가고, 새로운 세기를 앞두고 있는 한국교회에 소위 '종교재판'의 회오리가 휩쓸고 지나갔다. 이것은 종교다원주의(Religious Pluralism) 논란이었다. 이 문제는 토착화신학의 연장선상에서 제기된 문제 중 하나이다. 이 문제는 좀더 거슬러 올라가면 바티칸 제2차공의회(1962-1965)에서 종교간 대화에 적극적인 태도를 보이면서 "기독교 외의 제 종교에 대한 교회 관계 선언"에서 이제부터 종교간에 대결에서 대화로 나가야 한다고 선언한 데 기인한다. 여기에는 가톨릭 신학자 칼 라너(Karl Rahner, 1904-1984)가 공헌을 했고, 개신교 연합체인 WCC의 마드라스 대회(1938), 네덜란드 신학자 크레머(Hendrik Kraemer, 1888-1965) 등도 토대를 제공했다.

문제의 핵심은 "구원이 오직 기독교에만 있느냐, 아니면 타 종교에도 있느냐? 오직 예수 이름으로만 구원이 가능한가, 아니면 타 종교의 교주, 즉 붓다, 마호멧, 브라만의 이름으로도 가능한가?"였다. 종교다원주의자들이 내세우는 이론은 이렇다. 산(山) 정상에 올라가는 길은 오직 한 길만 있는 것이 아니고, 다양한 길이 있다는 것이다. 구원이 오직 기독교에만 있고, 오직 예수의 이름으로만 가능하다고 하는 것은 서구 제국주의 종교 이데올로기의 횡포라는 것이다. 문화 신학자 폴 틸리히(P. Tillich, 1886-1965)는 일찍이 기독교의 유일성에 의심을 나타내며 타종교의 진리 내포 가능성을 열어 두었다. 이 문화 신학의 줄기에서 종교 다원주의가 나왔다. 폴 니터(P.Knitter)가 「예수 이름으로만?」이라는 책에서 예수 외에도 구원이 있다는 주장을 하면서 널리 퍼지기 시작하였다.

이런 여파는 국내에도 파급되어 이런 사상을 따르는 학자들이 생겨났다. 그 첨병은 감리교신학대학 교수며 후에 학장까지 된 변선환(邊善

煥, 1927-1995) 교수였다. 그는 1982년, 1987년 그리고 1991년 등 3회에 걸쳐 논쟁에 휩쓸려 들어갔는데, 크리스챤 아카데미가 종교간 대화를 주도하면서 자기의 주장을 개진하였다. 그는 불교에 대한 연구에 집중하면서 기독교와 불교의 대화 내지는 공통선의 추구에 몰입하였다. 그는 칼 라너의 "익명의 크리스천" 개념으로 비록 크리스천이 아니지만 하나님을 알 수 있다는 생각에 선다면 기독교인이 다른 종교에 대해서 보다 열린 태도를 취하는 것이 가능하게 된다"고 주장했다.

고대 교부 시프리언(Cyprian)이 말했던 "교회 밖에는 구원이 없다"(extra ecclesiam nulla salus)라는 교회 중심의 배타주의에서 그리스도 중심의 포용주의로 그리고 한층 더 신 중심의 다원주의로 이행해야 한다고 주장한다. 한 종교가 다른 종교를 인정하지 않으면 세계평화는 없다. 이는 가톨릭 신학자 한스 큉(Hans Kung)이 "세계의 윤리를 잃어버리고 살아남는다는 것은 있을 수 없다. 종교평화 없이 세계평화는 있을 수 없다. 종교의 대화 없이 종교평화는 있을 수 없다"고 말한 데 근거하기도 한다.

변선환은 종교다원주의 입장에서 불교에도 구원의 가능성을 인정하면서, 구원론에 있어서 기독교의 전횡을 의심하였다. 그는 기독교가 유일 종교 내지는 유일 구원의 방책이라고 주장하는 것은 예수님이 자기밖에 구원이 없다고 한 말에 기인한다고 보고, 기독교 신학에서 기독론을 배제하고 신론, 우주적 신(universal god)에 역점을 두어야 한다고 주장했다.

이런 변 교수의 주장이 종교학자에 의한 학문의 한 분야에서 거론된 것이라면 별 문제가 없었을 것이다. 그러나 감리교단 목회자를 양성하는 신학대학에서 교수가, 그리고 감리교 목사가 이런 주장을 한 것에 대해 교회의 반발이 일어난 것은 자연스런 현상이다. 특히 부흥사들을 중심으로, 변 교수의 종교다원주의에 대한 거부감이 강하게 표출되면서 변 교수의 주장이 큰 논쟁거리로 변하였다. 또한 감리교신학대학의 홍정수(洪丁洙) 교수는 예수님의 동정녀 탄생과 육체의 부활을 부인함으로써 불에 기름을 끼얹은 결과를 가져왔다.

1991년 10월 29일부터 서울 광림교회에서 감리교 19차 특별 연회가 열려 박기창 송하지방 감리사 외 4인이 '종교다원주의, 포스트모던신학 등의 입장에 대한 총회의 결의'를 청원하였다. 연회는 이 안이 교리에 위배된다고 결의하고 이를 주장한 변선환 감신대 학장과 홍정수 교수를 해당 연회 심사위원회와 해당 학교 이사회에 면직 권고를 하기로 전격 통과시켰다. 이 결의에 대해 일방적인 종교재판이라는 비난과 함께 교계 안팎에 커다란 파문이 일어났다.75)

감리교 연회가 이들에 대해 사직을 결정하자 4명의 신학자들이 '신학의 자유를 구하는 신학자들의 성명'을 발표하고 공개적으로 비판하고 나섰다. 그들은 기독교가 중세에 범한 것 같은 실수를 반복해서는 안 된다고 말하면서, 지금은 모든 것이 공조해야만 될 세계 속에서 종교도 그 예외는 아니고 시대정신에서 배워야만 하는 것은 당연하다며 신앙, 학문, 양심의 자유에 걸린 중대한 문제로 받아들인다고 천명하였다.

이 문제는 해를 넘겨 재차 재판이 열리게 되었는데, <조선일보>는 "감리교회 첫 종교재판"이라는 표제로 보도했다.76) 이 신문은 1992년 5월 7일 서울 중랑구 망우동 금란감리교회(김홍도 목사)에서 감리교회 107년 역사상 처음으로 신학자에 대한 종교재판이 열렸다고 보도했다. 보도 내용은 다음과 같다.

> 피고는 "성서는 성서적 언어로 해석돼야 한다는 포스트모던 신학의 입장에서 예수의 육체적 부활과 마리아의 동정녀 잉태를 부인해온 감리교

---

75) 「새누리신문」, 1991. 11. 9.
76) 「朝鮮日報」, 1992. 5. 8.

신학대 洪丁洙[홍정수] 교수(45)와 교회(예수) 밖에도 구원이 있다는 종교적 다원주의를 주장해온 감신대 邊善煥[변선환] 학장(65)이다."
 판사는 기독교 대한감리회 서울 연회 재판위원회, 검찰은 연회 심사위원회가 맡았다. 변호사는 없었으며, 방청석은 3천여 교우들로 가득 찼다. 재판이 진행되는 동안 닫힌 교회 주변과 1층 로비에서는 감신대생 300여 명이 중세보다 혹독한 종교재판을 중지하라는 등의 고함을 외쳤고, 간간이 노란 리본을 단 이 교회 질서요원들과 심한 몸싸움을 벌이기도 했다.
 "피고인이 홍정수가 맞습니까?"
 "네." 人定(인정) 신문이 끝나자마자 학생들의 소란 속에 홍교수가 일방적으로 퇴장했다. 20분간 정회한 후 오후 3시 45분 高在英[고재영] 재판장은 자신의 주장에 대한 도의적 신앙적 반성이 없어 출교를 선고한다고 판결했다. 교단에서의 축출이라는 최고형이 내려지자 학생들의 야유가 터져 나왔으나 이내 교인들의 박수 소리에 묻혔다. 오후 4시 변 학장에 대한 선고 공판이 이어졌다. "기독교는 더 이상 정복자의 종교가 아니며 전체 인류의 구원을 위해 종교 간의 장벽을 허물어야 합니다." 변 학장이 1시간에 걸친 최후 진술에서 종교적 다원주의는 감리교의 세계적 추세라고 역설했고, 신도들은 "우" 하고 야유를 던졌다. 1시간여쯤 휴정 끝에 재판부는 모든 종교의 신을 동격시하고 기독교 신앙의 본질을 불신한 죄가 인정된다며 변학장에게도 출교를 선고했다. 3시간여만의 재판이 끝난 뒤 신도들의 아멘, 할렐루야 박수 속에 변 학장은 15명의 재판위원들에게 일일이 악수를 청했으나 그의 표정은 몹시 굳어 있었다.[77]

 소위 20세기 종교재판이라는 이름의 재판에서 변선환, 홍정수 두 교수에 대해 출교 처분을 내림으로 두 사람은 목사직과 교수직을 동시에 잃었다.
 여기서 우리는 종교재판이 옳았느냐 글렀느냐 하는 문제에 초점을 맞추어서는 안 된다고 본다. 교회에 재판 제도를 둔 것은 교인들이 교회법을 어길 때 재판을 해서 유, 무죄를 판결하고, 유죄로 판명되면 그것에 합당한 형을 선고하는 것은 일반 사회의 그것과 다르지 않다.

---

77) 위의 신문.

그러면 변, 홍 두 교수가 유죄냐 하는 문제다. 기독교의 법은 기독교의 근본 진리를 부인하는 것은 유죄로 판결한다. 간단히 말해 성경에 있는 내용을 부인하거나 없는 것을 첨가하는 것은 기독교도임을 부인하는 것이다. 한 교단 목사가, 더욱이 신학교의 교수가 성경에 있는 것을 부인하거나 없는 것을 가져다 붙이는 것은 있을 수 없다. 목사가 아니고, 신학대학교 교수가 아닌 종교학자의 입장에서 자기 신념을 주장하는 것은 존경할 수 있다. 그러나 기독교 목사가 예수 외에 구원이 있다고 주장한다면 그는 이미 기독교인이 아니라고 말할 수밖에 없다. 종교다원주의는 종교학에서 다룰 문제이지, 인류 구원의 역사를 이루시기 위해 독생자 예수 그리스도를 세상에 보내시고, 그가 십자가에 죽으심으로 그 보혈로 죄 씻음을 받고 영원한 생명을 얻게 하신 하나님의 섭리를 믿고 따르는 기독교 신학에서 다룰 문제는 아니다.

오늘의 교회재판은 중세의 종교재판(Inquisition)과는 그 목적이 사뭇 다르다. 중세의 종교재판은 로마 교회에 맹종을 강요하기 위한 목적이었지만, 현재 교회재판은 교회 내에 일어나는 이단 사설을 응징하기 위해 주님 재림하실 때까지 존속해야 하는 교회 안의 주요 기구 중 하나이다. 이것이 혼탁한 세상에서 교회에 밀려 들어오는 사탄의 세력을 막아내는 여러 가지 방법 중 하나로 그 순기능이 있다.

제 7 장
새로운 세기(世紀)에 들어서면서
- 통일을 위한 준비

1. 남북 교류의 시작

해방 이후에 강대국들에 의해 일방적으로 설정된 38선, 한국 전쟁 이후에 역시 우리의 뜻과 다르게 그어진 휴전선으로 남, 북은 국토와 민족이 갈렸다. 이데올로기의 차이는 민족이라는 같은 핏줄기를 갈라 놓았다. 남과 북이 통일해야 된다는 소리는 높아도 그 방법론의 문제가 제기되면 백인백색의 이론이 나올 수밖에 없다. 그러나 남북의 교회는(만일 북에도 진정한 교회가 있다면) 한 하나님을 믿고 예수를 우리들의 구주로 고백하는 것으로써 공통분모를 찾을 수 있다. 따라서 사회의 어느 집단보다도 쉽게 남북이 접근할 수 있는 통로가 될 수 있을 것이다.

해방 직후 북한에는 김일성 공산당 정부가 들어서면서, 소위 '조선기독교도연맹'이라는 공산당 어용 단체가 생겨나 합법적인 우리 교회 기구였던 '5도 연합회'를 와해시키고 이에 속한 목사, 장로 및 교인들을 탄압한 사실은 이미 살펴본 바 있다. 후에 김일성의 교회 박멸

정책에 따라 연맹에 가입한 목사들도 모두 유배, 처형시킴으로써 이북에 교회가 없다는 사실은 여러 통로를 통해 확인되었다.

이렇게 오랫동안 남북이 갈리어 서로 왕래는 물론 서신 교환조차 없다가 1972년 갈라진 지 30여 년 만에 처음으로 평양과 서울에서 남북적십자회담이 열린 역사적 사건이 있었다. 그러나 이 일은 일과성에 그쳤고 그 후에 한동안 남북교류는 중단된 상태였다. 그런데 갑자기 일찍이 없어졌던 소위 '조선기독교도연맹'이라는 단체의 이름으로 1974년 2월 5일 평양방송을 통해 성명서가 나오자 한국 교회는 이에 민감하게 반응하였다. 한국 NCC는 즉시 아래와 같은 성명을 발표하면서 '조선기독교도연맹'의 존재에 대해 의문을 나타냈다.

> 우리 대한민국 교회들은 평양 방송의 전파를 타고 들려온 소위 '조선기독교도연맹 중앙위원회'라는 이름에 놀라지 않을 수가 없다. 북한에는 신앙의 자유가 없다는 사실을 우리는 잘 알고 있다. 설령 그런 이름의 기독교 단체가 있다면 그것은 북한 공산주의자들의 정치적 목적을 위한 위장된 가명임에 틀림없다. 만일 북한에 진정한 신앙의 자유와 교회가 존재한다면 하루속히 양성화되어져서 실증을 보여야 할 것이다……김일성 정권은 종교인들을 대량 학살하고 교회를 폐쇄했을 뿐더러 신앙인의 가족들까지 계층분류에 의해 적대분자로 몰아 갖은 학대를 자행하고서도 모자라 1972년 12월에는 헌법에 이른바 '반 종교 선전의 자유'라는 조항을 삽입하기까지 한 공산주의자들이 북한의 붉은 마수들의 농간에 동조라도 한 듯 충동적 발언을 일삼는 것은 분명히 그들의 망발임에 틀림없다……1)

이때만 해도 남한 교회의 북한에 대한 불신은 매우 큰 상태였다. 따라서 남북한 교회의 교류라는 것을 예상하기가 어려웠다. 그러나 시간이 지나면서 점점 남북 교류의 기운이 맴돌기 시작하였다.

---

1) 「基督公報」, 1974. 2. 16.

1985년에 이르러 남과 북의 대화 창구가 서서히 다시 열리기 시작했다. 남북한 정부가 서로 대화를 나눌 것을 제의하고, 이의 실현을 위해 남북한 고위 대표들이 서울과 평양을 상호 방문하자고 하는 의견에 합의하였다. 이에 따라 우리 교회도 남북문제에 대한 태도와 목소리를 같이하는 것이 좋겠다는 의견에 따라 '한국교회남북문제대책협의회'를 범교단적으로 발족하였다. 1985년 1월 예장 통합측 등 12개 교단장과 주요 인사 12명 등 모두 24명이 모여 남북 대화 과정에서 제기될 종교문제에 한국 교회의 의견과 행동을 통일하자는 데 뜻을 같이하고 한경직 목사를 명예회장으로, 예장 통합측 총회장 박종열 목사를 대표 회장으로 하는 임원회를 구성하였다.

이 협의회에는 예장 통합, 합동, 기장, 침례, 루터교회, 복음교회, 예수교 감리회, 나사렛교회 등의 교단이 참가하였다. 또한 기타 각 교단의 원로들이 모두 참가하여 "남북 평화통일을 지향하여 남, 북 간에 대화를 진행함에……기독교가 하나의 창구를 가지고 대처함"2)을 목적으로 하였다. 한국 교회가 앞으로 남북통일을 대비해 일치된 노력을 경주하자는 것은 긍정적 평가를 받을 만하다. 그러나 보다 폭넓은 기구가 되기 위해서는 많은 교단들이 가입할 수 있도록 문호를 개방하고 의견 수렴에 중지를 모아야 한다는 소리도 들려왔다.

2. 평화통일 논의 시작3)

반세기 가량 남과 북으로 갈려 갈등을 겪고 있던 우리 민족과 국가의 평화통일에 대한 논의가 1980년대에 들어오면서 서서히 일기 시작하였다. 이 일이 처음 시작된 것은 1981년 4월에 있었던 '한·독 교회

---

2) 「크리스챤신문」, 1985. 4. 6.
3) 김원식, "한국 교계의 통일논의," 「基督敎大年鑑」(1989), 48~51쪽 참조.

협의회'에서 NCC 안에 '통일문제연구위원회'를 두기로 한 데서 비롯되었다. 이에 따라 1983년에 모인 한·미 교회협의회에서는 미국도 한반도 분단의 책임이 있음을 확인하였다. 이러한 논의는 1984년 일본 도잔소(東山莊)에서 '동북아 평화에 관한 세계기독교협의회'에서 구체화되었다. 이 협의회에서 한국(남한)과 미국, 일본을 비롯한 여러 나라의 기독교인들이 모여 동북아시아의 평화, 특히 한반도의 평화와 통일을 위해 교회가 기여할 수 있는 방안을 심도 있게 논의하였다. 이 회의에는 처음에 북한측에서도 참가하려 했으나 실현되지 못하고 축전만 보내왔다.

이러한 노력은 구체적인 결실을 가져왔다. 1986년 9월에 WCC 국제위원회가 주관하는 '제1차 남북 기독자회의'가 스위스 글리온(Glion)에서 개최된 것이다. 남북한 대표 11명이 참석한 이 회의는 남북이 갈라진 지 실로 반세기 만에 양쪽 교회 대표들이 상면한 역사적 모임이었다. 여기에서 구체적인 합의가 이루어진 것은 없었으나, 남북 교회 지도자들이 같이 모여 예배드리고 성만찬을 할 수 있었다는 것만으로도 충분한 의의가 있었다.

그 후 1988년 4월 인천에서 '한반도 평화통일을 위한 기독교 세계대회'('세계기독교한반도평화협의회'라고도 부른다)가 세계 각국에서 온 300여 명의 남녀 성직자, 평신도들이 모인 가운데 개최되었다.[4] 이 회의에서는 NCC가 견지해 온 기존 입장을 재확인하고, 세계의 교회들이 협력하여 한반도 평화 정착과 통일을 위해 노력하고 기도한다는 데 의견 일치를 보았다. 이에 대해 기독교장로회나 기독교대한복음교회에서는 적극 지지하고 나섰지만, 예장 통합측에서는 내부 의견이 엇갈려 통일된 견해가 나오지 못하고 갈등을 노정시켰다.

이 인천회의는 외부로부터의 협력보다는 남북이 직접 교류하자는

---

4) 「기독교신문」, 1988. 4. 17.

쪽으로 방향이 설정되면서 남북 만남의 제의가 연이어졌다. 때를 맞추어 정부에서도 '7·7선언'을 발표하여 남북 당사자들의 모임을 제의하였으므로 분위기가 익어 갔다. 복음교회가 남북한 공동 성탄예배를 제안하였고, 전국목회자정의평화실천협의회도 남북한 공동 추석예배를 제안하였다. 심지어 보수 계열의 한국교회청년협의회에서도 남북 공동신앙 대성회를 갖자고 제안하였다. 그러나 이런 제의는 북쪽에서 구체적 대응을 하지 않음으로써 실현되지 못하였다. 따라서 이런 문제는 고도의 정치성이 수반되는 문제이므로 교회의 의지나 제안으로 이루어지는 것이 아니고, 결국 여러 요인들이 복합적으로 성숙될 때만이 가능하다고 하는 사실을 다시 한번 일깨워 주었다.

3. 평양에 첫 예배당 건립 - 봉수교회

1987년 6월 미국 교회협의회(NCC-USA) 대표단 10명이 북한의 기독교연맹 평화통일위원회라는 단체의 초청으로 평양, 개성 등지를 방문하고 한국에 와서 보고회를 가질 때만 해도 북한의 어느 곳에도 교회당이 있는 것을 보지 못했고 다만 가정교회(Home Church)를 방문했다고 보고하였다.

그런데 한국 종교사회연구소(소장 윤이흠 서울대 교수)가 창립을 기념하여 가진 '한국 종교문제 대토론회'에서 고태우(高太宇) 외국어대 강사는 '북한 종교상황 연구'라는 제목으로 1980년대 북한의 종교 정책 변화를 다음과 같이 언급하였다.

1. 북한을 방문하는 해외 기독교인들에게 자체 출판했다는 찬송가와 성경(1983년 출판)을 선물하거나 중국의 가정교회를 모방한 북한판 가정교회를 공개하고,
2. 방치해 두었던 불교 사찰의 일부를 1970년대 말부터 복원하여

서방측 기자들이나 불교계 인사들에게 공개하면서 불교의 실재를 보이려고 노력하고 있으며,
3. 해외 종교계 인사들과 활발한 접촉 및 방북 초청 등의 변화를 보이고 있다.5)

그런데 WCC 직원 자격으로 북한을 방문하고 돌아온 박경서 장로가 평양 봉수동에 해방 이후 최초로 예배당이 건축 중이라는 놀라운 소식을 전해 주었다. 뿐만 아니라 남한 교회가 WCC를 통하여 교회의 집기를 보내 준다면 받을 용의가 있다는 소식도 알려 주었다. 이러한 사실은 1988년 북한을 방문하고 돌아온 재미 목사 홍동근(洪東根)에 의해 확인되었다. 그는 평양시 만경대 구역 봉수동에 300명 수용의 붉은 석조 건물의 봉수교회가 신축 중에 있고 10월 말에 헌당예배를 드릴 예정이라는 보고를 하였다.6)

뿐만 아니라 동평양 선교리 구역 장춘동에 200명 수용의 성당이 지어졌다고 하였다. 그 후 봉수교회는 완공되었고 북한을 방문한 재미교포들 중에 이 교회에서 북한 교인들과 함께 예배를 드리고 오는 사람들이 늘어갔다.

이들 예배당과 성당이 어떤 성격의 것인지 미루어 짐작을 할 수 있으나 여하간에 북한에 예배당과 성당이 존재한다는 것은 반가운 일임에 틀림없다. 그 후에 전해진 바에 의하면 1991년 5월에 김일성은 그의 모(母) 강반석을 기념하여 그녀의 출생지인 평양 칠골에 칠골교회를 신축하였다고 한다.7)

---

5) 「한국일보」, 1988. 6. 15. 자세한 것은 고태우, 「북한의 종교정책」(민족문화사, 1989)을 참조할 것.
6) 홍동근, "북의 새 예배당, 새 성당을 보고," 「해방 후 북한 교회사」, 김흥수 편, 411쪽.
7) 「東亞日報」, 1995년 10월 3일자 15면 '이 생각 저 생각'란에 실린 극작가 성동민의 '북한 종교의 실체'란 글에서 북한을 여러 번 드나들면서 김일성을 만난 최덕신이

4. 남북 교회 대표 회동 - 스위스 글리온(Glion)에서

　세계교회협의회(WCC) 국제위원회가 주관하는 남북한 지도자회의가 1986년 9월 스위스 글리온에서 남북한 대표 11명이 참석한 가운데 역사적인 막을 올렸다. 여기서 남과 북으로 갈렸던 두 교회의 대표들이 만나 상호 관심사를 토의하였고, 이해의 폭을 넓힐 수 있었다. 이 첫 회담에서 별다른 성과는 없었고 다만 서로 만났다는 데 의의를 두고 헤어질 수밖에 없었다. 그 후 2차 회의 역시 글리온에서 WCC의 주선으로 1988년 11월 23일부터 25일까지 비공개로 진행되었다.[8] 남한에서는 대한성공회 김성수 주교(KNCC 회장), 조용술 목사, 구세군 김석태 사령관, 이효재 교수(이화여대), 강문규 이사장(YMCA) 등 11명이 참석하였고, 북한측에서는 고기준(조선기독교도연맹 회장), 김운봉(연맹평양지부 부위원장), 이송봉 목사, 김남혁(연맹지도위원), 김혜숙(통역) 등 7명의 대표가 참석하였다.

　이날 고기준 목사는, 세계 인류사에서 한 문화, 한 말, 한 피를 가진 민족으로 분단된 상태에 있으면서 서로 만나지 못하고 함께 예배드리지 못하는 민족은 우리뿐이라고 언급하였다. 이어서 그는 "이역만리 남의 나라 땅에서나마 같이 하나님께 예배드리고 있다고 생각하니 마음속에 떠오르는 게 많다. 후손들한테는 조국의 분단된 상태를 넘겨 주어서는 안 되며, 그리스도 안에서 우리가 화해와 사랑을 이루어 가는 평화의 군사로서 함께 기도하고 일해 나갈 수 있기를 바란다"[9]라

　　김일성과 함께 이곳을 지나다가 김일성이 14세에 집을 떠날 때 그의 어머니 강반석이 교회에서 기도를 드리고 떠나라고 하는 말을 듣고 이곳에서 기도를 하고 떠났다는 말을 들었다. 여기에 모친을 기념하여 예배당을 짓는 것이 어떠냐고 권하자 김일성이 이를 좋게 여겨 예배당을 짓게 되었다고 기록했다.
8) 「크리스챤신문」, 1988. 12. 3.
9) 「福音新聞」, 1988. 11. 30.

고 소감을 피력하였다. 이 회의에서 남과 북의 대표들은 다음과 같은 몇 가지 중요한 문제에 합의하였다.

1. 한반도의 평화와 통일을 위해서 남북 교회는 해방 50년이 되는 1995년을 '통일의 희년'으로 선포하고 매년 8·15 직전 주일을 공동 기도일로 지킨다. 또 이날을 위해서 공동 기도문을 채택한다. 나아가 세계의 모든 회원 교회들이 이날을 지켜 줄 것을 권면하도록 세계교회협의회에 요청한다.
2. 우리는 1972년 남과 북의 양 정부가 합의한 '조국통일 3대 원칙인 자주, 평화, 민족의 대단결'의 원칙을 재확인하고 한민족의 통일노력이, 현재의 양 체제의 존속이 보장되는 평화공존의 원칙에서 통일국가를 세우기 위한 것으로 전개되어야 한다는 것을 확인한다.
3. 우리는 한반도의 통일의 주체는 남과 북의 민중 당사자임을 확인한다. 따라서 오늘의 분단 상황에 관여하였거나 앞으로의 통일과정에 방해가 되는 모든 외세는 배제되어야 한다. 또 통일은 남, 북한 민족 구성원 전체의 민주적 참여로 이루어져야 함이 기본 원칙임을 확인한다.
4. 한반도를 포함한 동북아시아의 평화를 구축하기 위해서는 한반도의 통일이 이룩되어야 한다. 그러므로 현재의 분단을 정당화하거나 기정사실화시키려는 어떤 형태의 위장 평화도 배격되어야 한다. 또 분단의 고정화를 지향하는 어떤 정치적 대책이나 제안도 배제되어야 한다.
5. 우리는 한민족의 평화적 통일을 위해서는 양쪽으로 갈라진 민족 당사자 간에 신뢰성이 구축되어야 한다고 믿는다. 따라서 누적되어 온 적대감과 증오심을 극복하고 용서와 화해의 분위기를 형성할 수 있도록 남북한 교회들이 각별히 노력할 것을 권고한다. 그와 같은 노력은 '도잔소협의회'가 채택한 남북 교회 접촉을 위한 에큐메니컬 원칙에 확고히 입각한 것이어야 한다. 나아가 세계 교회들도 국제연합을 비롯한 여러 국제기구 등의 협력을 포함한 다양한 노력을 기울일 것을 요청한다.
6. 한반도의 평화와 통일을 위협하는 남, 북간의 군사적 대립을 지양하고 긴장을 완화시키기 위해서 엄청난 병력과 무기와 군사시설들이

대폭 감축되어야 한다. 이를 위해서는 현재의 정전협정이 평화협정으로 바뀌어져야 하며 한반도 전역에 걸친 평화와 안정이 실질적으로 보장되고 남, 북 당사자 간의 불가침선언이 채택되어야 한다. 이렇게 함으로써 한반도에 주둔하고 있는 미국을 비롯한 모든 외세의 철수와 한반도에 배치되었거나 한반도를 겨냥하고 있는 모든 핵무기는 철거되어야 한다.

7. 한민족의 분단으로 빚어진 1천만 이산가족의 재회와 남, 북 간의 각종 교류는 인도주의적 요청으로 시급한 과제이다. 그러나 그와 같은 만남과 교류는 현재의 군사적, 정치적 대결 상태를 의미하거나 방치한 채로 이룩될 수 없으며 이는 오히려 통일의지의 약화와 좌절을 가져올 위험마저 있다. 따라서 인도주의적 과제의 수행과 남, 북간의 각종 교류는 통일을 위한 포괄적인 대책의 일환으로 추진되어야 한다.

8. 세계교회협의회는 조선기독교도연맹과 한국기독교회협의회와의 긴밀한 협조 아래 한반도의 평화와 통일을 위해 계속 노력한다.

1988년 11월 25일
한반도 평화통일을 위한 협의회 참가자 일동[10]

이상의 합의로 남, 북 교회가 자주, 평화, 민족 대단결을 통일의 3대 기본 원칙으로 하고, KNCC가 채택한 '민족통일과 평화에 대한 한국 기독교회 선언'을 수락하며, 1995년을 희년으로 선포하여 8·15 직전 주일을 '평화, 통일 기도주일'로 지키기로 합의하였다. 또한 두 교회는 WCC를 통하여 자료와 정보 교류를 활성하기로 합의함으로써 협력을 강화하기로 하였다.

북한에 있는 교회가 어떤 교회인지 확인할 길은 없지만, 어쨌든 남과 북이 그리스도의 이름으로 함께 예배드리고 함께 통일을 위해 기도할 수 있었던 것은 다가올 통일을 대비하기 위한 하나의 예비

---

10) 한국기독교사회연구원 편, 「88 韓國敎會事情」(1988), 187~188쪽.

단계로서 의의가 있다고 평가할 수 있다. 그러나 이 성명서가 발표되고 나서 한국의 교회는 NCC 가맹 교단에서뿐만 아니라 비가맹 교단에서도 강력한 이의가 제기되었다. 특히 합의문 중에 미군의 철수와 같은 민족의 생존권에 관한 민감한 문제에 대해서 강력한 반대의사가 표출되면서, NCC가 결코 한국 개신교의 대표일 수 없으며, 이는 일부 진보적 인사들의 의견에 불과하다는 성명서를 보수측 교단들이 주축이 되어 발표하였다. 따라서 이 합의문에 대한 논란이 한동안 계속되었다.

제3차 회의는 1990년 12월 역시 글리온에서 열렸으며, 1986년 7월 27일 WCC 제6차 총회가 폐막될 때 '한반도의 평화와 통일'이라는 정책 성명을 채택하였다. 1989년 8월 26일 모였던 세계개혁교회연맹(WARC) 제22차 총회에서도 '한반도의 통일과 화해'라는 성명서를 채택하여, 한반도 통일문제는 세계 교회의 공통된 관심의 대상이 되었다. 1991년 2월, 호주 캔버라에서 모인 WCC 제7차 총회에는 조선기독교도연맹 대표 4인이 옵서버 자격으로 참석하여 그들의 세계 교회와의 유대관계를 맺기 원하는 모습을 보여주었다.11)

5. 통일을 위한 범 종단협의체 구성

분단된 국토와 민족이 통일되어야 한다는 명제는 어느 특정 집단이나 종파의 문제가 아니고 모든 민족의 공통된 과제이다. 이 문제를 위해 통일염원 평화대행진이 개신교, 천주교, 불교 등 3개 종단과 50여 개 재야 단체가 연합한 가운데 1988년 7월 2일부터 4일까지 열려 통일을 위한 노력을 다짐한 바 있다.

이런 종단 간의 움직임 속에서 1993년 7월 개신교, 천주교, 불교,

---

11) 강인철, "현대북한종교사의 재인식," 김흥수 편, 「해방 후 북한 교회사」, 211쪽.

원불교 등 4개 종단의 통일운동 연대기구인 '민족의 화해와 통일을 위한 종교인 협의회'가 출범하였다. 서울 연지동 기독교회관 2층 예배실에서 창립총회를 갖고, 공동대표에 김상근 목사, 함세웅 신부, 지선 스님, 김현 교무 등 4명을 선출했다. 이날 총회에 참석한 인사들은 한국기독교사회연합, 전국목회자정의평화실천협의회, 한국교회여성연합회, 천주교정의구현전국사제단, 실천불교전국승가회, 원불교사회개벽교무단 등에서 주도적 역할을 하는 인사들이어서 사실상 이 단체들의 총합과 같은 성격을 띠었다.

이 협의회가 발족하게 된 동기에 대해, 정부 안에 반통일 세력이 인적, 제도적 장벽을 확고히 구축하고 있으며, 또한 통일문제에 관해 이전보다 전향적으로 임하는 새 정부가 오히려 더 강경하게 창구 단일화 논리를 펴면서 민간통일운동을 제어하려는 경향을 보이고 있는 상황에 맞서 위축된 민간통일운동을 활성화하려는 것이라는 설명을 하였다. 협회는 이날 발표한 선언문을 통해 앞으로 "통일운동에 대한 다양한 접근법을 존중하고……이 바탕 위에서 민간의 자주적 통일운동 세력들이 작은 차이들을 극복하고 하나가 되는 데 기여하고자 한다"12)고 밝혔다.

통일을 위해 많은 사람들이 의견을 모으고 힘을 합하는 것은 다행스러운 일이나, 이것이 일부 급진적 인사들의 일방적 주도로 이끌려 가는 것은 바람직하지 못할 뿐만 아니라 모두가 참가해야 할 과제인 통일문제를 편향적으로 몰고 갈 위험이 있다는 점 또한 경계해야 한다.

한국기독교회협의회(NCC)는 글리온에서 남북 대표들이 모여 합의한 대로 1995년을 희년(禧年)으로 삼고, 그때까지 남북통일을 이룬다는 목표 아래 남북이 합심하여 기도하면서 다양한 사업을 벌였다. 그러나 그런 꿈은 이루어지지 않았고 아직도 통일의 날은 멀리 있는

---

12) 「한겨레신문」, 1993. 7. 3.

것 같아 보인다. 북한의 동포들이 수해로 인해 굶주려 죽어 가고 있다고 하는 슬픈 소식을 들을 때, 우리 동족들이 언제까지나 이런 고난의 세월을 보내야 하는지 안타까운 마음을 금할 수 없다. 통일은 언젠가는 이루어질 것이다. 그것이 언제인가 하는 문제는 오직 하나님만이 아실 뿐이다. 우리는 이 일이 속히 이루어지기 위해 기도하고 노력할 뿐이다.

결론

 우리 민족은 반만년의 역사를 이어왔다. 그 역사는 수난의 연속이었다. 강대국 사이에서 항상 전쟁에 시달렸으며 침략과 수탈의 연속으로 영일(寧日)없는 나날을 보내왔다. 그런 와중에서도 길가에 짓밟히는 잡초처럼 끈질긴 생명을 이어왔다. 때로는 투쟁으로 때로는 움츠러들면서도 민족의 얼은 꿋꿋이 살아 있어 후대에 전수되어 오늘에 이르고 있다.
 우리 민족의 역사 속에 잡다한 종교들이 부침(浮沈)했지만, 그것들 중 어느 하나도 우리 민족 종교로 자리 잡지 못하고 명멸(明滅)하고 말았다. 따라서 외국 사람들이 우리 민족을 종교가 없는 민족이라 했다. 이것은 곧 기독교가 이 땅에 들어오기에 적당한 토양을 제공했다는 의미에서 여간 다행한 일이 아니다.13)
 하나님의 섭리 중에 우리 민족이 기독교 복음을 받은 것이 벌써 2세기가 지나고 있다. 먼저 이 땅에 들어온 로마 가톨릭교회는 혹독한

---

13) Arthur J. Brown, *One Hundred Years*, 421-422쪽에 한국 교회 성장의 원인 중 확고한 민족종교가 없었던 점을 지적하고 있다.

고난과 박해 속에서도 무수한 순교자들의 피를 밑거름으로 성장하면서 영욕(榮辱)의 역사를 지녀왔다. 개신교회는 로마 가톨릭교회보다 한 세기 늦게 들어왔지만 어쩔 수 없이 개국을 한 나라의 형편과 맞물려 서구제국들의 내한과 더불어 이 땅에 선교의 기틀을 마련하게 되었다. 개신교는 밀려오는 일본 제국주의에 저항하는 우리 민족과 더불어 정치적 운동에 개입하여 연대투쟁은 하지 않았지만 항일하는 일에 있어서 여러 모양으로 결속하여 놀라운 선교의 성과를 거둘 수 있었다.

뒤떨어진 문화와 과학의 발전을 염원하면서 국가의 장래를 염려하던 민족의 지도자들이 교회로 밀려 들어왔고, 도탄에 빠져 헤매던 일반 국민들은 새로운 신앙에 몰입함으로써, 기적과 같은 교회 성장을 이룰 수 있었다. 이는 하나님께서 우리 민족을 사랑하셔서 수천 년 동안 하나님을 알지 못하고, 거짓된 신을 섬기며, 자연물과 우상을 섬기면서 어두움에 살아오던 우리 민족에게 복음을 허락하셔서 우리가 살아 계신 하나님을 섬길 수 있게 된 것이다. 우리 민족이 예수 그리스도를 통하여 영원한 생명을 소유할 수 있게 된 것은 하나님의 섭리에 기인한 것임을 고백할 수밖에 없다.

일제 치하에서 나라 빼앗긴 설움에 울던 백성들에게 내일에 대한 소망과 고난 속에서 하늘을 향에 두 손 들고 애원할 수 있는 믿음과 비전을 제공해 준 교회는 이 민족과 더불어 울고 웃던 가장 친근한 벗이었다. 일제 말엽의 왜곡된 역사의 소용돌이 속에서 굴절된 모습을 보인 때도 있었지만, 그 마음속에 타고 있는 신앙의 불꽃은 꺼지지 않고 밝아오는 새벽을 기다리고 있었다. 6·25의 참화와 군사독재의 암울한 시대에도 교회는 늘 그 자리에 의연히 서있어 민족의 지표로서의 위치를 확보하기 위해 노력했던 모습도 찾아볼 수 있다.

이제 한국 교회는 21세기 새 시대에 접어들었고, 선교 2세기에 접어든 지 이미 4분세기(25년)가 지나고 있다. 한국 교회는 하나님께서 우리 민족을 향해 원하시는 뜻을 헤아려 이 시대에 짊어지고 갈 십자가를 직시하고 그 사명 감당을 위해 최선을 다해야 할 것이다. 특별히 한국 교회는 이제 우리 민족 역사 속에서 자행한 온갖 부끄러운 역사를 청산하기 위해서 참회운동과 더불어 새로운 각오로 이 시대에 주어진 사명을 감당해 나가야 한다. 이 민족과 교회 속에 역사하신 하나님께서 불원한 장래에 통일을 허락하실 줄 믿으며, 통일된 조국의 하늘 아래서 남과 북이 하나가 되어 이 민족과 세계를 위한 사명을 감당할 책임을 재확인해야 할 것이다.

교회의 사명은 복음을 통한 민족과 국가의 갈 길을 제시해 주는 것이며, 올바른 역사관과 가치관 그리고 시대적 사명을 자각하게 하는 일이다. 우리 교회는 민족의 혼과 문화 속에 깊이 뿌리박아 기독교가 참된 의미의 우리 민족 종교가 되기 위해 부단한 노력을 경주해야 하며, 끊임없이 기도해야 할 것이다.

"오직 하나님께만 영광이 있을지어다."(Soli Deo Gloria)

한국기독교회의 역사 연표

주요 사건

635	네스토리우스파 선교사 알로펜(Alopen), 당나라 도착. 태종의 환대받음.
1235	프란시스칸 수도사 윌리엄 루브르크(W.Rubruck) 몽골 도착. 한국(Corea)을 서구 세계에 처음으로 소개.
1541	스페인의 프란시스코 사비에르(F.Savier) 인도 고아(Goa) 도착.
1549	사비에르 일본 도착. 기독교 첫 성직자 그레고리오 데 세스페데스(G. de Cespedes) 신부 내한하여 경남 웅천지방에 머물다 감.
1610	허균, 북경에 가서 가톨릭 신앙에 접촉.
1622	일본 장기(長崎)에서 조선인 신도 가톨릭 신앙에 순교.
1628	독일인 신부 아담 샬(Adam Schall) 북경 도착.
1644	소현세자와 아담 샬 친교. 소현 귀국 두 달 후 사망.
1686	조정에서 천주학 유포에 관심. 외국인 추방 의논.
1772	시파(時派)와 벽파(僻派) 대립.
1773	교황청, 예수회 해산 명령.
1777	권철신, 정약용, 정약전, 이벽 등이 경기도 광주군 주어사(走魚寺)에서 천주교리 학습.
1784	이승훈, 북경에서 그랑몽 신부로부터 베드로란 이름 얻어 영세 받음.
1785	서울 진고개의 김범우 집에서 교도 다수 모여 교리 교습 시작. 김범우 체포, 충청도 단양에 귀양.
1787	김범우, 단양에서 순교, 이벽의 배교.
1790	조상제사 반대문제로 박해 시작.
1791	충청도 진산에서 윤지충, 권상연 처형. 신해교난 시작.

1792		북경 주교 구베아, 교황 비오 6세에게 조선교회 설립 보고.
1794		천주교도 4천 명 달함.
		청국인 신부 주문모 밀입국.
1795		김여삼의 밀고로 주 신부 입국 폭로.
1796		황심(黃沁), 주문모 서신 북경에 전달.
		영선(英船) 프로비던스 호 표도(漂到).
1800		천주교도 1만여 명에 달함.
1801	1	오가작통법 실시.
	2	신유교난. 이승훈, 정약종 순교, 정약전, 정약용 정배(定配).
	4	주문모 신부 군문 효수.
	7	백서사건으로 황사영 체포.
	11	황사영 효수.
1802		토사교문 반포.
1825		정하상, 이여진 등이 로마 교황에게 서한 전달.
1827	9	교황 레오 12세가 정하상 등의 서한을 받고, 파리 외방전교회에 전도 하명.
1831	9	교황 그레고리 16세, 조선 교구 설정.
1832	4	조선 초대 주교 브뤼기에르, 조선 향발(向發).
	6	영선(英船) 로드암허스트 호로 네덜란드인 개신교 선교사 귀츨라프, 황해도, 충청도 연안에서 선교 시도.
1835	10	조선 초대 주교 브뤼기에르, 입국 앞두고 만주에서 병사.
1836	12	김대건, 최방제, 최양업 3명 마카오 유학.
1837	1	샤스탕 신부 입국.
1838	1	앙베르 주교, 서울 도착.
1839	2	이지연, 사학 토치(討治)를 논함, 기해교난 시작.
	7	앙베르 주교, 모방, 샤스탕 신부 체포.
	8	앙베르 주교 외 2명 프랑스 신부 순교.
1845	8	김대건, 상해에서 한국인 최초로 신부 서품.
	10	페레올, 다블뤼 신부 입국.
1846	7	김대건 순교.
1864	4	상해에서 조선인 3명, 런던선교회 파송 선교사에게서 수세.
1866		병인교난, 이후 6년간 박해 지속.
	5	리델 신부, 지프로 피난.

	7	미국 상선 제너럴셔먼 호 대동강에서 소각, 영국인 로버트 토마스 목사 순교.
	8	척사윤음 반포.
	10	프랑스군 강화도에서 패전, 퇴각.
1871	4	대원군, 척화비 세움.
1874		파리에서 달레 「朝鮮敎會史」 출간.
1876	2	일본과 병자수호조약 체결.
		만주에서 이성하, 이응찬, 백홍준, 김진기 등이 한인 최초로 신교 신자로 수세.
1880	12	「韓佛字典」 일본 횡빈(橫濱)에서 출간.
1882	4	한·미수호조약 체결
		목단(牧丹)에서 존 로스와 서상륜이 마가, 누가복음 번역 간행.
1883	3	천주교에서 종현(種峴:현재 명동)땅을 매입. 학당 세움.
	4	일본에서 이수정 수세.
		목단에서 서상륜이 요한복음 번역 간행.
1884		일본 주재 감리교 로버트 매클레이 선교사 서울 다녀감.
	9	미국 북장로교 파송 알렌(H.A.Allen,M.D.) 의사 서울 도착.
	12	갑신정변으로 자상 당한 민영익, 알렌이 치료.
		솔내에서 한국 최초의 예배당 건립.
		일본 횡빈(橫濱)에서 이수정이 마가복음 번역 간행.
1885	4	광혜원(제중원) 설립.
		언더우드, 아펜젤러의 입국.
	8	아펜젤러, 배재학당 설립.
1886	6	스크랜턴 여사, 이화학당 설립.
		육영공원 설치, 헐버트, 길모어 등 교수 시작.
	7	노도사(노춘경) 국내 최초로 수세.
1887		성서번역위원회 조직.
	9	언더우드, 새문안교회 창립.
	10	아펜젤러, 정동감리교회 창립.
	12	국내 최초 성찬식 거행.
1888	4	조선 조정, 미국 공사관에 전도 금지 요청.
		고종의 엄격한 금교령, 교회 수난.
1889	3	언더우드 부부, 서북지방, 신혼여행 겸 전도여행,

		언더우드, 의주 건너편 만주 땅, 안동에서 33명에게 세례 베풂
	10	호주 장로교회 데이비스, 캐나다 펜윅 도착, 한국 전도 시작.
		북장로교 선교회 및 빅토리아 선교(호주) 연합공의회 창설.
		북장로교의 마펫 목사 내한.
1890	6	지프에 있는 존 네비어스 목사 부부 내한, 네비어스 원칙 강의.
		한국성교서회 창립.
	9	코르프 주교 등 성공회 선교사 입국.
		언더우드 서울에서 최초로 사경회 개최.
1891		게일, 마펫 목사 서북지방 순회 전도.
		감리교, 최초로 교계 출판 인쇄소(三文出版社) 설립.
1892	10	미국 남장로교회 레널즈 목사 등 입국 선교 시작.
		미국 감리교(美以美) 평양 선교부 개설.
1893	4	기포(奇布)학당 문 앞과 존스 선교사의 집 문 앞에 예수교 배척 격문 부착됨.
		장로교 미션 연합공의회 조직.
		부산 초량교회, 평양 장대현교회 등 30여 개 교회 조직.
		수요예배(3일) 시작.
1894		평양, 숭실학당 창립.
		장로교 「찬양가」 서울서 발간.
1895		청·일전쟁으로 교회 피해 막대.
	6	캐나다 출신 매켄지 목사, 솔래에서 순교.
		평양 관찰사 명으로 교회 대박해 시작.
		새문안교회에서 영신학당 설립.
	10	남감리교 이덕 목사 내한.
		민 왕후 시해당함.
		춘생문사건 발발.
1896		서병호(徐丙浩) 최초의 유아세례 받음.
		대영성서공회 조선지부 결성.
		성서공회에서 복음서, 사도행전 26,000부 발간.
	10	황해도내 개신교회, 천주교로부터 박해 받음.
		최초의 기독학생 운동인 협성회 조직.
1897	2	「죠선그리스도인회보」, 「그리스도신문」 창간.
		평양 숭실중학교 설립.

         5 경기도 고양에 최초의 남감리교회 설립.
         9 알렌, 미국 대리공사로 임명.
            남감리회 제1회 지방회 서울에서 개최.
        12 남감리회 조선선교연회 제1회 회의.
1898   황해도 재령 명신중학교 설립.
        10 서울 배화여자중학교 설립.
            감리교에서 개성 황성병원 설립.
1899   「대한그리스도인회보」 간행.
         2 황주교회가 불량배에 의해 소각됨, 블레어 선교사 구타당함.
            대구 동산병원 설립.
         4 한국 최초의 정규 의학교 제중원의학교 설립.
         6 캐나다 장로교 한국선교 시작.
            서울 남대문교회 설립.
1900   평양 김종섭과 황해도 솔래 서경조, 장로 취임.
            서울 종교교회 설립.
         5 신약전서 완역, 횡빈(橫濱)에서 인쇄 37,000부 발간.
            평북 선천북교회에서 최초의 전도회 조직.
        12 전국 교인 학살을 조정 일부에서 음모, 선교사들의 민첩한 조치로 사전 해결됨.
1901   1 The Korea Review 창간, 헐버트 주간.
         5 제주도에서 천주교 신축 민란.
            장로회선교회(남, 북장로회, 호주, 캐나다)의 조선교회공동공의회 설치, 조선예수교장로회공의회라 칭함.
            평양의 마펫 선교사, 사랑방에서 김종섭, 방기창 2명에게 신학 교육 시작.
            북감리교 김창식, 김기범, 최초 평신도 목사로 안수.
1902   목포에서 열리는 성서번역위원회에 가던 중 선박 충돌 사고로 아펜젤러 선교사와 서기, 군산 앞바다에서 익사.
            서울 승동교회, 전남 영흥중학교 설립.
1903   평양 숭의여자중학교 설립.
            원산 루씨(樓氏)여자중학교 설립.
        10 황성기독교청년회 발족, 초대 회장 캐나다인 게일 목사.
            러시아 정교회 한국교회 설립.
1904   김상준, 정빈, 동경 백목성서학원 입학.

       6 안식교의 유은현, 송홍조, 임기반이 최초로 수세.
       8 일본인 안식교 목사 국곡수(國谷秀) 내한.
      10 근대식 세브란스 병원 준공.
      11 *The Korean Methodist* 창간.
1905   3 알렌, 미국공사 해임.
         장로교회, 독립장로교회 창립 확정 계획.
         장로교 12신조 채용 결의.
         장·감선교사회, 세브란스병원, 평양기독학원 등의 합동 경영 결의.
         양전백, 신성중학교 설립.
       6 미 감리회 신학당 및 감리회 여학당 설립.
       7 장·감 양교「그리스도신문」창간, 게일 목사 주간.
         헐버트, 고종의 부탁으로 워싱턴으로 밀파.
       9 재한복음주의선교공의회 설립.
      11 *The Korean Mission Field* 창간.
1906   안식교, 삼육학교 설립.
         침례교회, 대한기독교회, 제1차 대화회(大和會) 개최, 펜윅 초대 감독.
         감리교회 "미이미"(美以美)란 이름을 감리교회로 개칭.
         재일본 조선예수교연합교회 창설.
         김정식(金貞植), 동경에 한인 YMCA 조직, 총무 취임.
      10 윤치호, 개성에 한영학원 설립.
         성서공회에서 고종에게 신약전서 2권 헌상함.
         장로교회와 안식교회, 진남포에서 충돌.
1907   1 평양, 원산, 서울, 목포 등 전국에서 대부흥회 시작.
       5 동양선교회, 예수교복음전도관 설립.
       6 감리교, 협성신학교 설립.
         장로회신학교 제1회 졸업식, 7인 졸업.
       8 홍태순, 정미조약에 항거, 대한문 앞에서 자결.
       9 장로회독노회 창립
         이기풍 목사, 제주도 전도인으로 파송.
      12 안창호, 평양 대성학교 설립.
1908   구세군의 호가드 정령 내한, 전도 시작.
         장·감「합동찬송가」간행.
       9 감리교회에서 이화춘을 북간도에 파송 선교.

	11	동양선교회, 경성성서학교 설립.
1909		감리교 선교사 홀 부인, 평양에서 농아교육 시작.
		장로교에서 한석진 목사를 일본 동경에, 이선관을 제주도 여선교사로, 최관흘 목사를 해삼위(海蔘威)에 파송 선교함.
	10	가톨릭 신자 안중근이 만주 하얼빈에서 이등박문 격살.
		감리교 남북과 사이에 포교구역 분할 합의.
1910	2	「예수교회보」창간, 사장 한석진 목사.
		"백만 인 구령운동" 교파연합으로 진행.
		북감리교회에서 손정도 목사 북만주로 선교사 파송.
		구세군사관학교 설립.
		에딘버러 국제선교협의회(IMC)에 윤치호 파견.
	8	한 · 일 병탄.
	9	한국인 선교사대회, 종로 청년회관에서 개최.
		이화학당 대학부 신설.
		장로교, 김영제 목사 북간도에 선교사 파송.
1911	1	사내(寺內) 총독 암살 음모사건으로 서북지방 교회인사들 대거 체포 시작.
		감리교「그리스도회보」창간, 사장은 미국인 기의남(奇義男).
		협성신학교 제1회 졸업식.
		남감리교의 김흥순, 정춘수, 주한명을 집사 목사로 안수.
		성결교「복음가」발행.
		안식교「찬미가」발행.
		구약성경 완역, 예수교서회에서 간행.
		장로교의 임종순, 일본 유학생 전도사로 파송.
1912		남감리교 선교연회 조직. 양주삼, 정춘수, 김흥순 목사 안수.
		사내(寺內)총독 암살모의사건(105인 사건)으로 윤치호 이하 120여 명을 기소
		재판, 105인 유죄 판결.
	9	장로회 총회 조직.
		블라디보스토크(海蔘威) 파송의 최관흘 목사 러시아정교회로 개종, 장로회 총회에서 제명 처분.
		대한성서공회 건물 신축.
		재한복음주의선교협의회 결성.

		피어선성경학교 개교.

1913　　　장로회 총회에서 김영훈, 박태로, 사병순 세 선교사를 중국 산동성 래양(萊陽)에 파송함.
　　　 8　일본 조합교회 제1회 조선지방회 개최.
　　　　 성공회, 한국 최초 김희준, 구건조 부사 성직.
　　　　 구세군, 「구세군가」 발행.
1914　 1　성공회신학교 강화(江華)에서 개교.
　　　 4　조선기독교청년회 연합회 조직.
　　　　 성결교에서 이병식, 이명헌, 강태은, 김상순, 이용하 목사 안수.
1915　 3　조선총독부 개정사립학교규칙 발표, 기독교교육의 대폭 제한.
　　　 7　언더우드, 연희전문학교 설립.
　　　12　장·감 기관지 「기독신보」 창간, 사장에 기의남(奇義男).
1916　 2　협성신학교 「기독신보」 창간.
1917　 9　장로교의 방효원, 홍승한을 산동성 선교사로 파송.
　　　　 희랍정교회의 한국 선교 단절.
　　　　 금강산에서 '대진경교유행중국비'(大秦景敎流行中國碑) 모조비 발견.
1918　 3　조선예수교장감연합협의회 창립.
　　　　 장로회신학교 계간지 「신학지남」 창간.
　　　 7　'조선기독교회'의 김장호 목사, 장로교에서 정직 처분.
　　　　 남감리교 연회를 매년회(每年會)로 조직.
　　　 9　박상순 목사를 산동성에, 김현찬 목사를 해삼위(海蔘威)에 선교사 파송.
　　　10　동아기독교의 박노기, 김희서, 김영진, 최응선, 소련령(蘇聯領)에서 순교.
　　　　 대구의 이만집 목사 자치운동 시작.
1919　　　장·감연합협회의 결의로 예수교서회에서 「찬송가」 발행.
　　　　 만국장로연합협회에 임종순, 남궁혁 파견.
　　　 3　3·1운동에 교회의 대대적인 참여, 그 피해와 손실 막대,
　　　　 평양 장로회신학교 봄학기 개학 연기.
　　　10　장로회에서 선교사에게 교회 회의에서 언권만 주기로 함.
1920　 9　감리교 여자신학원 설립.
1921　 3　YMCA 「청년」 창간.
　　　　 기독교 청년회 일본을 경유하지 않고 단독으로 세계 Y연맹에 가입.
　　　　 김득수 목사, 만국기독교대회의 한국 대표로 참가. 조선연합교회를 유일 선이 조선회중교회로 일본조합교회에서 독립 조직.

	9	동양선교회, 조선예수교동양선교회 성결교회로 개칭.
	11	제1회 전국주일학교 대회.
		구세군 기관지 「금주신문」 창간.
1922		세계기독교학생대회에 신흥우, 이상재, 김활란, 김필례 참석.
		조선주일학교연합회 창립.
	10	서울 대한여자기독교청년회(YWCA) 창립.
		조선기독교 회중교파 설립.
1923	1	기독교창문사 설립, 사장 이상재.
		월간 「신생명」 창간, 주간 전영택.
		장로교회, 이대영 목사를 중국 선교사로 파송.
		대구 남성교회의 이만집 목사, 장로교에서 분열 자치 선언.
	5	조선여자기독교청년회연합회 조직.
		전국 성결교 수양대회, 서울성서학원에서 개최.
1924	1	장·감 만주 선교 구역 확정.
	3	김교신 무교회주의 제창.
		서울 태화여자관 설립.
1924	5	조선여자기독교청년회 세계 YWCA에 가입.
	9	조선예수교연합공의회 창설(장·감).
		장·감의 전도분과위원회, 최초의 분계(分界) 조정.
	12	CE(면려청년회) 조선연합회 창설.
1925	3	성결교 교리, 조례 제정 발표.
	4	이화학당 대학부를 이화여자전문학교로 개칭.
		월간 「진생」 창간, 주간 유형기 목사.
	6	캐나다연합교회 설립.
		「천래지성」(天來之聲) 창간, 주간 최태용.
		성공회 수녀학원 설립. 민덕효(閔德孝) 주교가 명의 대주교로 승임.
	7	한국 79위 치명자(致命者) 시복식이 로마의 베드로 대성당에서 비오 11세 주례로 거행됨.
		동아기독교의 이창희, 박문기, 김이주, 윤학영 길림성에서 순교.
1926		미국 오순절교회 선교 시작.
		최태용, 무교회주의 운동 전개.
	5	성공회 정동대성당 축성(祝聖).
	9	장로교총회 및 장·감연합공의회 일본국회의 종교법안 반대.

1927	3	구세군 사관 잡지「조선」창간.
	5	토마스 목사 순교기념회 결성.

1927　3　구세군 사관 잡지「조선」창간.
　　　 5　토마스 목사 순교기념회 결성.
　　　　 무교회주의 성서연구회 설립.
　　　　 천주교 평양교구 설정.
1928　　 세계선교협의회의 존 모트 박사 내한.
　　　　 감리교 교육국 조직.
　　　　 예루살렘 국제선교협의회에 정인과, 양주삼, 신흥우, 김활란 참석.
　　 12 「영과 진리」창간, 주간 최태용.
　　　　 장·감 합동「신정찬송가」발행.
1929　2　성결교회 제1회 연회 개최.
　　　 5　전국 기독교 유지들을 망라한 신우회 조직.
　　　 6 「농민생활」창간.
　　　 9　조선예수교연합공의회에서 농촌사업협동위원회 설립.
1930　2　전국교회 진흥운동 전개.
　　　 7　이용도 목사 부흥회 전국에서 시작.
　　 12　조선남,북감리교연회 합동하여 '조선감리교회' 설립.
　　　　 초대 총리사(總理師) 양주삼 목사.
　　　　「종교교육」(장로교) 창간.
1931　6　조선예수교서회 종로 건물 낙성.
　　　　 장로교회, 금강산 목사 수양관 건립.
　　　 9　천주교 조선교구 설립 100주년기념대회.
1932　4　감리교 남녀 협성신학교 통합. 감리회신학교로 발전.
　　　　 평양에 토마스 목사 기념예배당 건립.
　　　　 월간「신앙생활」창간, 주필 김린서.
　　　 5　조선기독교절제운동회 설립.
　　　 6　장로교 경북노회 장로 김무원, 노회장에 피선.
　　 10　동아기독교회의 김영진 목사, 김영국 장로 만주에서 순교.
　　　　 원산신학산파의 접신극 사건.
　　　　 핸더슨 선교사 만주에서 순교.
　　 12 「종교시보」(宗敎時報) 창간.
　　　　「기독신보」, 허대전(許大殿, J. G. Holdcraft) 발행 시작.
　　　　 기독교교육연맹 창립.
1933　2　기독교 총동원 금주단연(禁酒斷煙) 가두선전 대행진.

        7   전필순 목사 한국인으로서 처음 「기독신보」 사장 취임.
            이용도 목사, 장로교에서 이단 정죄. 감리교에서 목사직 정직 처분.
            조선예수교회 설립, 대표 이호빈, 이종현, 백남주.
            황국주 일행의 이른바 새 예루살렘 순례 시작.
            원산의 장로교 여신도 최영혜 외 110명, 함남노회에 여장로제 헌의, 9월 총회에서 비성서적이라 결의.
       12   「감리교보」 창간, 주간 사월(史越).
1934   장로교에서 「신편찬송가」 발행. 「신정찬송가」와 분열.
            유형기 목사 편 「아빙돈단권주석」 발행.
            신사참배 거부로 목포 영흥중학교 폐쇄.
1935   신사참배 문제로 한국 교회 시련 시작.
        1   장로교회의 한경희 목사 북만주에서 공산당에게 순교.
            북만에서 현성원, 김동철, 변성옥 중심 교파연합의 조선기독교회 창설.
        9   「기독신보」 예수교서회에서 이탈, 독립 운영.
            장로교총회 김춘배 목사의 여권문제, 김영주 목사의 창세기 저자 문제, 「아빙돈단권주석」을 이단으로 정죄.
       11   평양기도단 장로교에서 정죄.
            경중노회, 경성노회에서 이탈.
       12   복음교회 창설, 초대 감독 최태용 목사.
1936   감리교 선교 50주년 기념회 정동제일교회에서 개막.
            장·감 선교 구역 철폐.
       6   CE 제1회 전국협의회 개최.
            장로교, 여권문제, 창세기 저작자문제, 단권주석, 적극신앙단 문제로 총회분열 위기, 광주총회의 시련.
            안식교, 서울 위생병원 설립.
            하나님의 교회, 성결교에서 분리 설립.
1937   월간 「새사람」 창간, 주간 전영택 목사.
        3   숭실전문, 숭실중학, 숭의여중 경영권 이관(移管).
            총독부, 한국어 사용 강력 금지함.
            「표준성경주석」 제1권 발행 (장로교).
        6   서북계 기독교인을 망라한 수양동우회 사건으로 다수 구속.
        7   「기독신보」 폐간.
        9   장로회총회, 조선예수교연합공의회 탈퇴와 농촌부 폐지 결의.

| | 10 | YMCA 농촌사업, 일제 탄압으로 중단. |
| 1938 | 3 | 조선기독교회가 추진하던 '미성년자 금주금연법,' 일본 제국의회 통과, 칙령으로 발효. |

- 1938
  - 3 조선기독교회가 추진하던 '미성년자 금주금연법,' 일본 제국의회 통과, 칙령으로 발효.
    흥업구락부사건, 경성계 Y지도자들 망라, 구금.
    평양숭실전문학교, 신사참배 반대 폐쇄.
  - 6 농우회사건으로 배민수, 유재기 및 주기철 구금.
    YMCA 해체.
    주일학교전국연합회 세계연맹에서 탈퇴.
    기독교황도선양연맹(基督敎皇道宣揚聯盟) 출현.
  - 7 조선기독교연합회 결성(조선예수교연합공의회 해체 후).
  - 9 장로교 제27회 총회에서 신사참배 불법으로 가결 선포.
    평양장로회신학교 신사참배 반대로 무기 휴교.
  - 11 감리교 김종우 감독 취임.
- 1939
  - 3 조선신학원 기성회가 서울에서 김대현 장로, 차재명 목사 중심으로 조직.
  - 5 김활란 이화여자전문학교 교장 취임.
    변홍규 감리교신학교 교장 취임.
  - 9 국민정신총동원 조선예수교장로회 연맹 결성.
    감리교회, 정춘수 목사 감독 임명.
  - 10 (후)평양신학교 재건.
  - 11 이화여자전문학교, 경성여자전문학교로 개칭.
- 1940
  - 2 (후)평양신학교 총독부 인가.
  - 4 조선신학원 경기도 지사 인가로 승동교회에서 개교.
    제1대 원장 김대현, 교수 김재준.
    기독교인의 신사참배 반대로 대거 검거.
  - 5 성결교회 성서학원, 성결교회 경성신학교로 개칭.
  - 8 국민정신총동원 기독교조선감리교연맹 조직.
  - 9 윤인구 조선신학교 제2대 원장으로 취임.
  - 11 외국 선교사 대거 출국 시작.
- 1941
  - 1 평안북도 일부 교회에 주일 폐지 강요, 예배당을 가마니 공장으로 징발.
  - 3 반전기도일 사건으로 외국인 여자 선교사들 피검.
    조선예수교장로회 애국기 헌납기성회 조직.
    감리교 각 연회 해산하고 기독교 조선감리교단으로 조직.

	6	무기휴교(1940. 10)에 들어갔던 감리교신학교 재개교, 교장 김인영.
	10	감리교의 "개혁안" 선언.
		구세군 구세단으로 명칭변경.
	12	소위 대동아 전쟁 도발.
		천주교의 35명 신부 피검.
1942		황도문화관 설립(상동교회).
	3	「성서조선」 필화사건, 김교신, 유달영, 노평구 등 검거.
		전시포교지침 하달.
	4	교단지 통합 친일 어용지 「기독교신문」 창간, 사장 정인과.
	6	세브란스의학전문학교, 욱의학(旭醫學)전문학교로 변경.
	8	연희전문학교 적산(敵産) 처리됨.
	9	외국인 선교사 전원 출국.
		한국인 최초의 천주교 주교 노기남 서울교구장 승좌(陞座).
	10	감리교단 변홍규 총리사로.
1943	4	혁신교단 출현, 구약 대부분과 신약 및 찬송가의 일부 폐지 강요.
	5	동아기독교회(침례교회), 안식교회 강제 해산.
		일본기독교 조선장로교단 조직.
	10	일본기독교조선감리교단 조직(총리 정춘수).
	12	성결교 강제 해산.
1944	1	「아이생활」 창간.
		감리교신학교를 황도정신 교사연성소(敎師練成所)로 교명 변경.
	4	주기철, 이영한, 전치규, 최봉석 목사 등 순교.
		연희전문학교를 경성공업전문학교로 개칭케 함.
		각지의 예배당, 성당을 군용으로 징발.
1945		박관준 장로 순교.
	7	일본기독교 조선교단 결성하고 제 교과 강제 통합. 초대 총리 김관식, 총무 송창근 목사.
	8	해방.
		남, 북한 교회 재건운동 착수.
		소위 출옥성도들의 개혁안 제출.
		성결교회 최정원 목사 대구에서 임마누엘신학교 설립.
		연희전문학교에 신학원 설립.

		성결교 재건 총회.
	9	북한에서 한경직, 윤하영 목사 중심으로 기독교사회민주당 창당.
	11	YMCA 재건.
1946		감리교 부흥파 일부 연회 조직.
		침례교 재건회의 개최.
	9	경남노회에서 고려신학교 설립(박윤선 목사, 한상동 목사).
		평양에 감리교의 성화신학교 개교, 교장 배덕영 목사.
		대구에서 10·1 폭동, 최문식 목사 적색분자로 피검.
		한상동 목사 경남노회 탈퇴.
		한국기독교연합회 창립, 회장 김관식 목사.
1947		서울에 중앙신학교 개교, 초대 교장에 감리교를 이탈하여 '조선기독교회'를 만주에서 설립한 변성옥 목사.
	4	조선신학교 학생 51명이 김재준 교수가 자유주의 신학이라는 진정서 총회 제출.
	11	평양에 김화제, 고한규 중심으로 기독교자유당 창당 직전 검거. 추진인사 40여 명 모두 옥사, 행방불명.
		북한교회, 주일 선거문제로 박해 당함. 김제화 목사 순교.
		감리교 재건파 총회 개최, 초대 회장 장석영 목사.
1948	2	대한신학교 설립(교장 김치선 목사)
		WCC 창립총회(암스테르담)에 김관식, 엄요섭 참석.
		박형룡 고려신학교장 사임.
1949		전필순, 정춘수, 김인선, 양주삼, 정인과, 김길창 목사, 반민족행위 친일분자로 정부의 특조위(特調委)에 피체(被逮).
	4	감리교 부흥, 재건파의 합동(감독 김유순).
		북한에서 기독교도연맹 총회장에 김익두 목사 취임(창립 1946년).
		일본교회, 한국 NCC에 과거 사죄 메시지 전달.
1950		「합동찬송가」 발행.
	4	장로회 총회가 대구에서 모였으나 조선신학교, 고려신학교 문제로 정회.
	6	6·25 한국 전쟁 발발. 송창근, 양주삼, 남궁혁, 박현명, 김유순 목사 등 납북.
	12	제도 도입.
1951		한국신학대학, 문교부로부터 대학 인가.
		총회신학교 개교, 총회에서 조선신학교의 합법성 부인.

		고려신학교파 소위 고려파 장로회 분리.
1952		NCC 전시대책위원회 결성.
1953		조선신학교파, 기독교장로회로 분립.
1954		한국신학대학에 대학원 설립.
		세계기독교통일신령협회(통일교) 조직, 대표 문선명.
	6	서울에 기독교중앙방송 개국.
	12	감리교 호헌파(김응태 감독), 총리원파(유형기 감독)로 분리.
		통일교 문제로 연세대, 이화여대의 교수 학생 퇴직, 퇴교 처분.
1955		「성서한국」 창간.
	3	감리교에서 전밀라 목사 안수로 한국 최초 여목사 탄생.
		해군본부 군인교회 헌당.
		한국예수교전도관 조직 창설, 대표 박태선.
		문선명, 풍기문란죄로 일시 구속됨.
1956	5	최찬영 목사, 김유순 목사 태국 선교사 파송.
	12	극동방송 개국.
1957	1	연희대학교와 세브란스의학전문학교 통합, 연세대학교로 출발.
	8	「기독교사상」 창간.
		통일교 「원리해설」 발행.
1958	1	루터교 선교회 창립.
	4	그리스도신학대학 설립.
	10	한국대학생선교회 설립.
1959	3	감리교 호헌파, 총리원파 합동 실현(감독 김종필).
	9	장로교, 통합, 합동 양파로 분열.
		통합파, WCC에서 탈퇴.
		부산기독교방송 개국.
1960	2	가톨릭교회 예수회 경영 서강대학 개교.
		「크리스챤신문」 창간.
	4	4·19 학생 의거.
		박태선, 실형 선고.
		고신파, 예장 NAE파와 합동총회.
1961	4	서울여자대학교 개교
		대한예수교성경장로회 분립, 대표 김치선 목사.
		예수교 성결교회 OMS에서 분리.

		성결교, 예수교파와 기독교파로 분열.

               10   이화여자대학교 선교회에서 전재옥, 조성자, 김은자를 파키스탄 선교사로 파송.

1963   KNCC 「에큐메니칼」 창간.
            고신파, 예장 합동파 각각 환원.

1964   연세대학교 안에 교파 합동의 연합신학대학원 설립.
            「복음신보」(용문산 기도원 기관지) 창간.

1965   전국복음화운동 창립 총회.
            크리스챤 아카데미 설립, 원장 강원용 목사.

               5   성공회 한국인 최초 주교 이천환, 서울 교구장 취임.
            성공회를 대한성공회로 개칭.
            전국복음화운동 전개.

               7   성결교의 기독교파, 예수교파의 합동총회.
            전국신학대학협의회(KAATS) 창립.

1966   대한경목(警牧)전국연합회 창립.
            장로회 초동교회에서 최초의 신·구교 합동예배 거행.
            「교회연합신보」 창간.
            크리스챤 아카데미 하우스 개원.

1967   중앙 YMCA 회관 준공,「개편찬송가」 발행.
            NCC, 6·8선거사태에 대하여 성명서 발표.

1968   NCC 주최로 전국기독교회 에큐메니칼 일치 주간 거행.
            침례교회 두 교회 합동, 한국침례교회 발족.
            대구 임마누엘 교단(성결교)이 예수장로교회(통합측)로 귀속.

               4   김수환, 대주교로 승품(陞品), 서울 대교구장에 착좌(着座).
            YMCA 시민논단 시작.

1969   예수교장로회 통합측 WCC에 재가입.
            NCC, 삼선개헌 발의(發議)에 반대성명 발표.

               9   예수교장로회 합동측 삼선개헌 지지 성명.
            한국신학대학의 교수, 학생, 학장 이여진 목사와 극한대결.
            한국 교회 케냐 선교 시작.

1970   한국신학대학 교수, 학생, 전원 사퇴. 김정준 목사 학장으로 복임, 수습 시작, 신학교육 방침, 목회자 배출에 중점.
            통일교 정통시비 문제로 교회 내 소란.

		기독교회관 낙성.
		한국기독교협의회를 한국기독교교회협의회로 개칭.
1971		신·구교 합동 성서번역판인 공동번역 완성 간행 (성서공회).
	9	한국 교회 인도네시아 선교 시작.
1972	2	감리교부흥선교단 창설.
	4	중부전선에서 3,478명 장병, 최초 합동 세례식 거행.
	5	빌리 그레이엄 한국전도대회, 여의도에서 개최, 36,122명의 결신자.
	6	아세아방송 개국.
	7	제1회 한일교회협의회, NCC 주최로 아카데미 하우스에서 개최.
1974	1	박정희 대통령 긴급조치 발표.
		김경락 목사 등 긴급조치 위반으로 구속.
	4	KSCF의 전국민주청년학생총연맹 관련 혐의로 그 임원, 관련자 등 대거 피검, 기능 마비.
	5	한국기독교 전국청년연합회 협의회 발족.
	7	북한의 소위 조선기독교도연맹, WCC 가입 신청, 기각.
	8	'엑스플로 74' 기독교 세계복음화대회(여의도).
	10	NCC, 교회여성연합회, 인권위원회 등 '언론자유수호선언' 찬양 격려.
		감리교 갱신측 총회 분열(감독 마경일).
	11	목사, 교수 등 66명, 한국 그리스도인의 신학 성명 발표, 한국교회선교 협의체 설립.
		감리교 선교사 조지 오글 목사 강제 출국.
1975	2	장로교총회 종교 탄압 중지 요청 성명.
	3	기독교정의구현성직자단 발족(8개 교단 352명 서명).
	4	김관석, 박형규, 조승혁, 권호경 목사 등 선교비 유용 혐의로 구속.
	7	기독교지도자협의회 결성.
	8	기독교 선교에 관한 「서울 선언」 발표.
1976	3	명동성당에서 구국선언문 발표.
		서울지검, 일부 재야인사들의 정부 전복 선동 사건(명동사건) 관련자 20명 적발 발표, 이들을 대통령 긴급조치 위반 혐의로 입건.
		조향록 목사, 한국신학대학장 취임.
	5	찬송가합동추진위원회 결성.
	10	NCC 주최 선교자유협의회.
1977	1	방글라데시 의료봉사단 출국.

		3	명동사건 대법원 전원합의, 상고 기각, 형 확정.
		5	NCC 주최 미군철수 반대 연합기도회.
		8	민족복음화성회, 여의도에서 개최.
		10	조선호텔에서 제1회 세계기독실업인대회.
		12	명동사건 관련 복역 중이던 문익환 목사 등 형 집행 정지.
1978	1	기독교 대한감리회, 합동 합의 선언.
	3	NCC 6개 교단장, 정부의 산업선교 왜곡선언에 유감 표명 성명.
	5	인명진 목사, 유신헌법과 긴급조치 위반 혐의로 구속.
	9	NCC, 산업선교 신학 정립협의회에서 산업선교 신학 선언문 제정.
	10	NCC 및 기독교지도자협의회에서 통일교 문제 공동대책위원회 구성.

- 1978
  - 3 명동사건 대법원 전원합의, 상고 기각, 형 확정.
  - 5 NCC 주최 미군철수 반대 연합기도회.
  - 8 민족복음화성회, 여의도에서 개최.
  - 10 조선호텔에서 제1회 세계기독실업인대회.
  - 12 명동사건 관련 복역 중이던 문익환 목사 등 형 집행 정지.
- 1978
  - 1 기독교 대한감리회, 합동 합의 선언.
  - 3 NCC 6개 교단장, 정부의 산업선교 왜곡선언에 유감 표명 성명.
  - 5 인명진 목사, 유신헌법과 긴급조치 위반 혐의로 구속.
  - 9 NCC, 산업선교 신학 정립협의회에서 산업선교 신학 선언문 제정.
  - 10 NCC 및 기독교지도자협의회에서 통일교 문제 공동대책위원회 구성.
       대한감리회 합동총회, 4부 연회 선출.
- 1979
  - 1 NCC 6교단장 '통일교는 기독교가 아니다' 성명.
       남대문교회 통일교 비판 강연 중 통일교도들 난동.
  - 7 카터 미국 대통령 내한, 교계 지도자와 면담.
  - 8 NCC, YH사건 성명, 정부의 산업선교 왜곡 보도 중지 요청.
       예수교장로회 총회, "산업선교는 하나님의 명령" 성명 발표.
       구속자 석방 요구.
  - 9 세계개혁교회연맹 실행위원회 및 신학협의회 개최.
  - 10 박정희 대통령 서거. 비상계엄령 선포.
- 1980
  - 2 총신대학생들 개혁선언문 발표.
  - 3 장신대, 감신대, 한신대, 서울신대에 공동박사 과정 개설.
       NCC, 시국에 관한 사회선언문 발표.
       총신대 소요 극렬, 학장 사임, 이사 감금사태.
  - 5 전국교회 광주사태 수습기도회.
  - 8 감리교 서울 연회 독립.
  - 11 무인가 신학교 정비안 결의.
- 1981
  - 2 한국장로교협의회 창립.
  - 4 한국찬송가공회 발족.
  - 8 한국기독교지도자협의회 남북대화 촉구.
  - 10 조용기 목사 이단 시비.
       전국교회, 구속자, 사립학교법 개정, 해직 교수를 위한 특별 기도회.
- 1982
  - 1 한·일교회협의회.
       한국기독교 100주년기념사업협의회 총회.

	7	한국교회백주년기념관 기공.
		와이즈멘 세계대회 서울에서 개최.
	9	NCC, 일본의 역사 왜곡 사건에 성명 발표.
	11	숭전대, 대전캠퍼스 분리, 한남대학교로.
1983	3	한·일교회 공동위원회, 재일 동포 차별 대우 철폐 요구.
		기독교 세무대책협의회 창립.
	12	「통일찬송가」 발행.
1984	1	한국기독교사회문제연구원장 조승혁 목사와 이영희, 강만길 교수 등 고려연방제 찬양 등의 이유로 구속.
		문교부 무인가 신학교 자진 폐교 촉구.
	2	성공회 김성수 주교 착좌.
	4	보수교단, 「찬송가」 별도 발행.
	5	로마 교황 요한 바오로 2세 한국 방문.
		한국 순교복자 103위 성인으로 시복.
		문선명, 미국연방법원에서 상고 기각, 18개월간 징역과 25,000달러 벌금형 확정.
	7	YWCA, 가족법 개정안 국회 건의.
	8	한국 기독교 100주년 선교대회.
		ICCC, 서울에서 극동선교대회 개최.
1985	1	예수교장로회(통합) 인권위원회 설립.
	3	감리교, 농촌 목회자 선교협의회 창립.
	5	국제종교문제연구소 소장 탁명환 테러 치상.
		연세대학교 창립 100주년 기념식.
		로마교황청, 세계 천주교회에 통일교와의 관계 단절을 지시.
	6	한국기독교지도자협의회 단군성전문제대책협의회 조직.
		아시아 기독교 언론인 협회 창립.
	7	세계 YMCA 총무에 이수민 목사 취임.
	12	노신영 국무총리, 단군신전 조성 계획 없다고 언명.
1986	1	루터신학교, 대구신학교 4년제 대학 학력 인가
		한국 교회 대표들이 미국장로교회 대표들과 샌프란시스코에서 남북한의 통일을 위한 결의문 채택
		신·구교 일치 기도회, 성공회 서울대성당에서 모임
	3	한국기독교 100주년기념탑 인천시 해안로에 건립.

	4	미국교회협의회(ANCC) 방문단 방북.
	5	재일본 한국 YMCA 창립 80돌 기념식 거행.
	7	이화여자대학 창립 100주년 기념 교회여성 선교세미나 개최.
		한인 디아스포라대학 세계대회 뉴욕 나이아크대학에서 개최.
	8	하나님의교회 제61차 세계총회 및 창설 100주년 기념대회.
		아시아경기대회 선수촌 기독교관 개관예배.
	9	한국장로교협의회 노춘경(노도사) 수세 100주년 기념 5개 장로교단 연합 성찬예배 및 강연회.
	10	한국기독교선교기념관 준공예배, 양화진 외국인 묘지에서 드림.
1987	1	장공 김재준 목사(86), 숙환으로 한양대 병원에서 별세.
	5	제14회 순복음세계선교대회, 여의도순복음교회에서 개최.
	6	대학생성경읽기회(UBF) 87세계선교보고대회 개최.
	7	한국 성서·찬송가 100년 전시회 개최.
	9	주기철 목사 순교기념비 제막 예배 경남 웅천교회당에서 거행.
		기독교성결교회 창립 80주년 기념 각 지방대회 개최.
		새문안교회 창립 100주년 기념예배.
	10	피어선신학교 창립 75주년 기념식.
	11	민족복음화 서울대성회, 한국교회 100주년 기념관에서 개최.
1988	3	연세대학교 100주년기념관 봉헌예배.
	5	교회여성연합회, '매춘반대운동에 대한 기독여성선언문' 발표.
		문교부, 종교과목을 교양필수선택을 하는 교육과정 개정.
	8	88세계복음화대성회가 '성령의 불길을 온 세계로'라는 주제로 거행.
	9	88서울올림픽 기념 세계스포츠선교대회 거행.
		세계 YMCA 사회체육협의회, 서울에서 개최.
	10	재일대한기독교회 창립 80주년 기념예배 일본에서 개최.
	11	남북한 기독교지도자 2차 회의 스위스 글리온에서 개최.
	12	한국 캐나다 친선 100주년 기념예배 연동교회에서 거행.
1989	2	2·8독립선언 70주년 기념식 서울 YWCA 대강당에서 개최.
		재야원로 함석헌 옹 별세.
	3	3·1운동 70주년 기념 민족평화를 위한 종교인회의 개최.
		전국민족민주운동연합 고문 문익환 목사 평양 방문.
	8	미스바 대각성성회 "천만성도여 나라를 지키자" 주제로 개최.
		세계개혁교회연맹(WARC) 22차 총회 개최

	9	국제루터교지도자회의 개최.
	10	한국 호주 선교 100주년 기념예배 부산에서 개최.
	11	한국기독교순교자기념관 경기도 용인 내사면에 준공.
	12	기독교한국침례회 한국선교 100주년 기념 감사예배 거행.
1990	1	미스바대각성금식기도회 올림픽공원 펜싱경기장에서 개최.
	3	정의·평화·창조질서의 보전(JPIC) 세계대회 개최.
	4	한국천주교회 산하 평화방송(PBC) 개국.
		한신대 개교 50주년 기념예배 거행.
	5	한국인 최초의 수녀 이비비 수녀 영결미사 대한성공회 서울 대성당에서 거행.
		마포삼열 박사 내한 100주년 기념예배 장신대에서 거행.
	7	한국기독교 100주년 기념사업협의회와 서울 외국인연합교회 양화진 외국인 묘지 개설 100주년 기념예배 거행.
	8	한국기독교교회협의회 평양 봉수교회에서 남북통일 공동기도 주일예배 드림.
		43개 교단 공산권 성경보내기운동본부 발족예배 거행.
	9	대한성공회 선교 100주년 기념대미사 거행
1991	1	부산진교회 창립 100주년 기념예배.
	4	태회기독교사회복지관 설립 70주년 기념식.
	5	다미선교회 이장림 목사 광주실내체육관에서 1992년 10월 휴거 대회 개최.
	6	세계선교협의회(CWM) 서울대회 및 총회 개최.
		한국교회 처음으로 소련교회의 공식초청 받고 교계인사 20명 방문.
		예수교대한하나님의성회 교단이 헌법 개정 등의 문제로 여의도교회 계열과 안양 남부교회 계열로 분열.
	7	태국 경찰이 문선명 씨 부부에 대하여 범죄 선동 등의 혐의로 구속영장 신청.
		구세군대한본영, 한국 최초로 동양사관학교 유치.
	8	기독교대한성결교회 제1회 세계선교대회 개최.
	9	일본그리스도교단 신사참배강요 공식사죄방문단 내한.
		소망교회 곽선희 목사 개인 자격으로 최초로 북한에 들어가 봉수교회에서 설교.
	11	성공회 서울대성당 교회설립 100주년 기념미사 거행.

손양원 목사 순교 기념관 기공예배.
통일교 문선명 부부와 박보희 세계일보 사장이 북한측의 공식초청으로 방북.

12 아시아여성인권협의회(AWHRC) 창립총회.

1992 3 교육부 수도권지역 19개 무인가 신학교 폐쇄 명령.
4 기독교대한감리회 서울연회 재판위원회 변선환, 홍정수 교수 교단 재판 사상 최고형에 해당하는 출교 구형.
5 영락교회 한경직 원로목사 템플턴 상 수상.
6 기독교대한하나님의성회 교단통합 감사예배 거행.
여의도순복음교회 소련선교와 모스크바복음주의 선교회가 공동으로 모스크바 대성회 크렘린 광장에서 개최.
8 대검찰청, 시한부 종말론 실태 파악 및 조사 착수.
10 예장(통합측) 전북노회 주최 미국남장로회 호남선교 100주년 기념대회 개최.
시한부 종말론자들의 10월 28일 휴거설 불발.
11 부산 초량교회 창립 100주년 기념예배 거행.
12 북한, 두 번째로 칠골교회 헌당예배.

1993 1 소말리아에 사랑의 쌀 전달.
2 표준새번역성경 출간.
4 남, 북 교회 최초 부활절 연합예배.
5 손양원 목사 기념관 완공.
장로교 일치를 위한 연합예배.
6 평화통일을 위한 '다니엘 기도모임' 개최.
7 기독교서회 창립 100주년 기념식 거행.
8 세계복음화와 청소년 선교를 위한 엑스플로 93 예수 캠프 개최.
남·북 통일을 위한 인간띠잇기 48km 거행.
9 금융실명제에 대한 총회 지침 확정.
한·중간 첫 교회협의회 개최.
10 조용기 목사 사이비 문제 논란.
12 한국기독교협의회 사형제도 폐지위원회 구성.

1994 1 늦봄 문익환 목사 별세.
빌리 그레이엄 평양서 집회 및 김일성 면담.
2 UR 재협상 요구 및 개방 압력 철회를 위한 교회 모임 개최.

		국제종교문제연구소 탁명환 소장 피살.
	3	경동노회 1백회 노회 개최.
		표준새번역성경 보급 중단 결의.
	4	목포 선교 100주년 기념 예배.
		문화체육부 종교신문고 운영 시작.
		아시아기독교협의회 아시아선교대회 개최.
		주기철 목사 순교 50주년 기념예배.
		기독교 재산관리법안 통과 촉구.
	5	이단 사이비 공동대처를 위한 장로교 5개 교단, 평화적 해결 촉구.
	6	이기풍 목사 선교기념관 기공.
	7	김일성 사망.
	8	찬송가 반포 100주년 기념예배와 세미나 개최.
	9	대한예수교장로회 통합측 여성안수 결의.
		세계하나님의성회 주최 125개 국 3,000여 명 내한으로 세계기도대회 개최.
	12	청소년 전용 찬송가 출판.
1995	2	'제암리교회사건' 일본 역사 교과서에 수록.
	4	예장(통합측) 여성안수 노회 수의 결과 압도적 가결.
		통일교 폐해에 대한 한일 교회 공조 성명 발표.
	5	군목 감축에 대해 대통령에게 시정 건의.
	6	한경직 목사 기념관 숭실대학교에서 기공.
		세계개혁교회연맹(WARC) 동북아지역협의회 창립.
	7	세계 YWCA 100주년 기념대회 서울 개최.
	8	미국 신시내티에서 남북교회 대표, 광복 50주년 기념 통일을 위한 모임 개최.
	9	여전도회 전국연합회 창립 100주년 기념사업 개최.
	11	대한성서공회 창립 100주년 기념식 거행.
	12	기독교TV 방송 시작.
1996	1	「한국기독공보」 창간 50주년. 기념예배 및 기념식.
		외국인 노동자 선교센터 개원
	4	한국농아선교 50주년 감사예배
	5	한경직 목사를 비롯 한국장로교 '전 총회장 협의회' 남한산성에서 교회분열 참회

		6	북한 수해 동포 돕기 위한 YMCA 1천 가마 모으기 시민운동 추진

       6 북한 수해 동포 돕기 위한 YMCA 1천 가마 모으기 시민운동 추진
       7 세계교회협의회 국제위원회(WCC-CCIA) 창립 50주년 기념대회.
       8 외국인 노동자 인권보호 기독교대책본부, 외국인 노동자 문제 실태 유엔에 보고.
       9 토마스 목사 130주년 순교 기념 강연(한국기독교연합회, 장신대 한경직 기념예배당)
         장로교 주일 제정(한국장로교협의회를 주관으로 8개 교단 연합예배)
      11 순교자 주기철 목사 면직 복권 선언(예장 통합총회 산정현교회)
1997   1 표준복음성가집 출간(한국장로교출판사).
         한국교회 주요 14개 교단(한국기독교 북한동포 후원기구) 조직 결의.
         성직자 1,000명 시국선언.
       2 서울 YMCA 총회, 북한 Y재건 운동 전개.
         안기부법과 노동법 개악 철회를 위한 기독교비상대책위 100만 명 서명운동 시작.
       3 남·북·미 교회협 뉴욕서 개최 (한반도 통일 촉진 교회 역할 모색).
       4 국제창조사학회 (회장: 장국원) 창립예배
       6 WEC(Worldwide Evangelization for Christ) 국제선교회 한국본부 창립.
         한국교회 연합으로 북한 나진·선봉지역에 교회 건립 결정.
       7 한국장로교협의회와 예장협의회 통합하여 '한국장로교총연합회' 출범.
       8 제23차 세계개혁교회연맹(WARC) 총회 (헝가리 데브레첸 그레이트 교회)에서 남북교회의 대표 회동 (북한교회 대표: 강영섭 목사, 남한교회 대표: 박종순 목사).
      10 숭실대학교 개교 100주년 기념예배. 한경직 목사 기념관 봉헌.
      11 기독교대한감리회에서 97개 신앙고백 제정.
      12 제주도에 이기풍선교센터 준공 감사예배.
1998   1 IMF 경제 위기 타개를 위한 '신국채보상운동 전개' - 금 모으기 운동에 교회 동참.
       4 '한국 기독교'의 이름으로 북한에 밀가루, 쌀 지원선 인천항 출항.
       6 불교 국가 캄보디아에 대한성서공회가 발행한 '크메르어 공동번역 성경전서' 6,750부 전달.
         캄보디아 국왕 시아누크에게 성경 헌정.
       7 대한예수교장로회(합동) 총회 위임목사·장로 신임투표제도 도입.

	8	'제7차 세계칼빈학술대회' 동양에서는 처음으로 장로회신학 대학교와 햇불트리니티 신학대학원서 개최(전 세계에서 100여 명의 학자들만 참석한 순수 학술 대회). 대한성서공회 개역개정판 출간(신약 12,823곳, 구약 59,889곳 수정)
	9	장로교 여전도회전국연합회 창립 100주년 기념대회.
	12	기독교 화장장려운동본부 창립.
1999	1	대한예수교장로회(개혁) 합동 9개 교단 신학교 통합 위해 추진.
	2	구세군 90주년 기념대회.
	3	장로교 예장 통합, 합동 총회 공동으로 장로교 일치 포럼 개최.
	4	북한 교회의 공식 명칭 변경(조선기독교도연맹 → 조선그리스도교연맹)
	5	기독교한국침례회 한국 선교 110주년 대회 개최. 한국기독교총연합회, 이재록(만민중앙교회) 목사 이단성 있음 선언. 만민중앙교회(이재록 목사) 교인들 MBC 난입.
	6	KNCC 통일위 등 16개 종교 시민 단체들 나토 공습 반대성명 발표. 한국기독교총연합회, 단군상 설치 반대운동(한문화운동연합주관으로 3,600여 곳에 단군상 설치).
	8	예장 통합측, 부총회장 선거 불법 선거로 무효 판결 확정(제83회 총회 부회장선거). 한국교회 유엔에 탈북자 난민규정 청원(탈북자 10만 명 넘어 운동본부 조직 1천만 서명운동 돌입).
	9	미국성서공회, 한국 성서공회의 요청으로 한글 고본 성서 18종 21책 기증. 장로교, 개역개정판 성경 공식 채용(전국교회 강단용 성경으로 사용).
	12	성서반포 100주년(첫 성서주일 지킨 지 100주년).
2000	2	한국정교회-한국 선교 100주년 기념대회 개최(세계정교회 바르톨로메오스 총대주교 방한).
	4	한경직 목사, 99세로 별세.
	5	세계기독의원연맹(WCPA) 서울에서 창립 총회.
	6	남북정상회담(6월13일) 이후 각계 교인 평화 통일 위한 기도. 한국기독장교회(OCU), 국제대회 개최
	9	예장 통합측 85회 총회 시, 첫 인터넷 생중계(실시간 동영상 서비스 개설).
	10	미션스쿨(기독교학교)에서 교목 지도하에 '세례' 공식 인정.

		11	할렐루야 기도원(원장: 김계화) 이단 규정 판명(한기총 이단사이비대책위)

          11 할렐루야 기도원(원장: 김계화) 이단 규정 판명(한기총 이단사이비대책위)
          12 북한교회 교세 신장(조선그리스도교연맹 위원장 강영섭 목사) −1만 2,400명.
  2001   2   WCC 주최 정의평화안보협의회, 평화통일 기원문 북한 교회에 전달 결의.
              사형제도 폐지를 위한 범기독교연대 발기준비위원회 구성, 취지문 발표.
          3   제4기 기독대학생총연합, 광림교회 김선도 목사 담임목사 세습 반대 성명서 발표.
          4   교회협 조선그리스도교도연맹 부활절 남북 공동기도문 합의.
          5   한독교회협의회 개최(KNCC−EKD 협의회 선언문 발표).
              장로회신학대학교, 총신대학교 개교 100주년 행사.
              단군상 철거한 목사 7명 구속.
              교회협, WCC에 노근리 사건 진상규명을 위한 유엔인권위 의제 채택 협력 요청.
          6   표준새번역 개정 완료.
              JCWP 2001 사랑의 집 (지미 카터 특별건축사업 2001 전국으로 확산).
              기독교교도소 법인 설립.
              단군상 문제 기독교 대책위원회의 단군상 철거 촉구 연합집회 50여 교단 참여.
          7   한국교회 최초로 교회 건축박람회 개최.
          8   8·15 평양 공동 행사에 참가.
          9   한국찬송가 위원회 21세기 어린이 찬송가 출간.
          11 대한성서공회, 표준새번역 개정판 발간.
          12 한국교회 일치를 위한 교단장 협의회(22개 교단) 창립.
  2002   1   제8회 아시아 칼빈학회 국내(장로회신학대학교, 아세아 연합신학대학교)에서 개최.
          2   아펜젤러기념예배당 준공 −배재중고교 총동문회
          3   아시아에서 최초로 『에큐메니칼 운동과 신학사전』 한국어판 출간 (*Dictionary of the Ecumenical Movement*)
          7   북한교회 현황 − 511교회, 13,000 성도 (조선그리스도교 연맹, 강영섭 목사 보고)
          8   예수원 대천덕(루벤 아처 토레이 3세) 신부 별세.
          9   평양신학원 건축 후원 공식 결의(4억 5천만 원) (예장 총회 남북한선교통

일위)
예장총회 생명살리기운동 10년 선포식.
12 복제 인간 이브의 출생을 둘러싼 논쟁 시작
2003 1 '나라와 민족을 위한 평화 기도회' 전국 확산 – 보수, 진보 균열.
2 한국기독교장로회 희년(창립50주년) 대회.
3 3·1 민족대회 남북기독교인 공동주일예배(소망교회)
4 평양신학원 건축 기공식, 9월 완공 예정.
5 장로회신학대학교 신학교육성명 발표.
6 평양에 첫 러시아정교회 성당 기공.
10 기독교대한감리회 행정 총회에서 감독회장 4년 전임제 도입 결의.
서울YMCA 창립 100주년.
11 강제 추방 위기에 몰린 조선족들이 새문안교회, 한국교회백주년기념관 등에서 집회 개최.
2004 2 원일한 박사(언더우드 3세) 별세, 11월 원한광(언더우드 4세) 한미교육위원회 위원장, 미국으로 영구 귀국.
3 한국선교 120주년 기념 "평화와 생명을 위한 선교대회" 장로회신학대학교에서 개최.
한국기독교교회협의회 등 40개 기독교 단체가 대통령 탄핵 소추안 결의에 따른 비상 시국 기도회 개최.
4 예수교대한성결교회 여성 목사 안수 결의.
4·15 총선에서 기독교정당(한국기독당) 원내진출 실패, 정당유지 불가.
5 양심적 병역 거부에 대한 무죄 판결 파문.
6 대광고등학교 채플거부 고교생 1인 시위, 7월 제적, 2005년 1월 제적 무효 판결.
기독교대한성결교회 여성 목사 안수 결의.
7 대한예수교장로회 총회 인권위원회 이라크에서 피살된 김선일 씨 애도와 파병철회 촉구 성명.
8 WCC 실행위원회 서울에서 개최(24-27일)
11 한국기독교학교연맹 등 38개 단체 사립학교법 개정 반대 대회.
2005 1 광성교회(예장 통합) 세계 교회 역사상 초유의 직장 폐쇄 결정.
서울고법 감리교 김홍도 목사에게 횡령 등으로 징역 2년 6월 집행유예 3년 선고.
KNCC 실행위서 주기도문, 사도신경 새번역 재논의 결정

3   남북교회 금강산에서 광복 60주년, 부활절 기념 남북기도회 개최.
4   KNCC, 한국기독교총연합회, 한국교회 선교 120주년 기념예배 공동개최.
    기독교성결교회 100주년 기념 평신도 지도자대회 개최.
    예장 통합, 조선그리스도교연맹과 금강산에서 기도회.
8   침례교세계연맹, 100주년 기념대회, 107개 국 2만 여 명 참석.
    홀트아동복지회 50주년 기념행사.
    평양 봉수교회, 40억 들여 재건축.
11 서경석 목사 평양 봉수교회는 가짜 주장.
    여의도순복음교회, 조용기 목사 시무 연장 결의

참고문헌

한국사 및 한국교회사 관계

- 「姜信明信仰著作集」. 기독교문사, 1987.
- 姜晋哲, 姜萬吉, 金貞培. 「世界史에 비춘 韓國의 歷史」.
- 姜渭祚. 「日帝 統治下 韓國의 宗敎와 政治」. 大韓基督敎 書會, 1977.
- 郭安連 譯編. 「朝鮮長老會史典彙集」. 서울: 朝鮮예수敎書會, 昭和 十年.
- 「교역과 여성안수」. 장로회신학대학 다원화목회연구원, 1992.
- 구라타 마사히코. 「일제의 한국기독교 탄압사」. 기독교문사, 1991.
- 「舊韓國外交文書」. X,XI,XII, 高麗大學校 亞細亞問題硏究所.
- 國史編纂委員會. 「韓國獨立運動史」 1. 서울: 정음문화사, 1983.
- _____. 「韓國史」. 1-16권, 1975.
- 國友尙謙. 「105人 事件 資料集」. 第二卷.
- 「基督敎年鑑」. 基督敎文社.
- 「基督敎大百科事典」. 基督敎文社, 1986.
- 「基督敎 思想講座」. 제1-5권. 大韓基督敎書會, 1969.
- 吉善宙. 「講臺寶鑑」. 東明書館.
- _____. 「末世學」.
- 길진경. 「靈溪 吉善宙」. 종로서적, 1980.
- 吉鎭京 編. 「靈溪 吉善宙牧師遺稿選集」. 서울: 보진재, 1968.
- 金景來 編. 「社會惡과 異端運動」. 서울: 基文社, 1957.
- 김경진. 「순교성자 주기철 목사」.-유일한 생존자 김경진 장로의 9년을 함께 산 간증-. 을지문화사, 1988.
- 金光洙. 「北韓基督敎探索史」. 基督敎文社, 1994.
- _____. 「韓國基督敎傳來史」. 서울: 韓國 基督敎硏究院, 1984.
- 김광현. 「이 풍랑 인연하여서」. 성서교재사, 1993.
- 「金敎臣信仰著作集」. 서울: 金敎臣著作刊行會, 1965-66.

- 김구.「백범일지」. 서울: 범우사, 1995.
- 金南植.「韓國基督敎勉勵 運動史」. 한국청장년면려회 전국연합회, 1979.
- 金成植.「日帝下韓國學生獨立運動史」. 正音社, 1981.
- 金成俊.「韓國敎會敎史」. 韓國敎會敎育硏究院, 1980.
- 김승태.「한국기독교의 역사적 반성」. 기독교문사.
- 金良善.「간추린 한국교회사」. 대한예수교장로회 총회교육부, 1962.
- _____.「韓國基督敎解放十年史」. 大韓예수敎長老會總會 宗敎敎育部, 1956.
- _____.「韓國基督敎史硏究」. 서울: 基督敎文社, 1971.
- 김요나.「총신 90년사」. 서울: 양문, 1991.
- 金用淑.「韓國 女俗史」. 民音社, 1990.
- 金源模.「알렌의 日記」. 檀國大學校 出版部, 1991.
- 「金麟瑞著作全集」. 第 1~5 卷, 서울: 信望愛社, 1976.
- 金隣瑞.「朱基徹牧師의 殉敎史와 說敎集」. 信仰生活社, 1959.
- 김인수 역.「언더우드 목사의 선교편지」. 장로회신학대학교 출판부, 2002.
- _____.「한・중・일 선교사」. 서울: 쿰란출판사, 2003.
- _____.「예수의 양 주기철」. 서울: 홍성사, 2007.
- _____.「일제의 한국교회 박해사」. 서울: 대한기독교서회, 2006.
- _____ 역.「헤론 의사의 선교편지」. 서울: 장로회신학대학교 부설 한국교회사 연구원, 2007.
- 金載明 編.「殉敎者 宋貞根 牧師傳」. 普文出版社, 1976.
- 김정주 편.「한국교절제운동 70년사」(1923-1993). 한국기독교여자절제회, 193.
- 김정현.「羅約翰-한국의 첫 선교사」. 계명대학교 출판부, 1982.
- 金春培.「韓國基督敎受難史話」. 聖文學舍, 1979.
- 金忠南, 朴鍾九.「예수 천당」. 백합출판사, 1993.
- 김환철.「실학과 기독교의 만남」. 나단, 1994.
- 김흥수 편.「해방 후 북한교회사」. 다산글방, 1992.
- 「南傳道會七十年史 1924-1994」. 대한예수교장로회 남선교회전국연합회, 1996.
- 內村鑑三.「求安錄」. 田鎬潤 역, 天光社, 1969.
- 盧載淵.「在美韓人史略」. 1963.
- 盧平久 편.「金敎臣 信仰著作集」. 金敎臣著作刊行會, 1965.
- 「大韓基督敎長老會總會錄」. 1962.

- 「大韓基督敎浸禮敎會史」.
- 「대한성서공회사」. 1-3권. 대한성서공회, 1994.
- 대한예수교장로회총회. 「한국교회 100주년 기념사업 종합보고서」. 대한예수교장로회 한국교회 100주년 준비위원회, 1985.
- 「獨立運動史資料集」. (I-V권), 서울: 獨立運動史編輯委員會, 1977.
- 「東亞世界大百科辭典」. 東亞出版社, 1985.
- 로해리. 「조선긔독교회략사」. 조선긔독교서회, 1933.
- 馬三樂. 「亞細亞와 宣敎」. 長老會神學大學 宣敎問題硏究院, 1976.
- 閔庚培. 「敎會와 民族」. 大韓基督敎出版社, 1981.
- ＿＿＿. 「大韓예수敎長老會百年史」. 大韓예수敎長老會 總會敎育部, 1984.
- ＿＿＿. 「주기철」. 동아일보사, 1996.
- ＿＿＿. 「韓國基督敎會史」. 新改訂版, 延世大學校 出版部, 1993.
- ＿＿＿. 「韓國基督敎社會運動史」. 大韓基督敎出版社, 1987.
- ＿＿＿. 「民族運動叢書」. 9卷.
- ＿＿＿. 「민족통일과 기독교」. 한길사, 1986.
- 朴慶植. 「朝鮮三一獨立運動」. 1976.
- 박영창. 「정의가 나를 부를 때」. 서울: 신망애출판사, 1970.
- 朴永浩. 「씨올」 多夕 柳永模의 生涯와 思想. 弘益齊, 1994.
- 朴殷植. 「韓國 獨立運動之血史」. 서울: 檀國大學校, 1920.
- ＿＿＿. 「韓國痛史」. 하와이 권업동맹단, 1917.
- 박정화 외 2인. 「野錄 統一敎會史」. 큰샘출판사, 1996.
- 朴春福. 「韓國近代史속의 基督敎」. 牧羊社, 1993.
- 飯沼二朗, 韓晳曦. 「일제통치와 일본기독교」. 서울: 所望社, 1989.
- 白樂濬. 「韓國改新敎史」. 延世大學校 出版部, 1973.
- 邊宗浩. 「李龍道牧師 書簡集」. 서울: 心友園, 1934.
- ＿＿＿. 「李龍道牧師 傳」. 서울: 心友園, 1958.
- ＿＿＿. 「李龍道日記」. 서울: 心友園, 1934.
- 邊太燮. 「韓國史通論」. 三英社, 1986.
- 「培材史」. 배재중·고등학교, 1955.
- 「3·1 運動 50周年 紀念論集」. 東亞日報社, 1969.
- 「새문안교회 70년사」. 서울: 새문안교회 70년사 출판위원회, 1958.
- 徐明源. 「韓國敎會成長史」. 이승익 譯, 基督敎書會, 1966.

- 鮮于燻.「民族의 受難」. 1946.
- 小川圭治, 池明觀 編.「韓日 그리스도교 關係史資料 1876-1922」. 金允玉, 孫奎泰 共譯, 韓國 神學硏究所, 1990.
- 손동희.「나의 아버지 손양원 목사」. 아가페, 1996.
- 손인수.「원한경의 삶과 교육사상」-H.H. 언더우드의 선교교육과 한국학 연구-. 연세대학교 출판사, 1992.
- 宋吉燮.「韓國神學思想史」. 서울: 大韓基督敎 出版社, 1987.
- 심군식.「한국교회 인물 25人 약사」. 양문, 1993.
- 愼鏞厦.「獨立協會硏究」. 一朝閣, 1976.
- _____.「韓民族獨立運動史硏究」. 乙酉文化社, 1985.
- _____.「朝鮮土地調査事業硏究」. 韓國硏究院, 1979, 知識産業社, 1982.
- _____.「3·1독립운동」. 한국독립운동사 연구소, 1989.
- 안용준.「태양신과 싸운 이들」. 부록 예심 종결서, 서울: 세종문화사, 1972.
- 안이숙.「죽으면 죽으리라」. 신망애출판사, 1969.
- 알렌, H.N.「朝鮮見聞記」. 申福龍 역, 서울: 博英社, 1979.
- 梁柱三.「朝鮮南監理敎會 三十年記念報」. 서울: 朝鮮南監理敎會 傳道局, 1926.
- _____.「基督敎 朝鮮監理會 滿洲宣敎 年會 狀況大要」. 1939.
- 「硏經全集」. 卷 五十六.
- 「연세대학교사」. 연세대학교 출판부, 1969.
- 오덕교.「장로교회사」. 합동신학교 출판부, 1995.
- 吳允台.「韓國敎會史」. 가톨릭敎會의 迫害史와 新敎前史. 惠宣文化社, 1979.
- _____.「韓國基督敎史」, IV, 先驅者 李樹廷 편. 惠善出版社, 1983.
- _____.「韓·日基督敎交流史」. 서울: 혜선문화사, 1980.
- 「용문산 운동의 발자취」. 서울: 용문산 문서전도관, 1964.
- 「原理解說」. 제 4판. 서울: 世界基督敎統一神靈協會, 1962.
- 유동식.「정동제일교회의 역사」 1885-1990. 기독교 대한감리회 정동제일교회, 1992.
- 柳東植.「韓國神學의 鑛脈」. 서울: 展望社, 1982.
- 유호준.「역사와 교회」. 유호준목사 회고록. 대한기독교서회, 1993.
- 柳洪烈.「韓國 天主敎會史」. 上, 下. 增補. 서울: 가톨릭출판사, 1990.
- 尹慶老.「105人事件과 新民會硏究」. 서울: 一志社, 1990.

- _____. 「한국근대사의 기독교사적 이해」. 역민사, 1992.
- 尹聖範. 「基督敎와 韓國思想」. 基督敎書會, 1964.
- 尹致昊. 「尹致昊 日記」. 韓國史料叢書 第 19, 國史編纂委員會, 서울: 探究堂, 1973.
- 尹春炳. 「韓國基督敎新聞, 雜誌 100年史」. 大韓基督敎出版社, 1984.
- 이관숙. 「중국기독교사」. 쿰란출판사, 1995.
- 이광린. 「초대 언더우드 선교사의 생애」. 연세대학교 출판부, 1991.
- 李能和. 「朝鮮基督敎及外交史」. 上編, 朝鮮基督敎昌文社, 1928.
- 이만열 편. 「아펜젤러」. 한국에 온 첫 선교사. 연세대학교 출판부, 1985.
- 李萬烈 외 7인. 「한국 기독교와 민족운동」. 보성, 1986.
- _____. 「한국 기독교와 민족의식」. 지식산업사, 1991.
- _____. 「韓國基督敎文化運動史」. 大韓基督敎出版史. 1987.
- 李晚采. 「闢衛編」. 서울: 1931.
- 李炳憲 편. 「三一運動秘史」. 時事時報社 出版局, 4292(檀記).
- 李成森. 「監理敎와 神學大學校」. 韓國敎育圖書 出版社, 1977.
- _____. 「韓國監理敎會史」. 1978.
- 李榮麟. 「韓國再臨敎會史」. 時兆社, 1965.
- 李永獻. 「韓國基督敎史」. 컨콜디아사. 1978.
- 李元淳, 許仁 編. 「金大建의 書翰」. 正音社, 1975.
- 이장식. 「아시아고대기독교사」. 1-16세기. 기독교문사, 1993.
- 李正植 編. 「韓國獨立運動史」. I, 正音文化社, 1983.
- 李正洙 編. 「韓國浸禮敎會史」. 침례회출판사, 1990.
- _____. 「韓國浸禮敎會史」. 침례회출판사, 1994.
- 李鉉淙 編. 「韓國獨立運動史」 I, III卷. 정음문화사, 1983.
- 李贊英. 「韓國基督敎會史總攬」. 所望社, 1994.
- 李泉泳. 「聖潔敎會史」. 大韓基督敎聖潔敎會 出版部, 1970.
- 「日本公使館 記錄」.
- 「日本外交文書」. 第28卷, 第1冊.
- 「日帝의 經濟侵奪史」. 民衆書館, 1971.
- 林鍾國. 「親日文學論」. 서울: 平和出版社, 1986.
- _____ 편. 「親日論說選集」.
- 「長老會神學大學七十年史」. 長老會神學大學, 1971.
- 「長老敎會史典彙集」. 朝鮮 耶蘇敎書會, 昭和 十年.

- 張亨一.「韓國 救世軍史」. 救世軍大韓本營, 1975.
- 張喜根.「韓國長老敎會史」. 부산: 亞成出版社, 1970.
- 全炳昊.「崔泰瑢의 生涯와 思想」. 서울: 聖書敎材刊行社, 1983.
- 田保橋潔.「朝鮮統治史論稿」. 서울: 성진문화사, 1972.
- 全澤鳧.「人間 申興雨」. 서울: 기독교서회, 1971.
- _____.「韓國基督敎靑年運動史」. 正音社, 1978.
- 鄭喬.「大韓季年史」. 國史編纂委員會, 1957.
- 정규오.「신학적 입장에서 본 한국장로교회사」. 한국복음문서협회, 1983.
- 정재문, 정제선.「한국 가톨릭-어제와 오늘」. 가톨릭출판사, 1963.
- 鄭載崙.「閑居漫錄」卷二.
- 「正租實錄」.
- 정효섭.「韓國女性運動史」. 一潮閣, 1979.
- 帝國地方行政學會 編.「朝鮮統治秘話」. 1937.
- 趙東震.「나는 死刑囚의 아들이었다」 지리산으로 간 목사. 별, 1994.
- 「朝鮮예수敎長老會史記」. 上. 朝鮮예수敎長老會總會, 1928.
- 「朝鮮예수敎長老會史記」, 下. 韓國敎會史學會 編, 1968.
- 「朝鮮王朝實錄」, 正祖, 高宗, 純宗.
- 趙昇濟.「牧會餘話」. 서울: 香隣社, 1965.
- 주선애.「살며 섬기며」. 두란노서원, 1986.
- _____.「장로교여성사」. 예수교장로회 여전도회전국연합회, 1979.
- 蔡基恩.「韓國敎會史」. 기독교문서선교회, 1993.
- 蔡弼根 編.「韓錫晋과 그 時代」. 대한기독교서회, 1971.
- 「最近의 朝鮮 治安狀況」. 朝鮮總督府警務局, 昭和 13年.
- 「最近朝鮮事情要覽」. 朝鮮總督府, 1926.
- 崔德臣.「新興宗敎集團에 관한 比較硏究」. 서울: 참빛사, 1965.
- 崔奭祐.「韓國天主敎會의 歷史」. 韓國敎會史硏究所, 1982.
- 「최태용의 생애와 신학」. 기독교대한복음교회 총회 신학위원회 편, 한국신학연구소, 1995.
- 최호진.「한국경제사」. 서울: 박영사, 1981.
- 崔薰.「韓國基督敎迫害史」. 예수교문서선교회, 1979.
- _____.「한국재건교회사」. 성광문화사, 1989.
- 卓明煥.「統一敎의 實相과 虛像」. 上卷. 國際宗敎問題硏究所, 1979.
- 澤正彦.「日本基督敎會」. 大韓基督敎書會, 1976.

- 「統一敎會史」. 上卷. 世界基督敎統一神靈協會, 1978.
- 「平北 龍川誌」. 龍川誌編輯委員會, 1968.
- 「平北老會史」. 平北老會編輯委員會, 敎文社, 1979.
- 「平壤老會史」. 平壤老會史編輯委員會, 1990.
- 「한국교회 100주년 기념사업 종합보고서」. 대한예수교장로회 총회, 1985.
- 한국기독교사회연구원 편. 「'88 韓國敎會事情」. 1988.
- 한국기독교 역사편찬위원회.「한국기독교100년사」. 서울: 한국기독교장로회출판사, 1992.
- 「한국기독교의 역사」, I, II. 한국기독교역사연구회 (편), 서울: 기독교문사, 1989, 1991.
- 「韓國獨立運動史」. 國史編纂委員會, 1-5卷.
- 「한국사」. 1-11권. 한길사, 1995.
- 「한국사대사전」. 고려출판사, 1992.
- 「韓國聖潔敎會史」. 基督敎大韓聖潔敎會, 1992.
- 「한국YMCA운동사 1895-1985」. 대한YMCA연맹, 1986.
- 한석희.「일제의 종교 침략사」. 김승태 옮김. 서울: 기독교문사, 1990.
- 한영제.「한국성서찬송가 100년」. 기독교문사, 1987.
- 韓㳓劤.「韓國通史」. 서울: 乙酉文化社, 1983.
- 咸錫憲.「聖書的 立場에서 본 朝鮮歷史」. 서울: 新生館, 1961.
- 玄錫文.「己亥日記」.
- 黃嗣永."帛書,"「秘語錄」. 惠文社, 1973.
- 「黃海老會100回史」. 黃海老會100回史 編纂委員會, 1971.
- 洪相杓.「間島獨立運動小史」. 平澤: 韓光中高等學校, 1966.
- 홍연호.「한말의 기독청년운동사연구」. 대한예수교장로회총회교육부, 1976.
- 「1980년대의 韓國 民衆神學의 展開」. 韓國神學研究所 편, 서울: 韓國神學研究所, 1990.

신문 및 잡지

「敎會史研究」.
「敎會聯合新報」.
「敎會와 神學」.

「國史館論叢」.
「그리스도신문」.
「그리스도회보」.
「基督敎思想」.
「基督敎新聞」.
「基督申報」.
「대한그리스도인회보」.
「大韓每日申報」.
「東方學誌」.
「東洋之光」.
「東亞日報」.
「每日申報」.
「목회자신문」.
「白山學報」.
「福音新報」.
「史學硏究」.
「삼천리」.
「성 니콜라스 한국정교회 주보」.
「聖書朝鮮」.
「세브란스 교우회보」.
「信仰生活」.
「新定讚頌歌」.
「神學論壇」.
「神學指南」.
「歷史學報」.
「靈界」.
「靈과 眞理」.
「예수교신보」.
「예수교회보」.
「梨大史苑」.
「長老會報」.
「朝鮮監理會報」.
「朝鮮日報」.

「죠션그리스도인회보」.
「天來之聲」.
「靑年」.
「크리스찬신문」.
「平壤老會史」.
「한겨레신문」.
「韓國基督敎史硏究」.
「韓國史硏究」.
「한국일보」.
「韓國天主敎會史硏究」.
「現代와 神學」.
「호남교회춘추」.
「活泉」.
「皇城新聞」.

구미서적

- Allen, H.N. *Chronological Index of the Foreign Relations of Korea*, From Beginning of Christian Era to 20th Century. 金源模 編著. 「近代韓國外交史年表」. 檀國大學出版部, 1984
  _____. *Allen's Dairy*. 「알렌의 일기」. 金源模 역. 檀國大學出版部, 1991.
  _____. Korea: *Fact and Fancy*. Seoul: Methodist Publishing House, 1904.
- *Appenzeller's Diary*.
- Avison, O.R. *Memoirs of Life in Korea*.
- Barclay, W.C. *The History of Methodist Missions in Six Volumes*, Part Two Methodist Episcopal Church 1845-1939 Vol. Three, Widening Horizons 1845-95. New York: The Board of Missions of the Methodist Church, 1957.
- Beaver, R. Pierce, ed. *American Missions in Bicentennial Perspective*. Pasadena, Ca.: 1977.
- *The Bible in the World*. The British and Foreign Bible Society.

- Bishop, I.B. *Korea and her Neighbour, A Narrative of Travel with the Account of the Recent Vicissitude and the Present Position of the Country.* 2 Vols. London: John Murray, 1898.
- Blair, William & Bruce Hunter. *Korean Pentecost and the Sufferings which Followed.* Carlisle, Penn.: The Banner of Truth Trust, 1977.
- Blinkley, F.A. *History of the Japanese People.* London: The Encyclopedia Britanica Press, 1915.
- Brown, A.J. *The Korean Conspiracy Case.* New York: 1912.

  _____. *One Hundred Years, A Story of the Foreign Missionary Work of the Presbyterian Church in the U.S.A.* New York: Fleming H. Revell, 1936.

  _____. *Mastery of the Far East.* New York: Charles Scribners, 1919.
- Brown, G.T. *Missions to Korea.* The Presbyterian Church of Korea Department of Education. Seoul, Korea: 1962.
- Bunge, F.M. ed. *North Korea, A Country Study Foreign Area Studies.* Washington D.C. American University, 1981.
- Charles John Corfe, *Naval Chaplain-Bishop.* The Society for the Propagation of the Gospel in Foreign Parts, 1927.
- Clark, A.D. *Avison of Korea, The Life of Oliver R. Avison, M.D.* 「에비슨 전기-한국 근대 의학의 아버지」. 연세대학교 출판부, 1983.
- Clark, C.A. *Digest of the Presbyterian Church of Korea.*

  _____. *Korean Church and the Nevius Methods.* New York: Flemning H. Revell, 1930.

  _____. *History of the Korean Church.* Seoul: C.L.S., n.d.

  _____. *The Nevius Plan for Mission Work in Korea.* Seoul: Christian Literature Society, 1937.
- Chung, Chong Shik, ed. *Nationalism in Korea.* Seoul: Research Center for Peace and Unification, 1979.
- Cowman, L.B. *Charles E. Cowman, Missionary-Warrior.* Grand Rapid: Zondervan, Pub. Co., 1928.
- Cumings, Bruce. *The Origins of the Korean War.* Vol. I, Liberation and the Emergence of Separate Regimes 1945-1947. Princeton University Press, 1990.

  _____. *The Origins of the Korean War.* Vol. II. The Roaring of

the Cataract 1947-1950. Princeton University Press, 1990
- Dallet, Charles. *The History of the Catholic Church in Korea*. Trans. Charles Messener. New Heaven: 1952. 「韓國天主教會史」. 3권, 安應烈, 崔奭祐 譯註. 분도출판사, 1979-1980.
- Dawson, C., ed. *Mission to Asia*. New York: Harper and Row Publishing Co., 1966.
- Dennis, J.S. *Christian Missions and Social Progress*. Edinburgh: Olimphant Anderson and Ferrior, 1899.
- *The Encyclopedia of Missions*, ed. by H.O. Dwight, H.A. Typper and E.M.Bliss. New York: Funk & Wagnals, 1904.
- Fenwick, M.C. *Church of Christ in Corea*. New York: Hodder & Stoughton, 1911.
- Fisher, J.E. *Democracy and Mission Education in Korea*. New York: Teacher's College, Columbia University, 1928.
- _____. *Pioneer of Modern Korea*. Seoul: Christian Literature Society, 1977.
- Gaustad, Edwin S. ed. *A History of Religion in America*, to the Civil War. Grand Rapid: Wm.B.Eerdman Pub. Co., 1982.
- Gale, James. *Korea in Transition*. New York: Laymen's Missionary Movement, 1909.
- Gale, J.S. *Korean Sketches*. Edinburgh: Olimphant Anderson and Ferrior, 1898. General Evangelical Council Minutes.
- Gifford, D.L. *Every Day Life in Korea*.
- Gilmore, G.W. *Korea from its Capital*. Philadelphia: Presbyterian Board of Publication and Sabbath School Work, 1892.
- Godon, E.A. *Christianity and the Mahayana*. Tokyo: Maruzen, 1921.
- Griffis, W.E. *Corea, the Hermit Nation*. New York: Charles Scribners, 1889.
- Gutzlaff, K.F.A. *Journal of Three Voyages along the Coast of China, in 1831, 1832 & 1833 with the Notices of Siam, Corea and the Loo-Choo Island*. London: Fredrick Westley & A.H.Davis, 1834.
- Harrington, F.H. *God, Mammon, and the Japanese*. 「開化期의 韓美關係」. 李光麟 역, 서울: 一潮閣, 1991.

- Hall, R.S. *With Stethoscope in Asia*. 「닥터 홀의 조선회상」. 金東悅 역. 동아일보사, 1984.
- Heron, John W. 김인수 역. 「헤론 의사의 선교편지」. 장로회신학대학교 한국교회사연구원, 2007.
- Hitch, J.W. *Minutes of the Korean Missions of the Methodist Episcopal Church, South*.
- Hudson, W.S. *Nationalism and Religion in America, Concept of American Identity and Mission*. New York: Harper and Row, 1970.
- Hulbert, H.B. *The Passing of Korea*, 2 Vols. New York: Double Day Page, 1906.
- Kerr, A. and George Anderson, eds. *The Australian Presbyterian Mission in Korea, 1889-1941*. Australian Presbyterian Board of Missions, 1970.
- *Korea, Its Land, People, Culture of All Ages*. Seoul: Hak Won Sa, 1960.
- *The Korean Situation*. The Federal Council of the Churches of Christian in America.
- Lee, Chung Sik. *The Politics of Korean Nationalism*. Berkely: 1963.
- Latourette, Kenneth S. *A History of Christianity*. New York: Harper and Row, Publishers, 1953.
- _____. *A History of the Expansion of Christianity*. Vol. II. New York: Harper and Brothers, 1978.
- Lee, Chung Sik. *The Politics of Korean Nationalism*. Berkely: 1963.
- Longfield, B.L. *The Presbyterian Controversy, Fundamentalists, Modernists, & Moderates*. Oxford University Press, 1991.
- McCully, E.A. *A Corn of Wheat, The Life of Rev. W. J. McKenzie of Korea*, 2nd ed.
- McKenzie, F.A. *Korea's Fight for Freedom*. New York: Fleming H. Revell, 1920.
- _____. *The Tragedy of Korea*. London: Hodder and Stoughton, 1908.
- *Minutes of the Korea Mission, Methodist Episcopal Church, North*.
- Moffett, S.H. *The Christians in Korea*. New York: Friendship Press, 1962.
- _____. *A History of Christianity in Asia*. Vol. I. 「아시아 기독교회사」 제1권. 김인수 역. 장로회신학대학교 출판부, 1996.

- _____. *A History of Christianity in Asia*. Vol. II. 「아시아 기독교회사」 제2권. 김인수 역. 장로회신학대학교 출판부, 2008.
- Moule, A.C. *Christians in China before the Year 1550*. London: Society for Promoting Christian Knowledge, 1930.
  _____. *Nestorians in China*. London: The China Society, 1940.
- Neill, Stephen. *A History of Christian Missions*. 2nd ed. New York: Penguin Books, 1986.
- Nisbet, Anabel M. *Day In and Day Out in Korea*. Richmond, VA: Presbyterian Committee of Publication, 1920.
- Oliver, R.T. *The Truth about Korea*. London: Putnam & Co., 1951.
- Paik, L.G. *The History of Protestant Missions in Korea, 1882−1910*. Pyeng Yang: Union Christian College, 1929.
- Palmer, S.J. *Korea and Christianity*. Seoul: Hollym Corp., 1967.
- Pierson, A.T. ed. *The Miracles of Missions Modern Marvels in the History of Missionry Enterprise*. New York: Funk and Wagnalls Co., 1901.
- Presbyterian Council Minutes, 1904,
- *Quarto Centennial Papers*, read before the Korea Mission of the Presbyterian Church in the U.S.A. at the Annual Meeting in Pyeng Yang: 1909.
- Rhodes, H.A. ed. *Fiftieth Anniversary Celebration of the Korea Mission of the Presbyterian Church, U.S.A.* Seoul: YMCA Press, 1934.
  _____. ed. *History of the Korea Mission Presbyterian Church U.S.A. 1884−1934*, Vol. I, Chosen Missions, Presbyterian Church, U.S.A., 1934.
- Rhodes, H.A. and A.Campbell, eds. *History of the Korea Mission Presbyterian Church in the U.S.A.* Vol. II. 1935−1959. The Presbyterian Church of Korea Department of Education, Seoul Korea, 1965.
- Robinson, C.H. *History of Christian Missions*. Edinburgh: T.& T. Clark, 1915.
- Rockhill, W.W. *The Journey of William of Rubruck to the Eastern Part of the World*, 1253-55. London: The Hekluyt Society, 1900.
- Rubruck, W. *The Journey of Wm. Rubruc to the Eastern Parts of the World, 1253−1255*. Tr. by W.W.Rockhill. London: for the Haluyt Society, 1900.
- Rutt, *James Scarth Gale and his History of the Korean People*. Royal

Asiatic Society, Korean Branch, 1964.
- Sauer, C.A. *Within the Gate*. Seoul: The Korea Methodist News Service, 1934.
- Scalapino, R. A., Chong Sik Lee. *Communism in Korea*. Part I: The Movement, 한홍구 역. 「한국공산주의운동사」. I. 식민지시대 편. 돌베개, 1986.
- Schaff, P. *History of Christian Church*. VIII Vols. Grand Rapid: Wm. B. Eerdmans, 1953.
- Shearer, R. E. Wildfire: *Church Growth in Korea*. 이승익 역. 「韓國敎會成長史」. 大韓基督敎書會, 1972.
- Snyder, L.L. *The Meaning of Nationalism*. Westport, Conn.: Greenwood, 1972.
- Speer, R.E. *Missions and Politics in Asis*. New York: Fleming H. Revell, 1898.
  _____. *Christianity and the Nations*. New York: Fleming H. Revell, 1910.
  _____. *Reports of the Missions in Korea of Presbyterian Board of Foreign Missions*. New York: Board of Foreign Missions of Presbyterian Church in the U.S.A., 1897.
- Storry, R.A. *History of Modern Japan*. New York: Penguin Books, 1961.
- *Students and the Modern Missionary Crusade*, Delivered Before the Fifth International Convention of the Student Volunteer Movement for Foreign Missions, Nashville, Tennessee, February 28-March 4, 1906) (New York: Student Volunteer Movement for Foreign Missions, 1906
- The Students Missionary Appeal Addresses Delivered Before the Third International Convention of the Student Volunteer Movement for Foreign Missions, Cleveland Ohio, February 23-27, 1898. New York: Student Volunteer Movement for Foreign Missions, 1898.
- Suh, D.S. *Documents of Korean Communism*, 1918-1948.
- Sun, Yat-sen, *"The Principle of Nationalism," Nationalism in Asian*. Africa. Ed. Elie Kedulie. New York: Ward, 1970.
- Sweet. W.W. *The Story of Religion of America*. New York: Harper and Brothers, 1950
- Underwood, H.G. *The Call of Korea, Political-Social-Religious*. New York:

- Fleming H. Revell, 1908.
- Underwood, H.H. *Modern Education in Korea*. New York: International Press, 1926.

  _____. *Tradedy and Faith in Korea*. New York: Friendship Press, 1951.
- Underwood, Lillias H. *Fifteen Years Among the Top-knots or Life in Korea*. New York: American Tract Society, 1904.

  _____. *Underwood of Korea*. New York: Fleming H. Revell, 1918.
- Walker, Williston. *A History of the Christian Church*. 4th. ed. New York: Scribner, 1985.
- Wasson, A.W. *Church Growth in Korea*. New York: International Missionary Council, 1934.
- Wells, K.M. *New God, New Nation, Protestants and Self-Reconstruction Nationalism in Korea, 1896-1937*. Honolulu: University of Hawaii, 1990.
- Williamson, A. *Journey in North China, Manchuria, and Eastern Mongolia, with some Account of Corea*, Vol. II. London: Smith, Elder & Co., 1879.
- The World Missionary Conference at Edinburgh, 1910, *The Report of Commission I*.

보고서 및 잡지

- *Annual Report of the London Missionary Society*.
- *Annual Report of the Missionary Society of the Methodist Episcopal Church, North, South*.
- *The Annual Report of the National Bible Society of Scotland, Glasgo: 1868-1920*.
- *Assembly Herald*.
- *The Current History Magazine*.
- *The Edinburgh Review*.
- *The Foreign Missionary*.
- *The Gospel in All Lands*. The Methodist Episcopal Church in the U.S.A.,

North.
- *"Historical Catalogues of Printed Editions of the Holy Scripture."* In the Library of the British and Foreign Bible Society, London: The Bible House, Co., 1903. Vol II. Ser. No. 5991.
- *The International Review of the Mission.* Edinburgh.
- *The Japan Advertiser.*
- *The Japan Christian Quarterly.*
- *The Korean Repository Magazine.*
- *The Korea Mission Field.*
- *The Korea Review.*
- *The Methodist Quarterly Review.*
- *The Minutes of the Korea Mission Presbyterian Church in the U.S.A.*, 1910-1956.
- *The Minutes of the General Assembly of the United Presbyterian Church in the U.S.A.*
- *The Minutes of the General Council of Protestant Evangelical Missions in Korea.*
- *The Missionary Herald.*
- *The Missionary Review of the World.*
- *The New York Herald.*
- *The World Missionary Conference*, The Report, Edinburgh: 1910.
- *The United Presbyterian Magazine.*
- *The United Presbyterian Missionary Record.* Scotland Church.
- *Woman's Work for Woman.*

찾아보기

갈홍기 - 176, 241, 246
감선회(減膳會) - 35
강신극 - 128, 129
강양욱 - 121, 212, 268, 276, 278, 279, 280, 281, 283, 317
경기노회 총대사건 - 345
경성신학교 - 293
경신학교 - 72, 99
계일승 - 304, 306, 344, 353, 356
고려신학교 - 297, 298, 299, 300, 301, 302, 304, 305, 357
고려파 - 300, 301, 302, 303, 304, 353, 357
고종 - 19, 23, 25, 33, 94, 98, 100
공산주의(교회박해) - 116, 120, 145, 146, 147, 148, 149, 150, 151, 152, 156, 174, 265, 281, 311, 315
공창폐지운동 - 171
구세군(구세단) - 54, 55, 166, 167, 172, 207, 236, 245, 249, 289, 295, 296, 316, 319, 386, 392, 396, 418
국채보상운동 - 31, 32, 69
국제선교협의회(IMC) - 159, 324
군목제도 - 328, 329, 330
권세열(F.Kinsler) - 306, 353
권연호 - 304, 329, 335
귀츨라프(K.G.F. Gützlaff) - 400
그레이엄(B.Graham) - 40, 326, 386, 387, 388, 390, 401
「그리스도신문」 - 157, 168, 169
금주운동 - 164, 165, 166, 167, 168, 296
글리온(Glion) - 415, 418, 421, 422

기독교도연맹 - 121, 212, 268, 275, 276, 277, 279, 280, 315, 317, 412, 413, 418, 420
기독교방송국 - 325, 326
기독교사회민주당 - 272
기독교서회 - 50, 141, 148, 246, 248, 250, 315, 316
기독교여자청년회(YWCA) - 160, 164, 208, 252, 382, 396
기독교장로회 - 137, 143, 213, 217, 255, 259, 306, 307, 308, 309, 342, 375, 387, 392, 396, 398, 402, 415
기독교정의구현전국성직자단 - 391
기독교청년회(YMCA) - 152, 32, 67, 93, 96, 97, 139, 140, 141, 142, 158, 169, 171, 172, 208, 315, 382, 418
「기독신보」 - 93, 128, 135, 153, 167, 170, 181, 182, 367, 398
길선주 - 20, 21, 23, 36, 49, 97, 99, 115, 116, 117, 121, 125, 163, 169, 170, 183, 221
김관식 - 183, 250, 255, 287, 288, 289, 350
김교신 - 133, 134, 136, 137
김구 - 21, 25, 26, 28, 61, 148, 149, 165, 166, 271, 275, 285, 287
김규식 - 95, 109, 149, 287
김길창 - 210, 213, 214, 301, 302
김대현 - 253, 255
김린서 - 116, 117, 118, 119, 130, 155, 189, 192, 211, 219, 220, 221, 226, 322
김상준 - 53, 54
김선두 - 100, 211, 304
김성도 - 130
김양선 - 184, 271, 291, 304
김영국 - 153
김영주 - 180, 181, 242, 253, 255, 287, 316
김영진 - 153
김영훈 - 48, 50
김영학 - 154
김예진 - 318
김원벽 - 97
김윤국 - 353, 356
김응순 - 209, 211, 248, 276, 279, 280
김응조 - 208, 293

김익두(부흥회) - 115, 118, 119, 120, 121, 125, 219, 276, 279, 317
김인준 - 215, 274, 279
김일선 - 209, 211, 215
김일성 - 226, 264, 265, 275, 276, 277, 278, 280, 281, 283, 291, 311, 312, 315, 316, 328, 412, 413, 417, 418
김장호(조선기독교회) - 79, 80, 81, 82
김재준 - 175, 176, 178, 179, 180, 183, 255, 296, 298, 307, 351
김종섭 - 38
김지길 - 377
김진수 - 270, 277
김찬국 - 389
김철훈 - 147, 270, 278
김춘배 - 181, 182, 398
김치선 - 306, 334, 335, 361
김현정 - 304, 350
김활란 - 252, 374

ㄴ

나병원 - 319, 320
나부열(S.L.Roberts) - 40, 216
나운몽 - 332, 333
남감리회 - 40, 51, 140, 189, 190
남궁혁 - 39, 124, 125, 176, 178, 180, 304, 316
남부대회 - 287, 288, 289, 290, 291, 300
남북교류 - 413
남장로교회 - 39, 41, 113, 202, 203, 217, 326, 379, 398
남침례회 - 325
내선일체 - 198, 199, 204, 236
네비어스(J.Nevius)(방법) - 48
네스토리우스(Nestorius) - 137
노블(W.A.Noble) - 108, 140
노진현 - 290, 344, 347

「농민생활」 - 157, 160
농우회사건 - 161

ㄷ

대화회 - 56, 294, 295
데라우치=사내정의(寺內正毅) - 63, 197
데이비스(H.J.Davis) - 108
도시산업선교 - 382
독노회 - 43, 46, 47, 118, 185, 187, 193, 194
동아기독교(침례교) - 56, 152, 153, 192, 193, 268, 293, 294, 295
동양선교회 복음전도관 - 52
「동양지광」 - 251, 252

ㄹ

러시아 정교회 - 194
레널즈(W. D. Reynolds) =이눌서 - 46
로스(P.G Rose) - 31, 186, 187
리(G.Lee) = 이길함 - 38, 39

ㅁ

마펫(S.A.Moffett) - 38, 40, 100, 106, 107, 201, 274
만주 선교 - 155, 186, 187, 188, 189, 190
매서=권서 - 47, 186, 189, 194
맥큔(G.S.McCune) - 64, 107, 201, 287
매킨타이어(C.McIntyre) - 186, 187, 1352, 354, 360, 361
메이첸(J.G.Machen) - 179
맹학교 - 60
면려청년회 - 234
명동성당 - 28, 380

명성황후(민비) - 372
모우리(E.M.Mowry) - 107
모트(J.Mott) - 158, 159
몽골 선교 - 191, 192
물산장려운동 - 35, 36, 164, 172
문선명 - 133, 337, 338, 339, 340
미군철수반대 - 312
미성년자 금주, 금연법 - 167
민경배 - 90, 91, 218, 389
민족자결주의 - 94, 95
민중신학 - 365, 366

ㅂ

바티칸공의회 - 308, 407
박경구 - 279, 317
박관준 - 227, 266
박마리아 - 252
박상순 - 276
박윤선 - 176, 191, 268, 297, 352, 359
박응률 - 211, 222, 223
박인덕 - 142, 164, 251
박창환 - 317, 353, 356
박태로 - 48
박태선 - 133, 334, 335, 336, 337, 340
박현명 - 293, 316
박형룡 - 39, 138, 143, 175, 176, 178, 179, 180, 183, 184, 191, 215, 253, 268, 298, 299,
          304, 306, 343, 344, 349, 350, 351, 352, 359
박호근 - 343, 344
박희도 - 97, 251
방기창 - 38, 39, 40
배민수 - 161
배은희 - 289, 290

배재학당 - 72, 106
백낙준 - 176, 239, 251
백남주 - 125, 128, 129, 130
백만 명 구령운동 - 43, 60
백오(105)인사건 - 46, 62, 63, 67
백인숙 - 226, 317
베어드(W.M.Baird) - 39, 64
변선환 - 407, 408, 409, 410
변홍규 - 176, 287, 288, 292
복음교회 - 1371, 138, 139, 252, 392, 414, 416
복음화운동 - 318, 373, 374, 375, 385
봉수교회 - 416, 417
봉천신학교 - 190, 191, 268, 298, 304
부스(W.Booth) - 54, 55, 296
북감리교회 - 50, 72, 106
브라운(A.J.Brown) - 49, 67, 68
브라운(G.T.Brown) - 41
브룬너(E.B.Brunner) - 159
블레어(W.N.Blair) - 21, 39, 47

ㅅ

사경회 - 32, 92, 98, 99, 115, 116, 119, 121, 122, 123, 124, 125, 126, 127, 128, 132,
166, 219, 220, 234, 240, 267
사내정의(寺內正毅)=데라우치 - 59, 60, 62
사립학교규칙 - 69
사병순 - 48
사회주의 - 116, 118, 120, 146, 147, 150, 151, 152, 156, 174, 276
산업선교 - 369, 382
삼일운동(3·1 독립운동) - 69, 75, 80, 86, 87, 91, 92, 93, 94, 96, 98, 101, 104, 105,
108, 109, 113, 115, 116, 121, 122, 145, 146, 162, 251, 318,
319, 373
삼천만 환사건 - 344

상민회 - 30
새문안교회 - 149, 184, 242, 245, 287, 292, 299, 305, 333, 347, 355, 356, 378, 379, 402
새벽기도회 - 121
서경조 - 40
선교 100주년 기념 - 98, 400, 401
선명회(World Vision) - 326
선우혁 - 64, 95, 97
선우훈 - 65
성결교회 - 52, 53, 54, 133, 207, 214, 225, 242, 243, 248, 293, 316, 329, 361, 387, 392, 398
성경구락부 - 172, 173
성경장로교회 - 358, 360
성공회 - 207, 236, 242, 244, 307, 392, 296, 298, 418
「성서조선」 - 124, 134, 136
성화신학교 - 280
세계교회협의회(WCC) - 303, 349, 405, 418, 419, 420
세브란스병원(의학교) - 97, 106, 158, 171
손병희 - 96
손양원 - 220, 266, 286, 289, 297, 319, 320, 321, 322, 323
손정규 - 164, 166
송상석 - 298
송인서 - 39
송창근 - 126, 155, 176, 177, 183, 184, 220, 250, 287, 316
수양동우회사건 - 174
숭실전문 - 107, 157, 161, 172, 200, 202, 317
숭실중학교 - 201, 317
스눅(V.L.Snook) - 201
스왈른(W.L.Swallon) - 39, 64, 118
스코트(J.Scott) - 187, 307
스티븐슨(D.W.Stevenson) - 18, 26
스피어(R.E.Speer) - 22
승동측 - 348, 356, 357, 358

시베리아 선교 - 193, 194
신비주의 - 115, 121, 122, 123, 125, 126, 127, 128, 130
신사참배강요 - 121, 198, 276
「신정찬송가」 - 167
신채호 - 63
「신학지남」 - 178, 179, 180, 216
신현균 - 388
신흥우 - 72 106, 139, 140, 141, 142, 143, 158, 237, 251
십이(12)신조 - 41

ㅇ

「아빙돈단권주석」 - 183, 184
아이씨씨씨(ICCC) - 303, 352, 354, 355, 360
안길선 - 318
안명근 - 61
안식(일)교회 - 57, 244
안악사건 - 61, 62
안중근 - 26, 27, 28, 59, 61
안창호 - 28, 63, 109, 143, 174
안태국 - 28, 63, 64, 66
알렌(H.N.Allen) - 400
알로펜(Alopen) - 332
애향숙 - 332
앤더슨(R.Anderson) - 362
양기탁 - 34, 63, 66, 69
양전백 - 40, 64, 78, 97, 100
양주삼 - 51, 189, 207, 208, 214, 246, 251, 316
언더우드(H.G.Underwood)=원두우 - 38, 39, 42, 46, 88, 157, 402, 403
언더우드(H.H.Underwood)=원한경 - 161, 217
에비슨(O.R.Avison) - 158
에큐메니컬측 - 345, 346, 347, 348, 351, 352, 353, 354, 356
엑스플로대회 - 387

엔에이이측(NAE) - 345, 346, 347, 348, 349, 351, 352, 353, 354, 355, 356, 357, 360
엘라 딩(Ella Thing) - 56
엡윗청년회 - 21, 24, 25
여성운동 - 395, 396, 400
여성안수 - 182, 397, 398, 399, 400
여신학자협의회 - 396, 397, 399
여운형 - 95, 147, 148, 149
「영과 진리」 - 138
영체교환 - 133
오글(G.Ogle) - 368
오긍선 - 171
오산학교 - 73, 85, 172, 218, 219, 220
오정모 - 220, 224, 225, 226, 318
와이엠씨에이(YMCA) - 32, 67, 93, 96, 97, 139, 140, 141, 142, 158, 159, 160, 171, 172, 208, 315, 380, 418
와이더블유씨에이(YWCA) - 160, 164, 208, 252, 382, 396
요한 바오로(John Paul) 2세 - 403
용공 - 303, 347, 349, 350, 352, 353, 355
우연준 - 27, 28
우치무라 =내촌감삼(內村鑑三) - 133, 134, 135, 137
「원리강론」 - 338, 339
유각경 - 164, 252, 399
유계준 - 223, 317
유동식 - 292, 293, 363
유명화 - 127, 128, 129, 130, 132
유재기 - 161, 221
유호준 - 148, 246, 249, 250, 286, 315, 350
유효원 - 338, 339
유형기 - 176, 183, 208, 251, 324
육십칠(1967)년 신앙고백 - 370, 371
윤성범 - 364
윤치호 - 64, 66, 140, 251
윤학영 - 152

을미사변 - 19, 372
을사늑약(을사조약) - 18, 21, 23, 24, 25, 27, 59, 196
이갑성 - 98
이광수 - 83, 84, 85, 96, 149, 150, 174
이규갑 - 287, 288, 292
이기선 - 211, 231, 266, 268, 269
이기풍 - 40, 42, 43, 47
이기혁 - 355, 374
이길함=리(G.Lee) - 38, 39
이동휘 - 28, 63, 109, 146, 147, 148
이만집 - 81, 82, 100
이명직 - 54, 214, 251, 293
이상근 - 374, 379
이상재 - 95
이성휘 - 221, 279, 280
이승길 - 209, 211
이승만 - 95, 109, 271, 275, 285, 286, 287, 291, 312, 326, 329
이승훈(昇薰) - 63, 64, 66, 73, 85, 95, 97, 218
이영헌 - 347
이용도(예수교회) - 115, 121, 122, 123, 124, 125, 126, 127, 128, 129, 130
이윤영 - 264, 265, 285, 286, 292
이재명 - 28
이종성 - 379
이토=이등박문(伊藤博文) - 26, 27, 28, 61
이팔(2·8)독립선언 - 96
이호빈 - 125, 129
이화학당 - 69, 164, 167
이환신 - 122, 176
이효덕 - 170
일본교회의 사죄 선언 - 372
일본기독교 조선 교단 - 249
임기반 - 57, 58
임택권 - 119, 120

ㅈ

장로교-합동총회 - 357, 399
장로교-통합총회 - 356
장로회신학교 - 38, 40, 46, 79, 81, 100, 104, 118, 129, 149, 154, 173, 176, 177, 178,
　　　　　　　　179, 180, 183, 184, 194, 209, 215, 219, 220, 221, 223, 253, 254, 271,
　　　　　　　　276, 279, 280, 296, 299, 304, 305, 306, 307, 315, 320, 342, 353
장인환 - 26
재건교회 - 269, 300, 358
적극신앙단 - 139, 140, 142, 143
전경연 - 309, 363, 364
전군신자화운동 - 384, 385, 386
전덕기 - 23, 24, 25, 65
전도관 - 52, 53, 133, 334, 336, 337, 340
전킨(W.M.Junkin) - 39
전필순 - 140, 239, 245, 246, 247, 251
절제운동 - 163, 164, 168, 170, 171, 174, 175
접신극 - 128, 130
정미조약 - 23
정인과 - 160, 161, 174, 235, 237
정재용 - 99
정재홍 - 25
정춘수 - 140, 240, 246, 251
제암리교회 - 373
조만식 - 35, 36, 69, 85, 172, 177, 219, 220, 264, 265, 271
조선기독교도연맹 - 121, 212, 268, 275, 276, 278, 315, 317, 412, 413, 418, 420, 421
조선신학교 - 253, 254, 255, 290, 296, 298, 299, 304, 306, 307, 308, 351
조선예수교 장·감 연합회 - 93
조선예수교회(이용도계) - 81
조세저항 - 29, 30, 31
조합교회 - 74, 75, 76, 80
존스(G.H.Jones) - 368
종교재판 - 407, 409, 410, 411

주기철 - 90, 91, 197, 209, 210, 211, 218, 220, 221, 223, 224, 225, 232, 266, 267, 289, 317, 319, 320
주남선 - 231, 232, 289, 290, 297, 301
주일학교 - 152, 166, 195, 234, 324
질렛(P.L.Gillett) - 67

ㅊ

차재명 - 140, 200, 251, 253
채정민 - 211, 231, 232, 266
채필근 - 124, 176, 183, 248, 253, 254, 256
천구백칠(1907)년 대부흥운동 - 46, 83, 115, 388
「천래지성」- 137
천부교 - 334, 337, 340
「청년」- 149, 150
총회신학교 - 304, 306, 353, 357, 359
최관흘 - 43, 194
최남선 - 97
최덕지 - 231, 232, 266, 300, 301
최린 - 96
최문식 - 315, 316
최봉석(최권능) - 188, 197, 225, 266
최중진(자유교회) - 76, 77, 78
최지화 - 222, 223, 237, 279
최태용(신비주의) - 124, 137, 138, 252
축자영감설 - 179, 307
침례교회 - 56, 57, 152, 191, 294, 295

ㅋ

카우만(C.E.Cawman) - 52, 53, 54
캐나다장로교회 - 489

컴패션(Compassion) - 326
클라크(C.A.Clark) - 158, 159
킬보른(E.A.Kilbourne) - 52, 53, 54

ㅌ

탈환회 - 33
토마스(R. J. Thomas) - 53, 54, 108, 374, 400, 431
토지조사령 - 89, 156
토착화 - 140, 362, 363, 364, 407
통일교회 - 337, 339
통합(측) - 26, 51, 151, 182, 190, 246, 247, 248, 249, 259, 264, 267, 280, 285, 342, 350, 354, 355, 356, 360, 367, 375, 376, 377, 378, 387, 392, 396, 398, 399, 400, 401, 402, 414, 415
팀미션(Team Mission) - 325

ㅍ

펜윅(M.C.Fenwick) - 56, 57, 193
평양장로회신학교 - 77, 81, 100, 104, 118, 129, 149, 176, 177, 178, 179, 180, 183, 184, 194, 209, 215, 219, 220, 221, 223, 253, 254, 276, 279, 299, 304, 306, 307, 315, 320
(후)평양장로회신학교 - 223, 276, 296
포교규칙 - 92
푸트(W.R.Foote) - 39, 187
풍신수길(도요토미 히데요시) - 197
피가름 - 131, 132, 336

ㅎ

한경직 - 183, 255, 272, 305, 306, 324, 326, 350, 374, 384, 386, 387, 401, 414
한경희 - 154, 188

한국기독교교회협의회(NCCK) - 140, 289, 394, 401, 422
한국연회(年會) - 51
「한국의 상황」-(Korean Situation) - 107
「한국의 음모」-(Korean Conspiracy Case) - 68
한국전쟁 = 6·25 - 121, 173, 219, 283, 294, 296, 305, 312
한상동 - 231, 232, 289, 296, 297, 298, 299, 300, 301, 302, 352, 357
한석진 - 39, 43, 47, 140
한준명 - 125, 128, 129, 132
한부선(B.F.Hunt) - 297
함석헌 - 134, 136
함태영 - 140, 142, 239, 255, 290
합동총회 - 357, 399
해리스(M.C.Harris) - 25, 51
해서교육총회 - 21, 61, 62
해밀턴(F.E.Hamilton) - 232
헐버트(H.B.Hulbert) - 93
혁신교단 - 143, 245, 246, 247
호가드(R.Hoggard) - 55
홀트양자회 - 327, 328
홍병선 - 159, 214
홍태순 - 25
홍택기 - 210, 211, 212, 214, 268
화이트(H.White) - 368
「활천」 - 54, 293
황국주(피가름) - 124, 125, 126, 130, 131, 132
황도문화관 - 241
황종율 - 295

한국기독교회의 역사(下)

1판 1쇄 발행 _ 2012년 8월 20일
1판 2쇄 발행 _ 2017년 8월 30일

지은이 _ 김인수
펴낸이 _ 이형규
펴낸곳 _ 쿰란출판사

주소 _ 서울특별시 종로구 이화장길6
편집부 _ 745-1007, 745-1301~2, 747-1212, 743-1300
영업부 _ 747-1004, FAX 745-8490
본사평생전화번호 _ 0502-756-1004
홈페이지 _ http://www.qumran.co.kr
E-mail _ qrbooks@gmail.com/qrbooks@daum.net
한글인터넷주소 _ 쿰란, 쿰란출판사
등록 _ 제1-670호(1988.2.27)
책임교열 _ 김영미·박대호

ⓒ 김인수 2012   ISBN 978-89-6562-326-7 94230
                      978-89-6562-324-3(세트)

책값은 뒤표지에 있습니다.

이 출판물은 저작권법에 의해 보호를 받는 저작물이므로 무단 복제할 수 없습니다.
파본(破本)은 구입처에서 교환해 드립니다.